0 Meter

Vltava (Moldau)

Josefov
(Josefstadt)

Staré Město
(Altstadt)

Nové Město
(Neustadt)

Josefstadt
Seiten 82–95
Stadtplan 3–4

Altstadt
Seiten 62–81
Stadtplan 3–4

Neustadt
Seiten 142–157
Stadtplan 3–6

VIS-À-VIS

PRAG

VIS-À-VIS

PRAG

Hauptautor **Vladimír Soukup**

DK

London • New York • München
Melbourne • Delhi

www.dorlingkindersley.de

Texte
Vladimír Soukup, Petr David, Vladimír Dobrovodský,
Nicholas Lowry, Polly Phillimore, Joy Turner-Kadečková

Fotografien
Jiří Doležal, Jiří Kopřiva, Vladimír Kozlík, František Přeučil,
Milan Posselt, Stanislav Tereba, Peter Wilson

Illustrationen
Gillie Newman, Chris Orr, Otakar Pok, Jaroslav Staněk

Kartografie
Dorling Kindersley Cartography

Redaktion und Gestaltung
Dorling Kindersley, London: Heather Jones, Lisa Kosky, Ferdie McDonald, Carey Combe, Louise Parsons, Nicki Rawson, Carolyn Ryden, Steve Knowlden, Georgina Matthews, David Lamb

© 1994, 2014 Dorling Kindersley Ltd., London
Titel der englischen Originalausgabe:
Eyewitness Travel Guide *Prague*
Zuerst erschienen 1994 in Großbritannien
bei Dorling Kindersley Ltd., London
A Penguin Random House Company

Für die deutsche Ausgabe:
© 1995, 2014 Dorling Kindersley Verlag GmbH, München

Aktualisierte Neuauflage 2014 / 2015

Alle Rechte vorbehalten, Reproduktionen, Speicherung in Datenverarbeitungsanlagen, Wiedergabe auf elektronischen, fotomechanischen oder ähnlichen Wegen, Funk und Vortrag – auch auszugsweise – nur mit schriftlicher Genehmigung des Copyright-Inhabers.

Programmleitung Dr. Jörg Theilacker, Dorling Kindersley Verlag
Projektleitung Stefanie Franz, Dorling Kindersley Verlag
Projektassistenz Antonia Knittel, Dorling Kindersley Verlag
Übersetzung Verlagsbüro Simon & Magiera
Redaktion Dr. Elfi Ledig, München
Schlussredaktion Philip Anton, Köln
Umschlaggestaltung Ute Berretz, München
Satz und Produktion Dorling Kindersley Verlag, München
Druck L. Rex Printing Co. Ltd., China

ISBN 978-3-7342-0007-6
16 17 18 19   16 15 14 13

Dieser Reiseführer wird regelmäßig aktualisiert. Angaben wie Telefonnummern, Öffnungszeiten, Adressen, Preise und Fahrpläne können sich jedoch ändern. Der Verlag kann für fehlerhafte oder veraltete Angaben nicht haftbar gemacht werden. Für Hinweise, Verbesserungsvorschläge und Korrekturen ist der Verlag dankbar. Bitte richten Sie Ihr Schreiben an:

Dorling Kindersley Verlag GmbH
Redaktion Reiseführer
Arnulfstraße 124 • 80636 München
travel@dk-germany.de

◀ **Prager Burg und Moldau** *(siehe S. 98f)*
◀◀ **Umschlag: Tančící dům (Tanzendes Haus) von Frank Gehry** *(siehe S. 155)*

Inhalt

Benutzerhinweise **6**

Rudolf II. (1576–1612), Förderer von Kunst und Wissenschaft

Prag stellt sich vor

Themen- und Tagestouren **10**

Prag auf der Karte **14**

Die Geschichte Prags **18**

Prag im Überblick **38**

Das Jahr in Prag **52**

Flusspanorama **56**

Prager Straßencafé

Die Stadtteile Prags

Altstadt **62**

Josefstadt **82**

Prager Burg und Hradschin **96**

Palais Waldstein *(siehe S. 126)* mit Garten, Kleinseite

Straßencafés am Altstädter Ring vor der Teynkirche *(siehe S. 72)*

Kleinseite **122**

Neustadt **142**

Abstecher **158**

Ausflüge **168**

Spaziergänge **172**

Zu Gast in Prag

Hotels **184**

Restaurants **192**

Shopping **210**

Unterhaltung **216**

Grundinformationen

Praktische Hinweise **224**

Anreise **234**

In Prag unterwegs **238**

Stadtplan **244**

Textregister **256**

Danksagung und Bildnachweis **268**

Sprachführer **271**

Prager Verkehrsnetz *Hintere Umschlaginnenseiten*

Kutsche am Altstädter Ring

Barockfassaden am südlichen Ende des Altstädter Rings *(siehe S. 68–71)*

Benutzerhinweise

Die »Goldene Stadt« mit ihrem von Gotik und Barock geprägten Stadtbild ist immer eine Reise wert. Dieser Reiseführer beleuchtet Prag in all seinen Facetten – zur Einstimmung auf Ihre Reise, als Wegbegleiter vor Ort und zum Schmökern nach der Rückkehr. Das Kapitel *Prag stellt sich vor* zeigt die geografische Lage, spannt den historischen Bogen von den Ursprüngen Prags bis zur heutigen Metropole und präsentiert die architektonischen und kulturellen Höhepunkte der Stadt an der Moldau. *Die Stadtteile Prags* beschreibt die interessantesten Sehenswürdigkeiten der Stadt mit Texten, Karten, Fotos und Illustrationen. Auch Attraktionen in der Umgebung werden vorgestellt.

Hotels, Restaurants, Shopping und Unterhaltung sind die Themen von *Zu Gast in Prag*. Die *Grundinformationen* bieten Tipps für Ihren Aufenthalt und zur Anreise. Mit dem *Stadtplan* auf den Seiten 244 – 255 finden Sie sich in Prag bestens zurecht.

Orientierung in Prag

Prag ist in diesem Reiseführer in fünf Stadtteile gegliedert. Zur besseren Orientierung ist jedem eine eigene Farbe zugeordnet. Jedes Kapitel beginnt mit einem Kurzporträt, das auf den Charakter des Viertels eingeht, gefolgt von einer *Detailkarte*, die das Zentrum des Viertels zeigt. Die Nummerierung der Sehenswürdigkeiten erleichtert Ihnen die Orientierung. Wichtige Attraktionen werden auf zwei oder mehr Seiten detailliert beschrieben.

Die Farbcodierung erleichtert das Auffinden von Stadtteilen.

Empfohlene Restaurants des Viertels sind jeweils aufgeführt.

Nummern markieren die Lage der Sehenswürdigkeiten auf der *Stadtteilkarte*.

Eine Orientierungskarte zeigt die Lage des Stadtteils, in dem Sie sich befinden.

1 Stadtteilkarte
Die Hauptsehenswürdigkeiten sind nach Kategorien (Kirchen, Museen und Sammlungen, Palais, Parks und Gärten etc.) aufgelistet und nummeriert. Auch Metro-Stationen, Tramhaltestellen und Bootsanlegestellen sind eingezeichnet.

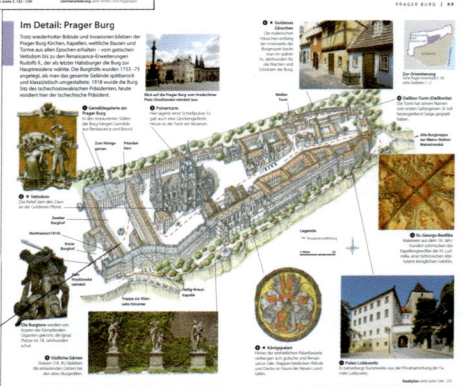

Die Routenempfehlung leitet Sie durch die interessantesten Straßen eines Stadtteils.

2 Detailkarte
Auf dieser Karte ist der wichtigste Teil des Viertels aus der Vogelperspektive zu sehen. Eine rot gestrichelte Routenempfehlung führt Sie zu den Attraktionen.

BENUTZERHINWEISE | 7

Die Stadtteile Prags

Die farbigen Bereiche auf dieser Karte *(siehe vordere Umschlaginnenseiten)* zeigen die fünf wichtigsten Stadtteile von Prag – alle werden im Kapitel *Die Stadtteile Prags (siehe S. 60–157)* vorgestellt. Im Kapitel *Prag im Überblick (siehe S. 38–51)* finden Sie die Hauptsehenswürdigkeiten auf einen Blick. Die Farbcodierung aller Kapitel hilft Ihnen auch bei der Orientierung in den Abschnitten *Flusspanorama (siehe S. 56–59)* und *Spaziergänge (siehe S. 174–181)*.

Der Infoblock bietet praktische Informationen auf einen Blick. Die Verweise beziehen sich auf den *Stadtplan (siehe S. 244–255)* und auf die Karte.

Die Nummern beziehen sich auf die Position der Sehenswürdigkeiten auf der *Stadtteilkarte*.

3 Detaillierte Informationen

Alle wichtigen Sehenswürdigkeiten Prags werden einzeln beschrieben. Sie sind fortlaufend nummeriert. Die Reihenfolge entspricht der Nummerierung auf den *Stadtteil-* und *Detailkarten*. Die Zeichenerklärung der verwendeten Symbole finden Sie auf der hinteren Umschlagklappe.

Die Infobox enthält alle praktischen Informationen für einen Besuch.

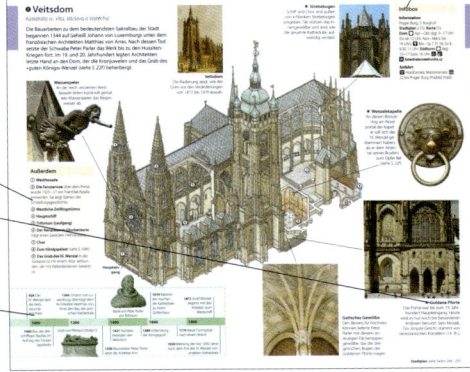

Im Kasten sind interessante Details einer Sehenswürdigkeit aufgeführt.

Sterne verweisen auf herausragende Sehenswürdigkeiten, die Sie nicht versäumen sollten.

Die Zeitskala hebt wichtige Ereignisse der Geschichte hervor.

Stadtplan *siehe Seiten 244–255.*
Karte *Extrakarte zum Herausnehmen.*

4 Hauptsehenswürdigkeiten

Highlights sind zwei oder mehr Seiten gewidmet. Historische Bauten sind als Schnittzeichnungen dargestellt. Farbige Grundrisse erleichtern das Auffinden von Kunstwerken in Museen.

PRAG STELLT SICH VOR

Themen- und Tagestouren	**10–13**
Prag auf der Karte	**14–17**
Die Geschichte Prags	**18–37**
Prag im Überblick	**38–51**
Das Jahr in Prag	**52–55**
Flusspanorama	**56–59**

Themen- und Tagestouren

Kaum eine andere Stadt hat so viel zu bieten wie Prag – die Wahl fällt da nicht leicht. Allein die schönen Häuser der Prager Altstadt könnte man tagelang bewundern. Mit ein bisschen Planung sieht man allerdings mehr von dem, was die »Goldene Stadt« so besonders macht. Die Vorschläge dieser Doppelseite können Sie natürlich variieren, je nach Länge Ihres Aufenthalts – ein Museum mehr oder weniger ändert nichts am Gesamtbild: Die angegebenen Preise beinhalten Anfahrt, Essen und Eintritt.

Nationalschätze

Zwei Erwachsene etwa 2800 Kč

- Hradschiner Platz
- Lunch auf der Kleinseite
- Karlsbrücke
- Rathausuhr
- Kunst und Kirchen

Vormittags

Bewundern Sie zunächst am **Hradschiner Platz** die Burgwachen in ihren Uniformen. Gehen Sie via První nádvoří zum **Veitsdom** *(siehe S. 102–105)*. Nach der Besichtigung des Doms können Sie die Ausstellung zur Geschichte der Prager Burg im Königspalast *(siehe S. 106f)* besuchen. Im **Goldenen Gässchen** *(siehe S. 101)* mit seinen Handwerkshäuschen kann man Souvenirs kaufen. Oder Sie gehen weiter zum **Palais Lobkowitz** und besichtigen die Ausstellung *(siehe S. 101)*. Schlendern Sie über die U Zlaté studně und Sněmovní zum **Kleinseitner Ring**. Hier können Sie zu Mittag essen und die architektonischen Juwele der **Kleinseite** *(siehe S. 122–141)* mit ihren Palais und Gärten bewundern.

Nachmittags

In der Nähe liegen **Karlsbrücke** *(siehe S. 136–139)* und Altstädter Ring. Jeweils zur vollen Stunde tritt die **Astronomische Uhr am Rathaus** *(siehe S. 74–76)* in Aktion. Vom **Rathausturm** *(siehe S. 75)* hat man eine herrliche Aussicht über Burg und Kleinseite. Danach wählen Sie zwischen den Kunstwerken im **Palais Golz-Kinský** *(siehe S. 72)* und der prächtigen **Nikolauskirche** *(siehe S. 72f)*. Abschließend erwarten Sie die engen Straßen und kleinen Läden im Teynhof (Týn). Elegant dinieren Sie im **La Truffe** *(siehe S. 199)*, wenn Sie ein leichteres Mahl bevorzugen, können Sie das **Maitrea** *(siehe S. 198)* testen.

Innenraum der Spanischen Synagoge *(siehe S. 92f)*

Literatur, Kunst und Religion

Zwei Erwachsene etwa 4900 Kč

- Praha – Kafkas »Café«
- Jüdisches Prag
- Dekorative und mittelalterliche Kunst
- Shopping-Bummel

Vormittags

Das jüdische Prag und Franz Kafka sind eng verbunden. Besuchen Sie das **Grand Café Praha** *(siehe S. 207)* am Altstädter Ring. Kafka wohnte darüber. Das Café trug einst den Namen seiner Freundin Milena. Gehen Sie via Pařížská weiter zur **Josefstadt** *(siehe S. 82–95)*. Machen Sie an der **Maisel-Synagoge** halt *(siehe S. 92)*. Überqueren Sie dann die Straße zum **Alten jüdischen Friedhof** *(siehe S. 88f)*. Nach der Besichtigung der **Klausensynagoge** *(siehe S. 87)* haben Sie sicher Hunger. Essen Sie in einem der jüdischen Restaurants oder im **Barock** *(siehe S. 200)*.

Besucher in einem Straßencafé am Altstädter Ring *(siehe S. 68–71)*

◀ Straßenszene um 1920 beim Gemeindehaus *(siehe S. 66)*

THEMEN- UND TAGESTOUREN | 11

Nachmittags
Bewundern Sie die Gobelins im **Kunstgewerbemuseum** *(siehe S. 86)*. Weiter geht es zum **Jüdischen Rathaus** *(siehe S. 87)* und zur **Altneusynagoge** *(siehe S. 90f)*, die mit der Sage vom Rabbi Löw und dem Golem verbunden ist. Die Highlights im Osten der Josefstadt sind die **Spanische Synagoge** *(siehe S. 92f)* und die Sammlung mittelalterlicher Kunst im **Kloster St. Agnes von Böhmen** *(siehe S. 94f)*. Nach so viel Kultur wird es Zeit für einen Shopping-Bummel auf der Pařížská. Das Abendessen nehmen Sie im **King Solomon**, einem der besten jüdischen Restaurants der Stadt *(siehe S. 200)*, ein.

Wenzelsplatz und -denkmal vor dem Nationalmuseum *(siehe S. 144f)*

Familientag

Familie (vier Personen)
etwa 600 Kč

- Standseilbahn-Fahrt
- Spiegelturm
- Pfauen und Höhle
- St.-Jakobs-Kirche

Vormittags
Fahren Sie mit der Standseilbahn auf den **Petřín** *(siehe S. 141)* zur **Štefánik-Sternwarte** und zum **Aussichtsturm** *(siehe S. 140)* mit Wendeltreppe. Das **Spiegellabyrinth** *(siehe S. 140)* liegt nur ein paar Minuten entfernt – Kinder lieben es. Auf halber Strecke nach unten befindet sich das Lokal **Nebozízek** mit einer schönen Terrasse, wo Sie ein Mittagessen mit Panoramablick genießen können.

Nachmittags
Bummeln Sie über die Střelecký ostrov (Schützeninsel), wo sich die Schwäne auf Brotkrümel freuen. Noch mehr Tiere, darunter Pfauen, gibt es beim **Palais Waldstein** *(siehe S. 126)*, in dessen Garten sich die bizarre Nachbildung einer Kalksteinhöhle befindet. Überqueren Sie zu Fuß oder mit der U-Bahn die Moldau zum Altstädter Ring mit seiner **Astronomischen Uhr** *(siehe S. 76)*. Entspannen Sie sich in einem der Cafés, gehen Sie dann zur **St.-Jakobs-Kirche** *(siehe S. 67)*. Kinder sind von dem mumifizierten Arm fasziniert, der seit mehr als 400 Jahren über dem Eingang der Kirche hängt.

Geschichte und Helden

Zwei Erwachsene
etwa 1000 Kč

- Wenzelsplatz – Aufstieg und Fall des Kommunismus
- Essen im Jugendstil-Dekor
- Kriegsgeschichte
- Antiquitäten

Vormittags
Beginnen Sie den Tag mit einem Bummel über den Wen-

Im Spiegellabyrinth haben Jung und Alt viel Spaß *(siehe S. 140)*

zelsplatz *(siehe S. 144f)*. 1989 nahm von hier aus die Samtene Revolution ihren Lauf. Zollen Sie dem **Denkmal der Opfer des Kommunismus** *(siehe S. 145)* Respekt, und gedenken Sie Jan Palachs, der sich hier 1969 aus Protest gegen den Einmarsch der Truppen des Warschauer Pakts verbrannte. Hinter dem Platz steht in der Politických vězňů die einstige Gestapo-Zentrale (heute Handelsministerium), wo im Zweiten Weltkrieg Tausende Tschechen inhaftiert waren. Essen Sie im Jugendstil-Ambiente des **Hotel Europa** *(siehe S. 147)* am Wenzelsplatz zu Mittag.

Nachmittags
Gehen Sie zur Barockkirche **St. Kyrill und St. Method** *(siehe S. 152)*, in der sich 1942 Widerstandskämpfer das Leben nahmen, als Nazis die Kirche umstellt hatten. In der Mauer der Krypta sieht man noch immer Einschusslöcher. Ein Museum dokumentiert das Ereignis. Sie können den Tag mit einem Antiquitäten-Shopping-Bummel beschließen. Der Antiquitätenladen **Military Antiques**, Charvátova 11 *(siehe S. 212f)*, ist eine Fundgrube für Andenken, etwa aus der Zeit der deutschen und russischen Besatzung.

THEMEN- UND TAGESTOUREN

Zwei Tage in Prag

- Prager Burg – ein gotisches Juwel
- Astronomische Rathausuhr am Altstädter Ring
- Jüdisches Prag in der Josefstadt

Blick auf den Altstädter Ring mit dem Jan-Hus-Denkmal *(siehe S. 70f und 72)*

Erster Tag
Vormittags Nehmen Sie die Tram 22 zur **Prager Burg** *(siehe S. 98f)*. Bestaunen Sie den gotischen **Veitsdom** *(siehe S. 102–105)* und den **Königspalast** *(siehe S. 106f)*.

Nachmittags Spazieren Sie durch den **Königsgarten** *(siehe S. 111)* und weiter zur malerischen **Nerudagasse** *(siehe S. 130)* bis zur **Karlsbrücke** *(siehe S. 136–139)*. Dann gehen Sie zum **Altstädter Ring** *(siehe S. 68–71)*. Die **Astronomische Uhr** *(siehe S. 76)* am **Altstädter Rathaus** *(siehe S. 74f)* ist ein mechanisches Wunderwerk. **Palais Golz-Kinský** *(siehe S. 72)* zeigt Kunst im Schatten der **Teynkirche** *(siehe S. 72)*. Zum Abschluss bummeln Sie über den Markt der Havelská-Straße.

Zweiter Tag
Vormittags Besichtigen Sie die **Josefstadt** *(siehe S. 82–95)* und den **Alten jüdischen Friedhof** *(siehe S. 88f)*. Die **Pinkas-Synagoge** *(siehe S. 86f)* erinnert an die Holocaust-Opfer. Faszinierend: die **Altneusynagoge** aus dem 13. Jahrhundert *(siehe S. 90f)*.

Nachmittags Überqueren Sie die Moldau zur **Kleinseite** *(siehe S. 122–141)* mit ihren vielen Läden, Cafés und Biergärten. Am **Kleinseitner Ring** *(siehe S. 127)* steht die barocke **Nikolauskirche** *(siehe S. 128f)* – ein Meisterwerk von Vater und Sohn Dientzenhofer. Erholung bieten das **Palais Waldstein** *(siehe S. 126)* und der Garten mit den Bronzestatuen und herumstolzierenden Pfauen. Das **Museum Kampa** *(siehe S. 135)* in der alten Sova-Mühle präsentiert moderne Kunst.

Drei Tage in Prag

- Karlsbrücke, ein Prager Wahrzeichen
- Enge Gassen und barocke Palais – die Kleinseite besitzt ihr eigenes Flair

Erster Tag
Vormittags Das gotische **Kloster St. Agnes von Böhmen** *(siehe S. 94)* zeigt mittelalterliche Kunst. Gehen Sie zum **Altstädter Ring** *(siehe S. 68–71)*, und bewundern Sie das barocke **Palais Golz-Kinský** *(siehe S. 72)* und die **Teynkirche** *(siehe S. 72)*. Verpassen Sie nicht das stündliche Schauspiel der Astronomischen Uhr am **Altstädter Rathaus** *(siehe S. 74f)*.

Nachmittags Das »Haus zur Schwarzen Madonna« in der **Zeltnergasse** *(siehe S. 67)* zeigt kubistische Kunst und liegt auf dem Weg zum **Pulvertor** *(siehe S. 66)*. Anschließend geht es zum **Ständetheater** *(siehe S. 67)*, dem Mekka für Mozart-Liebhaber, zur **St.-Gallus-Kirche** *(siehe S. 73)* und zum Markt in der Havelská-Straße. Von hier ist es nur ein kurzer Spaziergang zur **Karlsbrücke** *(siehe S. 136–139)*.

Zweiter Tag
Vormittags Erkunden Sie die **Prager Burg** *(siehe S. 98f)*. Vom Hradčanské náměstí blicken Sie auf die Stadt. Besuchen Sie dann den **Veitsdom** *(siehe S. 102–105)* und die **St.-Georgs-Basilika** *(siehe S. 100f)*. Machen Sie eine Tour durch den **Königspalast** *(siehe S. 106f)* und den **Königsgarten** *(siehe S. 111)*. Nicht versäumen: das **Goldene Gässchen** *(siehe S. 101)*.

Nachmittags Bummeln Sie in der **Nerudagasse** *(siehe S. 130)* und den Gassen der **Kleinseite** *(siehe S. 122–141)*, und besichtigen Sie die **Nikolauskirche** *(siehe S. 128f)*. **Palais Waldstein und Garten** *(siehe S. 126)*, die Insel **Kampa** *(siehe S. 131)* und das **Museum Kampa** *(siehe S. 135)* liegen um die Ecke.

Dritter Tag
Vormittags Erkunden Sie die **Josefstadt** *(siehe S. 82–95)* mit **Altem jüdischen Friedhof** *(siehe S. 88f)*, **Altneusynagoge** *(siehe S. 90f)* und **Pinkas-Synagoge** *(siehe S. 86f)*.

Nachmittags Nur eine halbe Stunde dauert ein Ausflug zur **Burg Karlstein** *(siehe S. 169)*.

Der 1344 begonnene Veitsdom *(siehe S. 102–105)*

Fünf Tage in Prag

- Mittelalter pur: Kloster St. Agnes von Böhmen
- Mozarts Opern im Ständetheater
- Burg Karlstein, ländlicher Rückzugsort Karls IV.

Erster Tag

Vormittags Am **Altstädter Ring** *(siehe S. 68 –71)* sind **Teynkirche** *(siehe S. 72)*, **Palais Golz-Kinský** *(siehe S. 72)* und **Altstädter Rathaus** *(siehe S. 74f)* mit der **Astronomischen Uhr** *(siehe S. 76)* und der stündlichen Prozession der zwölf Apostel zu besichtigen. Nehmen Sie die U-Bahn zur **Kleinseite** *(siehe S. 122 –141)*, und steigen Sie die Treppe zur **Prager Burg** *(siehe S. 98f)* hoch. Besichtigen Sie **Königspalast** *(siehe S. 106f)* und **Königsgarten** *(siehe S. 111)*. Abschließend können Sie die **St.-Georgs-Basilika** *(siehe S. 100f)* und den majestätischen **Veitsdom** *(siehe S. 102 – 105)*, wo sich das Grab des hl. Wenzel befindet, bestaunen.

Nachmittags Das **Palais Sternberg** *(siehe S. 112 –115)* gegenüber der Burg beherbergt die Alten Meister der Nationalgalerie. Die Santa Casa des **Loreto** *(siehe S. 118f)* stammt aus dem 17. Jahrhundert. Von dort kommen Sie zum malerischen Straßenzug **Neue Welt** *(siehe S. 116)* mit seinen vergoldeten Hauszeichen. Die Tram 22 fährt zum **Kloster Strahov** *(siehe S. 120f)* mit seiner grandiosen Bibliothek.

Zweiter Tag

Vormittags Verbringen Sie den Vormittag in der **Neustadt** *(siehe S. 142 –157)*. Der **Wenzelsplatz** *(siehe S. 144 –146)* zeigt noch großteils die Bebauung um 1900, u. a. mit dem **Hotel Europa** *(siehe S. 147)*. Am **Nationalmuseum** *(siehe S. 147)* sind noch die Spuren von 1968 zu sehen. Das **Mucha-Museum** *(siehe S. 147)* präsentiert Werke des Jugendstil-Meisters Alfons Mucha.

Nachmittags Im gotischen **Neustädter Rathaus** *(siehe S. 155)* fand 1419 der erste Prager Fenstersturz statt. Beim **Karlsplatz** *(siehe S. 150f und 152)*, einst mittelalterlicher Viehmarkt, steht **St. Kyrill und St. Method** *(siehe S. 152)*, wo 1942 Widerstandskämpfer gemeinsam Selbstmord begingen. Das **Nationaltheater** *(siehe S. 156f)* ist ein Symbol der Nationalen Wiedergeburt.

Ständetheater, Uraufführungsort des *Don Giovanni (siehe S. 67)*

Dritter Tag

Vormittags Im **Kloster St. Agnes von Böhmen** *(siehe S. 94f)* ist mittelalterliche Kunst (13. – 16. Jh.) zu sehen. Jüdisches Mittelalter verkörpert die **Altneusynagoge** *(siehe S. 90f)*. Die **Spanische Synagoge** *(siehe S. 92f)* in der **Josefstadt** *(siehe S. 82 – 95)* bietet eine Ausstellung zur Geschichte. Der **Alte jüdische Friedhof** *(siehe S. 88f)* atmet quasi Geschichte. Die **Pinkas-Synagoge** *(siehe S. 86f)* erinnert an den Holocaust.

Nachmittags Spazieren Sie durch die **Altstadt** *(siehe S. 62 – 81)* – vom **Pulvertor** *(siehe S. 66)* durch die **Zeltnergasse** *(siehe S. 67)*. Stoppen Sie bei der **St.-Gallus-Kirche** *(siehe S. 73)* und der **Bethlehemkapelle** *(siehe S. 77)*, wo einst Jan Hus predigte. Die von Barock- und Renaissance-Fassaden verzierte **Karlsgasse** *(siehe S. 80)* führt zur **Karlsbrücke** *(siehe S. 136 –139)*.

Vierter Tag

Vormittags Beim Ausflug zur **Burg Karlstein** *(siehe S. 169)* keinesfalls versäumen: Kapelle der hl. Katharina, deren Wände mit Halbedelsteinen verziert sind.

Nachmittags Wieder zurück, machen Sie einen Bummel in der Národní-Straße. Abends genießen Sie Musik im **Ständetheater** *(siehe S. 67)* oder im **Rudolfinum** *(siehe S. 86)*.

Fünfter Tag

Vormittags Erkunden Sie die **Kleinseite** *(siehe S. 122 –141)* sowie **Palais Waldstein und Garten** *(siehe S. 126)*. Am **Kleinseitner Ring** *(siehe S. 127)* steht die barocke **Nikolauskirche** *(siehe S. 128f)*. In der nahen **Nerudagasse** *(siehe S. 130)* sieht man hübsche Hauszeichen.

Nachmittags Nach dem **Museum Kampa** *(siehe S. 135)* besichtigen Sie die **Insel Kampa** *(siehe S. 131)* und die **Ufer der Kleinseite** *(siehe S. 132f)*.

Die Kleinseite mit dem Ambiente des 18. Jahrhunderts *(siehe S. 122 –141)*

Prag auf der Karte

Die Hauptstadt der Tschechischen Republik zählt rund 1,25 Millionen Einwohner. Das Stadtgebiet erstreckt sich in einem Talkessel entlang der Vltava (Moldau) bis auf die umliegenden Hügel. Seine Lage macht Prag zum idealen Ausgangspunkt für Ausflüge ins ländliche Böhmen mit seinen Heilbädern und Mittelgebirgen.

PRAG AUF DER KARTE | 15

Großraum Prag

Prager Innenstadt

Reichsapfel mit Kreuz
Der Reichsapfel, wichtige Insignie der gekrönten Könige, wird im Veitsdom *(siehe S. 102–105)* aufbewahrt.

Zeichenerklärung *siehe hintere Umschlagklappe*

Ansicht der St.-Laurentius-Kirche
Der Petřín (Laurenziberg) bietet eine imposante Aussicht über die Stadt *(siehe S. 141 und S. 176f)*.

PRAGER INNENSTADT | 17

Fassadenmalerei
An den vielen Renaissance- und Barockfassaden der Altstadt fallen mitunter bunte Wandmalereien wie diese am Altstädter Ring auf *(siehe S. 68–71)*.

Jugendstil-Statue
In der Neustadt sieht man besonders viel Jugendstil *(siehe S. 148f)*.

Die Geschichte Prags

Prags Lage an einem Knotenpunkt europäischer Handelswege hat die Händler anderer Nationen schon immer magnetisch angezogen. Im frühen 10. Jahrhundert besaß die blühende Stadt einen weitläufigen Marktplatz (Altstädter Ring) und zwei Zitadellen (Prager Burg und Vyšehrad), von denen die ersten böhmischen Herrscher, die Přemysliden, ihre Familienfehden ausfochten. Diese endeten oft blutig: Fürst Wenzel fiel 935 einem Attentat seines Bruders Boleslav zum Opfer. Als hl. Wenzel stieg er zu Böhmens meistverehrtem Schutzpatron auf.

Das Mittelalter bescherte Prag goldene Zeiten, vor allem während der Regentschaft von Karl IV. Unter dem Schutz dieses klugen, gebildeten Kaisers des Heiligen Römischen Reichs gedieh Prag zu einer prachtvollen Stadt, größer als seinerzeit Paris oder London. Ihm verdankt es viele Bauten, darunter Mitteleuropas älteste Universität: das Karolinum. Als einer der ersten tschechischen Rektoren amtierte Jan Hus, jener als Ketzer verurteilte Kirchenreformer, dessen Hinrichtung 1415 zu den Hussiten-Kriegen führte. Die Taboriten, der radikale Flügel der Hussiten, unterlagen 1434 in der Schlacht bei Lipany.

In der Folge lösten schwache Könige einander ab, bis im 16. Jahrhundert die Habsburger die Macht ergriffen und fast 400 Jahre lang herrschten. Mit dem aufgeklärten Habsburgerkaiser Rudolf II., der den Künsten und Wissenschaften zugetan war, kam der Geist der Renaissance nach Prag. Wenige Jahre nach seinem Tod war Prag Schauplatz jenes protestantischen Aufstands, der 1618 den Dreißigjährigen Krieg einleitete. Dieser ließ den Glücksstern der Stadt verlöschen, der erst im 18. Jahrhundert erneut aufgehen und Prag wunderschöne Barockpalais und -kirchen schenken sollte.

Im 19. Jahrhundert erwachte das nationale und bürgerliche Selbstbewusstsein, was sich in vielen öffentlichen Großbauten wie dem Nationalmuseum, dem Nationaltheater und dem Rudolfinum zeigte. Noch aber regierten die Habsburger die Stadt – erst 1918 wurde Prag Hauptstadt einer unabhängigen Republik. Der deutschen Besatzung im Zweiten Weltkrieg folgten vier Jahrzehnte eines kommunistischen Regimes. Der Prager Frühling 1968 wurde gewaltsam niedergeschlagen, doch mit der Samtenen Revolution von 1989 begann für Prag schließlich eine neue Ära.

Prager Burg und Kleinseite, Ansicht aus dem Jahr 1493

◄ *Hl. Wenzel und hl. Veit* (um 1600) von Bartholomäus Spranger (1546–1611)

Die Herrscher Prags

Drei Dynastien formten Prags Geschichte: die Přemysliden, die Luxemburger und die Habsburger. Nach slawischer Überlieferung gilt Fürstin Libuše als Urahnin der Přemysliden *(siehe S. 23)*. Aus diesem Geschlecht ragten der hl. Wenzel und Přemysl Ottokar II. heraus, dessen Tod in der Schlacht auf dem Marchfeld den Luxemburgern den Weg ebnete. Sie brachten einen der wichtigsten Herrscher Prags hervor, Karl IV., König von Böhmen und Kaiser des Heiligen Römischen Reichs *(siehe S. 26f)*. 1526 geriet Prag unter etwa 400-jährige Habsburgerherrschaft. Diese endete nach dem Ersten Weltkrieg 1918 mit der Unabhängigkeit der Tschechoslowakei. Seither leiten Präsidenten die Geschicke des Landes. Dies gilt auch nach der Trennung in Tschechische und Slowakische Republik 1993.

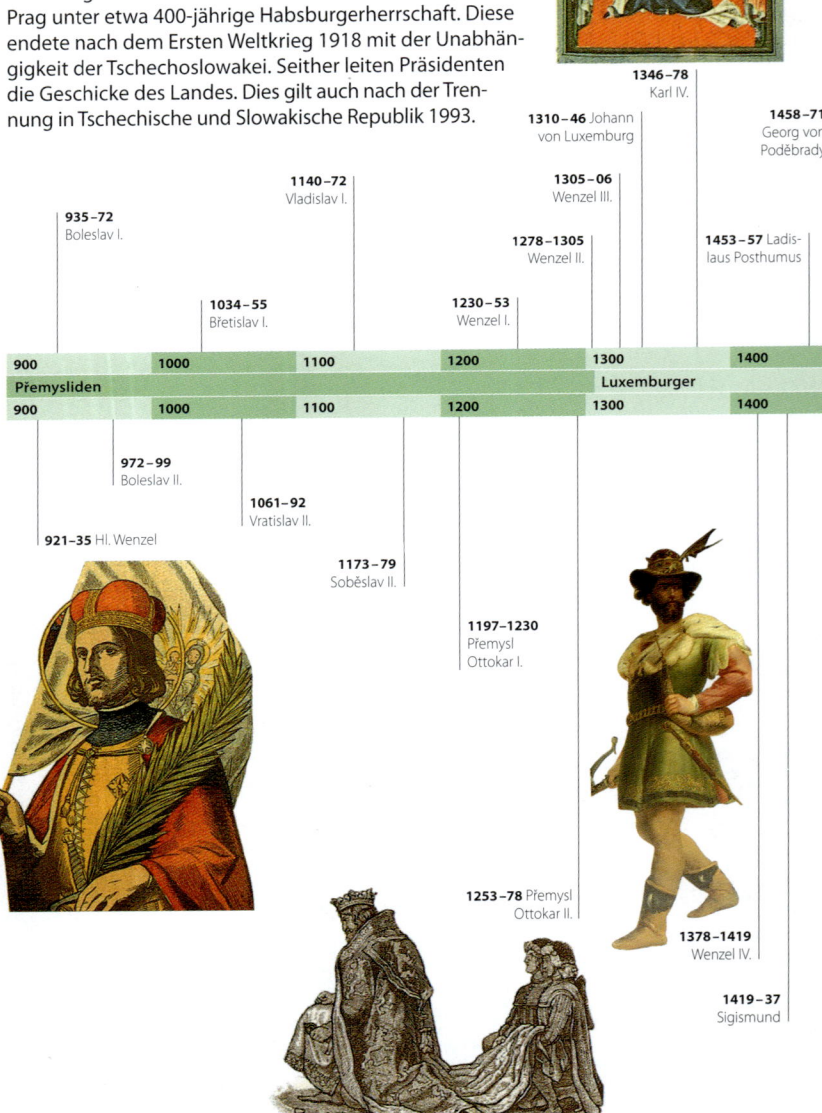

1346–78 Karl IV.
1458–71 Georg von Poděbrady
1310–46 Johann von Luxemburg
1305–06 Wenzel III.
1278–1305 Wenzel II.
1453–57 Ladislaus Posthumus
1140–72 Vladislav I.
935–72 Boleslav I.
1034–55 Břetislav I.
1230–53 Wenzel I.

900	1000	1100	1200	1300	1400
Přemysliden				Luxemburger	
900	1000	1100	1200	1300	1400

972–99 Boleslav II.
1061–92 Vratislav II.
921–35 Hl. Wenzel
1173–79 Soběslav II.
1197–1230 Přemysl Ottokar I.
1253–78 Přemysl Ottokar II.
1378–1419 Wenzel IV.
1419–37 Sigismund

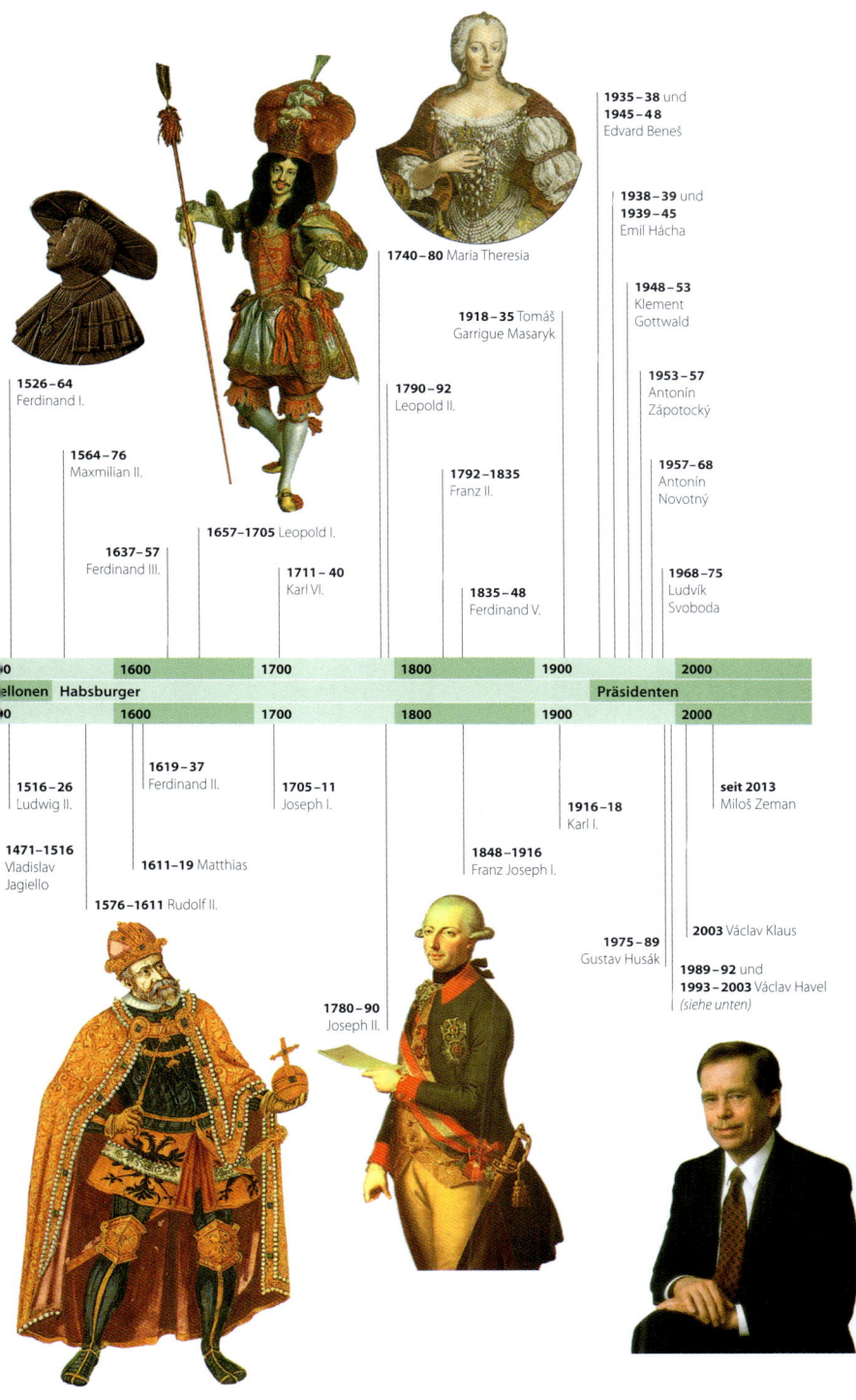

Prag unter den Přemysliden

Im Tal der Vltava (Moldau) siedelten ab 500 v. Chr. keltische Stämme. Diese wurden allmählich verdrängt, als 9 bis 6 v. Chr. germanische Markomannen auftauchten. Die ersten slawischen Stämme gelangten um 500 n. Chr. nach Böhmen. Um 800 n. Chr. ging die Dynastie der Přemysliden aus den Machtkämpfen hervor. Sie legte zwei befestigte Siedlungen an: die erste bei der Prager Burg *(siehe S. 96–111)*, die zweite auf dem Vyšehrad, einem Felsen am rechten Ufer der Moldau *(siehe S. 180f)*. Diese dienten den tschechischen Herrschern jahrhundertelang als Residenz, u. a. dem hl. Wenzel. In seiner Regierungszeit entstand die Veitsrotunde, Vorläuferin des Veitsdoms *(siehe S. 104)*.

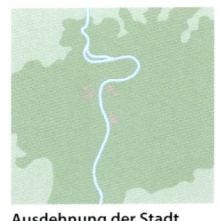

Ausdehnung der Stadt
1000 n. Chr. Heute

Boleslavs Gefolgsmann
holt zum tödlichen Schwerthieb aus.

Der Gehilfe des Meuchelmörders
ringt mit dem Begleiter des hl. Wenzel.

Hl. Kyrill und hl. Method
Das Brüderpaar aus dem griechischen Saloniki brachte um 863 das Christentum nach Großmähren. Es taufte den Přemysliden-Herrscher Bořivoj und seine Gemahlin Ludmilla, die Großmutter des hl. Wenzel.

Alte Münze
Silbermünzen wie dieser Dinar wurden unter Boleslav II. (reg. 967–99) in der Königlichen Münze des Vyšehrad geprägt.

Wildschweinfigurine
Keltische Stämme fertigten kleine Talismane der wilden Tiere an, die sie in den Wäldern um Prag jagten.

---

6. Jahrhundert Neben germanischen Stämmen besiedeln auch Slawen Böhmen

623–58 Böhmen ist Teil des Herrschaftsgebiets von Samo, einem fränkischen Kaufmann und Slawenfürsten

600 n. Chr.   700

500 v. Chr. Kelten in Böhmen; im 1. Jh. n. Chr. folgen Markomannen

Bronzekopf einer keltischen Göttin

8. Jahrhundert Tschechen siedeln in Mittelböhmen

Vyšehrad – erste Burg und Siedlung der Tschechen am rechten Ufer der Moldau

PRAG UNTER DEN PŘEMYSLIDEN | 23

Schwert und Helm
Der hl. Wenzel wurde in der südlichen Apsis der Veitsrotunde beigesetzt. Sein Schwert und sein Helm werden als Reliquien im Domschatz aufbewahrt.

Fürstin Libuše
Fürstin Libuše (Libussa) war möglicherweise die Führerin eines westslawischen Stammes. Sie folgte ihrem Vater (einem Richter) nach und gilt als mythische Ahnherrin der Přemysliden. Mit einem einfachen Pflüger (*Přemysl-Oráč*) als Gatten und Regenten begründete sie eine 400 Jahre lang währende Dynastie.

Wenzel sucht Schutz.

Ein Mönch verschließt vor Wenzel die Tür.

In einer Vision sah Fürstin Libuše den künftigen Glanz Prags voraus

Veitsrotunde
Wenzel legte Anfang des 10. Jahrhunderts den Grundstein zu dieser Rundkirche, die nach seinem Tod 935 Wallfahrtsstätte wurde. Sie stand an der Stelle der heutigen Wenzelskapelle.

Gerundete Steinmauern

Romanische Bogenfenster

Ermordung des hl. Wenzel
935 fiel Wenzel einem von seinem Bruder Boleslav eingefädelten Attentat zum Opfer. Auf der abgebildeten Jllustration einer Handschrift (1006) holen die mordlustigen Häscher den damaligen Herzog ein, als er die Kirche zur Frühmesse betreten will.

---

800 Begründung der Přemysliden-Dynastie

Christliches Brustkreuz

870 Bau der Prager Burg

921 Wenzel wird Herzog von Böhmen

993 Bischof Adalbert Vojtěch gründet in Břevnov ein Kloster

| 800 | 900 | 1000 |

863 Hl. Kyrill und hl. Method bringen das Christentum nach Großmähren

935 Wenzel stirbt

920 Errichtung der St.-Georgs-Basilika, Prager Burg

Bischof Adalberts juwelenbesetzter Handschuh

Prag im frühen Mittelalter

Mit Beginn des 9. Jahrhunderts gewann die Prager Burg zunehmend an Bedeutung. Steinbauten ersetzten allmählich die brandgefährdeten Holzgebäude. Mit der Zeit entstand eine wuchtige romanische Festung mit Palas und Sakralbauten. Außerhalb ihrer Außenmauer ließen sich, ermuntert von Vladislav II. und später von Přemysl Ottokar II., Handwerker und Händler aus anderen Regionen Mitteleuropas nieder. Das Viertel wurde später als Kleinseite bekannt und erhielt 1257 Stadtrecht. Die Judithbrücke verband es mit der Altstadt.

Ausdehnung der Stadt
▢ 1230   ▢ Heute

Kamm
Dieser feinzahnige Knochenkamm zählt zu den Reliquien des hl. Adalbert.

St.-Georgs-Kloster mit Basilika *(siehe S. 100)*

Das Fürstenpalais entwickelte sich zum Königspalast *(siehe S. 106f)*.

Der weiße Turm gewährte im Westen Zugang.

Veitsdom und Domkapitel *(siehe S. 102–105)*

Eingang von der Altstadt

Prager Burg anno 1230
Die auf einem hohen Felsrücken gelegene romanische Festung schützten steinerne Mauern und leicht zu bewachende Tore.

Hradschiner Platz

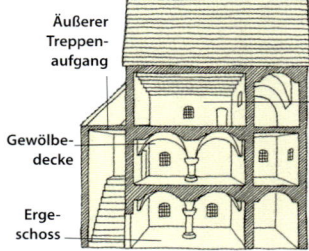

Äußerer Treppenaufgang

Gewölbedecke

Ergeschoss

Wohnraum

Romanisches Steinhaus
Die dreigeschossigen Häuser erhoben sich über einem einfachen Grundriss.

Steinhäuser entstanden in der heutigen Kleinseitner Nerudagasse *(siehe S.130)*.

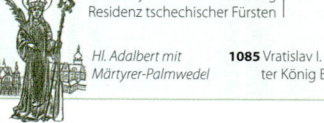

1040 Die sterblichen Überreste des hl. Adalbert werden nach Prag überführt

1070 Vyšehrad wird zeitweilig Residenz tschechischer Fürsten

Hl. Adalbert mit Märtyrer-Palmwedel

1085 Vratislav I. wird erster König Böhmens

1091 Reisende erwähnen erstmals den Altstädter Marktplatz

1091 Großbrand in der Prager Burg

1092–1110 Regierungszeit Břetislavs II.

1110 Deutsche gründen in Prag eine kleine Siedlung

1110–20 Regierungszeit von Bořivoj II.

1135 Tschechische Fürsten verlegen ihren Sitz vom Vyšehrad zur Prager Burg

1140 Gründung des Klosters Strahov

PRAG IM FRÜHEN MITTELALTER | 25

Hl. Agnes von Böhmen
Die fromme Schwester Wenzels I. errichtete ein Kloster für den franziskanischen Schwesternorden der Klarissen *(siehe S. 94f)*. Erst 1989 wurde Agnes heiliggesprochen.

Romanisches Prag
Überreste der frühen Geschichte Prags sind noch in der Krypta des Veitsdoms *(siehe S. 102–105)* und im Königspalast *(siehe S. 106f)* zu bewundern.

St.-Georgs-Basilika
Das Kryptagewölbe stammt aus dem 12. Jahrhundert *(siehe S. 100)*.

Der schwarze Turm bewachte den Ausgang nach Kutná Hora, Böhmens zweitwichtigster Stadt *(siehe S. 170)*.

Vratislav II.
Der Vyšehrad-Kodex, eine illuminierte Handschrift, stammt von 1061, dem Krönungsjahr von Vratislav.

Kleinseitner Ring

St.-Martins-Rotunde
Der Bau auf dem Vyšehrad ist gut erhalten *(siehe S. 180)*.

Kleinseitner Wappen
Die Miniaturmalerei aus dem 16. Jahrhundert zeigt das Porträt von Vladislav II.

Přemysl Ottokar II.
Der letzte große Přemysliden-König, Herrscher eines mächtigen Reichs, fiel in der Schlacht.

Romanischer Steinkopf am Turm der Judithbrücke

1172 Bau der Judithbrücke *(siehe S. 136–139)*

1182 Vollendung der romanischen Bauten der Prager Burg

1200

1212 Přemysl Ottokar I. erhält von Friedrich II. die Goldene Bulle, die den böhmischen Königen Souveränität gewährt

1233 Gründung des Klosters St. Agnes von Böhmen

1250

Goldene Bulle

1257 Die Kleinseite erhält Stadtrecht

1258–68 Wiederaufbau des abgebrannten Klosters Strahov im gotischen Stil

1278 Přemysl Ottokar II. fällt auf dem Marchfeld

Prags Goldenes Zeitalter

Den Gipfel seines Ruhms erlangte Prag im späten Mittelalter. Karl IV., Kaiser des Heiligen Römischen Reichs, erkor Prag zur Residenz und verwandelte es in Europas glanzvollste Stadt. Er veranlasste den Bau einer Universität (Karolinum), zahlreicher gotischer Kirchen und Klöster sowie umfangreiche städtebauliche Veränderungen: Die Prager Burg wurde wiederauf- und ausgebaut, die Judithbrücke durch eine Steinbrücke ersetzt. Auch die Neustadt wurde gegründet. Als gottesfürchtiger Katholik hatte der Kaiser einen Reliquienschatz zusammengetragen, der zusammen mit den Kronjuwelen in der Burg Karlstein gehütet wurde *(siehe S. 168f)*.

Ausdehnung der Stadt
◼ 1350   ◼ Heute

Wenzelskapelle
Den Stolz auf seine direkte Přemysliden-Abstammung bezeugte Karl durch den Bau der Wenzelskapelle im Veitsdom *(siehe S. 102 –105)*.

Karl IV. trägt die mit Saphiren, Rubinen und Perlen besetzte Kaiserkrone.

Der Kaiser legt das Kreuz in den Reliquienschrein.

Wenzelskrone
Die böhmische Krone – Karl IV. trug sie bei seiner Krönung 1347 – geht auf die frühen Přemysliden-Herrscher zurück.

1280 Abschluss der Bauten an der gotischen Altneusynagoge

Altstädter Rathaus (Detail)

1338 Johann von Luxemburg bewilligt den Bau des Altstädter Rathauses

1333 Karl IV. wählt Prag zur Residenz

1348 Karl IV. gründet die Karlsuniversität (Karolinum)

1305 — **1320** — **1335**

1306 Ende der Přemysliden-Dynastie

Portal der Altneusynagoge

1310 Johann von Luxemburg nimmt Prag ein

Votivtafel mit Karl, dem Erzbischof Jan Očko und Böhmens Schutzheiligen

1344 Bistum Prag wird Erzbistum

1348 Karl IV gründet die Prager Neustadt

PRAGS GOLDENES ZEITALTER | 27

Meister Theoderichs *Hl. Veit*
Mit Heiligenbildern wie diesem (um 1365) malte der große böhmische Künstler die Kreuzkapelle von Burg Karlstein aus.

Gotisches Prag

Drei der berühmtesten Sehenswürdigkeiten Prags bezeugen das reiche gotische Erbe: Veitsdom *(siehe S. 102–105)*, Karlsbrücke *(siehe S. 136–139)* und Altneusynagoge *(siehe S. 90f)*. Auch das Karolinum *(siehe S. 67)* zählt zu den bedeutenden Hinterlassenschaften von Kaiser Karl IV. Einige Kirchen – darunter die Teynkirche *(siehe S. 72)* – konnten ihren gotischen Charakter weitgehend bewahren.

Ein juwelenbesetztes Kreuz diente als Schrein für die neue Reliquie.

Universitätssiegel (1348)
Auf dem Siegel überreicht der Kaiser dem hl. Wenzel die Stiftungsurkunde.

Karolinum
Der anmutige Erker ziert das Karolinum *(siehe S. 67)*.

Bau der Neustadt
Das Dokument berichtet über den Bau der Neustadt unter Karl IV. im 14. Jahrhundert.

Reliquien Karls IV.

Karl trug aus allen Reichsgebieten Reliquien zusammen. 1357 übergab ihm der französische Thronfolger einen Teil des Heiligen Kreuzes. Dieses Wandgemälde in der Burg Karlstein zeigt den Kaiser.

Altstädter Brückenturm
Peter Parler schuf das Skulpturendekor *(siehe S. 139)*.

1357 Bau der Karlsbrücke

Peter Parlers Skulptur von Wenzel IV. im Veitsdom

1378 Beginn der Regierungszeit von Wenzel IV.

Bethlehemskapelle

| 1350 | 1365 | 1380 | 1395 |

1361 Geburt von Wenzel IV., Karls ältestem Sohn

1378 Tod Karls IV.

1391 Grundsteinlegung der Bethlehemskapelle

Hussitisches Prag

Anfang des 15. Jahrhunderts ging in Europa die Furcht vor den kriegerischen Anhängern des Kirchenreformers Jan Hus um. Die Hussiten errangen beachtliche militärische Siege über die kaiserlichen katholischen Kreuzritter. Religiöser Eifer und die Disziplin ihres Heerführers Jan Žižka, der die mobile Artillerie ersann, machten ihre mangelhafte Bewaffnung wett. Die Hussiten spalteten sich in die gemäßigten Utraquisten *(siehe S. 77)* und die radikalen Taboriten, deren Niederlage in der Schlacht bei Lipany 1434 den Weg für den gemäßigten König Georg von Poděbrady ebnete.

Ausdehnung der Stadt

1500   Heute

Protestbrief der Adligen
Zahlreiche Siegel des böhmischen Adels befanden sich auf einem Brief gegen die Hinrichtung von Jan Hus.

Der Priester trägt eine vergoldete Monstranz.

Gotteskrieger
Der Kodex von Jena (frühes 16. Jh.) schildert die Erfolge der Hussiten. Angeführt vom erst einäugigen, später blinden Jan Žižka, singen die Hussiten, denen sich sowohl Handwerker als auch Barone anschlossen, hier ihre Hymne.

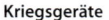 Jan Žižka

Kriegsgeräte
Zusammengebundene Bauernkarren gewährten wirksamen Schutz. Zum bizarren Waffenarsenal zählten Dreschflegel, Armbrust sowie frühe Haubitzenformen.

Jan Hus predigt

1402–13 Jan Hus predigt in der Bethlehemskapelle *(siehe S. 77)*

1415 Jan Hus wird in Konstanz auf dem Scheiterhaufen verbrannt

1419 Erster Prager Fenstersturz: Ratsherren werden aus dem Neustädter Rathaus geworfen

1434 Schlacht bei Lipany

Die Taboriten verwandelten einfache landwirtschaftliche Werkzeuge in tödliche Waffen

1400 | **1420** | **1440**

1410 Jan Hus wird exkommuniziert; Fertigung der Uhr des Altstädter Rathauses

Der Laienkelch, Symbol der Utraquisten

1424 Tod von Jan Žižka

1420 Die Hussiten siegen unter Jan Žižka auf dem Veitsberg und dem Vyšehrad

1448 Georg von Poděbradys Truppen erobern Prag

HUSSITISCHES PRAG | 29

Satan im Papstgewand
Plakate, deren schaurige Karikaturen den korrupten Klerus anprangerten, wurden durch die Straßen getragen.

Auf dem Banner prangte der Hussiten-Kelch.

Landwirtschaftliche Geräte wurden von den Bauern als Waffen verwendet.

Die Bauernarmee marschierte hinter Jan Žižka her.

Hussiten-Schild
Holzschilde – diesen schmückt das Prager Stadtwappen – füllten Lücken in den dicht an dicht formierten Wagenburgen.

Jan Hus – Prediger und Reformator

Jan Hus, der als Sohn armer Eltern in Böhmen geboren wurde, stieg zu einem der bedeutendsten Kirchengelehrten seiner Zeit auf. Seine Kritik an Korruption, Verschwendungssucht und materiellem Besitz des katholischen Klerus fand bei vielen Tschechen Gehör. Seine reformerischen Predigten in der Prager Bethlehemskapelle trugen ihm eine große Gefolgschaft ein – und die Exkommunikation durch den Papst. 1412 verwies Wenzel IV. Jan Hus aus der Stadt. Im Oktober 1414 beschloss Hus, sich vor dem Konstanzer Konzil zu verteidigen. Trotz kaiserlichen Geleits wurde er verhaftet und im Jahr darauf wegen Ketzerei zum Tod auf dem Scheiterhaufen verurteilt.

Jan Hus auf dem Scheiterhaufen
Nach seiner Hinrichtung durch die Kirche (6. Juli 1415) wurde Jan Hus zum Märtyrer der Tschechen.

1458 Krönung Georg von Poděbradys *(siehe S. 20)*

1485 König Vladislav Jagiello veranlasst den Umbau des Königspalasts der Prager Burg

1492–1502 Bau des Vladislav-Saals

Vladislav Jagiello

1460   1480   1500

1487 Erster Buchdruck in Prag

1485 Hussiten-Aufstand in Prag

An der Fassade der Teynkirche erinnert ein Kelch an die Hussiten

Vladislav-Saal

Rudolf II. und die Renaissance

Mit den Habsburgern erreichte die Renaissance Prag. Kunst und Architektur trugen die Handschrift italienischer Künstler, die, vor allem unter Rudolf II., kaiserliche Gunst genossen. Wegen seiner Leidenschaft für Kunst und Wissenschaften vernachlässigte Rudolf II. die Politik. Sein Hof wurde ein Sammelbecken von Künstlern, Astrologen und Alchimisten. Sein zielloses Regieren hatte Aufstände zur Folge und einen Entmachtungsversuch seines Bruders Matthias. Im Dreißigjährigen Krieg *(siehe S. 32f)* wurde Rudolfs reiche Kunstsammlung geplündert.

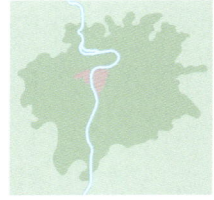

Ausdehnung der Stadt
1550 | Heute

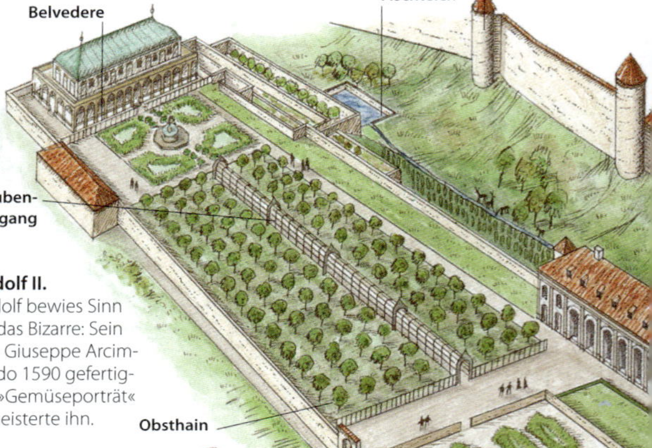

Lustschloss Belvedere

Dalibor-Turm (Daliborka)

Fischteich

Laubengang

Rudolf II.
Rudolf bewies Sinn für das Bizarre: Sein von Giuseppe Arcimboldo 1590 gefertigtes »Gemüseporträt« begeisterte ihn.

Obsthain

Blumenbeete

Löwenhof

Tischplattenmosaik
Am Hof stellte man mit florentinischen Gartenmotiven und Halbedelsteinen verzierte Renaissance-Tischplatten her.

Rabbi Löw
Der jüdische Gelehrte soll den Golem erschaffen haben *(siehe S. 90f)*.

1526 Mit Ferdinand I. beginnt die Herrschaft der Habsburger

Ferdinand I.

1538–63 Errichtung des Belvederes

1541 Ein Großbrand beschädigt Kleinseite, Prager Burg und Hradschin

1547 Ein Aufstand der Prager Städte gegen Ferdinand I. scheitert

1556 Ferdinand I. holt die Jesuiten nach Prag

1520 | **1540** | **1560**

Freibrief für Mangler und Färber

RUDOLF II. UND DIE RENAISSANCE | 31

Prag der Renaissance

Dem Geist der Renaissance kann man noch gut im Königsgarten *(siehe S. 111)* nachspüren. Gemälde und andere Schätze aus der Sammlung Rudolfs zeigen das Palais Sternberg *(siehe S. 112–115)*, die Gemäldegalerie der Prager Burg *(siehe S. 100)* sowie das Kunstgewerbemuseum *(siehe S. 86)*.

Bildersprache
Jan Brueghels Gemälde versinnbildlicht die Vielfalt der riesigen Sammlung Rudolfs II., darunter Globen, Bilder, Juwelen und wissenschaftliche Instrumente.

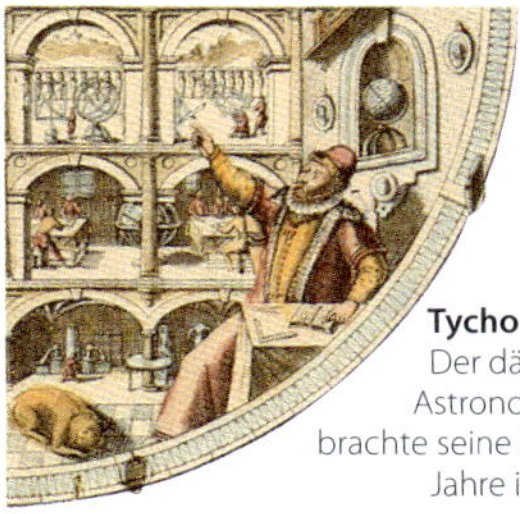

Tycho Brahe
Der dänische Astronom verbrachte seine letzten Jahre in Prag.

»Zu den zwei goldenen Bären«
Das Portal des 1590 erbauten Hauses (Geburtshaus von Egon Erwin Kisch) ist besonders elegant *(siehe S. 73)*.

Ballhaus

Eine überdachte Brücke
verband Palast und Garten.

Belvedere
Reliefs des Italieners Paolo della Stella zieren das Lustschloss *(siehe S. 110f)*.

Ballhaus
Renaissance-Sgraffiti schmücken die Fassade des grundlegend restaurierten Gebäudes *(siehe S. 111)*.

Königsgarten
Die mittelalterliche Festung diente nun mit ihren Gartenanlagen der Zerstreuung des Kaisers. Hier erfreute sich Rudolf an Ballspielen, exotischen Pflanzen und seiner Menagerie.

1583 Prag wird Kaiserresidenz Rudolfs II., der eine reiche Kunstsammlung aufbaut

1609 Der Majestätsbrief Rudolfs II. gewährt Religionsfreiheit

1620 Schlacht am Weißen Berg

1612 Tod von Rudolf II.

1621 Hinrichtung von 27 protestantischen Aufständischen

1580   **1600**   **1620**

1614 Bau des Matthiastors der Prager Burg

1618 Fenstersturz zweier kaiserlicher Statthalter aus dem Königspalast *(siehe S. 107)*

Zehn-Dukaten-Münze (1603)

Barockes Prag

Der tschechische Adel setzte 1619 den Habsburger Ferdinand II. ab und wählte den protestantischen Kurfürsten Friedrich von der Pfalz zum König. Dies wurde ein Jahr später in der Schlacht am Weißen Berg bitter vergolten. Die Niederlage stärkte die Katholische Liga im 1618 ausgebrochenen Dreißigjährigen Krieg, der die Verfolgung aller Nichtkatholiken und die Germanisierung der Institutionen nach sich zog. Den Kampf führten die Jesuiten an. Als wirksame »Waffe« erwies sich auch die Restaurierung von Prager Kirchen im Barockstil, der in der Folge für viele Kirchenneubauten übernommen wurde.

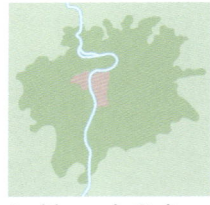

Ausdehnung der Stadt
1750   Heute

Spiegelkapelle

Nikolauskirche
Mit dieser Kleinseitner Kirche gelang den Baumeistern Dientzenhofer ein hochbarockes Meisterwerk *(siehe S. 128f)*.

Traubenhof

Vermessung der Welt
Klöster waren Bildungsstätten. Die Bibliotheken des Klosters Strahov *(siehe S. 120f)* zieren Barockmalereien wie dieser Freskenausschnitt im Philosophischen Saal.

St.-Salvator-Kirche

1627 Beginn der Gegenreformation in Prag

Altstädter Wappen – geschmückt mit Kaiseradler und zwölf Flaggen zum Dank für die Verteidigung der Stadt gegen die Schweden

1706–14 Ausschmückung der Karlsbrücke mit Statuen

| 1625 | 1645 | 1665 | 1685 | 1705 |

1631 Sachsen besetzen Prag

1634 Irische Söldner ermorden Wallenstein

1648 Schweden nehmen die Prager Burg ein; der Westfälische Friede beendet den Dreißigjährigen Krieg

1676–78 Befestigung des Vyšehrad mit neuen Bastionen

1704–53 Bau der Kleinseitner Nikolauskirche

BAROCKES PRAG | 33

Eine Atlas-Statue (1722) krönt den Turm

Turm der Sternwarte

Schlacht am Weißen Berg 1620 schlugen Habsburger Truppen die tschechische Armee am Weißen Berg (Bílá Hora), einem Hügel nordwestlich von Prag *(siehe S. 163)*. In der Folge wurde Böhmen zur österreichischen Provinz.

Die St.-Klemens-Kirche war Namensgeberin für den gesamten Komplex.

Welsche Kapelle

Monstranz Monstranzen – zur sichtbaren Darbietung der geweihten Hostie – zeigten sich im Barock zunehmend prunkvoll *(siehe S. 118)*.

Klementinum
Die im Bildungswesen einflussreichen Jesuiten ließen das Kolleg zwischen 1653 und 1723 erbauen. Der nach der Prager Burg größte Gebäudekomplex vereinte u. a. drei Kirchen, kleinere Kapellen, Bibliotheken, Hörsäle und eine Sternwarte.

Barockes Prag
Der Barock begleitet Sie in der gesamten Stadt. Fast alle Kirchen wurden entweder im Barockstil erbaut oder umgebaut – vor allem die prächtige Nikolauskirche *(siehe S. 128f)*. Auch die großen Palais und kleineren Wohnhäuser der Kleinseite *(siehe S. 122–141)*, die Fassaden der Altstadt *(siehe S. 62–81)* sowie die Statuen an Kirchen, Straßenecken und den Brüstungen der Karlsbrücke sind barock.

Nerudagasse Das Haus »Zum goldenen Kelch« (Nr. 15) hat ein barockes Hauszeichen *(siehe S. 130)*.

Karlsbrücke Brokoffs Statue des hl. Franz von Borgia *(siehe S. 138)* kam 1710 auf die Brücke.

	1748 Böhmische Fürsten verlieren ihre Machtposition	**1757** Die Preußen belagern Prag		**1782** Schließung von Klöstern	
			1773 Verbot der Jesuiten	**1784** Zusammenschluss der vier Prager Städte	
1725	**1745**		**1765**	**1785**	
	1740 Kaiserin Maria Theresia besteigt den Thron		*Mozart in Bertramka*	**1787** Der in Bertramka weilende Mozart bereitet die Premiere von *Don Giovanni* im Ständetheater vor *(siehe S. 67)*
Maria Theresa					

Prags Nationale Wiedergeburt

Seine glorreichste Zeit erlebte Prag im 19. Jahrhundert. Da Österreich die Zügel lockerte, konnte sich die Nation auf ihre Geschichte und Kultur besinnen. Die tschechische Sprache, lange zum Schweigen verdammt, fand wieder offiziell Anerkennung. Der Bürgerstolz äußerte sich in Prachtbauten wie dem Nationaltheater, die das Können tschechischer Architekten und Künstler zeigten. Josefstadt und Neustadt wurden saniert. Die Einführung öffentlicher Verkehrsmittel ließ Prag über die bisherigen Grenzen hinauswachsen.

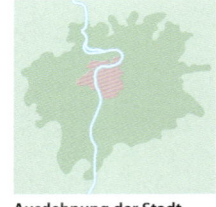

Ausdehnung der Stadt
1890   Heute

Tage des Jahres — Dezember

Smetanas *Libuše*
Smetanas Oper, komponiert für die geplante Eröffnung des Nationaltheaters 1881, griff frühe tschechische Sagen auf *(siehe S. 22f)*.

Monate und Tierkreiszeichen rahmen das Wappen.

Altstädter Wappen

Rudolfinum
Das reiche Dekor des Konzerthauses am Ufer der Moldau zeigt, dass dieser Bau der Musik gewidmet ist *(siehe S. 86)*.

Kalendarium am Altstädter Rathaus
1866 ersetzte der namhafte Künstler Josef Mánes die Drehscheibe der Turmuhr, eines der Wahrzeichen Prags, durch eine neue. In die Monatsbilder flossen seine Beobachtungen des böhmischen Landlebens ein.

Restaurierte Uhr auf der Ostseite des Rathausturms

1805 Napoléon schlägt in der Schlacht von Austerlitz (Slavkov) Tschechen, Österreicher und Russen

1818 Gründung des Nationalmuseums

1848 Aufstand der Prager gegen österreichische Truppen

1800 — **1820** — **1840**

Schlacht von Austerlitz (Slavkov)

1815 Erste öffentliche Vorführung eines von einer Dampfmaschine betriebenen Fahrzeugs

1833 Edward Thomas nimmt die Produktion von Dampfmaschinen auf

1838–45 Umbau des Altstädter Rathauses

1845 Die erste Eisenbahn trifft in Prag ein

PRAGS NATIONALE WIEDERGEBURT | 35

Ausstellungsplakat von 1895
Vojtěch Hynais entwarf dieses Jugendstil-Poster, das die neue Wertschätzung regionaler Traditionen widerspiegelt, für die Volkskultur-Ausstellung 1895.

Nationale Wiedergeburt
Viele Prunkbauten Prags, etwa das Nationalmuseum, entstanden zur Zeit aufkommenden Nationalbewusstseins. Ein bekanntes Werk des Jugendstils ist das Gemeindehaus *(siehe S. 66)* mit Wandmalereien von Mucha. An die prächtigen Innenräume im Rudolfinum *(siehe S. 86)* sowie im Nationaltheater *(siehe S. 156f)* legten viele große Künstler Hand an. Das Prager Museum zeigt Werke des späten 19. und frühen 20. Jahrhunderts, auch das Original von Mánes' Kalenderblatt am Altstädter Rathausturm.

Schütze

Gemeindehaus
Beim Jugendstil-Interieur setzte Alfons Mucha bürgerliche Tugenden ins Bild.

Jüdisches Viertel
Ab 1897 ersetzten neue Wohnblocks die engen Behausungen des Gettos.

Nationalmuseum
Die Neorenaissance-Fassade des Baus prägt die Silhouette *(siehe S. 147).*

Nationaltheater
Die Wandmalereien *(siehe S. 156f)* schufen tschechische Künstler, etwa Aleš.

Nationaltheater

Frühe elektrische Tram

1860

1868 Baubeginn des Nationaltheaters

1880

1881 Ein Brand vernichtet das gerade eröffnete Nationaltheater, das wiederaufgebaut wird

1883 Wiedereröffnung des Nationaltheaters

1884–91 Bau des Nationalmuseums

1883 Erste elektrische Straßenbeleuchtung

1891 Jubiläumsausstellung

1900

1896 Elektrische Trams nehmen den Dienst auf

1897–1917 Sanierung des jüdischen Gettos

1912 Einweihung des Gemeindehauses

1914 Ausbruch des Ersten Weltkriegs

1916 Tod von Kaiser Franz Joseph

Prag nach der Unabhängigkeit

Nur 20 Jahre nach ihrer Gründung 1918 wurde die Tschechoslowakei Opfer des Siegeszugs der Nationalsozialisten in Europa. Aus dem Zweiten Weltkrieg ging Prag, von Bomben nahezu unversehrt und vom Joch des Deutschen Reichs befreit, als Hauptstadt einer sozialistischen, jeglichen Widerstand unterdrückenden Republik hervor. Der Ruf der Intellektuellen nach Wahrung der Menschenrechte erscholl immer lauter. Die Unnachgiebigkeit der Regierung ebnete den Dissidenten und zuletzt der Samtenen Revolution den Weg. Der Schriftsteller und Bürgerrechtler Václav Havel führte das Land schließlich in die Demokratie.

1966 Jiří Menzels *Liebe nach Fahrplan*, ausgezeichnet mit einem Oscar, lenkt die Augen der Welt auf das tschechoslowakische Kino

1967 Antonín Novotný, Erster Parteisekretär und Präsident, lässt regimekritische Schriftsteller verhaften

1968 Alexander Dubček führt das liberale Reformprogramm des »Prager Frühlings« ein. Am 21. August besetzen Truppen des Warschauer Pakts die Tschechoslowakei, über 100 Prager Demonstranten sterben

1935 Edvard Beneš wird Präsident Masaryks Nachfolger. Die von Nazis gegründete Sudetendeutsche Partei erzielt unter Konrad Henlein Wahlerfolge

1920 Linke Avantgarde-Künstler gründen im Prager Café Union die Devětsil-Gruppe

Edvard Beneš

1945 Nach viertägigem Aufstand empfangen die Prager am 9. Mai begeistert die Rote Armee. Im Oktober beruft Beneš eine provisorische Nationalversammlung

1948 Die KP gelangt unter Klement Gottwald an die Macht, bei den Maiwahlen erreicht sie 89 Prozent der Stimmen

1962 Abriss der Stalin-Statue im Letná-Park (dort steht seit 1991 ein riesiges Metronom)

1958 Premiere des neue Akzente setzenden Trickfilms *Die Erfindung der Vernichtung* von Karel Zeman

1977 Gründung der Bürgerrechtsgruppe Charta 77 nach Verhaftung der Band »Plastic People«

| 1920 | 1935 | 1950 | 1965 |

| 1920 | 1935 | 1950 | 1965 |

1924 Tod von Franz Kafka

1932 Traditionelles Turnertreffen *(slet)* im Strahov-Stadion

1918 Ausrufung der Tschechoslowakischen Republik. Als erster demokratisch gewählter Präsident amtiert Tomáš Masaryk

1938 Das Münchner Abkommen spricht Hitler Landesteile zu. Beneš geht ins Exil

1942 Ein Attentat der Widerstandsbewegung beendet das achtmonatige skrupellose Regiment von Reichsprotektor Reinhard Heydrich

1952 In Gottwalds berüchtigtstem Schauprozess werden Slánský und zehn hohe Funktionäre wegen trotzkistisch-zionistischer Umtriebe zum Tod verurteilt

1955 Im Letná-Park wird die weltweit größte Stalin-Statue enthüllt

1960 Gründung der Tschechoslowakischen Sozialistischen Republik (ČSSR)

1969 Selbstverbrennung Jan Palachs aus Protest gegen die Besatzung

1979 Der Schriftsteller Václav Havel ruft das Komitee zur Verteidigung der unrechtmäßig Verfolgten ins Leben und wird verhaftet

Willkommensplakat für den am 21. Dezember 1918 aus dem Exil heimkehrenden Präsidenten

1939 Deutsche Truppen marschieren in Prag ein, das Hauptstadt des Protektorats Böhmen und Mähren (dem Deutschen Reich eingegliedert) wird. Emil Hácha wird Präsident

1968 Wahl Alexander Dubčeks zum Ersten Parteisekretär

PRAG NACH DER UNABHÄNGIGKEIT | 37

1989 Samtene Revolution: Bürgerunmut macht sich in Demonstrationen und Streiks Luft. Havel eint die Oppositionsgruppen im Bürgerforum. Die Übergangsregierung der Nationalen Verständigung verspricht freie Wahlen. Václav Havel wird auf Wunsch des Volks Nachfolger des zurückgetretenen Staatspräsidenten Husák

1990 Im Juni finden erstmals seit 60 Jahren demokratische Wahlen statt. Bei 99 Prozent Wahlbeteiligung entfallen 60 Prozent der Stimmen auf das Bündnis von Bürgerforum und Öffentlichkeit gegen Gewalt

Das Wappen des Präsidenten der Tschechischen Republik enthält die Inschrift »Wahrheit siegt« sowie die Wappen Böhmens (links oben, rechts unten), *Mährens* (rechts oben) *und Schlesiens* (links unten)

1993 Nach Teilung der ČSSR wird Prag Hauptstadt der Tschechischen Republik

1999 Tschechien wird NATO-Mitglied

2002 Prag erlebt die schlimmsten Überschwemmungen seit 150 Jahren

2004 Tschechien wird EU-Mitglied

| 1995 | 2010 | 2025 |
| 1995 | 2010 | 2025 |

2013 Miloš Zeman, der frühere Premier, wird in der ersten Direktwahl zum Präsidenten gewählt

1989 Anlässlich der Heiligsprechung von Agnes von Böhmen *(siehe S. 94f)* am 4. November fertigt der in Prag geborene Dissident Gustav Makarius Tauc im Auftrag des Vatikans ein Gemälde an. Die tschechische Legende, die für Agnes' Heiligsprechung wunderbare Ereignisse vorhersagte, wird am 17. November mit der Samtenen Revolution wahr

2012 Zehntausende protestieren gegen die strikte Sparpolitik der Regierung

2009 Tschechien hat den EU-Ratsvorsitz inne

2008 Václav Klaus wird für seine zweite (fünfjährige) Amtszeit als Präsident vereidigt

1984 Jaroslav Seifert, Unterzeichner der Charta 77, erhält den Literatur-Nobelpreis, ohne ihn persönlich entgegennehmen zu können

2001 Die größten Demonstrationen seit der Wende zwingen Jiří Hodač, als Direktor des staatlichen Fernsehens zurückzutreten

Prag im Überblick

Das Kapitel *Die Stadtteile Prags* stellt Ihnen rund 150 Sehenswürdigkeiten vor – vom Königspalast, dem Schauplatz des Fenstersturzes von 1618 *(siehe S. 107)*, zu den kubistischen Gebäuden aus den 1920er Jahren in der Josefstadt *(siehe S. 93)*, vom beschaulichen Petřín-Park *(siehe S. 141)* zum belebten Wenzelsplatz *(siehe S. 144f)*. Um Ihnen die Planung Ihres Aufenthalts zu erleichtern, erhalten Sie auf den folgenden Seiten einen Überblick über Prags Highlights. Er ist thematisch nach Museen und Sammlungen, Kirchen und Synagogen, Palais und Gärten gegliedert und verweist auf die Haupteinträge der genannten Sehenswürdigkeiten. Unten sehen Sie die Highlights, die Sie nicht versäumen sollten.

Zehn Highlights von Prag

Altstädter Ring
Seiten 68 – 71.

Altstädter Rathaus
Seiten 74 – 76.

Alter jüdischer Friedhof
Seiten 88f.

Kloster St. Agnes von Böhmen
Seiten 94f.

Prager Burg
Seiten 98f.

Veitsdom
Seiten 102 – 105.

Palais Waldstein und Garten
Seite 126.

Nikolauskirche (Kleinseite)
Seiten 128f.

Karlsbrücke
Seiten 136 – 139.

Nationaltheater
Seiten 156f.

◀ Blick über die Dächer der Altstadt auf die Karlsbrücke *(siehe S. 136 – 139)*

Highlights: Museen und Sammlungen

Die über 20 Museen und nahezu 100 Sammlungen und Ausstellungsräume in Prag überraschen mit raren Kunstgenüssen. Religiöse Kostbarkeiten des Mittelalters wetteifern mit Schätzen des Jugendstils und Meisterwerken moderner Kunst. Nach 1989 eröffnete Museen erweitern das Ausstellungsangebot an zeitgenössischer Kunst. Auch der Geschichte von Stadt, Land und Leuten widmen sich Museen, oft in kunsthistorisch bedeutenden Gebäuden. Dieser Lageplan zeigt einige der berühmtesten Museen, ergänzt von ausführlicheren Informationen auf den beiden folgenden Seiten.

Gemäldegalerie der Prager Burg
Hier finden sich u. a. Gemälde aus der Sammlung Kaiser Rudolfs II. sowie über 100 Werke von Tizian, Tintoretto und Rubens.

Palais Sternberg
In der herausragenden Sammlung europäischer Kunst finden sich Werke wie das *Rosenkranzfest* von Albrecht Dürer.

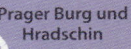

Loreto
Gaben frommer einheimischer Adliger bildeten den Grundstock der Sammlung dekorativer religiöser Kunst. Diese juwelenbesetzte baumförmige Monstranz schenkte die Gräfin von Wallenstein der Schatzkammer im Jahr 1721.

Palais Schwarzenberg
Das elegante Renaissance-Palais, ehemals Kulisse für das Militärmuseum, beherbergt nun eine Sammlung der Nationalgalerie mit Barock- und Renaissance-Kunst.

Smetana-Museum
Das Museum an der Moldau ist dem Leben und Werk des tschechischen Komponisten gewidmet. Der Fluss inspirierte ihn zu seinem berühmtesten Stück: der *Moldau*.

Kunstgewerbemuseum
Hier beeindruckt Kunsthandwerk aus fünf Jahrhunderten, darunter erlesene böhmische Glas-, Grafik- und Möbelarbeiten wie diese bemalte Truhe mit Schnitzereien aus dem Jahr 1612.

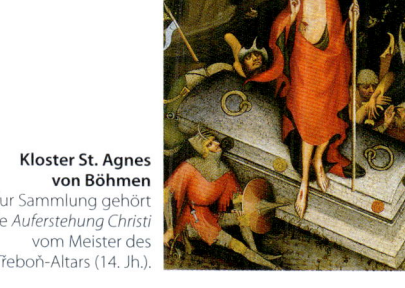

Kloster St. Agnes von Böhmen
Zur Sammlung gehört die *Auferstehung Christi* vom Meister des Třeboň-Altars (14. Jh.).

(Moldau)

Josefstadt

Altstadt

Neustadt

Maisel-Synagogue
Die Maisel-Synagoge und andere Gebäude des Staatlichen Jüdischen Museums hüten eine der bedeutendsten Judaikasammlungen mit religiösen Exponaten (u. a. Bücher, Kunst- und Einrichtungsgegenstände). Die abgebildete Seite stammt von einem illuminierten Manuskript der Liturgie *Pessach Haggada* von 1728.

0 Meter 500

Nationalmuseum
Ein riesiges Walskelett bildet den Blickfang eines der zoologischen Säle. Von Mitte 2011 bis Mitte 2015 wird das Hauptgebäude am Wenzelsplatz wegen Renovierung geschlossen sein.

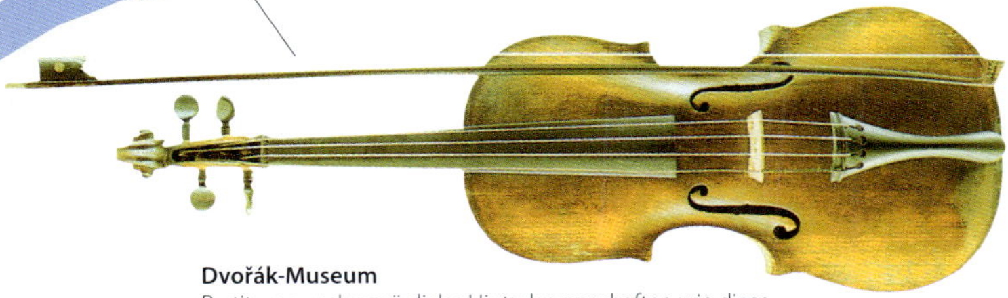

Dvořák-Museum
Partituren und persönliche Hinterlassenschaften wie diese Bratsche erinnern in der anmutigen Villa Amerika an den bedeutenden tschechischen Komponisten des 19. Jahrhunderts.

Überblick: Museen und Sammlungen

Prags Museen gewähren einen faszinierenden Einblick in die Geschichte der vielschichtigen Stadtbevölkerung. Aufschluss über die Landeskultur geben Kunstwerke aus Gotik und Barock sowie aus der Zeit der Nationalen Wiedergeburt 19. Jahrhundert. Die Nationalgalerie plant mehr Ausstellungsraum für ihre Sammlungen, wobei das Palais Salmovský Sonderausstellungen vorbehalten ist.

Madonna Aracoeli (14. Jh.), Domschatz des Veitsdoms, Prager Burg

Tschechische Malerei und Bildhauerei

Die Nationalgalerie zeigt Prags umfassendste Sammlung tschechischer Künstler an verschiedenen Orten: u. a. mittelalterliche Kunst im **Kloster St. Agnes von Böhmen** sowie Werke des 20. und 21. Jahrhunderts im **Messepalast**.

Die **Gemäldegalerie der Prager Burg** beherbergt die kulturhistorisch herausragenden Reste der Sammlung Kaiser Rudolfs II. Neben Gemälden sind hier auch Dokumente zu sehen, die belegen, wie großartig diese Sammlung einst war.

Meisterwerke böhmischer Kunst und Arbeiten von Karel Škréta und Petr Brandl zählen zu den Highlights der Barocksammlung im **Palais Schwarzenberg**, das sich gleich außerhalb des Haupttors zur Burg befindet.

Die Schätze des Veitsdoms, darunter eine Madonna der böhmischen Malerschule um Meister Theoderich, sind als Dauerausstellung in der Prager Burg zu sehen.

Das Lapidarium auf dem **Ausstellungsgelände** präsentiert Skulpturen aus mehreren Jahrhunderten, u. a. Statuen der Karlsbrücke und die Mariensäule des Altstädter Rings.

Die Sammlung des **Klosters St. Agnes von Böhmen** umfasst böhmische und mitteleuropäische gotische Gemälde und Skulpturen. Darunter befinden sich auch Tafelmalereien von Meister Theoderich für Karl IV. Werke Prager Künstler des 19. und 20. Jahrhunderts zeigt die Prager Galerie. Eine ihrer Filialen, das barocke **Schloss Troja**, fungiert als malerische Kulisse für die Ausstellungen, die auf die rund 3000 Gemälde, 1000 Statuen und 4000 Drucke der Galerie zurückgreifen.

Das Museum für Kunst des 20. und 21. Jahrhundert ist der **Messepalast**, der moderne und zeitgenössische Werke präsentiert. Hier ist jede Kunstrichtung des 20. und 21. Jahrhunderts vertreten, u. a. Jugendstil und Kubismus, ebenso wie Werke von Otto Gutfreund aus den 1920er Jahren oder Arbeiten von Josef Čapek bis zu Jiří Georg Dokoupil. Gleiches gilt für bahnbrechende Gruppen wie Osma, Skupina 42 oder Devětsil.

Der Handel von **Otto Gutfreund (1923), Messepalast**

Europäische Malerei und Bildhauerei

Im **Palais Sternberg** können Sie Werke alter und moderner europäischer Meister bewundern. Zu den Kostbarkeiten der breit gefächerten Sammlung zählen Albrecht Dürers *Rosenkranzfest* sowie die zahlreichen Arbeiten der niederländischen Meister des 17. Jahrhunderts wie Rubens und Rembrandt.

Das Zentrum für moderne und zeitgenössische Kunst im **Messepalast** bietet eine hervorragende Picasso-Sammlung, Bronzen von Rodin und viele Beispiele der fast komplett vertretenen Impressionisten, Postimpressionisten und Fauvisten. Hier hängen Selbstporträts von Paul Gauguin (*Bonjour Monsieur Gauguin*, 1889), Henri Rousseau (1890) und Pablo Picasso (1907). Deutsche und österreichische Maler, darunter Gustav Klimt und Egon Schiele, sind ebenfalls ausgestellt. Die Künstler der tschechischen Avantgarde inspirierte der *Tanz des Lebens* des Norwegers Edvard Munch. (Vom Umzug einiger Sammlungen der Nationalgalerie ist auch der Messepalast betrof-

fen. Info: www.ngprague.cz über aktuelle Ausstellungen.)
Auch die **Gemäldegalerie der Prager Burg** widmet sich europäischer Malerei (vor allem 16.–18. Jh.). Neben Tizians *Junge Frau bei der Toilette* begeistern Werke von Rubens und Tintoretto. **Palais Schwarzenberg** zeigt Barockkunst.

Musik
Zwei große tschechische Komponisten haben ihre eigenen Museen. Das **Smetana-Museum** ehrt Bedřich Smetana, dessen Musik mit der Nationalen Wiedergeburt verbunden ist. Das **Dvořák-Museum** in der hübschen Villa Amerika erläutert Leben und Werk von Antonín Dvořák. Beide Museen zeigen persönliche Hinterlassenschaften, Partituren und Briefe.

Das **Museum der Musik** beherbergt seltene historische Instrumente und Partituren berühmter Komponisten.

Geschichte
Die historischen Sammlungen des **Nationalmuseums** sind im Hauptgebäude am Wenzelsplatz (bis 2015 geschlossen) untergebracht. Die Geschichte der Stadt wird im **Museum der Stadt Prag** lebendig, etwa anhand historischer Drucke und eines Modells von Prag (19. Jh.), das vom Lithografen Antonín Langweil aus Papier und Holz gefertigt wurde. Eine Filiale des Museums in Výtoň an der Moldau zeigt das Leben in einer früheren Siedlung, eine weitere im Vyšehrad die Geschichte der Königsresidenz.

Das Militärmuseum, das sich ab 1945 im Palais Schwarzenberg befand, ist nun in der U Památníku 3. Es zeigt Karten, Uniformen, Waffen und Abzeichen. Die Fürstlichen Sammlungen im **Palais Lobkowitz** (16. Jh.) präsentieren Gemälde und dekorative Kunst.

Das Jüdische Museum verteilt sich in der Josefstadt auf **Spanische Synagoge**, **Maisel-Synagoge**, **Alten jüdischen Friedhof** und andere Stätten. Zynischerweise waren es die Nazis, die für ein Museum »einer ausgestorbenen Rasse« Kultgegenstände aus jüdischen Gemeinden hierherbrachten. Ergreifend sind die Bilder von Kindern aus dem KZ Terezín (Theresienstadt).

Kunstgewerbe
Glaskunst vom Mittelalter bis zur Moderne, Möbel, Textilien, Bücher, Plakate, Porzellan- und Zinnwaren machen das **Kunstgewerbemuseum** in der Josefstadt zu einer der reichsten Schatzkammern Prags. Doch nur ein kleiner Ausschnitt ist hier zu sehen. Halten Sie Ausschau nach Wechselausstellungen, die in den Museumsräumen oder an anderen Orten der Stadt Schwerpunktthemen präsentieren.

Kunsthandwerk gibt es in vielen weiteren Museen. Prächtige Monstranzen, eine davon mit 6222 Diamanten besetzt, zeigt die **Loreto-Schatzkammer**. Alltagsmöbel kann man im **Museum der Stadt Prag** bewundern.

Im **Náprstek-Museum** fasziniert u.a. eine Sammlung präkolumbischer Kunst.

Astrolabium (16. Jh.), Technisches Nationalmuseum

Wissenschaft und Technik
Fahrzeuge füllen eine große Halle des **Technischen Nationalmuseums**: Oldtimer – Autos, Motorräder und Dampflokomotiven – stehen Spalier. Über ihnen schweben historische Luftgleiter und Flugmaschinen. Andere Abteilungen erläutern die Entwicklung moderner Techniken. Das 2010 wiedereröffnete Museum umfasst auch faszinierende Exponate zu Architektur, Astronomie und Kommunikationstechniken.

Museen und Sammlungen
Alter jüdischer Friedhof S. 88f
Ausstellungsgelände S. 162
Dvořák-Museum S. 154
Gemäldegalerie der Prager Burg S. 100
Kloster St. Agnes von Böhmen S. 94f
Kunstgewerbemuseum S. 86
Loreto-Schatzkammer S. 118f
Maisel-Synagoge S. 92
Messepalast S. 164f
Museum der Musik S. 141
Museum der Stadt Prag S. 161
Museum Kampa S. 135
Náprstek-Museum S. 77
Nationalmuseum S. 147
Palais Lobkowitz S. 101
Palais Schwarzenberg S. 116
Palais Sternberg S. 112–115
Schloss Troja S. 166f
Smetana-Museum S. 81
Spanische Synagoge S. 92f
Technisches Nationalmuseum S. 162

Kelchglas des böhmischen Barock (1730), Kunstgewerbemuseum

Highlights: Kirchen und Synagogen

Die religiösen Bauten zeugen vom Wandel der Architektur, aber auch von Zeiten religiösen und politischen Zwistes, dem Leben der Prager, den Rückschlägen und Blütezeiten der Stadt. Viele hüten sakrale Kunstschätze. Dieser Lageplan zeigt die architektonischen und künstlerischen Highlights. Eine Einführung geben die folgenden Seiten.

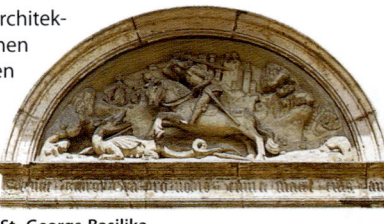

St.-Georgs-Basilika
Auf dem spätgotischen Relief über dem Torbogen des im Stil der Frührenaissance gehaltenen Südportals zückt der hl. Georg sein Schwert, um den Drachen zu töten.

Veitsdom
Das Juwel der Kathedrale ist die Wenzelskapelle. Halbedelsteine, Blattgold und Fresken zieren die Wände. Das Fresko über dem gotischen Altar zeigt Elisabeth von Pommern, die vierte Ehefrau Karls IV., beim Gebet.

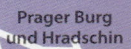

Prager Burg und Hradschin

Kleinseite

Vltava

Loreto
Seit 1626 pilgern Gläubige zu dieser der Jungfrau Maria geweihten Stätte. Jede Stunde spielen die 27 Glocken des barocken Uhrturms ein Kirchenlied.

St.-Thomas-Kirche
Das Skelett des hl. Justin ruht in einem Glassarg unter Antonín Stevens' *Kreuzigung*, einem der glanzvollen Kunstwerke dieser Kirche.

Nikolauskirche
Im Herzen der Kleinseite erhebt sich Prags schönstes Beispiel für Hochbarock. Die Kuppel schwingt sich so hoch hinauf, dass Gläubige früher ihren Einsturz befürchteten.

KIRCHEN UND SYNAGOGEN | 45

Teynkirche
Hinter einer Zeile von arkadenüberspannten Bauten überragen die Zwillingstürme der Kirche mit ihren Türmchen die Ostseite des Altstädter Rings. Im Inneren setzen Gotik, Renaissance und Barock kontrastreiche Akzente.

Altneusynagoge
Prags älteste Synagoge stammt aus dem 13. Jahrhundert. Ihr gotisches Hauptportal zeigt einen Rebstock, dessen zwölf Trauben die Stämme Israels symbolisieren.

St.-Jakobs-Kirche
Die 1374 eingeweihte Kirche erhielt nach dem Brand von 1689 barocken Glanz, wie dieses Grabmal des Kanzlers Jan Vratislav von Mitrovice (18. Jh.) zeigt. Wegen ihrer hervorragenden Akustik und ihrer Orgel ist die Kirche auch für Konzerte sehr beliebt.

Emmauskloster
Wertvolle Fresken dreier gotischer Meister mit Szenen aus dem Alten und Neuen Testament schmücken die Kreuzgänge.

0 Meter 500

St. Peter und Paul
Die seit dem 11. Jahrhundert oft umgestaltete Kirche besitzt nun ein neogotisches Aussehen, das aus den 1890er Jahren stammt. Am Eingang warnt das abgebildete Relief vor dem Jüngsten Gericht.

Überblick: Kirchen und Synagogen

Die sakrale Baukunst setzte in Prag im 9. Jahrhundert ein und erreichte ihren Höhepunkt unter Karl IV. *(siehe S. 26f)*. Es gibt Überreste einer Synagoge aus dem 11. Jahrhundert. Drei Synagogen fielen im 19. Jahrhundert der Sanierung des jüdischen Gettos zum Opfer. Viele Kirchen wurden bei den Hussiten-Aufständen *(siehe S. 28f)* zerstört. Auch viele politische Ereignisse des 20. Jahrhunderts forderten ihren Tribut. Inzwischen wurden die Kirchen und Synagogen als Kulturerbe anerkannt und restauriert – viele davon sind für Besucher geöffnet.

Hohe gotische Fenster an der Ostseite des Veitsdoms

Romanik

Drei romanische Rundbauten aus dem 11. und 12. Jahrhundert sind bis heute gut erhalten: Die **St.-Martins-Rotunde** (die älteste) sowie die Rundkapellen Heilig Kreuz und St. Longinus sind winzige Bauten mit nur sechs Meter Durchmesser.

Zur **St.-Georgs-Basilika**, der weitaus besterhaltenen und bedeutendsten romanischen Kirche, legte Fürst Vratislav I. 920 den Grundstein. Trotz des umfangreichen Umbaus nach einem Brand im Jahr 1142 zeigt sich der Chor mit seinen erlesenen Gewölbefresken immer noch als spätromanische Kostbarkeit.

Das von Fürst Vladislav II. *(siehe S. 24f)* 1142 gegründete **Kloster Strahov** hat seinen romanischen Kern gegen Brände, Kriege und umfassende Renovierungen behauptet.

Gotik

Die gotische Bauweise mit Rippengewölben, luftigem Strebewerk sowie Spitzbogen und Fialen fasste um 1230 auch in Böhmen Fuß und wurde recht schnell für sakrale Architektur eingesetzt.

Das **Kloster St. Agnes von Böhmen**, das 1233 von Agnes, der Schwester Wenzels I., gestiftet wurde, legte als erster Sakralbau gotisches Gewand an. Frühgotik, die allerdings vom vertrauten Kirchenstil abweicht, sieht man bei der **Altneusynagoge**.

Feines Maßwerk und das hochstrebende Kirchenschiff des **Veitsdoms** sind ein Lehrstück der Prager Gotik, die auch die **Teynkirche (Kirche der Jungfrau Maria vor dem Týn)** und die Kirche **Maria Schnee** prägt.

Historische Bedeutung kommt der wiederaufgebauten gotischen **Bethlehemskapelle** zu, in der Jan Hus *(siehe S. 29)* zehn Jahre lang predigte.

Restauriert wurden auch die im Zweiten Weltkrieg stark beschädigten gotischen Fresken des **Emmausklosters**.

Renaissance

In Prag lebende italienische Künstler förderten die Ideen der Renaissance, die allerdings die säkulare Architektur stärker beeinflusste als die Sakralbauten. Aus der Zeit Rudolfs II. (1576–1611), der Spätrenaissance, blieben die schönsten Beispiele bewahrt.

Romanische St.-Martins-Rotunde (11. Jh.), Vyšehrad

Kuppeln und Turmspitzen

Das Panorama der Stadt prägen die vielen Spitzen, Türme und Kuppeln der Prager Kirchen – egal, aus welcher Perspektive: Gotik und Neogotik ließen sie himmelwärts streben. Der Barock setzte Kirchen oft Rundkuppeln und Zwiebeltürme auf. Aus dem Rahmen fällt die moderne Dachkonstruktion des Emmausklosters (14. Jh.). Sie wurde hinzugefügt, nachdem die Kirche im Zweiten Weltkrieg durch einen Luftangriff schwer beschädigt wurde. Die geschwungenen, sich überschneidenden Zwillingstürme bereichern als kühne Neuinterpretation gotischer Luftigkeit apart die Skyline.

Gotik

Teynkirche (1350–1511)

Barock

Kleinseitner Nikolauskirche (1750)

KIRCHEN UND SYNAGOGEN

Typische Stilelemente der Renaissance prägen die 1586 angelegte Fassade der **Hohen Synagoge** sowie die umgestaltete, ursprünglich gotische **Pinkas-Synagoge**.

Den »Manierismus« der Spätrenaissance belegt die St.-Rochus-Kirche des **Klosters Strahov** anschaulich.

Von der Renaissance inspiriertes Gewölbe, Pinkas-Synagoge (1535)

Barock

Die Gegenreformation *(siehe S. 32f)* gab den Anstoß zu einem prunkvollen, 150 Jahre währenden Neu- und Umbau von Kirchen. **St. Maria de Victoria** (1611–13) ist Prags älteste Barockkirche. Rund 60 Jahre lang baute man an der Kleinseitner **Nikolauskirche**. Innendekor und Freskengewölbe machen sie zu Prags herausragendster Barockkirche, gefolgt von der Marienwallfahrtsstätte **Loreto** (1626–1750) beim **Kapuzinerkloster**. Beide Bauten sind wie auch **St. Johannes von Nepomuk auf dem Felsen** und **Nikolauskirche** (Altstadt) Werke des Vater-Sohn-Gespanns Christoph und Kilian Ignaz Dientzenhofer.

Für die Geschichte der Stadt bedeutsam war die Jesuitenhochschule **Klementinum** mit **St. Salvator**. Hier, wo Kilian Ignaz Dientzenhofer ausgebildet wurde, gingen Barock und jesuitische Lehre eine enge Verbindung ein.

Die **Klausensynagoge** (heute Teil des Jüdischen Museums in der Josefstadt) wurde 1689 mit Stuck verziert.

Eine ganze Reihe von frühen Gebäuden erhielt später ein barockes Aussehen, darunter das gotische Schiff von **St. Thomas** und nach einem Brand 1689 **St. Jakob**.

Neogotisches Kirchenportal von St. Peter und Paul (19. Jh.)

Neogotik

Auf dem Gipfel der Nationalen Wiedergeburt im 19. Jahrhundert *(siehe S. 34f)* wurde der **Veitsdom** in Anlehnung an den ursprünglichen Bauplan vollendet. Der Architekt Josef Mocker wurde dafür kritisiert. Sein Kirchenbau **St. Peter und Paul** entwickelte sich dagegen zum Wahrzeichen auf dem Vyšehrad. Auch die Basilika **St. Ludmilla** in Náměstí Míru stammt von Mocker.

Decke des Kirchenschiffs der Nikolauskirche (Kleinseite)

Kirchen und Synagogen

Altneusynagoge *S. 90f*
Bethlehemskapelle *S. 77*
Emmauskloster *S. 150*
Hohe Synagoge *S. 87*
Kapuzinerkloster *S. 116f*
Klausensynagoge *S. 87*
Klementinum *S. 81 (siehe auch »Die Geschichte Prags« S. 33)*
Kloster St. Agnes von Böhmen *S. 94f*
Kloster Strahov *S. 120f*
Loreto *S. 118f*
Maria Schnee *S. 146*
Nikolauskirche (Altstadt) *S. 72f*
Nikolauskirche (Kleinseite) *S. 128f*
Pinkas-Synagoge *S. 86f*
St.-Georgs-Basilika *S. 100f*
St. Jakob *S. 67*
St. Johannes von Nepomuk auf dem Felsen *S. 153*
St. Ludmilla *(siehe Náměstí Míru, S. 161)*
St. Maria de Victoria *S. 130f*
St.-Martins-Rotunde *(siehe Vyšehrad-Spaziergang, S. 180)*
St. Peter und Paul *(siehe Vyšehrad-Spaziergang, S. 181)*
St. Salvator *(siehe Kreuzherrenplatz, S. 81)*
St. Thomas *S. 127*
Teynkirche *S. 72*
Veitsdom *S. 102–105*

Barock — Loreto (1725)
Neogotik — St. Peter und Paul (1903)

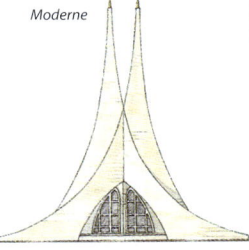

Moderne — Emmauskoster (1967)

Highlights: Palais und Gärten

Zu Prags historisch und architektonisch bedeutendsten Anlagen zählen seine Palais und Gärten. Viele Palais beherbergen Museen oder Sammlungen *(siehe S. 40–43)*, manche sind Veranstaltungsorte für Konzerte. Mit Brunnen und Statuen verzierte Gärten laden zum Verweilen ein. Die schönsten Anwesen sehen Sie hier, ergänzt von weiteren Informationen auf den folgenden Seiten.

Belvedere
Vor dem Renaissance-Sommerschloss plätschert der Singende Brunnen (1568).

Königsgarten
Obwohl der Garten im 19. Jahrhundert umgestaltet wurde, hat er seinen Renaissance-Charakter bewahrt. Unter den Statuen findet sich auch ein barockes Löwenpaar (1730) am Eingang.

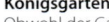

Südliche Gärten
Die Gärten gewähren einen herrlichen Blick über Prag. Einst waren sie Teil der Burgbastionen. 1891 wurden sie in einen Park umgewandelt, dem Josip Plečnik 40 Jahre später sein heutiges Aussehen verlieh.

Palais Waldstein
Die Barockresidenz wurde 1624–30 für Herzog Albrecht von Waldstein (Wallenstein) erbaut und sollte die Prager Burg in den Schatten stellen. Über 20 Häuser und ein Stadttor mussten Palais und Garten weichen. Der Venusbrunnen (1599) sprudelt vor den Arkaden der Sala terrena.

Waldstein-Garten
Heute sind hier Kopien der einstigen Bronzestatuen (17. Jh.) zu sehen. Die Schweden raubten 1648 die Originale.

PALAIS UND GÄRTEN | 49

Palastgärten
In der Barockzeit wurden am Hang unterhalb der Burg eindrucksvolle Gärten mit Terrassen angelegt.

Palais Golz-Kinský
Das Wappen der Kinskýs, ein Entwurf von Kilian Ignaz Dientzenhofer, ziert die rosa-weiße Stuckfassade. Das Rokoko-Palais ist heute Teil der Nationalgalerie.

Palais Clam-Gallas
Matthias Bernard Braun schuf vier gigantische Statuen des Herkules (um 1715), der die schweren barocken Frontportale des Palais zu stützen versucht.

Insel Kampa
Nachdem die alten Gärten im Zweiten Weltkrieg zerstört worden waren, wurde hier ein ruhiger Inselpark geschaffen.

Villa Amerika
Kilian Ignaz Dientzenhofer gestaltete 1712 das bezaubernde Schlösschen, in dem heute das Dvořák-Museum untergebracht ist. Die Gartenskulpturen stammen von Antonín Braun.

Überblick: Palais und Gärten

Die erstaunliche Vielzahl von Palais und Gärten entstand im Lauf von Jahrhunderten – und nur wenige fielen Kriegen zum Opfer. Die Mehrzahl ging aus Restaurierungen und Vergrößerungen noch prächtiger hervor. Die Gärten von Palais kamen im 17. Jahrhundert in Mode, doch sie konnten nur angelegt werden, wo genügend Platz war, etwa am Hang der Prager Burg. Die meisten erfuhren mehrfache Umgestaltungen. Im 19. Jahrhundert (und auch wieder nach 1989) wurden viele größere Parks öffentlich zugänglich.

Bronzeplastik des Singenden Brunnens im Königsgarten

Mittelalterliche Palais
Um 1135 begannen die Arbeiten am romanischen Erdgeschoss des **Königspalasts** der Prager Burg. Er ist das älteste Stadtpalais und wurde immer wieder umgebaut, vor allem zwischen dem 14. und dem 16. Jahrhundert. Der spätgotische Vladislav-Saal stammt aus den 1490er Jahren. Das weniger bekannte **Palais Toskana** (Außenministerium) weist barocke Statuen am Dachgeschoss auf. Während Umbauarbeiten in den 1990er Jahren wurden Fresken aus dem 17. Jahrhundert freigelegt.

Renaissance-Palais
Eines der schönsten Renaissance-Gebäude, das **Palais Schwarzenberg** (16. Jh.), entwarfen italienische Architekten. Geometrische, zweifarbige Sgraffiti zieren seine Fassade.

Auch an das **Belvedere** legten Italiener Hand an. Grazile Arkaden und Säulen, reich geschmückt mit Reliefs, machen es zu einem der elegantesten Renaissance-Schlösser nördlich der Alpen. Den ersten Beleg für die Spätrenaissance in Prag bietet das **Palais Martinitz** von 1563. Ihm folgte nur wenig später das **Palais Lobkowitz**, dessen mit Terrakottareliefs verzierte Fenster und Gips-Sgraffiti die Barockisierungen überlebt haben. Der Renaissance-Bau des mächtigen **Erzbischöflichen Palais** erhielt erst in späterer Zeit eine Rokoko-Fassade.

Barockpalais
Zahlreiche Prager Palais spiegeln alle Phasen des Barock. Vom Frühbarock zeugt großspurig, doch ansehnlich das **Palais Waldstein**. An Prunk

Schloss Troja und sein formal angelegter Garten, Südansicht

Portale und Tore

Die kunstvollen Portale und Tore der Prager Palais gehören zu den eindrucksvollsten architektonischen Meisterwerken der Stadt. Aus Gotik und Renaissance sind noch viele Portale erhalten, selbst wenn die dazugehörigen Gebäude zerstört oder in späteren Stilen renoviert worden sind. Typische Portale des Barock, der fruchtbarsten Bauphase, rahmen viele Eingänge großer Bauwerke ein. Die Torbögen werden oft von Statuen getragen: Riesen, Helden und mythologischen Figuren. Diese dienen nicht allein der Zierde, sondern sind ein wesentlicher Bestandteil der stützenden Gebäudestruktur.

Tor zum Ehrenhof der Prager Burg (1768)

PALAIS UND GÄRTEN | 51

steht ihm das **Palais Černín** kaum nach. Der Hochbarock verschaffte zwei Stilvarianten Ausdruck, die eine verspielter und italienisch, die andere hingegen klassizistischer und französisch-wienerisch beeinflusst. Im italienischen Villenstil präsentieren sich **Schloss Troja** und **Villa Amerika**. Wienerischer wirkt das **Palais Sternberg** am Hradčanské náměstí. Troja (1679) ist ein Werk von Jean-Baptiste Mathey, der wie die Dientzenhofers *(siehe S. 129)* ein Meister des Barock war. An den Portalen von **Palais Clam-Gallas** und **Palais Morzin** in der Nerudagasse fallen die Atlantenpaare, ein überaus beliebtes Barockmotiv, ins Auge. Den hervorragenden Rokoko-Bau des **Palais Golz-Kinský** schuf Kilian Ignaz Dientzenhofer.

Gärten

Die Kleinseite beherbergt Prags schönste Gärten, so den **Waldstein-Garten**, der, anders als sein frühbarockes Palais, die geometrische Strenge der Renaissance einhält. Diese zeigt sich auch im **Königsgarten** hinter der Prager Burg. Umgestaltet wurden in den 1920er Jahren die **Südlichen Gärten** an den alten Burgwällen.

Viele Gärten kamen im 17. und 18. Jahrhundert hinzu, als Adelsfamilien bei der Anlage von Kleinseitner Winterresidenzen zu Füßen der Burg einander zu übertreffen versuchten. Einige gehören heute zu Botschaftssitzen, andere sind öffentlich zugänglich. Dem Ledebour-Garten wurden z. B. zwei Nachbargärten eingegliedert. Die **Palastgärten** am steilen Hang der Prager Burg spielen raffiniert mit Pavillons, Stufen und Terrassen, die reizvolle Aussichten auf die Stadt entstehen lassen. Eine ähnliche barocke Schöpfung mit Statuen und imposanten Aussichten zeigt der **Vrtba-Garten** auf dem Gelände eines ehemaligen Weinguts. Aus solchen Gärten entstand auch die Parkanlage der Insel **Kampa**.

Am Petřín (Laurenziberg) verwandelte man alte Gärten und Obsthaine in den weitläufigen, öffentlichen **Petřín-Park**. Auf einen Obstgarten geht auch der **Vojan-Park** zurück, der im 13. Jahrhundert von Erzbischöfen angelegt wurde. Zu den wenigen öffentlichen Grünflächen der Neustadt zählt der **Botanische Garten**.

Größere Parks liegen meist außerhalb des Zentrums. Der **Baumgarten** (Stromovka) diente als königlicher Hirschgarten, der **Letná-Park** entstand 1858 auf einem freien Gelände der Letná-Ebene.

Alter Baumbestand im Stromovka

Frühlingsblumen im Königsgarten der Prager Burg

Schloss Troja (um 1703)

Palais Clam-Gallas (um 1714)

Palais und Gärten

Baumgarten (Stromovka) *S. 162*
Belvedere *S. 110f*
Botanischer Garten *S. 153*
Erzbischöfliches Palais *S. 111*
Kampa *S. 131*
Königsgarten *S. 111*
Königspalast *S. 106f*
Letná-Park *S. 161*
Palais Černín *S. 117*
Palais Clam-Gallas *S. 80*
Palais Golz-Kinský *S. 72*
Palais Lobkowitz *S. 101*
Palais Martinitz *S. 116*
Palais Morzin *(siehe Nerudagasse S. 130)*
Palais Schwarzenberg *S. 116*
Palais Sternberg *S. 112f*
Palais Waldstein und Garten *S. 126*
Palastgärten *S. 135*
Petřín-Park *S. 141*
Schloss Troja *S. 166f*
Südliche Gärten *S. 110*
Villa Amerika
   (siehe Dvořák-Museum S. 154)
Vojan-Park *S. 135*
Vrtba-Garten *S. 130*

Das Jahr in Prag

Prag erstrahlt in allen Farben der Natur, wenn im Frühling die Gärten erblühen. Das Musikfestival »Prager Frühling« läutet die Saison ein. Im Sommer unterhalten Straßenkünstler. Die Gärten zeigen sich dann von ihrer schönsten Seite. Wenn die Tage kühler werden, lädt der »Prager Herbst« zum Musikgenuss ein. Zum Jahresende bedeckt oft Schnee die Straßen. Die Ballsaison beginnt im Dezember. In den kalten Monaten finden Veranstaltungen in vielen architektonisch schönen Räumen statt. Das ganze Jahr über pilgern Besucher zur mittäglichen Wachablösung vor der Burg. Magazine *(siehe S. 216)* und der Prager Informationsdienst *(siehe S. 216)* kündigen Veranstaltungen an.

Konzert beim Musikfestival »Prager Frühling« *(Mai, Juni)*, **Palais Waldstein**

Frühling

Die ersten Strahlen der Frühlingssonne kitzeln Prag aus dem Winterschlaf. Im Frühjahr, der anregendsten Reisezeit, feiern Farben, Blumen und Kultur Feste. Die ergrünenden Parks und Gärten öffnen nach der Winterpause wieder ihre Pforten. Wenn im April und Mai das Thermometer steigt, bildet das internationale Musikfestival »Prager Frühling« den Auftakt zu einem reichhaltigen Unterhaltungsprogramm.

Ostern

Ostermontag ist in Tschechien ein gesetzlicher Feiertag. Ein skurriles Ritual aus alten Zeiten begleitet das Osterfest: Männer »schlagen« ihre Frauen mit Weidenruten – es sind »Prügel« zum Erhalt der weiblichen Fruchtbarkeit. Doch die Opfer rächen sich, indem sie ihre Peiniger mit Wasser überschütten. Ein Waffenstillstand tritt erst ein, wenn die Frauen den Männern ein bemaltes Ei überreichen. Gottesdienste finden an allen Ostertagen statt *(siehe S. 227)*.

März

Young Prague *(Ende März)*. Internationales Festival sowie Wettbewerb von jungen Musikern – mit Auftritten von Chören und Orchestern.

April

Bootsausflüge *(1. Apr)*. Die Saison für Bootsausflüge auf der Moldau beginnt.
Hexenverbrennung *(30. Apr)*, Ausstellungsgelände *(siehe S. 162)*. Konzerte untermalen das 500-jährige Ritual, bei dem alte Besen in Freudenfeuern verbrannt werden, um böse Geister zu vertreiben.

Mai

Tag der Arbeit *(1. Mai)*. An diesem Feiertag finden zahlreiche Veranstaltungen statt.
Mozarts Prag *(Anfang Mai)*. Internationale Orchester spielen in Kirchen und Konzertsälen Werke von Mozart.
Jahrestag des Prager Aufstands *(5. Mai)*. Mittags heulen eine Minute lang die Sirenen. Die Tafeln zum Gedenken an die Opfer *(siehe S. 36)* werden mit Blumen geschmückt.
Tag der Befreiung vom Faschismus *(8. Mai)*. Tag des Siegs der Alliierten im Zweiten Weltkrieg. Kranzniederlegung an den Soldatengräbern des Olšany-Friedhofs.
Prager Internationale Buchmesse *(3. Woche im Mai)*, Messegelände. Präsentation der Werke von tschechischen und internationalen Autoren.
Prager Internationaler Marathon *(Termine variieren)*. Start und Ziel ist der Altstädter Ring.

Internationales Musikfestival »Prager Frühling«

Das internationale Festival (12. Mai – 3. Juni) lockt mit abwechslungsreichem Konzert-, Ballett- und Opernprogramm, dargeboten von den weltbesten Interpreten – ein Hochgenuss für Musikliebhaber. Hauptschauplatz ist das Rudolfinum *(siehe S. 86)*, doch auch Kirchen und Palais öffnen – manche nur zu diesem Anlass – dem Publikum ihre Pforten. Das Festival beginnt am Todestag von Bedřich Smetana *(siehe S. 81)*. An seinem Grab auf dem Vyšehrad *(siehe S. 181)* findet ein Gottesdienst statt. Abends gibt es ein Konzert im Gemeindehaus *(siehe S. 66)*, bei dem seine berühmteste Komposition, Má vlast (Mein Vaterland), aufgeführt wird. Im Gemeindehaus endet das Festival dann auch.

Bedřich Smetana

DAS JAHR IN PRAG: FRÜHLING UND SOMMER | 53

Durchschnittliche tägliche Sonnenstunden

Sonnenschein
Prag erlebt seine heißen Tage zwischen Mai und August. Im Hochsommer kann es schwül werden. Reizvoll wirkt die Stadt auch an sonnigen Wintertagen. Dichter Smog *(siehe S. 55)* kann die Sonnentage allerdings trüben.

Einheimische und Besucher an einem sonnigen Nachmittag im Vyšehrad-Park

Sommer
Der Sommer bedeutet hohe Temperaturen, häufige, teilweise heftige Schauer und Besuchermassen – eine schöne, wenngleich umtriebige Reisezeit. Die Tschechen flüchten am Wochenende aufs Land, um in den Hügeln der Umgebung zu wandern oder in einer »Datscha« zu entspannen. Wer daheim bleibt, sucht Erfrischung in den vielen Bädern und Seen *(siehe S. 221)* vor den Toren der Stadt. Jetzt, wenn die Kultur ins Freie zieht, sorgen Schauspieler, Musiker und klassische Orchester für Kurzweil. Cafés rücken Tische ins Freie, sodass Sie dem Treiben auch bei einem Getränk in aller Ruhe zusehen können.

Juni
Fringe Festival Praha *(1. Woche im Juni)*. Musik, Theater, Tanz und andere Kunst- bzw. Kulturproduktionen aus aller Welt.
Sommerkonzerte *(den ganzen Sommer über)*. In den Prager Gärten *(siehe S. 48 – 51)* finden kostenlose Konzerte von Orchestern und Blaskapellen statt. Auf dem Ausstellungsgelände *(siehe S. 162)* beim Křižík-Brunnen gibt es eines der beliebtesten Open-Air-Konzerte. Farbige Licht- und Wasserspiele begleiten Orchester mit großer Besetzung.
Prager Museumsnacht *(2. Sa im Juni)*. Freier Museumsbesuch. Von 7 bis 24 Uhr bringen Busse Besucher von der Station Staroměstská zu Museen und Sammlungen, die ihre Räumlichkeiten kostenlos öffnen.
Jahrestag der Ermordung der Attentäter von Reinhard Heydrich *(18. Juni)*. In der Kirche St. Kyrill und St. Method *(siehe S. 152)* wird in einer Messe der hier gestorbenen Widerstandskämpfer gedacht.

Aufführungen historischer Schlachten *(den ganzen Sommer über)* in mehreren Prager Palais und Gärten.
Tanzendes Prag *(Mai bis Ende Juni)*. Internationales Festival für zeitgenössischen Tanz im Ponec, einem Aufführungsort für experimentellen Tanz *(siehe S. 219)*.

Juli
Tag der Slawenapostel *(5. Juli)*. Gesetzlicher Feiertag zu Ehren des hl. Kyrill und des hl. Method *(siehe S. 152)*, die das Christentum ins Land brachten.
Todestag von Jan Hus *(6. Juli)*. An dem gesetzlichen Feiertag wird das Denkmal des Reformators und Märtyrers Jan Hus *(siehe S. 29)* festlich mit Blumen geschmückt.

August
Fortuna Czech Open *(3. Woche im Aug)*. Internationales Unihockey-Turnier (Floorball).

Wachablösung an der Prager Burg

Durchschnittliche monatliche Niederschläge

Niederschläge
Das gesamte Jahr über fällt in Prag reichlich Regen, vor allem im Oktober und November. Auch in den Sommermonaten gehen häufig leichte Schauer nieder. Der Winter kann heftige, selten aber schwere Schneefälle bringen.

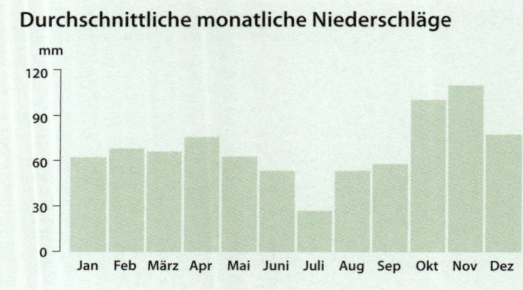

Klingendes Prag: Musiker bei einer Jamsession

Herbst

Wenn sich das Laub in den Gärten unterhalb der Prager Burg rot, golden und braun verfärbt und die Besucherströme langsam versiegen, bereitet sich die Stadt auf die kalten Wintermonate vor. Jetzt begegnet man vielen Pilzsammlern mit Körben frischer Pilze. Die Marktstände quellen über von Obst und Gemüse. Die baumbestandenen Hänge oberhalb der Moldau leuchten in den schönsten Herbstfarben. Im September und Oktober gibt es noch einige warme Sonnentage. Im November fällt oft schon der erste Schnee. Fußballfans pilgern in die Stadien. Das Ereignis für Reitsportfans ist das alljährlich stattfindende große Hindernisrennen von Pardubice.

September

Prager Volksmusikfest *(Ende Aug/Anfang Sep)*. Fest tschechischer Trachten- und Volksmusikgruppen mit Musik- und Tanzaufführungen.
Prager Herbst *(wechselnde Termine)*. Internationales Festival »Saiten des Herbstes« für moderne und klassische Musik an unterschiedlichen Veranstaltungsorten.
Prager Grand Prix *(2. Sa im Sep)*. Laufsportereignis (derzeitiger Name: Mattoni Grand Prix) in der Innenstadt.
Drachenwettbewerbe *(3. So im Sep)*, Letná-Ebene vor dem Sparta-Stadion. Bei Kindern beliebtes Event, doch jeder kann hier seinen Drachen steigen lassen.
Dvořák-Musikfestival *(wechselnde Termine)*. Musikfestival zu Ehren von Dvořák.

Oktober

Großes Hindernisrennen von Pardubice *(2. So im Okt)*. Seit 1874 findet in Pardubice, östlich von Prag, Europas schwierigstes Hindernis-Pferderennen statt.
Golden Prague *(wechselnde Termine)*. Palais Žofín. Internationales Festival preisgekrönter TV-Produktionen. Workshops.
Praga Cantat *(Ende Okt)*, Nationalhaus. Internationaler Chorwettbewerb, an dem in den letzten 25 Jahren über 740 Chöre aus 28 Ländern teilnahmen.
Tag der Republik *(28. Okt)*. Auch nach Trennung der Tschechoslowakei in zwei unabhängige Staaten gedenkt ein Feiertag der Gründung der Republik im Jahr 1918.

November

Velká Kunratická *(2. So im Nov)*. Jeder kann an dem beliebten, allerdings haarsträubenden Querfeldeinrennen im Wald von Kunratice teilnehmen.
Feiertag der Samtenen Revolution *(17. Nov)*. Um den Wenzelsplatz *(siehe S. 144f)* finden friedliche Demonstrationen statt.

Blick auf den Veitsdom hinter herbstlich verfärbtem Laub

HERBST UND WINTER | 55

Durchschnittliche monatliche Temperaturen

Temperaturen
Die Tabelle zeigt die durchschnittlichen monatlichen Tiefst- und Höchsttemperaturen. Im Sommer bleibt es meist angenehm warm. Im Winter kann es hingegen bitterkalt werden. Die Temperaturen fallen dann oft unter den Gefrierpunkt.

Winter
Vielleicht erwachen Sie in Prag an einem jener hinreißenden Morgen, an denen die von Neuschnee bedeckte Stadt in der Sonne glitzert. Der Blick über die weißen Dächer der Kleinseite ist einfach zauberhaft. Leider enthüllt Prag im Winter nur selten solche Schönheit. Das Wetter hat seine Launen. An trüben Tagen können die Temperaturen jäh auf –5 °C sinken. Wegen der hohen Luftverschmutzung und der Lage im Moldaubecken lastet oft dichter Smog über der Stadt.

Ein Lichtblick im trüben Winterwetter ist die Theatersaison, die in dieser Jahreszeit mit Premieren ihren Höhepunkt feiert. Bälle und Tanzveranstaltungen halten in den kalten Monaten warm. Kurz vor Weihnachten können Sie in den Straßen Fässer mit lebenden Karpfen, dem traditionellen Weihnachtsschmaus, erblicken. Christbäume schmücken die Stadt, Weihnachtslieder erklingen an den Straßenecken. Christmetten finden in fast allen Kirchen statt. Silvester feiert man seit eh und je in der gesamten Stadt.

Blick über die schneebedeckten Dächer der Kleinseite

Karpfen – das traditionelle Weihnachtsessen in Prag

Dezember
Weihnachtsmärkte *(gesamter Dez)*, Metro-Stationen Můstek und Anděl sowie Náměstí Míru, Palackého náměstí und Altstädter Ring. In den Buden werden Weihnachtsschmuck und Geschenke in allen Preisklassen, aber auch Glühwein, Punsch, Gebäck und Karpfen feilgeboten *(siehe S. 211)*.
Heiligabend, erster und zweiter Weihnachtsfeiertag *(24., 25., 26. Dez)* werden als gesetzliche Feiertage in allen Kirchen mit Messen begangen.
Schwimmwettbewerbe in der Moldau *(26. Dez)*. Hunderte von abgehärteten Schwimmern tummeln sich in der 3 °C kalten Moldau.
Silvester *(31. Dez)*. Menschenmengen am Wenzelsplatz und in der Altstadt.

Januar
Neujahr *(1. Jan)*. Gesetzlicher Feiertag.

Februar
Tänze und Bälle *(Anfang Feb)*.
Böhmischer Karneval *(Feb/Anfang März)*, verschiedene Orte. Akrobaten, Kunst- und kulinarische Events, Umzüge, historische Kostüme und barocker Maskenball.

Feiertage
Nový rok Neujahr *(1. Jan)*
Velikonoce Ostersonntag und Ostermontag *(variabel)*
Tag der Arbeit *(1. Mai)*
Tag der Befreiung vom Faschismus *(8. Mai)*
Tag der Slawenapostel *(5. Juli)*
Todestag von Jan Hus *(6. Juli)*
Hl. Wenzel *(28. Sep)*
Tag der Republik *(28. Okt)*
Feiertag der Samtenen Revolution *(17. Nov)*
Vánoce Weihnachten *(24.–26. Dez)*

Flusspanorama

Die Vltava (Moldau) spielte schon immer eine bedeutsame Rolle in der Geschichte Prags *(siehe S. 22f)* und hat Maler, Dichter und Musiker jahrhundertelang inspiriert. Der Lauf des Flusses war Vorlage für eines der bekanntesten Musikstücke: die sinfonische Dichtung *Die Moldau* aus dem Zyklus *Mein Vaterland* von Bedřich Smetana.

Bis zum 19. Jahrhundert waren einige Teile der Stadt oft heftigen Überschwemmungen ausgesetzt. Um die Fluten zu bannen, wurden die Flussdeiche stetig verstärkt und erhöht (heute ruhen sie auf Stein- oder Betonfundamenten). Wegen der regelmäßigen Überflutungen schüttete man im Mittelalter die betroffenen Areale mit einer zwei Meter dicken Erdschicht zu, um den Schaden zu mindern. Die Maßnahme schuf nur teilweise Abhilfe, bewahrte jedoch die Erdgeschosse zahlreicher, heute zu besichtigender romanischer und gotischer Bauwerke *(siehe S. 80f)*. Dennoch richtete die Flut von 2002 derartige Zerstörungen an, dass der Notstand ausgerufen wurde.

Die Moldau dient der Stadt seit Langem auch als Verkehrsweg und Einkommensquelle. So entstanden Wehre, Wassermühlen und Wassertürme. Ein Wasserkraftwerk auf der Insel Štvanice liefert seit 1912 fast ein Drittel des Prager Stroms. Für die Schifffahrt baute man acht Dämme, einen großen Kanal sowie Wehre entlang der Strecke Slapy – Prag – Mělník bis zur Mündung der Moldau in die Elbe. Ausflüge mit Booten, darunter Raddampfer und sogar eine chinesische Dschunke, bieten schöne Ansichten. Im Sommer werden täglich Fahrten angeboten, auch nach Troja *(siehe S. 166f)* oder zum Slapy-Stausee. Die Boote legen von den vielen Pieren Prags ab und bieten eine der schönsten Möglichkeiten zur Erkundung der Stadt und ihrer herrlichen Umgebung.

Ansicht der Dampferlandungsbrücke (Přístaviště parníků) am Rašínovo nábřeží

FLUSSPANORAMA | 57

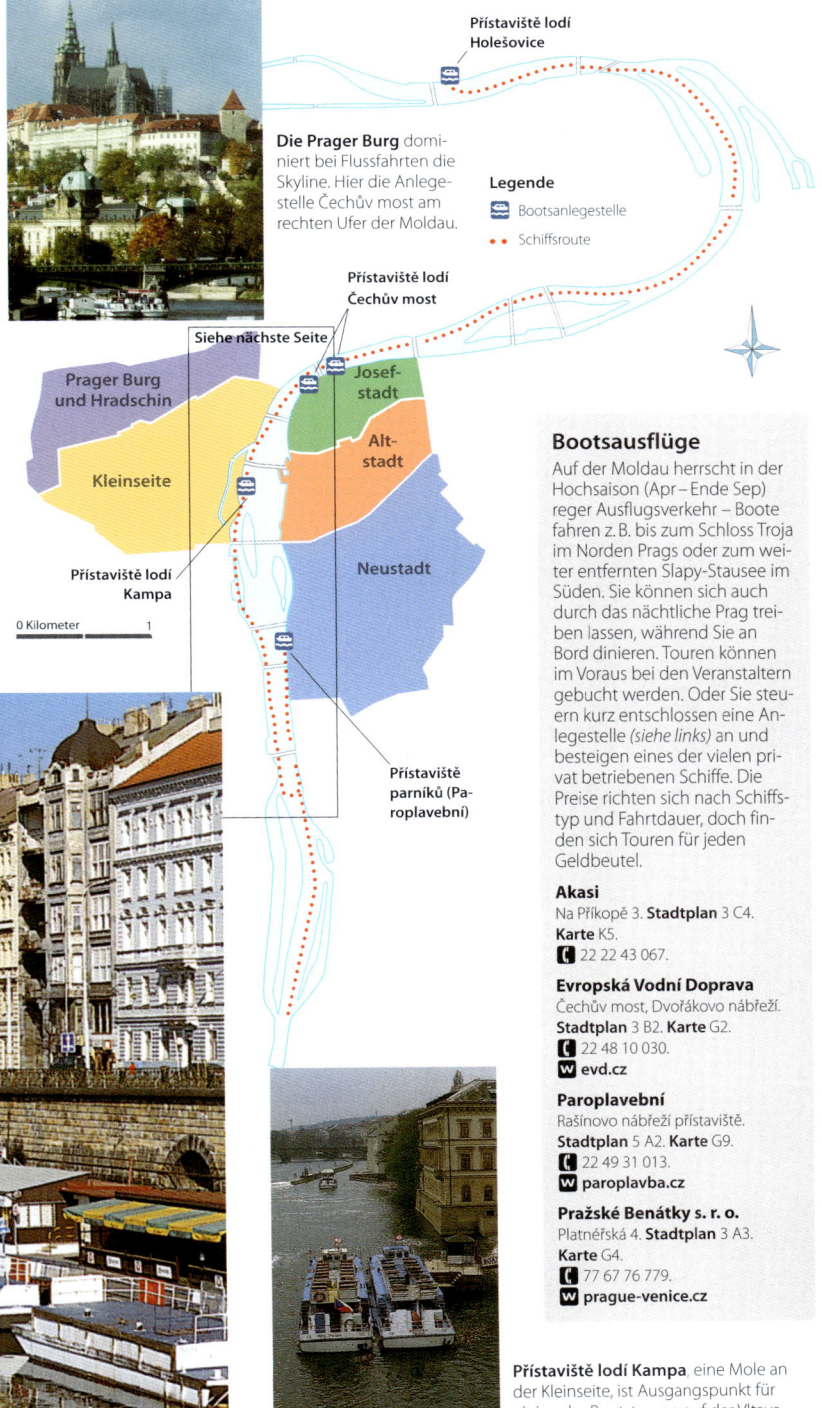

Die Prager Burg dominiert bei Flussfahrten die Skyline. Hier die Anlegestelle Čechův most am rechten Ufer der Moldau.

Přístaviště lodí Holešovice

Legende
- Bootsanlegestelle
- • • • Schiffsroute

Přístaviště lodí Čechův most

Siehe nächste Seite

Prager Burg und Hradschin

Josefstadt

Kleinseite

Altstadt

Neustadt

Přístaviště lodí Kampa

0 Kilometer 1

Přístaviště parníků (Paroplavební)

Bootsausflüge

Auf der Moldau herrscht in der Hochsaison (Apr – Ende Sep) reger Ausflugsverkehr – Boote fahren z. B. bis zum Schloss Troja im Norden Prags oder zum weiter entfernten Slapy-Stausee im Süden. Sie können sich auch durch das nächtliche Prag treiben lassen, während Sie an Bord dinieren. Touren können im Voraus bei den Veranstaltern gebucht werden. Oder Sie steuern kurz entschlossen eine Anlegestelle *(siehe links)* an und besteigen eines der vielen privat betriebenen Schiffe. Die Preise richten sich nach Schiffstyp und Fahrtdauer, doch finden sich Touren für jeden Geldbeutel.

Akasi
Na Příkopě 3. **Stadtplan** 3 C4.
Karte K5.
☏ 22 22 43 067.

Evropská Vodní Doprava
Čechův most, Dvořákovo nábřeží.
Stadtplan 3 B2. **Karte** G2.
☏ 22 48 10 030.
🌐 evd.cz

Paroplavební
Rašínovo nábřeží přístaviště.
Stadtplan 5 A2. **Karte** G9.
☏ 22 49 31 013.
🌐 paroplavba.cz

Pražské Benátky s. r. o.
Platnéřská 4. **Stadtplan** 3 A3.
Karte G4.
☏ 77 67 76 779.
🌐 prague-venice.cz

Přístaviště lodí Kampa, eine Mole an der Kleinseite, ist Ausgangspunkt für einige der Bootstouren auf der Vltava (Moldau).

Flusspanorama

Eine Fahrt auf der Moldau eröffnet einzigartige Blicke auf Prags zahlreiche Baudenkmäler. Die erste slawische Siedlung befand sich am linken Ufer, doch es war das von Kaufleuten dicht bewohnte rechte Ufer, das zum geschäftigen Wirtschaftszentrum aufblühte. Daran hat sich bis heute nichts geändert. Weite Teile des weniger entwickelten linken Ufers zeigen sich immer noch als grüne Oasen. Schwäne haben den Fluss zu ihrer Heimat erkoren, so als wollten sie seine stolze Schönheit verstärken.

Hanau-Pavillon
Ein gusseiserner Treppenaufgang führt zum Pavillon (Zdeněk Fiala 1891).

Kleinseitner Brückentürme
Der niedrigere, 1158 errichtete Turm sollte den Zugang zur Judithbrücke bewachen, während der höhere 1464 einen romanischen Vorgänger ersetzte *(siehe S. 136)*.

Moldauwehr
Mit Wehren wie diesem, das von den dicht bewaldeten Hängen des Laurenzibergs überragt wird, versuchte man im 19. Jahrhundert, diesen Abschnitt der Moldau schiffbar zu machen.

Vor der Moldau-Statue am nördlichen Zipfel der Kinderinsel werden jährlich Kränze zum Gedenken an die Ertrunkenen abgelegt.

Kleinseitner Wasserturm
Der Turm aus dem Jahr 1560 speiste 57 Kleinseitner Brunnen.

0 Meter — 500

Legende
• • Schiffsroute

Zeichenerklärung siehe hintere Umschlagklappe

FLUSSPANORAMA | 59

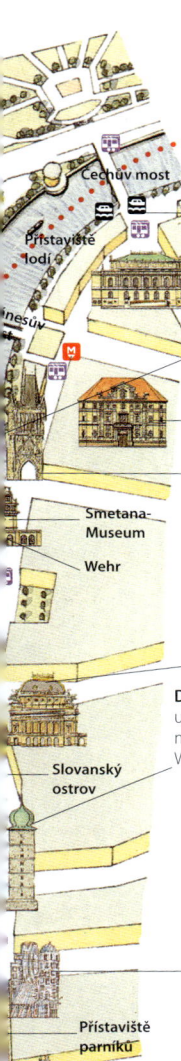

Rudolfinum
Am imposanten Eingang dieser im Stil der Neorenaissance gehaltenen Konzerthalle verkörpern zwei Statuen von Antonín Wagner die Musik *(siehe S. 86).*

Karlsbrücke

Das Klementinum, einst ein Jesuitenkolleg, zählt zu den größten Bauten der Stadt *(siehe S. 81).*

Der Altstädter Brückenturm entstand im 14. Jahrhundert als Teil der Stadtbefestigung *(siehe S. 139).*

Nationaltheater
Am rechten Ufer der Moldau leuchtet das verzierte Dach dieses Wahrzeichens der Nationalen Wiedergeburt *(siehe S. 156f).*

Der Šítka-Turm stammt von 1495 und wurde im späten 18. Jahrhundert mit Barockdach versehen. Er pumpte Wasser in die Neustadt.

Tanzendes Haus
Das Bürogebäude von Frank Gehry ist ein Beispiel für moderne Architektur nach der Samtenen Revolution.

Das Denkmal für František Palacký ehrt seit 1905 den bedeutenden tschechischen Historiker des 19. Jahrhunderts.

Das Emmauskloster wurde 1347 unter Karl IV. gegründet. Es besitzt zwei moderne Spitztürme, die einen markanten Akzent setzen.

Výtoň-Zollamt
Das Neustädter Wappen von 1671 ziert das Zollamt (16. Jh.), in dem die von Holzflößern eingetriebenen Zölle gesammelt wurden.

St. Peter und Paul
Die oft umgebaute Kirche erhielt 1903 zwei neogotische Türme nach einem Entwurf von František Mikeš. Sie sind Wahrzeichen des Vyšehrad-Felsens *(siehe S. 180f).*

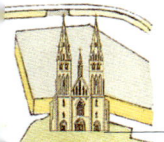

Blick auf Prags attraktiven Altstädter Ring *(siehe S. 68–71)* ▶

DIE STADTTEILE PRAGS

Altstadt	62–81
Josefstadt	82–95
Prager Burg und Hradschin	96–121
Kleinseite	122–141
Neustadt	142–157
Abstecher	158–167
Ausflüge	168–171
Spaziergänge	172–181

Altstadt
15 Kirche St Martin   6 Karolinum
1 Pulvertor
2 Gemeindehaus
3 Zeltnergasse
4 St Jakobs Kirche
4 Altstädter Ring
Teynkirche
Palais
16 Jan-Hus-Denkmal
17 Nikolauskirche
17 Rathaus
18 20 Marienplatz
18 21 Karlsgasse
19 23 Klementinum   Hard Rock Cafe

Altstadt
Staré Město

Die Altstadt und ihr Marktplatz bilden das Herz von Prag. Schon im 11. Jahrhundert dehnten sich Siedlungen um die Burg zum rechten Ufer der Moldau aus. Ein Marktplatz, der heutige Altstädter Ring (Staroměstské náměstí), wurde erstmals 1091 erwähnt. Um ihn schossen bald Häuser und Kirchen aus dem Boden. Ein willkürliches Netz von Straßen, von denen viele bis heute überlebt haben, verband sie. Das Viertel erhielt im 13. Jahrhundert Stadtrecht und 1338 auch ein Rathaus. Prachtbauten wie das Palais Clam-Gallas oder das Gemeindehaus zeigen die Bedeutung der Altstadt.

Sehenswürdigkeiten auf einen Blick

Kirchen
- ❹ St.-Jakobs-Kirche
- ❽ Teynkirche
- ⓫ Nikolauskirche
- ⓮ St.-Gallus-Kirche
- ⓯ Kirche St. Martin in der Mauer
- ⓱ St.-Julius-Kirche
- ⓲ Bethlehemskapelle
- ㉒ Kreuzherrenkirche

Museen und Sammlungen
- ⓰ Náprstek-Museum
- ㉔ Smetana-Museum

Historische Straßen und Plätze
- ❸ Zeltnergasse
- ❼ Altstädter Ring S. 68–71
- ⓴ Marienplatz
- ㉑ Karlsgasse
- ㉕ Kreuzherrenplatz

Historische Denkmäler und Gebäude
- ❶ Pulvertor
- ❷ Gemeindehaus
- ❻ Karolinum
- ❿ Jan-Hus-Denkmal
- ⓬ Altstädter Rathaus S. 74–76
- ⓭ Haus »Zu den zwei goldenen Bären«
- ㉓ Klementinum

Theater
- ❺ Ständetheater

Palais
- ❾ Palais Golz-Kinský
- ⓳ Palais Clam-Gallas

☐ **Restaurants** siehe S. 198f
1. Las Adelitas
2. Ambiente Brasileiro
3. Bellevue
4. Bohemia Bagel
5. Buddha Bar
6. Caffrey's
7. Country Life
8. Divinis
9. Francouzská Restaurace
10. Kabul
11. Kogo
12. Lehká Hlava
13. Maitrea
14. Mlýnec
15. Parnas
16. School Restaurant & Lounge
17. Pizza Nuova
18. Platina
19. Plzeňská
20. Red Pif
21. Le Saint-Tropez
22. Sarah Bernhardt
23. Století
24. Le terroir
25. La Truffe
26. U Provaznice
27. U Tří růží
28. U Závoje
29. V Zátiší
30. VinodiVino
31. Zdenek's Oyster Bar

◀ Astronomische Uhr (siehe S. 76)　　　　Zeichenerklärung siehe hintere Umschlagklappe

Im Detail: Altstadt (Osten)

Der von historischen Bauten gesäumte Altstädter Ring (Staroměstské náměstí) zählt zu den schönsten Plätzen der Welt. Der Motorverkehr wurde verbannt, stattdessen rollen Pferdekutschen vorbei. Auch umliegende Straßen und Plätze wie Celetná und Ovocný trh sind Fußgängerzonen. Im Sommer stehen Kaffeehaustische auf dem Pflaster. Obwohl hier Besucher in Scharen einfallen, blieb das einzigartige Flair erhalten.

❽ **Teynkirche**
Ihre gotischen Türme zählen zu den markantesten Wahrzeichen der Altstadt.

❾ **Palais Golz-Kinský**
Das prächtige Rokoko-Palais beherbergt heute Kunstausstellungen.

⓫ **Nikolauskirche**
Die stattliche Fassade der Barockkirche beherrscht eine Ecke des Altstädter Rings

STAROMĚSTSKÉ NÁMĚSTÍ

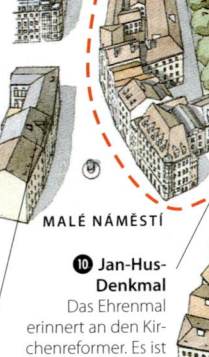

MALÉ NÁMĚSTÍ

ŽELEZNÁ

❼ ★ **Altstädter Ring**
Václav Jansas Aquarell aus dem späten 19. Jahrhundert beweist, dass sich der Platz seit über 100 Jahren kaum verändert hat.

❿ **Jan-Hus-Denkmal**
Das Ehrenmal erinnert an den Kirchenreformer. Es ist Symbol der Standhaftigkeit und nationalen Identität

Am Štorch-Haus zeigen Fassadenmalereien nach Entwürfen von Mikoláš Aleš den hl. Wenzel hoch zu Pferd.

⓭ **Haus »Zu den zwei goldenen Bären«**
Sein kunstvolles Renaissance-Portal ist in Prag ohnegleichen.

U Rotta, der einstige Eisenwarenladen, ist mit Fassadenmalereien (19. Jh.) des tschechischen Künstlers Mikoláš Aleš verziert.

⓬ ★ **Altstädter Rathaus**
Die Astronomische Uhr lockt zur vollen Stunde viele Besucher an.

ALTSTADT (OSTEN) | 65

3 Zeltnergasse
Das schöne Barockschild findet sich am Haus »Zur schwarzen Sonne«.

4 St.-Jakobs-Kirche
Die Kirche beherbergt diese schöne hölzerne Pietà aus dem 15. Jahrhundert.

Zur Orientierung
Siehe Prager Innenstadt S. 16f, siehe Stadtplan 3–4

1 Pulvertor
Das oft restaurierte gotische Tor ist einer der 13 originalen Eingänge (11. Jh.) zur Altstadt.

Teynhof

JAKUBSKÁ
ŠTUPARTSKÁ
U PRAŠNÉ BRÁNY
CELETNÁ
OVOCNÝ TRH

Haus »Zur

Legende
— Routenempfehlun
0 Meter

5 Ständetheater
Miloš Forman drehte hier Szenen seines Films *Amadeus*.

Der reich ver
testen Te
Karl IV. ir
Lebe

Handschriftliche Notiz:

Altstadt
Osten
- Pulvertor
- Gemeindehaus
- Teynkirche
- Karolinum (Uni)
- Altstädter Ring
+ Hard Rock Cafe

❶ Pulvertor
Prašná brána

Náměstí Republiky. **Stadtplan** 4 D3. **Karte** K4. 72 49 11 556. Náměstí Republiky. 5, 8, 24, 26. Apr–Sep: tägl. 10–22 Uhr; März, Okt: tägl. 10–20 Uhr; Nov–Feb: tägl. 10–18 Uhr. praguetowers.com

Hier bewachte ab dem 11. Jahrhundert eines von damals 13 Toren die Altstadt. 1475 legte König Vladislav II. den Grundstein zum »Neuen Turm«, einem Krönungsgeschenk des Stadtrats. Die Gestaltung lehnte sich an den älteren Altstädter Brückenturm von Peter Parler an. Das Tor diente weniger zur Verteidigung, vielmehr sollte es mit üppigem Dekor die Würde des benachbarten Königshofs erhöhen. Die Bauarbeiten stockten, als der König vor Aufständen aus der Stadt floh. Nach der Rückkehr 1485 machte er die Prager Burg zu seiner Residenz. Der einstige Königshof wurde 1903/1904 abgerissen.

Das Tor erhielt seinen heutigen Namen im 17. Jahrhundert, als man hier Schießpulver lagerte. Seinen während der preußischen Besetzung 1757 zerstörten Fassadenschmuck brachte man 1876 wieder an.

Karel Špillars Mosaik *Huldigung an Prag*, Fassade des Gemeindehauses

❷ Gemeindehaus
Obecní dům

Náměstí Republiky 5. **Stadtplan** 4 D3. **Karte** K4. 22 20 02 101. Náměstí Republiky. 5, 8, 24, 26. bei Ausstellungen tägl. 10–19 Uhr. meist 11, 13 und 16 oder 17 Uhr, Gruppen nach Vereinbarung. obecnidum.cz

Prags berühmtester Jugendstil-Bau erhebt sich auf dem Gelände des ehemaligen Königshofs (1383–1485 Residenz der Könige). Er war jahrhundertelang verlassen. Später beherbergten die Überreste ein Priesterseminar, danach eine Militärakademie. Der Abriss zu Beginn des 20. Jahrhunderts schuf Platz für das heutige Kulturzentrum (1905–11) mit Ausstellungssälen und großem Auditorium, einem Entwurf Antonín Balšáneks unter Mitarbeit von Osvald Polívka.

Stuck und Statuen zieren die Außenfassade. Über dem Haupteingang deckt Karel Špillars Mosaik *Huldigung an Prag* ein riesiges Halbrund ab. Im Inneren, gekrönt von einer Glaskuppel, liegt das Herzstück des Gebäudes: Prags bekanntester Konzertsaal, der auch für Bälle genutzte Smetana-Saal. Die Innenräume wurden von tschechischen Künstlern wie Alfons Mucha *(siehe S. 149)* gestaltet.

Das Gemeindehaus besitzt einige kleinere Säle sowie Konferenz- und Büroräume, die bei einer Führung zu besichtigen sind. Doch die Cafés und Restaurants im Haus eignen sich, um den aufwendigen Jugendstil zu bewundern. Am 28. Oktober 1918 wurde hier die Tschechoslowakische Republik ausgerufen.

Im Gemeindehaus gibt es einen Laden, der Jugendstil-Remakes und -Neuschöpfungen verkauft.

Zierdetail von Alfons Mucha

Blick auf das Pulvertor in Richtung Altstadt

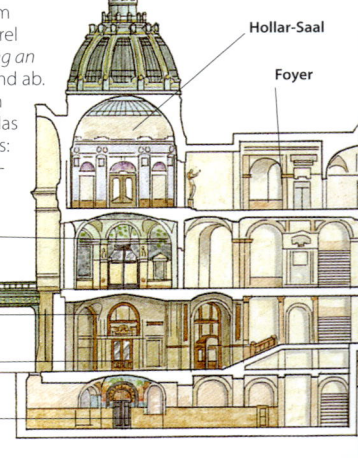

- Hollar-Saal
- Foyer
- Bürgermeistersaal mit Gemälden von Alfons Mucha
- Eingangshalle
- Eingang zum Jugendstil-Café
- Restaurants

ALTSTADT (OSTEN) | 67

❸ Zeltnergasse
Celetná ulice

Stadtplan 3 C3. **Karte** J4. Náměstí Republiky, Můstek. **Haus »Zur Schwarzen Madonna«** 22 43 01 003. Di–So 10–18 Uhr. **W** ngprague.cz

Die Zeltnergasse (Celetná), eine der ältesten Straßen Prags, folgt einer alten Handelsroute aus Ostböhmen. Ihr Name geht auf das Zopfbrot zurück, das hier im Mittelalter gebacken wurde. Als Teil des Königswegs *(siehe S. 172)*, den die Krönungsprozessionen nahmen, gewann die Gasse im 14. Jahrhundert an Ansehen. In manchen Kellern kann man noch romanische und gotische Fundamente sehen. Die meisten, mit Hauszeichen versehenen Gebäude wurden allerdings barockisiert. In Nr. 34, dem Haus »Zur Schwarzen Madonna« (Teil der Nationalgalerie), gibt es eine Sammlung tschechischer Kubisten mit Gemälden, Skulpturen, Möbeln und Architekturplänen. Grandios: das kubistische Grand Café Orient im ersten Stock.

❹ St.-Jakobs-Kirche
Kostel sv. Jakuba

Malá Štupartská 6. **Stadtplan** 3 C3. **Karte** J4. Můstek, Náměstí Republiky. 22 48 28 816. Mo–Sa 9.30–12, 14–16 Uhr (Fr bis 15.30 Uhr), So 14–16 Uhr. Mo–Fr 6.45 Uhr (Do, Fr auch 17 Uhr), Sa 8, So 8.30, 10.30 Uhr.

Vorläufer der Kirche war das gotische Presbyterium des Minoritenklosters. Wenzel I. hatte

Barocke Orgelempore in der St.-Jakobs-Kirche

den Orden 1232 nach Prag geholt. Ein Brand, den angeblich Agenten Louis' XIV gelegt hatten, vernichtete es 1689. Maler wie Petr Brandl, Jan Jiří Heinsch und Václav Vavřinec Reiner verzierten die beim barocken Wiederaufbau hinzugefügten über 20 Seitenaltäre. Die Ruhestätte von Graf Vratislav von Mitrovice (1714–16) schuf der Bildhauer Ferdinand Brokoff (Entwurf: Johann Bernhard Fischer von Erlach). Sie zählt zu Böhmens schönsten Barockgrabmälern. Der Graf soll aus Versehen lebendig bestattet worden sein – seine Leiche fand man später sitzend im Grab.

Rechts vom Eingang hängt seit 400 Jahren ein mumifizierter Unterarm. Der Sage nach wollte ein Dieb die Juwelen der Madonna stehlen, doch diese soll seinen Arm festgehalten haben, sodass man ihn abhacken musste. In der langschiffigen Kirche mit exzellenter Akustik und der Orgel von 1702 finden Konzerte und Liederabende statt.

❺ Ständetheater
Stavovské divadlo

Ovocný trh 1. **Stadtplan** 3 C4. **Karte** J5. 22 49 01 448 (Tickets), 22 49 02 231 (Führungen). Můstek. nur bei Vorstellungen und für Führungen. **W** narodni-divadlo.cz

Graf Nostitz ließ 1783 Prags elegantestes klassizistisches Bauwerk und Mekka für Mozart-Liebhaber *(siehe S. 218)* errichten. Hier dirigierte Mozart am 29. Oktober 1787 die Uraufführung des *Don Giovanni* vom Klavier aus.

Das Lied »Kde domov můj?« (»Wo ist meine Heimat?«) aus dem Schauspiel *Fidlovačka*, das 1834 Premiere hatte, wurde später tschechische Nationalhymne. Das Publikum hatte minutenlang applaudiert.

❻ Karolinum
Karolinum

Ovocný trh 3. **Stadtplan** 3 C4. **Karte** J5. 22 44 91 251. Můstek. für Besucher (geöffnet nur zu Sonderausstellungen).

Vom Karolinum, dem Kernstück der von Karl IV. 1348 gegründeten größten und ältesten tschechischen Universität, sind Kapelle, Arkaden, Wände und ein Erkerfenster erhalten. Der Hof wurde 1945 im gotischen Stil rekonstruiert.

Im 15. und 16. Jahrhundert spielte die Universität eine führende Rolle bei der Reformation. Nach der Schlacht am Weißen Berg *(siehe S. 32f)* wurde sie von Jesuiten übernommen und 1773 schließlich verstaatlicht.

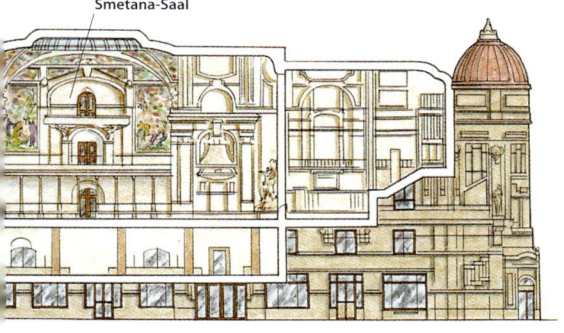

Smetana-Saal

Stadtplan *siehe Seiten 244–255*

❼ Altstädter Ring: Nord- und Ostseite

Staroměstské náměstí

Von Prags bewegter Geschichte erzählen die vielen prachtvollen Bauwerke um den Altstädter Ring. Den Platz prägen im Norden die weiße Barockfassade der Nikolauskirche, im Osten zwei überaus glanzvolle Vertreter der Baustile ihrer Zeit: das Haus »Zur steinernen Glocke«, eine restaurierte gotische Stadtvilla, und das Palais Golz-Kinský im Rokoko-Stil. Eine Reihe pastellfarbener Gebäude rundet das beeindruckende Gesamtbild des Platzes ab.

★ **»Zur steinernen Glocke«**
Die Glocke an der Ecke ist Erkennungszeichen der mittelalterlichen Stadtvilla.

Palais Golz-Kinský
C. G. Bossi schuf die Fassade des Rokoko-Palais mit verspieltem Stuckwerk *(siehe S. 72)*.

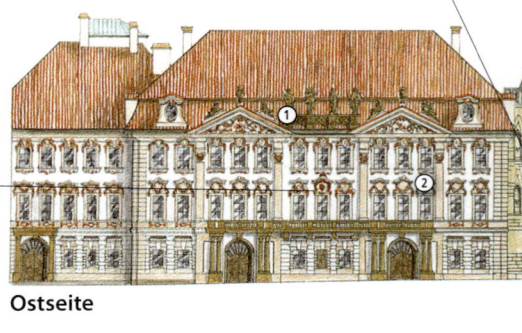

Ostseite

Nordseite

Außerdem

① Statuen von Ignaz Platzer (1760–65)
② Rokoko-Stuckdekor
③ Eingang zur Teynkirche
④ Marienstatue aus massivem Gold
⑤ Romanischer Arkadenbau mit Fassade (18. Jh.)
⑥ Fassade des Restaurants U Sv. Salvatora von 1696

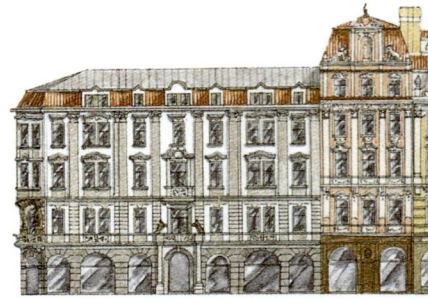

★ **Nikolauskirche**
Das Gotteshaus diente zunächst als Pfarrkirche, dann als Klosterkirche der Benediktiner, als Militärkirche, aber auch als Konzerthalle *(siehe S. 72f)*.

ALTSTÄDTER RING: NORD- UND OSTSEITE | 69

Nord- und Ostseite
Jan-Hus-Denkmal

★ Teynkirche
In der Kirche der Jungfrau Maria vor dem Týn ruhen die Gebeine des Astronomen und Astrologen Tycho Brahe *(siehe S. 72)*.

Teynschule
Gotische Rippengewölbe prägen den Bau, der vom 14. bis zur Mitte des 19. Jahrhunderts als Schule diente.

Ministerstvo pro místní rozvoj
Oberhalb der Fassade des Jugendstil-Baus, den der Architekt Osvald Polívka 1898 entwarf, sieht man Statuen von Feuerwehrmännern. Heute residiert hier das Ministerium für Regionalentwicklung.

Staroměstské náměstí, 1793
Der Stich von Filip und František Heger zeigt den von Menschen und Kutschen belebten Altstädter Ring. Links erkennt man das Rathaus.

❼ Altstädter Ring: Südseite
Staroměstské náměstí

Gebäude romanischen und gotischen Ursprungs mit ausgefallenen Hauszeichen säumen die Südseite des Altstädter Rings. Besonders stilvoll ist der Block zwischen den Straßen Celetná und Železná. An dem Platz, der schon immer eine Drehscheibe war, finden sich eine Touristeninformation sowie zahlreiche Restaurants, Cafés, Läden und Galerien.

Franz Kafka (1883–1924)

Kafka, dessen Romane Meisterwerke der Moderne sind, wuchs in der Prager Altstadt in einer deutsch-jüdischen Kaufmannsfamilie auf. Er besuchte das Gymnasium im Palais Golz-Kinský *(siehe S. 72)*. Nahebei befand sich der Galanterieladen seines Vaters. Der Angestellte der Arbeiterunfallversicherung war – neben Max Brod und Albert Einstein – Gast im literarischen Salon Berta Fantas im Haus »Zum steinernen Widder«.

U Lazara (»Beim Lazarus«)
Romanische Tonnengewölbe verweisen auf die Ursprünge des im Stil der Renaissance umgebauten Hauses. Im Parterre liegt das Lokal Staroměstská.

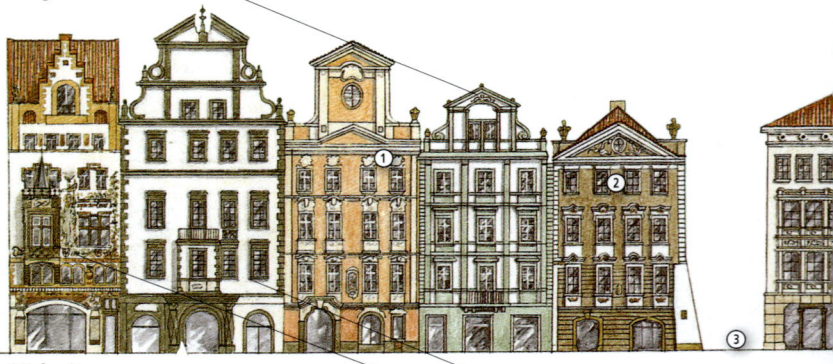

Südseite

★ Štorch-Haus
An dem Neorenaissance-Bau, auch Haus »Zur steinernen Madonna« genannt, fällt der berittene hl. Wenzel auf, ein Werk von Mikoláš Aleš aus dem späten 19. Jahrhundert.

Außerdem
① »Zum steinernen Tisch«
② »Zum goldenen Einhorn«
③ Železná-Straße
④ »Zu den Störchen«
⑤ **Der Laubengang** beherbergt das Grand Café Praha.
⑥ »Zum blauen Stern«
⑦ Restaurant U Orloje
⑧ Melantrichova-Passage

★ »Zum steinernen Widder«
Ein Mädchen und ein Widder sind auf dem Hauszeichen aus dem frühen 16. Jahrhundert abgebildet. Da der Widder nur ein Horn besitzt, spricht man auch vom Haus »Zum Einhorn«.

ALTSTÄDTER RING: SÜDSEITE | 71

Melantrichova-Passage
Václav Jansas Gemälde (1898) zeigt den schmalen Durchgang zum Altstädter Ring.

🟫 Südseite
⊙ Jan-Hus-Denkmal

»Zum roten Fuchs«
Eine goldene Madonna mit dem Jesuskind blickt von der Barockfassade des einstigen Renaissance-Gebäudes herab.

»Zum Ochsen«
Sein bürgerlicher Besitzer Ochs trug dem von einer Statue des hl. Antonius von Padua (frühes 18. Jh.) geschmückten Haus diesen Namen ein.

Feierliche Parade Leopolds II. über den Altstädter Ring

1338 Die Altstadt erhält einen eigenen Verwaltungssitz

1948 Klement Gottwald ruft vom Balkon des Palais Golz-Kinský den kommunistischen Staat aus

1735 Vollendung der Nikolauskirche

| 1150 | 1300 | 1450 | 1600 | 1750 | 1900 | 2050 |

1200 Der Platz ist Knotenpunkt von Handelswegen und ein bedeutender Markt

1365 Bau der heutigen Teynkirche

1621 Hinrichtung von 27 antihabsburgischen Aufständischen

1689 Ein Brand zerstört weite Teile der Altstadt

1784 Vereinigung der Prager Städte

1915 Enthüllung des Jan-Hus-Denkmals

Hus-Denkmal (Ausschnitt)

Statue der Jungfrau Maria an der Teynkirche

❽ Teynkirche
Kostel Matky Boží před Týnem

Týnská, Štupartská. **Stadtplan** 3 C3. **Karte** J4. 60 24 57 200. Staroměstská, Můstek. Di–Sa 10–13, 15–17, So 10.30–12 Uhr. Di–Do 18, Sa 8, So 9.30, 21 Uhr. tyn.cz

Die herrlichen Spitztürmchen der historisch bedeutsamen Kirche überragen den Altstädter Ring. 1365 begannen die Bauarbeiten zur heutigen gotischen Teynkirche (wörtlich: Kirche der Jungfrau Maria vor dem Týn), die eine wichtige Rolle in der böhmischen Reformationsbewegung spielte. Der hussitische König Georg von Poděbrady nahm hier am Abendmahl der Utraquisten teil *(siehe Kirche St. Martin in der Mauer, S. 77)*. Er ließ an der Fassade das Symbol der Utraquisten anbringen, einen goldenen Laienkelch, den man nach 1621 einschmolz und für die Marienstatue verwendete, die in der Folge seinen Platz einnahm.

Die Szenen aus der Passion Christi am Nordportal (1390) sind sehenswert. Im Inneren beeindrucken gotische Skulpturen einer Kreuzigung, ein Taufbecken aus Zinn (1414) und eine gotische Kanzel (15. Jh.). Rechts vom Hauptaltar steht das Grabmal für Tycho Brahe. Den Hof hinter der Kirche prägen Fassaden in unterschiedlichsten Baustilen.

❾ Palais Golz-Kinský
Palác Golz-Kinských

Staroměstské náměstí 12. **Stadtplan** 3 C3. **Karte** J4. 22 48 10 758. Staroměstská. Di–So 10–18 Uhr. ngprague.cz

Kilian Ignaz Dientzenhofer entwarf das Rokoko-Palais. Ignaz F. Platzer verzierte die rosa-weiße Stuckfassade mit Statuen der vier Elemente. 1768 verkaufte die Familie Golz das Anwesen an Štěpán Kinský, einen Diplomaten des Kaisers. Vom Balkon aus verkündete 1948 Ministerpräsident Klement Gottwald den kommunistischen Staatsstreich. Heute zeigt die Nationalgalerie hier asiatische Kunst und veranstaltet Ausstellungen.

Kinský-Wappen am Palais Golz-Kinský

❿ Jan-Hus-Denkmal
Pomník Jana Husa

Staroměstské náměstí. **Stadtplan** 3 B3. **Karte** H4. Staroměstská.

Auf einer Seite des Altstädter Rings erinnert Ladislav Šalouns mächtiges Denkmal an Jan Hus *(siehe S. 28f)*. Das Konstanzer Konzil ließ den Kirchenreformer und tschechischen Nationalhelden 1415 als Ketzer auf dem Scheiterhaufen verbrennen. Das zu seinem 500. Todestag 1915 enthüllte Ehrenmal zeigt zwei Menschengruppen, die siegreichen Hussiten-Kämpfer und die 200 Jahre später ins Exil getriebenen Protestanten. Eine junge Mutter symbolisiert die Nationale Wiedergeburt, der alle überragende Jan Hus die moralische Stärke eines Mannes, der sein Leben seiner Überzeugung opferte.

⓫ Nikolauskirche
Kostel sv. Mikuláše

Staroměstské náměstí. **Stadtplan** 3 B3. **Karte** H4. 60 29 58 927. Staroměstská. tägl. 10–16 Uhr (Mo bis 17 Uhr, So ab 11.30 Uhr). So 10 Uhr. svmikulas.cz

Die seit dem 12. Jahrhundert an dieser Stelle bestehende Kirche diente – bis zur Fertigstellung der Teynkirche – als Pfarrkirche der Altstädter. Nach der Schlacht am Weißen Berg 1620 *(siehe S. 32f)* wurde sie einem Benediktinerkloster eingegliedert. An ihre heutige Gestalt legte Kilian Ignaz Dientzenhofer 1735 letzte Hand an. Die weiße Fassade versah Antonín Braun mit Statuen. Als Kaiser Joseph II. 1781 alle nicht gemeinnützigen Klöster schließen ließ, wurde die Kirche geplündert.

Trotzige Hussiten am Jan-Hus-Denkmal auf dem Altstädter Ring

UM DEN ALTSTÄDTER RING | **73**

Altstädter Nikolauskirche

Im Ersten Weltkrieg nutzten Prager Garnisonstruppen die Kirche. Ihr Oberst ließ sie von Künstlern, die so der Frontverschickung entgingen, restaurieren. Die herrlichen Kuppelfresken von Kosmas Damian Asam illustrieren das Leben des hl. Nikolaus und hl. Benedikt. Im Schiff prangt ein kronenförmiger Lüster. Nach Kriegsende kam St. Nikolaus zur Tschechoslowakischen Kirche (seit 1971 Tschechoslowakisch-Hussitische Kirche). Heute ist die Kirche ein beliebter Ort für Konzerte.

⓬ Altstäder Rathaus
Staroměstská radnice

Siehe S. 74f.

⓭ Haus »Zu den zwei goldenen Bären«
Dům U Dvou zlatých medvědů

Kožná 1. **Stadtplan** 3 B4. **Karte** H5.
Můstek. ● für Besucher.

Wenn Sie den Altstädter Ring über die Melantrichova-Passage verlassen und links in die erste Gasse biegen, sehen Sie das Portal des Hauses »Zu den zwei goldenen Bären«, das man 1567 aus zwei Anwesen zum heutigen Renaissance-Bau vereinte. Das mit zwei Bärenreliefs verzierte Renaissance-Portal – eines der schönsten in Prag – ließ der reiche Kaufmann Lorenc Štork 1590 vom Hofarchitekten Bonifaz Wohlmut hinzufügen, der auch die Turmspitze des Veitsdoms *(siehe S. 102–105)* entworfen hatte. Im Innenhof haben sich herrliche Arkaden aus dem 16. Jahrhundert erhalten.

Hier erblickte Egon Erwin Kisch (1885–1948), Sohn eines jüdischen Tuchhändlers, das Licht der Welt – der »rasende Reporter«, aus dessen sozialkritischer Feder politische Artikel und faszinierende Reportagen über den Alltag und die »Unterwelt« seiner Heimatstadt stammen.

⓮ St.-Gallus-Kirche
Kostel sv. Havla

Havelská. **Stadtplan** 3 C4. **Karte** J5.
Můstek. 60 24 57 200. tägl. 11.30–13 Uhr. Mo–Fr 12.15, So 8 Uhr. tyn.cz

Die Kirche wurde um 1280 als Gotteshaus der Gallus-Stadt (Havelské Město) errichtet, einer eigenständigen deutschen Gemeinde. Im 14. Jahrhundert wurde diese Gemeinde der Altstadt eingegliedert. Giovanni Santini-Aichel verlieh der Kirche im 18. Jahrhundert die schwungvoll-kühne Barockfassade, der Ferdinand Brokoff Heiligenstatuen hinzufügte. Zum verschwenderischen Interieur trug der Barockmaler Karel Škréta bei, der hier seine letzte Ruhestätte fand. Seit dem Mittelalter war in der Havelská-Straße der größte Markt der Stadt ansässig – u. a. mit Blumen, Gemüse und Kleidung.

Eine der neun Fassadenskulpturen von St. Gallus

Renaissance-Portal am Haus »Zu den zwei goldenen Bären«

Stadtplan *siehe Seiten 244–255*

⑫ Altstädter Rathaus

Staroměstská radnice

Das Altstädter Rathaus, eines der herausragendsten Baudenkmäler Prags, entstand 1338, nachdem König Johann von Luxemburg der Altstadt einen Stadtrat bewilligt hatte. Im Lauf der Jahrhunderte erweiterte man es durch die Angliederung bestehender Gebäude. Nach den schweren Beschädigungen durch die Nazis (anlässlich des Prager Aufstands 1945) wurde es sorgfältig restauriert. Heute zeigt es sich als Häuserzeile aus Gotik und Renaissance. Der 69,5 Meter hohe Turm bietet eine herrliche Aussicht auf Prag.

Gotisches Tor
Matthias Rejsek gestaltete das spätgotische Portal, Haupteingang zu Rathaus und Turm. Die Eingangshalle zieren Mosaike nach Entwürfen des tschechischen Malers Mikoláš Aleš.

Altstädter Wappen
Über der Inschrift »Prag, Hauptstadt des Königreichs« erkennt man das Altstädter Wappen, das 1784 als Prager Stadtwappen übernommen wurde.

Außerdem

① Ausstellungen zeitgenössischer Kunst

② Touristeninformation und Eingang zum Turm

③ Früheres Heim von Wolflin von Kámen

④ Eingangshalle mit Mosaikdekor

⑤ Aussichtsgalerie

⑥ Treppe zur Galerie

⑦ **Kalender** *(siehe S. 34f)*

Alter Ratssaal
Der Stich (19. Jh.) zeigt die gut erhaltene Decke aus dem 15. Jahrhundert.

ALTSTÄDTER RATHAUS | 75

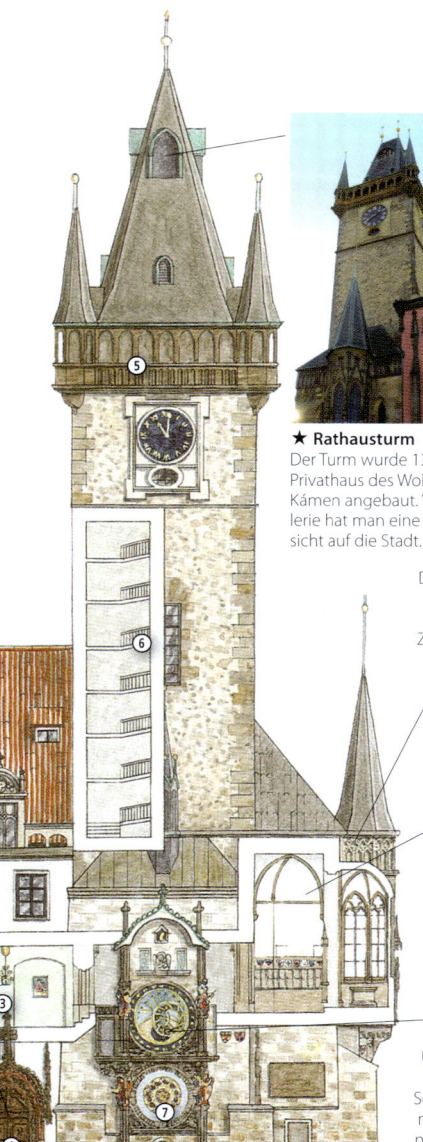

Infobox

Information
Staroměstské náměstí 1/3.
Stadtplan 3 C3. **Karte** H4.
📞 23 60 02 629.
Turm ⬜ tägl. 9–22 Uhr (Mo ab 11 Uhr). **Säle** ⬜ tägl. 9–18 Uhr (Mo ab 11 Uhr). 🅿️ ♿ 📷
🌐 staromestskaradnicepraha.cz

Anfahrt
🚇 Staroměstská (Linie A), Můstek (Linien A, B). 🚊 17, 18.

★ Rathausturm
Der Turm wurde 1364 an das Privathaus des Wolflin von Kámen angebaut. Von der Galerie hat man eine schöne Aussicht auf die Stadt.

Erkerkapelle
Die Bleiglasfenster der fünfeckigen Kapelle wurden in den letzten Tagen des Zweiten Weltkriegs zerstört. 1987 wurden sie ersetzt.

Decke der Erkerkapelle
Die kunstvoll verzierte Decke der 1381 im ersten Stock des Turms eingerichteten Kapelle wurde restauriert.

★ Astronomische Uhr
Über den Tierkreiszeichen der oberen Scheibe bewegen sich mechanisch betriebene Figuren *(siehe S. 76)*. Die untere Scheibe ist ein Monatskalender.

Hinrichtungen auf dem Altstädter Ring
Eine Bronzetafel unter der Rathauskapelle nennt die Namen der 27 protestantischen Anführer, die der katholische Kaiser Ferdinand II. am 21. Juni 1621 hinrichten ließ – eine Folge der demütigenden Niederlage in der Schlacht am Weißen Berg *(siehe S. 32f)*. Glaubensstarke Protestanten flohen ins Exil. Gegenreformation und Germanisierung nahmen anschließend ihren Lauf.

Stadtplan *siehe Seiten 244–255*

Rathausuhr
Orloj

Seine erste Uhr erhielt das Rathaus zu Beginn des 15. Jahrhunderts. Nachdem der Uhrmachermeister Hanuš (bürgerlich: Jan Z Růže) sie 1490 umgebaut hatte, zerstörten die Ratsherren, so erzählt man, sein Augenlicht: Hanuš sollte keinem anderen Ort ein vergleichbares Meisterwerk schenken. Den mehrfach reparierten, heute noch funktionierenden Mechanismus vervollkommnete Jan Táborský zwischen 1552 und 1572.

Die Apostel

Eitelkeit und Geiz

Arabische Ziffern 1–24

Astronomische Uhr mit der Sonne im Zeichen des Widders

Tod

Blau als Symbol der Tagesstunden

Kalenderblatt von Josef Mánes *(siehe S. 34f)*

Der Türke, Symbol der Begierde

Die Apostel von Vojtěch Sucharda wurden nach 1945 neu geschnitzt

Apostel
Höhepunkt des Schauspiels, das zu jeder vollen Stunde (9–21 Uhr) die Zuschauer anzieht, ist die Parade der zwölf Apostel (genauer: elf Apostel und Paulus). Den Auftakt macht der Tod, ein Skelett zur Rechten der Uhr. Er zieht am Seil in seiner rechten Hand, hebt das Stundenglas in der linken und dreht es um. Dann öffnen sich zwei Fenster: Die vom Uhrwerk betriebenen Apostel defilieren, angeführt von Petrus, vorbei.

Nach dem Umgang kräht ein Hahn, die Uhr schlägt die Stunde. Unter den anderen Figuren erkennt man einen kopfschüttelnden Türken, die sich in einem Spiegel bewundernde Eitelkeit sowie den Geiz, der den mittelalterlichen Klischees entsprechend als jüdischer Geldverleiher dargestellt ist.

Astronomische Uhr
Die Erde, den fixen Punkt des damaligen Universums, rückte der Uhrmacher ins Zentrum. Die Uhr sollte weniger die genaue Zeit messen, sondern vielmehr die Bahnen von Sonne und Mond nachvollziehen. Die auf die Stunde weisende Hand mit der Sonne gibt drei verschiedene Zeiten an. Der äußere Ring mittelalterlicher arabischer Ziffern misst die altböhmische Zeit, die aus dem Sonnenuntergang einen 24-stündigen Tag ermittelte. Der Kreis römischer Zahlen nennt die uns vertraute Zeit. Der blaue Teil des Uhrenblatts steht für die Stunden des Tageslichts und ist in zwölf Abschnitte unterteilt. Sie gliederten die Tageslichtphase in zwölf Stunden von jahreszeitlich unterschiedlicher Länge.

Die Uhr zeigt auch die Bewegungen von Sonne und Mond durch den Tierkreis, dessen zwölf Sternbilder im Prag des 16. Jahrhunderts große Bedeutung hatten.

Der Tod und der Türke

ALTSTADT | 77

⓯ Kirche St. Martin in der Mauer
Kostel sv. Martina ve zdi

Martinská 8. **Stadtplan** 3 B5. **Karte** H6. 60 27 66 643. Národní třída, Můstek. 6, 9, 17, 18, 21, 22. Mo–Sa 14–16 Uhr. So 10.30 Uhr (deutsch). **martinvezdi.eu**

Die Kirche (12. Jh.) erhielt ihren Namen, als sie im 13. Jahrhundert in die neue Stadtmauer einbezogen wurde. Hier bekam die Gemeinde erstmals neben Brot auch den bisher Priestern vorbehaltenen Wein – die Form des Abendmahls der gemäßigten Hussiten *(siehe S. 28f)*, der Utraquisten (von *sub utraque specie* – »in beiderlei Gestalt«). 1787 wurden hier Werkstätten eingerichtet. Anfang des 20. Jahrhunderts erhielt die Kirche ihr einstiges Aussehen zurück.

⓰ Náprstek-Museum
Náprstkovo muzeum

Betlémské náměstí 1. **Stadtplan** 3 B4. **Karte** G6. 22 44 97 500. Národní třída, Staroměstská. 6, 9, 17, 18, 22. Di–So 10–18 Uhr (Mi ab 9 Uhr). **nm.cz**

Vojta Náprstek, Kunstmäzen und Menschenfreund, widmete dieses Museum der modernen Industrie. Der Aufstand von 1848 *(siehe S. 34f)* verschlug ihn nach Amerika. 1862 kehrte er zurück und baute, vom Londoner Victoria and Albert Museum inspiriert, seine Sammlung auf. Er schuf aus fünf älteren Gebäuden das Tschechische Industriemuseum – und ruinierte dabei Brauerei und Heim seiner Familie, ein Haus aus dem 18. Jahrhundert namens »Zu den Haláneks« (U Halánků). Später verschrieb er sich der Völkerkunde. Das Museum zeigt nun (Kunst-)Handwerk der Ureinwohner Asiens, Afrikas und Amerikas, etwa Waffen und Ritualobjekte der Azteken und Maya. Es ist dem Nationalmuseum eingegliedert. Häufig sind Wechselausstellungen zu verschiedenen Themen zu sehen.

Deckenfresko von Václav Vavřinec Reiner in der St.-Julius-Kirche

⓱ St.-Julius-Kirche
Kostel sv. Jiljí

Husova 8. **Stadtplan** 3 B4. **Karte** H5. 22 42 20 235. Národní třída. 6, 9, 18, 22. Mo, Mi, Fr 16–18 Uhr. Mo–Fr 7, 18.30, Sa 18.30, So 9.30, 12, 18.30 Uhr. **kostel-praha.cz**

Hinter dem herrlichen gotischen Südportal überrascht das ganz und gar barocke Innere der Kirche. 1371 wurde sie über einer romanischen Vorgängerin erbaut, ab 1420 war sie Pfarrkirche der Hussiten. Nach der Niederlage der Protestanten 1620 *(siehe S. 32f)* übergab Ferdinand II. die Kirche den Dominikanern, die an der Südseite ein gewaltiges Kloster errichteten. Nachdem die Kommunisten religiöse Orden verboten hatten, ist die Kirche heute wieder im Besitz der Dominikaner.

Ihr Gewölbe malte Václav Vavřinec Reiner – er liegt im Schiff vor dem St.-Vinzenz-Altar begraben – mit Fresken aus. Dem Ruhm der Dominikaner dient ein Fresko, auf dem der hl. Dominikus und seine Anhänger dem Papst im Kampf gegen die Ketzer beistehen.

⓲ Bethlehemskapelle
Betlémská kaple

Betlémské náměstí 4. **Stadtplan** 3 B4. **Karte** H5. 22 42 48 595. Národní třída, Staroměstská. 6, 9, 17, 18, 22. Apr–Mitte Okt: tägl. 10–18 Uhr; Mitte Okt–März: tägl. 10–17 Uhr. 24., 31. Dez.

Die heutige »Kapelle« ist die getreue Nachbildung einer Halle, die Anhänger des radikalen Reformers Jan Milíč z Kroměříže 1391–94 erbauten, um hier seinen tschechischen Predigten lauschen zu können. 1402 bis 1413 strömten Scharen zu Jan Hus' Predigten *(siehe S. 28f)* hierher. Hus, der vom englischen Kirchenreformer John Wycliffe beeinflusst war, wetterte gegen die Korruption des Klerus und verteidigte die Bibel als einzige Quelle der christlichen Lehre. Als nach der Schlacht am Weißen Berg *(siehe S. 32f)* protestantische Gottesdienste verboten wurden, gaben die neuen Besitzer, die Jesuiten, der Kapelle eine andere Gestalt. 1786 wurde sie stark zerstört. Nach dem Zweiten Weltkrieg baute man sie anhand alter Zeichnungen wieder auf.

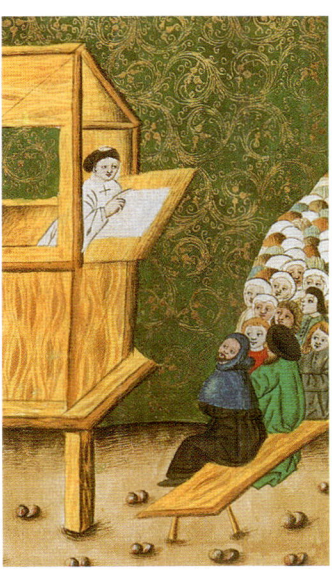

Predigt von Jan Hus in der Bethlehemskapelle (Illustration aus dem 16. Jh.)

Stadtplan *siehe Seiten 244–255*

Im Detail: Altstadt (Westen)

Die schmalen Gassen nahe der Karlsbrücke folgen dem mittelalterlichen Wegenetz. Jahrhundertelang war die Karlsgasse (Karlova) die Hauptverkehrsader der Altstadt, gesäumt von malerischen Geschäften und Wohnhäusern mit Renaissance- und Barockfassaden. Im 17. Jahrhundert erstanden die Jesuiten ein weitläufiges Gelände auf der Nordseite und errichteten dort ihre Hochschule, das Klementinum.

❷❷ Kreuzherrenkirche
Die Barockkirche ist wegen ihrer Kuppel und der unterirdischen Gänge sehenswert – beides Überbleibsel des Originals.

❷❸ ★ Klementinum
Die Tafel kündet von der Gründung einer staatlichen Bildungsstätte, die 1783 die jesuitische Akademie ablöste.

Der Altstädter Brückenturm stammt von 1380. Er zeigt an der Ostfassade diese gotische Arbeit von Peter Parler. Der abgebildete Eisvogel war das Wappentier von Wenzel IV. (Sohn Karls IV.), unter dem der Turm vollendet wurde *(siehe S. 139)*

❷❹ ★ Smetana-Museum
Das dem Leben und Werk des Komponisten Bedřich Smetana gewidmete Museum befindet sich am Ufer der Moldau. Der Neorenaissance-Bau beherbergte einst die Wasserwerke.

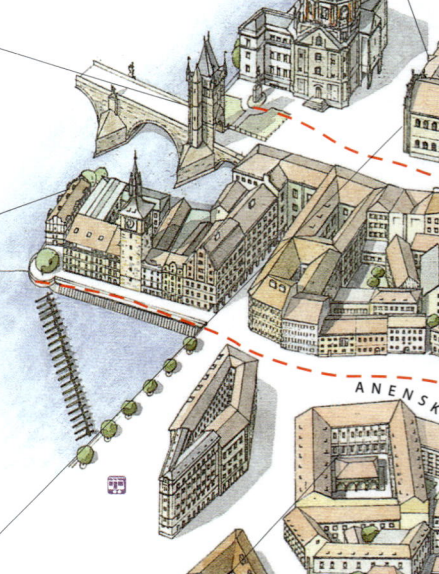

Das St.-Anna-Kloster wurde 1782 aufgelöst. Teile des Anwesens werden heute vom Nationaltheater genutzt *(siehe S. 156f)*.

❷❺ Kreuzherrenplatz
Geschwärzte Statuen blicken von der Fassade der St.-Salvator-Kirche über den kleinen Platz.

Legende

— Routenempfehlung

0 Meter 100

ALTSTADT (WESTEN) | 79

⓴ Marienplatz
Die häufigen Überflutungen trugen dem Platz den Beinamen »Pfütze« ein. Die Jugendstil-Statuen am Balkon des 1911 errichteten Neuen Rathauses schuf Stanislav Sucharda.

Zur Orientierung
Siehe Prager Innenstadt S. 16f, siehe Stadtplan 3

Turm der Sternwarte des Klementinums

MARIÁNSKÉ NÁMĚSTÍ

⓳ Palais Clam-Gallas
Der mit Plastiken reich ausgestattete Bau, eines der großartigsten Barockpalais Prags, wurde renoviert und ist nun bei Konzerten zugänglich.

KARLOVA

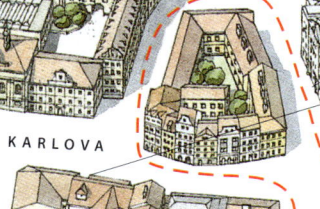

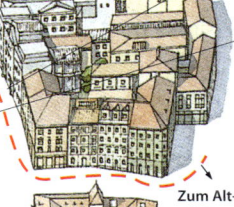

Zum Altstädter Ring

LILIOVÁ

HUSOVA

㉑ Karlsgasse
Halten Sie beim Bummeln durch die von reich verzierten Häusern gesäumte Gasse bei der Nr. 22/24 inne, um die rosenumrankte Jugendstil-Statue der sagenhaften Fürstin Libuše

ŘETĚZOVÁ

Altstadt

westen

- Smetana Museum

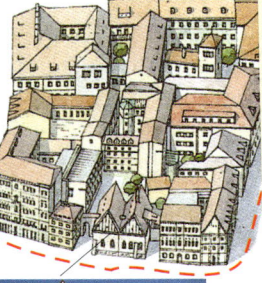

⓲ Be
In der Jahrer Kapell reform unzäh

Stadtplan *siehe Seiten 244–255*

⓵⓽ Palais Clam-Gallas

Clam-Gallasův palác

Husova 20. **Stadtplan** 3 B4. **Karte** H5. 🅜 Staroměstská. 🕘 nur bei Konzerten und Ausstellungen, meist Di – So 10 – 18 Uhr.

Das Interieur des prächtigen Barockpalais hatte durch die Nutzung als Stadtarchiv gelitten, wurde jedoch sorgsam restauriert. Man kann es nur bei Konzerten oder Ausstellungen bewundern.

1713 – 30 wurde das Palais für Jan Gallas de Campo, Generalmarschall von Böhmen, erbaut. Die mächtigen Portale, jedes flankiert von muskulösen Herkulespaaren von Matthias Braun, lassen die Grandeur im Inneren ahnen. Statuen von Braun finden sich auch im Treppenhaus, dessen Weite Carlo Carlones illusionistisches Deckenfresko *Der Triumph des Apoll* verstärkt.

Im Privattheater des Palais gab Ludwig van Beethoven einst Konzerte.

⓶⓪ Marienplatz

Mariánské náměstí

Stadtplan 3 B3. **Karte** H4. 🅜 Staroměstská, Můstek.

Vom strengen, 1912 erbauten Rathaus aus betrachtet, beherrschen zwei Skulpturen den Platz. Eine erzählt vom langlebigen Rabbi Löw *(siehe S. 90)*, den der Todesengel einholt, die andere vom Eisernen Mann, der als ruheloser Geist durch die Altstadt streift und so den Mord an seiner Frau büßt. In einer Nische der Gartenmauer des Palais Clam-Gallas verkörpert die Statue einer Nymphe, die aus einem Krug Wasser gießt, die Moldau. Es heißt, dass ein alter Soldat die Nymphe zu seiner Alleinerbin machte.

Atlanten von Matthias Braun am Palais Clam-Gallas (um 1714)

Hauszeichen am Haus »Zur goldenen Schlange« (19. Jh.)

⓶⓵ Karlsgasse

Karlova ulice

Stadtplan 3 A4. **Karte** G5/6. 🅜 Staroměstská.

Die auf das 12. Jahrhundert zurückgehende, gewundene Gasse (Karlova ulice) war früher Teil des Königswegs *(siehe S. 174f)*, über den die Krönungsprozessionen zur Prager Burg zogen. Viele Häuser aus Gotik und Renaissance blieben erhalten. Sie beherbergen heute meist (Souvenir-)Läden.

Im Haus »Zur goldenen Schlange« (Nr. 18) eröffnete der Armenier Deodatus Damajan 1714 Prags erstes Café und verteilte dort Pamphlete. Nun ist es ein Restaurant. Das Haus »Zum goldenen Brunnen« (Nr. 3) zieren eine prächtige Barockfassade und Stuckreliefs von Heiligen, darunter der hl. Rochus und der hl. Sebastian – beide galten als Beschützer vor der Pest.

⓶⓶ Kreuzherrenkirche

Kostel sv. Františka

Křižovnické náměstí 3. **Stadtplan** 3 A4. **Karte** G5. ☎ 22 11 08 289. 🅜 Staroměstská. 🚋 17, 18. 🚌 207. 🕘 tägl. 10 – 19 Uhr.

Die barocke Kirche wurde von 1679 bis 1685 von den Architekten Gaudenzio Casanova und Domenico Canevalle auf den Resten oder originalen Kirche des hl. Franziskus von Assisi (1270) errichtet. Der Bau besitzt eine imposante, 40 Meter hohe Kuppel. Statuen böhmischer Würdenträger stehen in den Nischen der Fassade. Das Innere ist mit Fresken und Kunstwerken ausgeschmückt. Die

ALTSTADT (WESTEN) | **81**

Ehemalige Jesuitenkirche St. Salvator, Klementinum

unterirdischen Gänge bergen Grabsteine und Fragmente der Vorgängerkirche.

㉓ Klementinum

Klementinum

Křižovnická 190, Karlova 1, Mariánské náměstí 5. **Stadtplan** 3 A4. **Karte** G5. 22 22 20 879 (für Führungen). Staroměstská. 17, 18. **Bibliothek** Mo – Sa 9 – 22 Uhr (Sa bis 19 Uhr). **Kirche St. Salvator** nur zu Gottesdiensten und bei Konzerten. Di 19, So 14, 20 Uhr. tägl. 10 – 17 Uhr alle 30 Min. **klementinum.com**

Um die abtrünnigen »Schafe« zur katholischen »Herde« zurückzutreiben, holte Kaiser Ferdinand I. 1556 die Jesuiten nach Prag. Sie schlugen ihr Hauptquartier im ehemaligen Dominikanerkloster St. Klemens auf, das als Klementinum der Utraquisten-Universität, dem Karolinum *(siehe S. 67)*, rasch den Rang ablief. Hier entstand 1601 Prags erste Jesuitenkirche St. Salvator (Kostel sv. Salvátora). Nachts wirkt ihre angestrahlte Fassade mit den großen Heiligenstatuen von Jan Bendl (1659) besonders eindrucksvoll.

1618 wurden die Jesuiten vertrieben, kehrten aber zwei Jahre später zurück – grimmiger denn je gegen Ketzer vorgehend. Mit der Vereinigung der beiden Universitäten 1622 besaßen die Jesuiten das Bildungsmonopol. Sie fahndeten nach tschechischen Büchern und verbrannten sie zu Tausenden. 1653 – 1723 wurden bei der Erweiterung des Klementinums nach Osten 30 Häuser und drei Kirchen abgerissen.

Als der Papst 1773 den Orden verbot, verließen die Jesuiten Prag. Die Schulbildung wurde staatlich. Das Klementinum wurde Universitätsbibliothek, heute ist es Nationalbibliothek. Lassen Sie sich ein Konzert in der bezaubernden Spiegelkapelle (Zrcadlová kaple) nicht entgehen. Führungen gibt es für Bibliothek, Spiegelkapelle und Sternwarte.

㉔ Smetana-Museum

Muzeum Bedřicha Smetany

Novotného lávka 1. **Stadtplan** 3 A4. **Karte** G5. 22 22 20 082. Staroměstská. 17, 18. Mi – Mo 10 – 17 Uhr. gegen Gebühr erlaubt. **nm.cz**

Der Neorenaissance-Bau der Wasserwerke an der Moldau dient nun dem Gedenken an Bedřich Smetana (1824 – 1884). Dokumente, Partituren und Instrumente veranschaulichen Leben und Werk des Komponisten. Die Musik des glühenden Patrioten beflügelte die Nationale Wiedergeburt. Am Ende seines Lebens war Smetana taub. Er hörte nie eine Aufführung seines berühmten Zyklus sinfonischer Dichtungen: *Má vlast (Mein Vaterland)*.

Statue Karls IV. (1848), Kreuzherrenplatz

㉕ Kreuzherrenplatz

Křižovnické náměstí

Stadtplan 3 A4. **Karte** G5. 22 11 08 259. Staroměstská. 17, 18. 207. **Kreuzherrenkirche** 10 – 19 Uhr, nur zu Gottesdiensten und Konzerten. Mo – Fr 7, So 9 Uhr.

Der kleine Platz vor dem Altstädter Brückenturm gewährt einen einzigartigen Blick über die Moldau. An seiner Nordseite ragt die Kuppel der Kreuzherrenkirche (Kostel sv. Františka) auf, einst Teil des Klosters der Kreuzherren mit dem roten Stern. Im Sommer finden in der hübschen Barockkirche oft Klassikkonzerte statt (meist um 20 Uhr). Die Ostseite beherrscht die Fassade der St.-Salvator-Kirche des weitläufigen Klementinums. Auf dem Platz erhebt sich die Bronzestatue Karls IV.

Sgraffiti an der Fassade des Smetana-Museums

Stadtplan *siehe Seiten 244 – 255*

Josefstadt
Josefov

Zwei jüdische Gemeinden lebten im Mittelalter in der Prager Altstadt: westeuropäische Juden um die Altneusynagoge und Juden aus dem Byzantinischen Reich um die Alte Shul (Alte Schule) auf dem Areal der heutigen Spanischen Synagoge. Die Siedlungen wuchsen und bildeten später das von einer Mauer umschlossene Getto. Jahrhundertelang wurden die Juden erniedrigt – im 16. Jahrhundert mussten sie einen gelben Kreis auf der Kleidung tragen. Während der toleranteren Regierungszeit Rudolfs II. wurde Mordechai Maisel *(siehe S. 92)*, der Vorsteher der jüdischen Gemeinde, Hofbankier. Doch erst Joseph II. erließ schließlich ein Toleranzedikt. Nach ihm wurde die »Judenstadt« in Josefstadt (Josefov) umbenannt. In den 1890er Jahren waren die hygienischen Verhältnisse so katastrophal, dass fast das gesamte Getto abgerissen wurde. Nur das Rathaus, einige Synagogen und der Friedhof entgingen der radikalen »Sanierung«.

Sehenswürdigkeiten auf einen Blick

Synagogen und Kirchen
- 4 Pinkas-Synagoge
- 5 Klausensynagoge
- 6 *Altneusynagoge S. 90f*
- 7 Hohe Synagoge
- 9 Maisel-Synagoge
- 10 Heilig-Geist-Kirche
- 11 Spanische Synagoge
- 13 Kirche St. Simon und Judas
- 14 St.-Kastullus-Kirche

Konzerthalle
- 1 Rudolfinum

Museen und Sammlungen
- 2 Kunstgewerbemuseum
- 15 *Kloster St. Agnes von Böhmen S. 94f*

Historische Gebäude
- 8 Jüdisches Rathaus
- 12 Kubistische Häuser

Friedhof
- 3 *Alter jüdischer Friedhof S. 88f*

Restaurants *siehe S. 200f*
- 1 Aldente Trattoria Vineria
- 2 Barock
- 3 La Belle Epoque
- 4 Bílkova 13
- 5 Cartouche
- 6 La Casa Argentina
- 7 Chagall's
- 8 CottoCrudo
- 9 La Degustation
- 10 La Finestra in Cucina
- 11 Grosseto Marina
- 12 King Solomon
- 13 Lokál
- 14 Mistral Café
- 15 La Veranda
- 16 La Vita e Bella
- 17 Zlatá Praha

Stadtplan *3–4*

◀ Innenraum der Spanischen Synagoge *(siehe S. 92f)*

Zeichenerklärung *siehe hintere Umschlagklappe*

Im Detail: Josefstadt

Das alte Getto existiert nicht mehr. Von der Geschichte der »Judenstadt« erzählen noch die Synagogen um den Alten jüdischen Friedhof, während geschmackvolle Jugendstil-Bauten die neueren Straßen säumen. Die alten Gassen im Osten des ehemaligen Gettos führen zum liebevoll restaurierten Kloster St. Agnes von Böhmen, heute eine Niederlassung der Nationalgalerie.

❻ ★ Altneusynagoge
Der gotische Bau dient seit über 700 Jahren als Andachtsstätte.

❸ ★ Alter jüdischer Friedhof
Hier stehen mehrere Tausend Grabsteine dicht gedrängt beieinander.

⓬ Kubistische Häuser
Neben anderen Stilen inspirierte der Kubismus die am Wiederaufbau der Josefstadt beteiligten Architekten.

❼ Hohe Synagoge
Ihr Inneres besitzt ein Renaissance-Gewölbe.

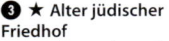

❺ Klausensynagoge
Zu den Exponaten des Jüdischen Museums gehört dieses Almosenkästchen (um 1800).

❷ ★ Kunstgewerbemuseum
Die Bleiglasfenster im Treppenhaus stellen die Handwerkskünste dar, denen sich diese Sammlung verschrieben hat.

❹ Pinkas-Synagoge
Ihre Wände nennen die Namen der tschechischen Juden, die dem Holocaust zum Opfer fielen.

❽ Jüdisches Rathaus
Der Bau (16. Jh.) ist Treffpunkt der Prager jüdischen Gemeinde.

❾ Maisel-Synagoge
Die profanisierte Synagoge wurde 1591 für Mordechai Maisel erbaut.

JOSEFSTADT | **85**

⓯ ★ Kloster St. Agnes von Böhmen
Christus auf Wolken ist eines der mittelalterlichen, gotischen Werke, die in dem einstigen Kloster ausgestellt sind.

Zur Orientierung
*Siehe Prager Innenstadt S. 16f,
siehe Stadtplan 3–4*

Krankenhaus Na Františku

Ehemaliges Beinhaus

⓮ St.-Kastullus-Kirche
Das Gewölbe der restaurierten Kirche ist ein Meisterwerk gotischer Baukunst (Mitte 14. Jh.).

Pfarrhaus von St. Kastullus

⓭ Kirche St. Simon und Judas
Die Kirche wurde im 17. Jahrhundert dem Krankenhaus Na Františku angegliedert. Heute dient sie als Konzertsaal.

⓫ Spanische Synagoge
Die jüngste Synagoge des Stadtteils wurde 1868 im maurischen Stil errichtet.

❿ Heilig-Geist-Kirche
Vor der Kirche fällt Ferdinand Brokoffs barocke Statue des hl. Johannes von Nepomuk (1727) auf.

Legende
— Routenempfehlung

Stadtplan *siehe Seiten 244–255*

Bühne des Dvořák-Saals im Rudolfinum

❶ Rudolfinum

Alšovo nábřeží 12. **Stadtplan** 3 A3. **Karte** G3. 🚇 Staroměstská. 🚊 17, 18. 🚌 207. **Philharmonie** ☎ 22 70 59 227. **Galerie** ☎ 22 70 59 309. 🕐 Di–So 10–18 Uhr (Do bis 20 Uhr). 📷 ♿ 🚇 🌐 ceskafilharmonie.cz

Das Rudolfinum, heute Sitz der Tschechischen Philharmoniker, zählt zu den eindrucksvollsten Wahrzeichen am Altstädter Ufer der Moldau. Hier finden während des Musikfestivals »Prager Frühling« *(siehe S. 52)* viele Konzerte statt. Der Bau beherbergt mehrere Konzertsäle, darunter den prächtigen Dvořák-Saal, ein schönes Beispiel tschechischer Architektur des 19. Jahrhunderts. Namenspatron des nach dem Entwurf von Josef Zítek und Josef Schulz 1884 errichteten Gebäudes ist Kronprinz Rudolf von Habsburg. Wie auch das Nationaltheater *(siehe S. 156f)* gilt es als Meisterwerk tschechischer Neorenaissance. Die geschwungene Balustrade zieren Statuen namhafter tschechischer, österreichischer und deutscher Künstler.

Im auch Künstlerhaus (Dům umělců) genannten Anwesen zeigt die Galerie Rudolfinum moderne Kunst. Zwischen 1918 und 1939 sowie kurz nach dem Zweiten Weltkrieg war das Rudolfinum Sitz des Parlaments.

❷ Kunstgewerbemuseum
Uměleckoprůmyslové muzeum

17. listopadu 2. **Stadtplan** 3 B3. **Karte** G3. ☎ 25 10 93 111. 🚇 Staroměstská. 🚊 17, 18. 🚌 207. 🕐 Di–So 10–18 Uhr (Di bis 19 Uhr). 📷 ♿ 🚇 🌐 upm.cz

Nach der Gründung des Museums 1885 war die Sammlung einige Jahre lang im Rudolfinum untergebracht. Der heutige Bau von Josef Schulz im Stil der französischen Neorenaissance wurde 1901 fertig.

Nur ein Teil der riesigen Glassammlung ist ausgestellt. Ihr ganzer Stolz gilt dem böhmischen Glas mit zahlreichen Preziosen aus dem Barock sowie dem 19. und 20. Jahrhundert. Auch die Glaskunst des Mittelalters und der venezianischen Renaissance findet angemessene Würdigung.

In der Dauerausstellung sind weitere schöne Kunsthandwerksobjekte zu sehen, beispielsweise Meißner Porzellan, Gobelins, aber auch Mode, Textilien, Fotografien und Drucke. In der Möbelabteilung bestechen künstlerisch hochwertige Pulte und Sekretäre aus der Renaissance. Das Zwischengeschoss beherbergt Wechselausstellungen sowie eine umfassende Kunstbibliothek, die über 100 000 Bände bereithält.

❸ Alter jüdischer Friedhof
Starý židovský hřbitov

Siehe S. 88f.

❹ Pinkas-Synagoge
Pinkasova synagóga

Široká 3. **Stadtplan** 3 B3. **Karte** G4. 🚊 17, 18. 🚌 207. 🕐 Apr–Okt: So–Fr 9–18 Uhr (Nov–März: bis 16.30 Uhr). 📷 ♿ 🌐 jewishmuseum.cz

Die 1479 von Rabbi Pinkas gegründete Synagoge wurde 1535 von dessen Großneffen Aaron Meshulam Horowitz erweitert und später mehrfach umgebaut. Ausgrabungen haben faszinierende Zeugnisse des mittelalterlichen Gettos ans Licht gebracht, etwa ein Ritualbad *(mikva)*. Den Kern des

Namen von Holocaust-Opfern, Pinkas-Synagoge

JOSEFSTADT | 87

heutigen Baus bildet ein Saal mit gotischer Gewölbedecke. Die Galerie für die Frauen fügte man im 17. Jahrhundert an.

Die Synagoge dient heute dem Gedenken an die Juden der früheren Tschechoslowakei, die im KZ Theresienstadt (Terezín) einsaßen und später in die Vernichtungslager der Nazis deportiert wurden. 77 297 von ihnen kehrten nicht zurück – ihre Namen stehen an den Wänden. Auch ergreifende Zeichnungen von Kindern aus dem KZ Theresienstadt sind hier ausgestellt.

❺ Klausensynagoge
Klausová synagóga

U starého hřbitova 3a. **Stadtplan** 3 B3. **Karte** H3. 📞 22 23 17 191. Ⓜ Staroměstská. 🚋 17, 18. 🚌 207. ⬤ Apr – Okt: So – Fr 9 – 18 Uhr (Nov – März: bis 16.30 Uhr). 🌐 **jewishmuseum.cz**

Vor dem 1689 wütenden Brand befanden sich hier mehrere kleine jüdische Schulen und Gebetshäuser *(Klausen)*, die Namenspaten der 1694 über den Ruinen errichteten Synagoge wurden. Das hochbarocke Gebäude zieren ein Tonnengewölbe und üppiges Stuckwerk. Heute beherbergt es hebräische Drucke und Handschriften sowie eine Ausstellung zu Tradition und Bräuchen des Judentums in Mitteleuropa seit dem frühen Mittelalter. Viele Exponate erinnern an berühmte Mitglieder der jüdischen Gemeinde wie den Rabbi Löw *(siehe S. 90)*, der im 16. Jahrhundert den Golem, einen künstlichen Menschen aus Lehm, erschaffen haben soll.

Das Nebengebäude, 1906 als Zeremonienhalle der jüdischen Bestattungsgesellschaft errichtet, ähnelt einer kleinen mittelalterlichen Burg. Noch

Thora-Zeigestock (19. Jh.) aus der Klausensynagoge

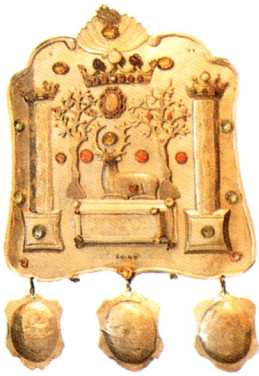

Versilberter Thoraschild (18. Jh.) in der Hohen Synagoge

1943 fand darin eine Ausstellung zur Historie des Prager Gettos statt.

❻ Altneusynagoge
Staronová synagóga

Siehe S. 90f.

❼ Hohe Synagoge
Vysoká synagóga

Červená 2. **Stadtplan** 3 B3. **Karte** H3. 📞 22 48 00 849. Ⓜ Staroměstská. 🚋 17, 18. 🚌 207. ⬤ Gottesdienste: Mo – Fr 8.30, 14 Uhr. 🌐 **kehilaprag.cz**

Finanziert wurde die Hohe Synagoge – wie das Jüdische Rathaus – von Mordechai Maisel, der in den 1570er Jahren Vorsteher der Judenstadt war. Beide Gebäude bildeten einst einen Komplex. Der Hauptsaal der Synagoge im ersten Stock war mit dem Rathaus verbunden. Im 19. Jahrhundert trennte man die Teile und versah den Bau mit eigenem Treppenhaus und Eingang. Renaissance-Gewölbe und -Stuckdekor sind noch zu erkennen.

Die Synagoge, heute Gebetshaus des Rabbinats, besitzt sakrale Textilien sowie Silberarbeiten wie Thoraschilde (16. – 19. Jh.).

❽ Jüdisches Rathaus
Židovská radnice

Maiselova 18. **Stadtplan** 3 B3. **Karte** H4. 📞 22 48 00 849. Ⓜ Staroměstská. 🚋 17, 18. 🚌 207. ⬤ für Besucher.

Der überaus wohlhabende Gemeindevorsteher Mordechai Maisel ließ 1570 – 77 von Panacius Roder das Herzstück des schmucken, blau-weißen früheren Rathauses bauen, das 1763 ein spätbarockes Aussehen erhielt. Die letzten Veränderungen stammen aus dem Jahr 1908. Damals wurde der Südflügel vergrößert.

Das Dach krönt ein kleiner hölzerner Uhrturm mit einer grünen Spitze. Seine Erbauung wurde der jüdischen Gemeinde zum Dank für ihren Beistand bei der Verteidigung der Karlsbrücke gegen die Schweden im Jahr 1648 *(siehe S. 32f)* gestattet.

An einem Giebel sieht man eine weitere, allerdings hebräische Uhr, an der sich – entsprechend der von rechts nach links verlaufenden hebräischen Schrift – auch die Zeiger entgegen dem Uhrzeigersinn bewegen.

Im Rathaus residiert heute der Rat der jüdischen Religionsgemeinschaften der Tschechischen Republik.

Fassade und Uhrturm des Jüdischen Rathauses

Stadtplan *siehe Seiten 244 – 255*

Alter jüdischer Friedhof
Starý židovský hřbitov

Über 300 Jahre lang waren die Prager Juden auf dieses Bestattungsgelände (ab der ersten Hälfte des 15. Jh.) angewiesen. Es wurde später nur unwesentlich vergrößert und entspricht heute noch seinen mittelalterlichen Ausmaßen. Aus Platzmangel begrub man die Toten in bis zu zwölf Lagen übereinander. Heute drängen sich auf dem Friedhof über 12 000 Grabsteine – doch ruhen hier wohl die Gebeine von sehr viel mehr Verstorbenen. Als Letzter wurde 1787 Moses Beck beigesetzt.

Blick über den Friedhof zur Westfassade der Klausensynagoge

Grabstein von David Gans
Davidstern und Gans verdeutlichen den Namen des Schriftstellers und Astronomen (1541–1613).

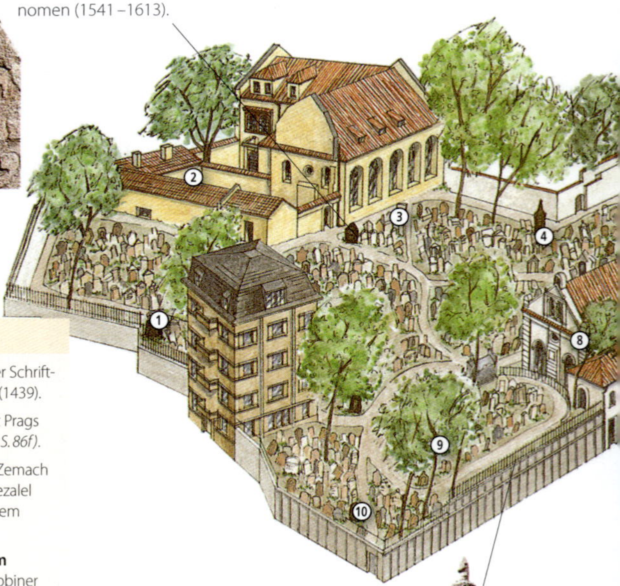

Außerdem

① **Im ältesten Grab** ruht der Schriftgelehrte Rabbi Avigdor Kara (1439).

② **Die Pinkas-Synagoge** ist Prags zweitälteste Synagoge *(siehe S. 86f).*

③ **Der Drucker** Mordechai Zemach (gest. 1592) und sein Sohn Bezalel (gest. 1589) liegen unter diesem viereckigen Grabstein.

④ **Rabbi David Oppenheim** (1664–1736) war der Oberrabbiner von Prag. Er besaß die größte Sammlung alter hebräischer Handschriften und Drucke der Stadt.

⑤ **Mordechai Maisel** (1528–1601) war Vorsteher der Prager Judenstadt und Philanthrop.

⑥ **Kunstgewerbemuseum** *(siehe S. 86).*

⑦ **Neoromanische Zeremonienhalle**

⑧ **Klausensynagoge** *(siehe S. 87).*

⑨ **Der Nephele-Hügel** war die Grabstätte von Kindern, die kein Jahr alt geworden waren.

⑩ **Grabstein von Moses Beck**

★ **Grabsteine aus dem 14. Jahrhundert**
In der Mauer befinden sich Überreste gotischer Grabsteine, die von einem älteren, 1866 in der Neustädter Vladislavova-Straße entdeckten jüdischen Friedhof hierher gebracht wurden.

ALTER JÜDISCHER FRIEDHOF | 89

Prager Bestattungsgesellschaft
Die 1564 ins Leben gerufene Organisation führte rituelle Beerdigungen durch und widmete sich der Gemeindearbeit. Auf dem Bild waschen sich die Männer nach Verlassen des Friedhofs die Hände.

Infobox

Information
Široká 3 (Haupteingang).
Stadtplan 3 B3. **Karte** G3.
22 23 17 191 (Reservierung), 22 27 49 211 (Jüdisches Museum). **jewishmuseum.cz**
Apr – Okt: So – Fr 9 – 18 Uhr; Nov – März: So – Fr 9 – 16.30 Uhr (letzter Einlass 30 Min. vor Schließung). jüdische Feiertage.

Anfahrt
Staroměstská. 17, 18 bis Staroměstská. 207.

Eingang

★ Grabstein des Rabbi Löw
Das meistbesuchte Grab des Friedhofs ist das von Rabbi Löw (1520 – 1609). Besucher erweisen ihm mit aufs Grabmal gelegten Steinchen ihren Respekt.

★ Grabstein der Hendela Bassevi
Das prächtige Grab (1628) wurde für die schöne Gemahlin des ersten in den Adelsstand erhobenen Prager Juden errichtet.

Symbole der Grabsteine

Seit dem späten 16. Jahrhundert versah man Grabsteine auf dem jüdischen Friedhof mit Symbolen, die Aufschluss über Leben, Familiennamen oder Beruf der Verstorbenen gaben.

Segnende Hände: Familie Cohen

Schere: Symbol für Schneider

Hirsch: Familie Hirsch oder Zvi

Trauben: Glück oder Reichtum

Stadtplan siehe Seiten 244 – 255

❻ Altneusynagoge

Staronová synagóga

Sie wurde um 1270 errichtet, ist Europas älteste Synagoge und eines der frühesten gotischen Bauwerke Prags. Die Altneusynagoge hat Brände, die Slumsanierung im 19. Jahrhundert und etliche Judenpogrome überstanden. Oft bot sie den Bewohnern des einstigen Gettos Schutz. Noch heute ist sie das religiöse Zentrum der Prager Juden. Ursprünglich hieß sie Neue Synagoge, bis eine andere, später zerstörte Synagoge in der Nähe errichtet wurde.

★ **Jüdische Fahne**
Das historische Banner der Prager Juden zeigt den Davidstern und in dessen Mitte den Hut, den die Juden im 14. Jahrhundert tragen mussten.

Rabbi Löw und der Golem

Rabbi Löw leitete im 16. Jahrhundert die Talmudschule, wo man sich dem Thorastudium widmete. Der Gelehrte und Philosoph soll magische Kräfte besessen haben. Der Sage nach war er der Schöpfer des Golems, den er aus Lehm formte und mittels eines Schems (Zettel mit dem Namen Gottes) zum Leben erweckte. Als die Kreatur Amok lief, soll der Rabbi seine Lehmfigur auf dem Dach der Altneusynagoge versteckt haben.

Rabbi und Golem

Außerdem

① **Kerzenhalter**

② **Gestufter Ziegelgiebel (14. Jh.)**

③ **Diese Fenster** kamen bei Ausbauten im 18. Jahrhundert hinzu, damit Frauen dem Gottesdienst zusehen konnten.

④ **Den Tympanon** über dem Thoraschrein schmückt kunstvolles Blätterwerk.

⑤ **Plattform und Rednerpult** des Vorbeters sind durch ein schmiedeisernes gotisches Gitter abgeschirmt.

★ **Fünfrippengewölbe**
Zwei achteckige Säulen stützen das fünfrippige Gewölbe des Raums.

ALTNEUSYNAGOGE | 91

Rechtes Schiff
Bronzene Kronleuchter spenden den Gläubigen, die auf den Sitzen an den Wänden Platz nehmen, Licht.

Infobox

Information
Červená.
Stadtplan 3 B2. **Karte** H3.
22 23 17 191.
synagogue.cz
So – Fr 9.30 – 18 Uhr (Nov – März: bis 17 Uhr).
jüdische Feiertage.
Sa 9, 19 Uhr.

Anfahrt
Staroměstská. 17, 18 bis Staroměstská, 17 bis Jurist. Fakultät (Právnická fakulta). 207.

★ Stuhl des Rabbi Löw
Ein Davidstern ziert den Stuhl, auf dem sich einst der große Gelehrte des 16. Jahrhunderts niederließ.

Eingang zur Synagoge von der Červená-Straße aus

Eingangsportal
Auf dem Tympanon über dem Tor des Südvestibüls sieht man Weintrauben und Weinblätter an gewundenen Zweigen.

Thoraschrein
Der Schrein, der weihevollste Ort der Synagoge, hütet die heiligen Thorarollen.

Stadtplan *siehe Seiten 244 – 255*

Silberne Thorakrone (18. Jh.) in der Maisel-Synagoge

❾ Maisel-Synagoge
Maiselova synagóga

Maiselova 10. **Stadtplan** 3 B3. **Karte** H4. 22 23 17 191. Staroměstská. 17, 18. 207. Apr–Okt: So–Fr 9–18 Uhr (Nov–März: bis 16.30 Uhr). jewishmuseum.cz

Gemeindevorsteher Mordechai Maisel nutzte die Ende des 16. Jahrhunderts errichtete Synagoge zum privaten Gebet. Maisel hatte ein Vermögen angehäuft, indem er Kaiser Rudolf II. mit Krediten die Kriege gegen die Türken finanzieren half. Seine Synagoge, die prächtigste der Stadt, wurde 1689 bei einem Brand zerstört, der die Judenstadt verwüstete. Sie wurde durch einen neuen Bau ersetzt, der zu Beginn des 20. Jahrhunderts das heutige neogotische Aussehen mit zinnenartigem Dekor erhielt.

Seit den 1960er Jahren birgt die Maisel-Synagoge eine faszinierende Sammlung jüdischer Silber- und anderer Metallarbeiten von der Renaissance bis zum 20. Jahrhundert, darunter viele Thorakronen und Thoraknäufe. Sie dienten zur Zierde der Rollen, in denen man den Thoratext (die fünf Bücher Mose) bewahrte. Man hängte Schilde über die Thorahülle. Der Vorleser benutzte einen Zeigestock, um die Thora nicht mit den Händen zu berühren. Beachtung verdienen auch das Hochzeitssilber sowie die Leuchter und Kerzenhalter. Bittere Ironie der Geschichte ist, dass nahezu all diese Schätze des jüdischen Brauchtums von den Nazis für ihr geplantes Museum einer »ausgestorbenen Rasse« aus den Synagogen Böhmens und Mährens nach Prag gebracht wurden.

❿ Heilig-Geist-Kirche
Kostel sv. Ducha

Elišky Krásnohorské. **Stadtplan** 3 B3. **Karte** H3. 60 23 01 639. Staroměstská. 17, 18. 207. nur zu Gottesdiensten, Mo–Sa 8, So 9.30 Uhr.

Die Kirche erhebt sich auf jenem schmalen Streifen christlichen Bodens, der im Mittelalter die zwei jüdischen Gemeinden des östlichen und westlichen Ritus trennte. Der einschiffige gotische Bau (Mitte 14. Jh.) gehörte zunächst zu einem Benediktinerinnenkloster, das nach seiner Zerstörung 1420 während der Hussiten-Kriege *(siehe S. 28f)* nicht wiederaufgebaut wurde.

Die Kirche litt schwer unter dem 1689 in der Judenstadt wütenden Brand. Ihr gotisches Äußeres – Strebewerk und Fenster – blieb erhalten. Die Kuppel des Schiffs wurde nach dem Brand barockisiert. Auch bei der Einrichtung überwiegt Barockstil. Der Hochaltar wurde 1760 errichtet. Das Altarbild des *Hl. Josef* stammt von Jan Jiří Heintsch (um 1647–1712).

Vor dem Bau steht die Statue des Almosen spendenden hl. Johannes von Nepomuk *(siehe S. 85)*, die 1727 von Ferdinand Brokoff geschaffen wurde. Das Innere zieren ältere Statuen, darunter eine Pietà (14. Jh. mit Köpfen von 1628), eine spätgotische Figur der hl. Anna sowie Büsten des hl. Wenzel und des hl. Adalbert (frühes 16. Jh.).

Heilig-Geist-Kirche

⓫ Spanische Synagoge
Španělská synagóga

Vězeňská 1, Dušní 12. **Stadtplan** 3 B2. **Karte** H3. 22 23 17 191. Staroměstská. 17, 18. 207. Apr–Okt: So–Fr 9–18 Uhr (Nov–März: bis 16.30 Uhr). jewishmuseum.cz

An ihrer Stelle erhob sich einst Prags erste Synagoge, die sogenannte Alte Schule (Stará Škola). Im Lauf des 11. Jahrhunderts war die Alte Schule Zentrum der jüdischen Gemeinde des östlichen Ritus. Diese lebte getrennt von den Juden des westlichen Ritus, die um die Altneusynagoge siedelten. Der heutige Bau stammt aus der zweiten Hälfte des 19. Jahrhunderts und ahmt innen wie außen den

Mahnung an die Zehn Gebote, Fassade der Spanischen Synagoge

maurischen Stil nach. Die üppigen Stuckdetails an Wänden und Gewölben lassen an die spanische Alhambra denken, was der Synagoge ihren Namen eintrug. Der Bau war früher nicht öffentlich zugänglich. Heute beherbergt er eine Dauerausstellung zur Geschichte der böhmischen Juden.

⓬ Kubistische Häuser
Kubistické domy

Elišky Krásnohorské 10–14. **Stadtplan** 3 B2. **Karte** H3. 🚇 Staroměstská. 🚊 17, 18. 🚌 207. ⬤ für Besucher.

Kubistische Atlanten umrahmen ein Fenster in der Elišky Krásnohorské

Beim Wiederaufbau des Areals des alten jüdischen Viertels um 1900 experimentierten Prager Architekten mit neuen Stilen. Viele der Häuserblocks zeigen Jugendstil-Dekor. An der Kreuzung von Bílkova und Elišky Krásnohorské sticht jedoch eine Fassade hervor, an der sich schlichte, geometrische Formelemente wiederholen. Das Anwesen, das 1919 – 21 für eine Lehrergenossenschaft erbaut wurde, ist Zeugnis der kubistischen Architektur, die in anderen Teilen Europas weniger Fuß fasste als in der Avantgarde Böhmens und Österreichs. Vom kubistischen Einfluss zeugen in der Elišky Krásnohorské 7 die geometrischen, die Fenster umrahmenden Atlanten. Kubistisch inspiriert ist auch das Haus »Zur Schwarzen Madonna« in der Zeltnergasse *(siehe S. 174f.)*.

⓭ Kirche St. Simon und Judas
Kostel sv. Šimona a Judy

Dušní/U milosrdných. **Stadtplan** 3 B2. **Karte** H3. 📞 22 23 21 068. 🚇 Staroměstská. 🚊 17, 18. 🚌 207. ⬤ für Konzerte. ♿ 🌐 fok.cz

Mitglieder der Böhmischen Brüder ließen 1615 – 20 die Kirche mit den hohen spätgotischen Fenstern errichten. Wie die Utraquisten *(siehe S. 77)* forderte die Mitte des 15. Jahrhunderts gegründete Bruderschaft beim Abendmahl das Austeilen von Brot und Wein. Sie war jedoch konservativer als andere protestantische Bewegungen und hielt am Zölibat und an Sakramenten wie der Beichte fest. Nach der Schlacht am Weißen Berg *(siehe S. 32f)* musste die Bruderschaft das Land verlassen.

Die Kirche ging an die katholischen Barmherzigen Brüder, die sie ihrem Kloster und Hospital eingliederten. Das Schafott, auf dem 27 Tschechen 1621 hingerichtet wurden *(siehe S. 75)*, soll für die Holzstufen des Klosters verwendet worden sein. Im 18. Jahrhundert richtete man hier Prags ersten Anatomie-Vorlesungssaal ein. Noch heute existiert das Hospital Na Františku. In der Kirche finden Konzerte statt.

Detail der Barockfassade von St. Simon und Judas

⓮ St.-Kastullus-Kirche
Kostel sv. Haštala

Haštalské náměstí. **Stadtplan** 3 C2. **Karte** J3. 🚊 5, 8, 14, 26. 🚌 207. ⬤ unterschiedliche Zeiten. ✝ 1. So im Monat 11 Uhr, ansonsten unterschiedlich. ✉ ♿

Die Pfarrkirche St. Kastullus (Haštal) in der Nähe des Klosters St. Agnes von Böhmen gab der Ecke ihren Namen. Sie ist einer der schönsten gotischen Bauten Prags und ersetzte im zweiten Viertel des 14. Jahrhunderts ein romanisches Bauwerk von etwa 1230.

Der verheerende Brand von 1689 machte einen gründlichen Wiederaufbau der Anlage nötig, nur das nördliche Doppelschiff der einstigen Basilika mit den eleganten, schlanken Säulen, die ein kunstvolles Rippengewölbe stützen, war noch erhalten geblieben.

Mit der meist barocken Innenausstattung kontrastieren die Überreste von Wandgemälden (um 1375) in der Sakristei, die die Apostel zeigen, sowie ein metallener Taufstein mit Figurendekor (um 1550).

Im gotischen Schiff beeindruckt die Skulpturengruppe *Kalvarienberg* (1716) aus der Werkstatt Ferdinand Maximilian Brokoffs.

Stadtplan *siehe Seiten 244 – 255*

⓯ Kloster St. Agnes von Böhmen
Klášter sv. Anežky České

Agnes, König Wenzels I. erst im Jahr 1989 heiliggesprochene Schwester, gründete hier 1234 ein Klarissenkloster. Es war eines der allerersten gotischen Bauwerke des Landes. Die 1782 aufgelöste und später verfallene Anlage wurde als Armenhaus und Lager genutzt. In den 1960er Jahren wurde der Bau sorgfältig restauriert. Hier zeigt nun die Nationalgalerie ihre große Sammlung mittelalterlicher Kunst aus Böhmen und Mitteleuropa mit Gemälden und Skulpturen aus dem 13. bis 16. Jahrhundert.

Erster Stock

Kurzführer
Die Dauerausstellung ist im ersten Stock des alten Klosters in einer langen Galerie und in kleineren Räumen um den Kreuzgang untergebracht. Die Werke sind chronologisch angeordnet.

Erdgeschoss

★ Votivtafel des Erzbischofs Jan Očko von Vlašim
Das detaillierte Tafelbild, das um 1370 von einem anonymen Künstler geschaffen wurde, zeigt Karl IV. in kniender Position vor der Jungfrau Maria.

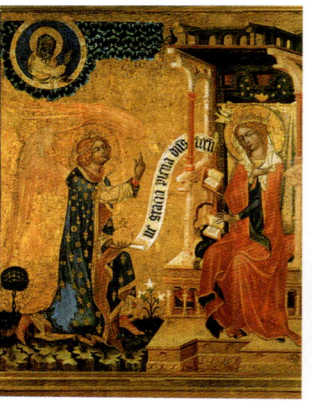

★ Mariä Verkündigung
Das Altarbild wurde um 1350 vom berühmten Meister des Vyšší-Brod-Altars gemalt. Es gehört zu den ältesten und schönsten aller Werke des Museums.

Treppe zu den Ausstellungen im ersten Stock

★ Strakonice-Madonna
Die 700 Jahre alte Statue erinnert an französische Skulpturen, wie sie in der Kathedrale von Reims zu sehen sind.

Terrassencafé

KLOSTER ST. AGNES VON BÖHMEN | 95

- Obere Ebene der St.-Salvator-Kirche
- Treppe zum Kreuzgang
- Obere Ebene der Konzerthalle
- Kapelle St. Maria Magdalena
- St.-Franziskus-Kirche und Konzerthalle
- Eingang zum Kloster

Infobox

Information
U milosrdných 17.
Stadtplan 3 C2. **Karte** J2.
22 48 10 628.
w ngprague.cz
Di–So 10–18 Uhr (letzte Führung 17 Uhr).

Anfahrt
Náměstí Republiky, Staroměstská. 17 bis Juristische Fakultät (Právnická fakulta), 5, 8, 14, 26 bis Dlouhá třída. 207 bis Řásnovka.

Abwandlung der Krumauer Madonna
Um 1400 wurde dieses bewegende Abbild von Mutter und Kind von einem unbekannten Bildhauer angefertigt, einem Anhänger des Schöpfers der berühmten Krumauer Madonna.

St.-Salvator-Kirche
Dieses Kapitell mit den Häuptern von fünf böhmischen Königinnen besitzt ein Gegenstück mit fünf Přemysliden-Königen.

Kreuzgang
Der gotische Gewölbegang um den Klosterhof stammt aus dem 14. Jahrhundert.

Legende
- Mittelalter und frühe Renaissance
- Kreuzgang
- Kirchen
- Konzerthalle
- Sonderausstellungen
- Kein Ausstellungsbereich

Stadtplan *siehe Seiten 244–255*

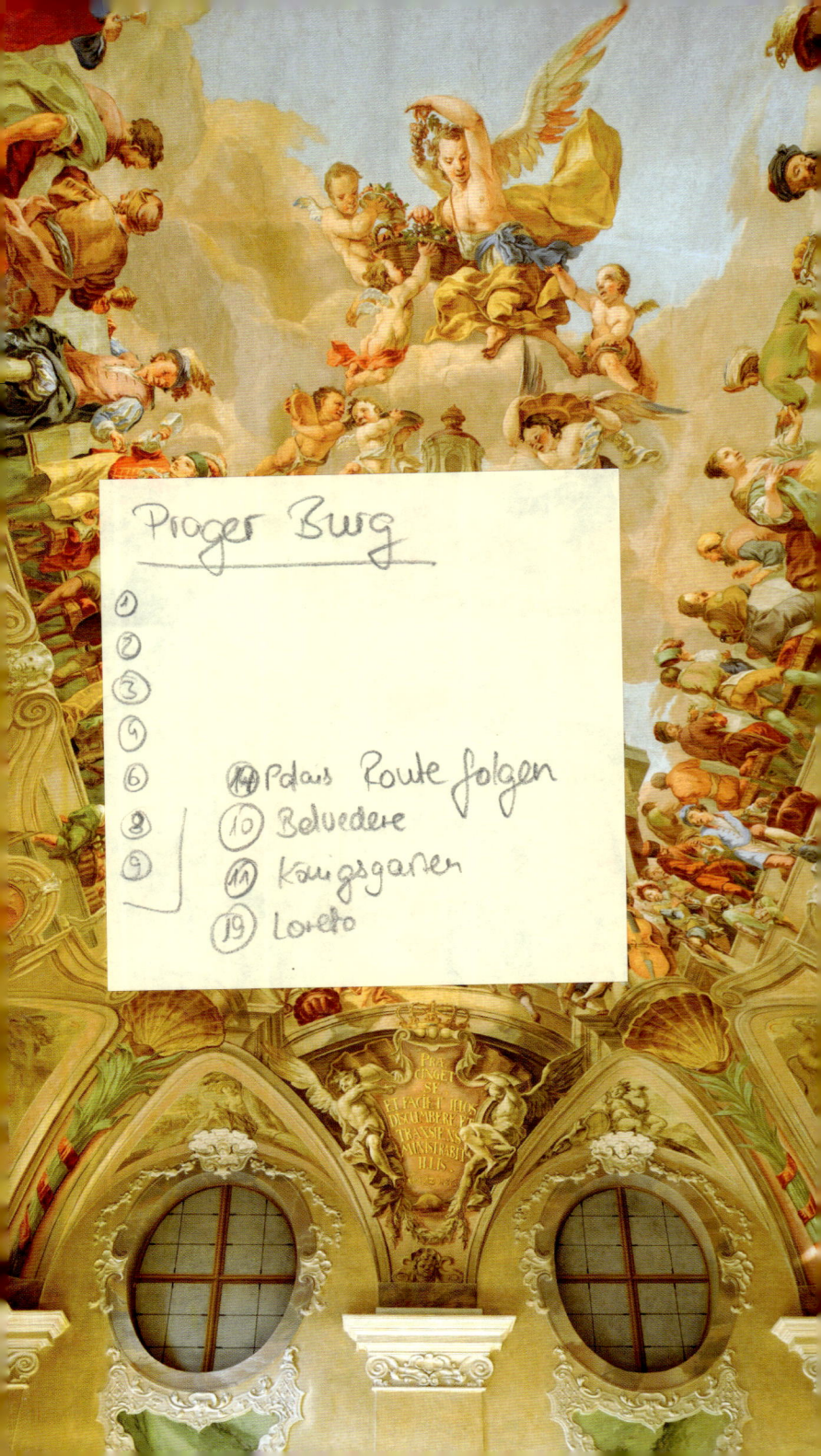

Prager Burg

1)
2)
3)
4)
6)
8)
9)

- (14) Palais Route folgen
- (10) Belvedere
- (11) Königsgarten
- (19) Loreto

DIE STADTTEILE PRAGS | **97**

Prager Burg und Hradschin

Pražský Hrad A Hradčany

Prags Geschichte beginnt mit der Grundsteinlegung der Burg durch Fürst Bořivoj im 9. Jahrhundert. Ihre gebieterische Lage hoch über der Moldau machte sie bald zum Zentrum des von den Přemysliden beherrschten Gebiets. Ihre Mauern umschlossen u. a. einen Palas, drei Kirchen und ein Kloster. 1320 hieß die städtische Siedlung außerhalb der Mauern Hradčany. Die Burg wurde vor allem unter Karl IV. und Vladislav Jagiello umgebaut. Die 1541 bei einem Brand stark beschädigten Teile wurden im Stil der Renaissance wiedererrichtet. Ihre Blütezeit erlebte die Burg unter Rudolf II. Spätere Habsburger nutzten die Anlage weit seltener. Seit 1918 haben hier die Präsidenten der Republik ihren Amtssitz. Stündlich findet die Wachablösung statt, um 12 Uhr mit Fanfare.

Sehenswürdigkeiten auf einen Blick

Kirchen und Klöster
- ❷ *Veitsdom S. 102–105*
- ❺ St.-Georgs-Basilika
- ⓳ Kapuzinerkloster
- ⓳ *Loreto S. 118f*
- ㉒ *Kloster Strahov S. 120f*

Palais
- ❹ *Königspalast S. 106f*
- ❿ Belvedere
- ⓭ Erzbischöfliches Palais
- ⓯ Palais Martinitz
- ⓴ Palais Černín

Historische Gebäude
- ❸ Pulverturm
- ❽ Dalibor-Turm

Museen und Sammlungen
- ❶ Gemäldegalerie der Prager Burg
- ❼ Palais Lobkowitz
- ⓬ Reitschule
- ⓮ *Palais Sternberg S. 112–115*
- ⓰ Palais Schwarzenberg

Historische Straßen
- ❻ Goldenes Gässchen
- ⓱ Neue Welt
- ㉑ Pohořelec

Parks und Gärten
- ❾ Südliche Gärten
- ⓫ Königsgarten

☐ **Restaurants** *siehe S. 201*
1 Host
2 Villa Richter

Stadtplan *i–2*

◀ Deckenfresko im Kloster Strahov *(siehe S. 120f)*   Zeichenerklärung *siehe hintere Umschlagklappe*

Im Detail: Prager Burg

Trotz wiederholter Brände und Invasionen blieben der Prager Burg Kirchen, Kapellen, weltliche Bauten und Türme aus allen Epochen erhalten – vom gotischen Veitsdom bis zu den Renaissance-Erweiterungen Rudolfs II., der als letzter Habsburger die Burg zur Hauptresidenz wählte. Die Burghöfe wurden 1753–75 angelegt, als man das gesamte Gelände spätbarock und klassizistisch umgestaltete. 1918 wurde die Burg Sitz des tschechoslowakischen Präsidenten, heute residiert hier der tschechische Präsident.

Blick auf die Prager Burg vom Hradschiner Platz (Hradčanské náměstí) aus

❶ **Gemäldegalerie der Prager Burg**
In den restaurierten Ställen der Burg hängen Gemälde aus Renaissance und Barock.

❸ **Pulverturm**
Hier lagerte einst Schießpulver. Es gab auch eine Glockengießerei. Heute ist der Turm ein Museum.

Zum Königsgarten

Präsidialbüro

❷ ★ **Veitsdom**
Das Relief ziert den Zaun an der Goldenen Pforte.

Zweiter Burghof

Matthiastor (1614)

Erster Burghof

Zum Hradčanské náměstí

Heilig-Kreuz-Kapelle

Treppe zur Kleinseite hinunter

Die Burgtore werden von Kopien der Kämpfenden Giganten gekrönt, die Ignaz Platzer im 18. Jahrhundert schuf.

❾ **Südliche Gärten**
Statuen (18. Jh.) beleben die einladenden Gärten bei den alten Burgwällen.

PRAGER BURG | **99**

❻ ★ Goldenes Gässchen
Die malerischen Häuschen entlang der Innenseite der Burgmauer baute man im späten 16. Jahrhundert für die Wachen und Schützen der Burg.

Zur Orientierung
Siehe Prager Innenstadt S. 16f, siehe Stadtplan 1–2

Weißer Turm

❽ Dalibor-Turm (Daliborka)
Der Turm hat seinen Namen vom ersten Gefangenen. Er soll herzergreifend Geige gespielt haben.

Alte Burgtreppe zur Metro-Station Malostranská

JIŘSKÁ

❺ St.-Georgs-Basilika
Malereien aus dem 16. Jahrhundert schmücken das Kapellengewölbe der hl. Ludmilla, einer böhmischen Märtyrerin königlichen Geblüts.

Legende
— Routenempfehlung

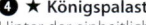
0 Meter — 60

❹ ★ Königspalast
Hinter der einheitlichen Palastfassade verbergen sich gotische und Renaissance-Säle. Wappen bedecken Wände und Decke im Raum der Neuen Landtafeln.

❼ Palais Lobkowitz
Es beherbergt Kunstwerke aus der Privatsammlung der Familie Lobkowitz.

Stadtplan *siehe Seiten 244–255*

❶ Gemäldegalerie der Prager Burg
Obrazárna Pražského hradu

Prager Burg, 2. Burghof. **Stadtplan** 2 D2. **Karte** C/D3. 22 43 73 531. Malostranská, Hradčanská. 22. Apr–Okt: tägl. 9–18 Uhr; Nov–März: tägl. 9–16 Uhr. **hrad.cz**

Die 1965 in den einstigen Burgställen eingerichtete Galerie umfasst Werke einer seit der Zeit Rudolfs II. zusammengetragenen Kunstsammlung *(siehe S. 30f)*. Obwohl die Schweden 1648 den Schatz plünderten, blieben zahlreiche großartige Gemälde erhalten. Der Akzent liegt auf der Malerei des 16. bis 18. Jahrhunderts. Die Galerie besitzt auch Skulpturen, so die Kopie einer Büste Rudolfs II. von Adriaen de Vries. Zu den Highlights gehören Tizians *Junge Frau bei der Toilette*, Rubens' *Versammlung der olympischen Götter* und *Der Zentaur Nessus entführt Deianeira* von Guido Reni. Auch Werke von Meister Theoderich, Paolo Veronese, Tintoretto und den Vertretern des tschechischen Barock, Jan Kupecký und Petr Brandl, können betrachtet werden.

Man sieht hier zudem die bei der Sanierung der Ställe freigelegten Reste der ersten Burgkirche (St. Maria). Fürst Bořivoj, der erste christliche Přemyslide *(siehe S. 22f)*, soll ihren Bau im 9. Jahrhundert veranlasst haben.

❷ Veitsdom
Chrám sv. Víta

Siehe S. 102–105.

❸ Pulverturm
Prašná věž

Prager Burg, Vikářská. **Stadtplan** 2 D2. **Karte** D3. 22 43 71 111. Malostranská, Hradčanská. 22. Apr–Okt: tägl. 9–18 Uhr; Nov–März: tägl. 9–16 Uhr.

Benedikt Ried, der Architekt Vladislavs II., errichtete hier um 1496 einen als Geschützbastion dienenden Turm. Nach dem Brand von 1541 wurde er wiederaufgebaut und beherbergte die Werkstätten und Wohnungen von Büchsenmachern sowie dem Glockengießer Tomáš Jaroš. Dieser fertigte 1549 für den Veitsdom Prags größte Glocke, die 18 Tonnen schwere Sigismund-Glocke.

Zur Regierungszeit von Rudolf II. (1576–1612) hatten Alchimisten hier ihr Laboratorium. Schillernde Gestalten wie Edward Kelley führten Experimente durch, die den Kaiser

Blick über den Hirschgraben auf den Pulverturm

glauben ließen, man könne Blei in Gold verwandeln. Als 1649 schwedische Truppen die Burg besetzten, richtete eine Schießpulverexplosion im Turm schweren Schaden an. Dennoch lagerte man hier weiterhin Pulver. 1754 entstanden schließlich Unterkünfte für die Mesner des Veitsdoms.

Heute befindet sich im Pulverturm eine Dauerausstellung über die tschechische Militärgeschichte.

❹ Königspalast
Královský palác

Siehe S. 106f.

❺ St.-Georgs-Basilika
Bazilika sv. Jiří

Jiřské náměstí. **Stadtplan** 2 E2. **Karte** D3. 22 43 71 111. Malostranská, Hradčanská. 22. Apr–Okt: tägl. 9–18 Uhr; Nov–März: tägl. 9–16 Uhr. **hrad.cz**

Die unter Fürst Vratislav 915–21 erbaute Vorgängerin des Veitsdoms ist Prags besterhaltene romanische Kirche. Sie wurde 973, als das St.-Georgs-

Tizians *Junge Frau bei der Toilette*, Gemäldegalerie der Prager Burg

Kloster errichtet wurde, vergrößert und nach einem Brand im Jahr 1142 wiederaufgebaut. Nach der sorgfältigen Restaurierung entsprechen die mächtigen Zwillingstürme und das strenge Innere wieder ihrem ursprünglichen Aussehen. Die rostrote Fassade ist allerdings barocke Hinzufügung.

Die Kirche beherbergt das Grab der hl. Ludmilla, Witwe des im 9. Jahrhundert regierenden Fürsten Bořivoj *(siehe S. 22f.)*. Sie war die erste christliche Märtyrerin Böhmens. Auf Geheiß ihrer Schwiegertochter Drahomíra war sie beim Gebet erdrosselt worden. Neben weiteren Angehörigen der Přemysliden-Dynastie ruht hier auch Vratislav I. Sein Grab befindet sich rechter Hand zu Beginn der zum Chor führenden Stufen. Gegenüber umzäunt ein Barockgitter das Grab von Boleslav II. (reg. 973 – 99).

Das angrenzende Benediktinerinnenkloster ist das älteste Böhmens. Es wurde 973 von Prinzessin Mlada, der Schwester von Boleslav II., gegründet. Im Mittelalter waren Basilika und Kloster das Herzstück der Prager Burg.

Fassade und Türme der St.-Georgs-Basilika

❻ Goldenes Gässchen
Zlatá ulička

Stadtplan 2 E2. **Karte** E3. Malostranská, Hradčanská. 22.

Die kurze Gasse ist nach den im 17. Jahrhundert hier ansässigen Goldschmieden benannt, sie zählt zu Prags malerischsten Winkeln. Die eine Seite säumen winzige, hell getünchte Häuschen, die direkt in die Arkaden der Burgmauer gebaut wurden. Anfang des 16. Jahrhunderts wurden sie für die 24 Burgwachen von Rudolf II. angelegt, ein Jahrhundert später zogen die Goldschmiede ein.

Im 19. Jahrhundert verkam die Gasse, in der nun die armen Leute, aber auch Verbrecher hausten. In den 1950er Jahren mussten die Mieter ausziehen. Das Goldene Gässchen wurde renoviert und annähernd in den Originalzustand zurückversetzt. Haus Nr. 20 ist das älteste – und das am geringsten veränderte. Die meist in Läden umgewandelten Häuschen bieten Bücher, böhmisches Glas und viele andere Souvenirs feil.

Im Goldenen Gässchen wohnten auch große Schriftsteller, etwa der Nobelpreisträger Jaroslav Seifert sowie Franz Kafka *(siehe S. 70)*, der 1916/17 einige Monate mit seiner Schwester im Haus Nr. 22 lebte.

Der Name der Gasse beflügelte die Fantasie: Angeblich sollen hier die Alchimisten gewirkt haben, um für Rudolf II. Blei zu Gold zu »tingieren«. Tatsächlich lagen ihre Laboratorien in einer Gasse zwischen Veitsdom und Pulverturm, der Vikářská.

Eines der Häuschen im Goldenen Gässchen

❼ Palais Lobkowitz
Lobkovický palác

Jiřská 3. **Stadtplan** 2 E2. **Karte** E3.
23 33 12 925 (für Führungen).
Malostranská. 12, 18, 20, 22.
tägl. 10 – 18 Uhr.
lobkowicz.cz
Spielzeugmuseum 22 43 72 294.
Sommer: tägl. 9.30 – 17.30 Uhr.
ivan-steiger.de

Das Palais wurde wie viele andere erst nach dem Brand von 1541, der den Hradschin verwüstete, erbaut. Es stammt aus dem Jahr 1570 und zeigt an den Fassaden noch Original-Sgraffiti. Die heutigen Bauten stammen großteils aus dem 17. Jahrhundert. Der prächtigste Raum ist der mit mythologischen Fresken von Fabian Harovník bemalte Festsaal (17. Jh.). Hier finden auch Konzerte und Vorträge statt.

Zeitweise war das Palais Teil des Nationalmuseums, ging aber inzwischen wieder an die Familie Lobkowitz über. Es beherbergt nun die Fürstlichen Sammlungen, die Dauerausstellung mit Gemälden, dekorativer Kunst, Originalpartituren von u. a. Beethoven und Haydn sowie Musikinstrumenten.

Gegenüber dem Palais liegt in Nr. 6 (ehemalige Burggrafschaft) das zweitgrößte Spielzeugmuseum der Welt mit Exponaten aus dem antiken Griechenland bis heute. Die Sammlung zeigt Spielzeug aus Holz und Zinn sowie Puppen (darunter einige Hundert Barbie-Puppen) und Teddybären.

Stadtplan *siehe Seiten 244 – 255*

❷ Veitsdom

Katedrála sv. Víta, Václava a Vojtěcha

Die Bauarbeiten zu dem bedeutendsten Sakralbau der Stadt begannen 1344 auf Geheiß Johann von Luxemburgs unter dem französischen Architekten Matthias von Arras. Nach dessen Tod setzte der Schwabe Peter Parler das Werk bis zu den Hussiten-Kriegen fort. Im 19. und 20. Jahrhundert legten Architekten letzte Hand an den Dom, der die Kronjuwelen und das Grab des »guten Königs« Wenzel *(siehe S. 22f)* beherbergt.

Veitsdom
Die Radierung zeigt, wie der Dom vor den Veränderungen von 1872 bis 1929 aussah.

Wasserspeier
An der reich verzierten Westfassade leiten kunstvoll gestaltete Wasserspeier das Regenwasser ab.

Außerdem

① **Westfassade**

② **Die Fensterrose** über dem Portal wurde 1925–27 von František Kysela entworfen. Sie zeigt Szenen der Schöpfungsgeschichte.

③ **Westliche Zwillingstürme**

④ **Hauptschiff**

⑤ **Triforium (Laufgang)**

⑥ **Der Renaissance-Glockenturm** trägt einen barocken Helmaufsatz.

⑦ **Chor**

⑧ **Zum Königspalast** *(siehe S. 106f)*.

⑨ **Das Grab des hl. Wenzel** in der Südapsis ist mit einem Altar verbunden, der mit Halbedelsteinen besetzt ist.

Haupteingang

926 Der hl. Wenzel lässt die Veitsrotunde errichten

1344 Johann von Luxemburg überträgt dem Architekten Matthias von Arras den Bau der gotischen Kathedrale

Büste von Peter Parler am Triforium

1619 Kalvinisten machen die Kathedrale zu ihrem Gotteshaus

1872 Josef Mocker beginnt mit den Arbeiten zum Westschiff

| 1000 | 1200 | 1400 | 1600 | 1800 |

1060 Bau der dreischiffigen Basilika im Auftrag des Fürsten Spytihněv

Grab von Přemysl Ottokar II.

1421 Hussiten besetzen den Veitsdom

1356 Baumeister Peter Parler setzt die Arbeiten fort

1589 Vollendung der Königsgruft

1770 Neue Turmspitze nach einem Brand

1929 Weihung der fast 1000 Jahre nach dem Tod des hl. Wenzel vollendeten Kathedrale

VEITSDOM | 103

★ Strebebogen
Schiff und Chor sind außen von schlanken Strebebogen umgeben. Sie stützen das Innengewölbe und sind, wie die gesamte Kathedrale, aufwendig verziert.

Infobox

Information
Prager Burg, 3. Burghof.
Stadtplan 2 D2. **Karte** D3.
Dom ⭘ Apr–Okt: tägl. 9–17 Uhr (So ab 12 Uhr; Nov–März: bis 16 Uhr). 🕆 Mo–Sa 7, Fr 18, So 8, 9.30, 11 Uhr. **Südturm** ⭘ tägl. 10–17 bzw. 16 Uhr. ♿ 📷
W katedralasvatehovita.cz

Anfahrt
Ⓜ Hradčanská, Malostranská. 🚋 22 bis Prager Burg (Pražský hrad).

★ Wenzelskapelle
An diesen Bronzering am Nordportal der Kapelle soll sich der hl. Wenzel geklammert haben, als er dem Attentat seines Bruders zum Opfer fiel *(siehe S. 22f)*.

★ Goldene Pforte
Das Portal war bis zum 19. Jahrhundert Haupteingang. Heute wird es nur noch bei besonderen Anlässen benutzt. Sein Mosaik, *Das Jüngste Gericht*, stammt von venezianischen Künstlern (14. Jh.).

Gotisches Gewölbe
Den Beweis für höchstes Können lieferte Peter Parler mit diesem anmutigen Fächerrippengewölbe, das die drei gotischen Bogen der Goldenen Pforte tragen.

Stadtplan *siehe Seiten 244–255*

Veitsdom: Rundgang

Bei einem Streifzug durch den Dom wandern Sie durch 1000 Jahre Geschichte. Treten Sie durch das Westportal ein, um einige der schönsten Beispiele der Neogotik zu bewundern. Setzen Sie den Weg an den Seitenkapellen entlang fort. Werfen Sie einen Blick auf sakrale Kunstgegenstände, heilige Reliquien und andere Kunstwerke – von Renaissance-Gemälden bis zu modernen Plastiken. Betrachten Sie die mit Juwelen besetzte Wenzelskapelle, ehe Sie den Dom verlassen.

② **Chor**
Der Chor, den Peter Parler 1372 begann, beeindruckt durch die enorme Höhe seines Gewölbes – schwerelos akzentuiert durch feinsinnig eingepasstes Maßwerk.

Domorgel (1757)

Neue Sakristei

① **Fenster von Alfons Mucha**
Glasmalereien tschechischer Künstler des 20. Jahrhunderts schmücken die Kathedrale, allen voran Muchas *Hl. Kyrill und hl. Method*.

Haupteingang (Westportal)

Thunsche Kapelle

St.-Ludmilla-Kapelle

Die vier Bauphasen des Doms

Ausgrabungen legten unter der heutigen Kathedrale Teile der Nordapsis der ersten Kirche, der Veitsrotunde, sowie Überreste von Bauten und Skulpturen der späteren Basilika frei. Mit dem westlichen, neogotischen Teil wurde die Kirche schließlich vollendet.

Legende
- Rotunde (10. Jh.)
- Basilika (11. Jh.)
- Gotische Kathedrale (14. Jh.)
- Ausbauten (19./20. Jh.)

Leopold II. ist auf diesem Stich bei seiner Krönung zum König von Böhmen dargestellt. Anlässlich der Zeremonie, die im September 1791 im Dom stattfand, komponierte Mozart die Oper *Titus*.

③ **Flucht Friedrichs von der Pfalz**
Das Holzrelief zeigt eine Szene der bitteren Nachwirkungen der Schlacht am Weißen Berg 1620 *(siehe S. 33)*. Zugleich bietet es ein detailliertes Abbild von Prag im 17. Jahrhundert.

Kapelle Johannes' des Täufers

Kanzel (1618)

④ **Grab des hl. Johannes von Nepomuk**
Das Grabmal von 1736 besteht aus massivem Silber. Es ehrt den Heiligen, den die Gegenreformation zu ihrem Märtyrer erhob *(siehe S. 137)*.

Kapelle der heiligen Reliquien

Heilig-Kreuz-Kapelle

Stufen zur Krypta

⑤ **Königliches Oratorium**
Im Gewölbe des spätgotischen Oratoriums (15. Jh.) strahlt das Rippenwerk astförmig aus.

⑥ **Krypta**
Stufen leiten hinab zu den königlichen Gräbern, in denen u. a. Karl IV. und seine vier Gemahlinnen ruhen, sowie zu den Überresten der alten Rotunde und Basilika.

Legende

— Rundgang

Goldene Pforte

Krypta-Ausgang

⑧ **Wenzelskapelle**
Gotische Fresken mit Szenen aus dem Leben von Heiligen bedecken die Wände, durchsetzt von Vergoldungen mit Halbedelsteinen. Jeder Gegenstand hier ist ein Kunstwerk, etwa der kleine goldene Kirchturm, ein Schrein für Hostien und Wein.

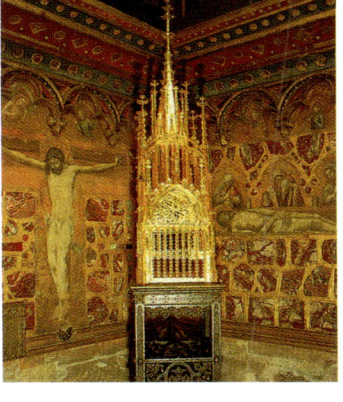

⑦ **Königliches Mausoleum**
Hier ruht der 1564 verstorbene Ferdinand I. neben seiner Gattin und seinem Sohn Maximilian II.

❹ Königspalast

Královský palác

Nach den ersten Steinbefestigungen (11. Jh.) residierten in der Burg die böhmischen Fürsten. Der Königspalast besteht aus drei architektonisch unterschiedlichen Schichten. Ein von Soběslav I. um 1135 angelegter romanischer Palas nimmt die Kellerebene des heutigen Baus ein. Darüber fügten Ottokar II. und Karl IV. ihre Bauten hinzu, das für Vladislav Jagiello ausgebaute Obergeschoss enthält den gotischen Vladislav-Saal. Unter den Habsburgern waren im Palast Regierungsbüros, Gerichtshöfe und der alte böhmische Landtag untergebracht. 1924 wurde das Anwesen restauriert.

Reitertreppe
Über die breiten, flachen Stufen und unter dem spätgotischen Rippengewölbe konnten die Ritter auf ihren Pferden zum Vladislav-Saal hochreiten. Dort trugen sie Turniere aus.

Der Landtagssaal des mittelalterlichen Landtags war zugleich Thronsaal. 1541 brannte er ab. Bonifaz Wohlmut baute ihn 1563 wieder auf.

Eine Hochpassage führt vom Palast zum Königlichen Oratorium des Veitsdoms *(siehe S. 105)*.

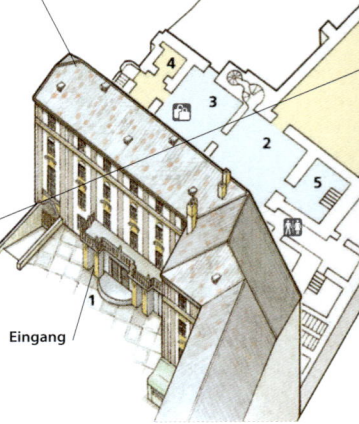

Vladislav-Saal
Aegidius Sadelers Gemälde (17. Jh.) offenbart, dass es am Hof wie auf einem Markt zuging. Das fantasievolle Gewölbe des Saals erschuf Benedikt Ried in den 1490er Jahren.

Eingang

Přemysl Ottokar II. (ca. 1230–78)

1041 Bei der Belagerung der Burg brennt der Palas ab

1253 Erneuter Umbau des späteren Palasts unter Přemysl Ottokar II.

1541 Große Teile der Burg durch Brand zerstört

1618 Zweiter Prager Fenstersturz in der Böhmischen Kanzlei

1766–68 Bau des Theresienflügels

| 900 | 1100 | 1300 | 1500 | 1700 | 1900 |

spätes 9. Jh. Gründung der Prager Burg durch Fürst Bořivoj

1135 Wiederaufbau unter Soběslav I.

1340 Karl IV. lässt den Bau umgestalten

1370 Peter Parler baut Allerheiligenkapelle um

1502 Benedikt Ried vollendet nach neun Jahren den Vladislav-Saal

Verzierte Kanzleitür im Königspalast

1924 Restaurierung des Palasts

KÖNIGSPALAST | 107

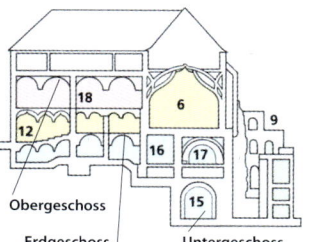

Obergeschoss
Erdgeschoss Untergeschoss

Königspalast – Querschnitt und Grundriss
Im Querschnitt erkennt man die drei zu unterschiedlichen Zeiten angelegten Ebenen. Der Grundriss zeigt die Ausdehnung des Vladislav-Saals, der den Großteil der Grundfläche einnimmt.

Infobox

Information
Prager Burg, 3. Burghof.
Stadtplan 2 D2. **Karte** D3.
22 43 73 111.
Apr – Okt: tägl. 9 – 17 Uhr; Nov – März: 9 – 16 Uhr (letzter Einlass 60 Min. vor Schließung).
hrad.cz

Anfahrt
Hradčanská, Richtung K Brusce, dann durch Königsgarten; Malostranská, links Klárov und alte Burgtreppe hinauf. 22 bis Prager Burg (Pražský hrad).

Die Allerheiligenkapelle baute Peter Parler im Auftrag Karls IV. Nach dem Brand von 1541 musste man ihr Gewölbe wiedererrichten und verlieh diesem ein barockes Aussehen.

Legende
- Romanik und Frühgotik
- Spätgotik
- Umbau nach 1541
- Barock und später

1 Adlerbrunnen
2 Vorsaal
3 Grüne Stube
4 Königliches Schlafgemach
5 Romanischer Turm
6 Vladislav-Saal
7 Böhmische Kanzlei
8 Treppen zur Reichshofratsstube
9 Terrasse
10 Allerheiligenkapelle
11 Landtagssaal
12 Reitertreppe
13 Appellationsgericht
14 Palasthof
15 Saal des romanischen Palas
16 Alte Landtafeln
17 Palast Karls IV.
18 Neue Landtafeln

Die Theresienflucht wurde zur Unterbringung der Kanzleiakten angelegt

Böhmische Kanzlei
Der Ofen im niederländischen Stil (17. Jh.) schmückt die Räume der einstigen Böhmischen Kanzlei der Habsburger. Sie war Schauplatz des Fenstersturzes von 1618.

Fenstersturz von 1618

Gemälde von Václav Brožík, 1889

Am 23. Mai 1618 marschierten über 100 protestantische Adlige, angeführt von Graf Thurn, in den Palast, um gegen die Thronbesteigung des intoleranten Habsburger Erzherzogs Ferdinand zu protestieren. Sie stellten seine katholischen Statthalter Jaroslav Martinitz und Vilém Slavata zur Rede und warfen beide nach einem Streit aus dem Ostfenster – und ihren Sekretär Philipp Fabricius hinterher. Der Vorfall gilt als Auslöser für den Dreißigjährigen Krieg. Für die Katholiken war das Überleben der Männer nach rund 15 Meter freiem Fall eine göttliche Fügung, doch wahrscheinlich hatte ein Misthaufen den Aufprall gedämpft.

Die neuen Landtafeln
Wappen der von 1561 bis 1774 hier beschäftigten Beamten zieren der Kanzleiräume.

Stadtplan *siehe Seiten 244 – 255*

Altes Gefängnis im Dalibor-Turm

❽ Dalibor-Turm
Daliborka

Prager Burg, Zlatá ulička. **Stadtplan** 2 E2. **Karte** E3. Malostranská. 12, 18, 20, 22. tägl. 9–17 Uhr (Nov – März: bis 16 Uhr).

Der Turm mit dem kegelförmigen Dach ist Teil der Befestigungsanlagen der Prager Burg, die im 15. Jahrhundert unter König Vladislav Jagiello *(siehe S. 28f)*, dessen Wappen die Außenmauer ziert, erbaut wurden. Benannt ist der Turm, der bis 1781 als Gefängnis diente, nach seinem ersten Gefangenen, dem Ritter Dalibor von Kozojedy. Ihn sperrte man ein, weil er aufständischen Leibeigenen Schutz gewährt hatte. Die Zeit bis zur Hinrichtung verbrachte er in einem unterirdischen Verlies, wo er der Sage nach Geige spielen lernte. Zum Dank für sein Spiel und als Zeichen des Mitgefühls brachten ihm die Prager Speis und Trank, die mit Seilen zu ihm hinuntergelassen wurden. Es war damals keine Seltenheit, dass Gefangene in ihrem Verlies verhungerten. Dalibors Schicksal diente Smetana als Vorlage für seine gleichnamige Oper.

❾ Südliche Gärten
Jižní zahrady

Prager Burg (Zugang vom Hradčanské náměstí aus). **Stadtplan** 2 D3. **Karte** D3. Malostranská. 12, 18, 20, 22. Apr – Okt: tägl. 10 –18 Uhr (Mai, Sep: bis 19 Uhr; Juni, Juli: bis 21 Uhr; Aug: bis 20 Uhr). **hrad.cz**

Die Gärten liegen am Südhang der Prager Burg. Von hier überblickt man die Kleinseite. Mehrere kleine Gärten wurden zu den heute bekannten Südlichen Gärten zusammengefasst. Der älteste, der Paradiesgarten (Rajská zahrada), stammt aus dem Jahr 1562. Zu Ehren von Kaiser Matthias wurde 1617 ein kreisrunder Pavillon errichtet, dessen hölzerne Decke die Wappen der 39 Länder des Kaiserreichs schmücken. Der Wallgarten (Zahrada na valech) geht auf das 19. Jahrhundert zurück. Die aus der Zeit Kaiser Ferdinands II. stammenden Obelisken markieren die Stelle des Prager Fenstersturzes: 1618 trafen hier die katholischen kaiserlichen Statthalter und ihr Sekretär auf, die von aufständischen Protestanten aus einem Fenster der Burg gestürzt worden waren. In den 1920er Jahren fertigte Josip Plečnik eine Rampe zum Paradiesgarten und zur Aussichtsterrasse. Unterhalb der Terrasse befindet sich im ehemaligen Hartig-Garten Battista Allipranais barocker Musikpavillon, umgeben von vier Götterstatuen, die Antonín Braun gestaltete.

Alliprandis Musikpavillon in den Südlichen Gärten

❿ Belvedere
Belvédér

Prager Burg, Königsgarten. **Stadtplan** 2 E1. **Karte** E2. Malostranská, Hradčanská. 22 bis Královský Letohrádek. nur bei Ausstellungen geöffnet.

Das von Ferdinand I. für seine Gemahlin Anna erbaute Lustschloss (Letohrádek královny Anny) ist eines der schönsten Bauwerke der italienischen Renaissance nördlich der Alpen.

Belvedere: Sommerresidenz Kaiser Ferdinands I. im Königsgarten neben der Prager Burg

◀ Ansicht der Prager Burg mit den Türmen des Veitsdoms *(siehe S. 102 –105)*

Antonín Brauns Statue *Die Allegorie der Nacht* **vor der Sgraffito-Fassade des Ballhauses im Königsgarten**

Den Bau mit Arkaden und schlanken ionischen Säulen ziert ein Kupferdach in Form eines umgedrehten Schiffskörpers. Der Reliefschmuck im Arkadengang stammt vom Architekten Paolo della Stella. Der Bau wurde 1538 begonnen, fertiggestellt wurde er wegen des Brands der Burg (1541) jedoch erst 1564.

In der Mitte des kleinen geometrischen Gartens befindet sich der Singende Brunnen (1568), der seinen Namen den Klängen verdankt, den die fallenden Wassertropfen im Bronzebecken hervorrufen. Man braucht allerdings gute Ohren, um sie zu hören. Gegossen wurde er von Tomáš Jaroš, dem berühmten Glockenbauer, der im Pulverturm wohnte und arbeitete *(siehe S. 100)*.

Viele Kunstschätze wurden 1648 von der schwedischen Armee geplündert, darunter Adriaen de Vries' Bronzestatue *Amor und Psyche* – heute im Louvre in Paris. Das Belvedere dient jetzt als Kunstgalerie.

⓫ Königsgarten
Královská zahrada

Prager Burg, U Prašného mostu. **Stadtplan** 2 D2. **Karte** D2. Malostranská, Hradčanská. 22. Mai–Okt: tägl. 10–18 Uhr (Mai, Sep: bis 19 Uhr; Juni, Juli: bis 21 Uhr; Aug: bis 20 Uhr). hrad.cz

Angelegt wurde der Garten 1534 für Ferdinand I. Obwohl sein Aussehen vielfach verändert wurde, sind einige schöne Beispiele der Gartenarchitektur des 16. Jahrhunderts erhalten, darunter das Belvedere und das Ballhaus (Mičovna) von Bonifaz Wohlmut von 1569, das herrliche Renaissance-Sgraffiti zieren.

Besonders schön ist der Königsgarten zur Tulpenblüte im Frühling. Nachdem der Botschafter Ferdinands I. aus der Türkei Tulpen mitgebracht hatte, fanden sie hier ihre erste Heimat in Europa.

⓬ Reitschule
Jízdárna

Prager Burg. **Stadtplan** 2 D2. **Karte** C2. 22 43 73 232. Malostranská, Hradčanská. 22. nur zu Ausstellungen. hrad.cz

Die Reitschule aus dem 17. Jahrhundert bildet eine Seite der U Prašného mostu, einer Straße, die von der Burg nach Norden führt. Die Eingangsfassade ist mit Stuckreliefs geschmückt. In den 1920er Jahren wurde sie in eine Kunstgalerie umgebaut, in der interessante Ausstellungen stattfinden.

Der Garten bietet einen schönen Blick auf den Veitsdom und Teile der Burganlage.

⓭ Erzbischöfliches Palais
Arcibiskupský palác

Hradčanské náměstí 16. **Stadtplan** 2 D3. **Karte** C3. Malostranská, Hradčanská. 22. für Besucher.

Ferdinand I. kaufte das prächtige Palais mit vier Flügeln und vier Höfen 1562 für den ersten katholischen Erzbischof nach den Hussiten-Kriegen *(siehe S. 28f)*. Bis heute residiert der Erzbischof in diesem Bau, welcher das alte, während der Kriege zerstörte Palais auf der Kleinseite ersetzte. In der Zeit nach der Schlacht am Weißen Berg *(siehe S. 32f)* war das Erzbischöfliche Palais direkt unterhalb der Burg ein unverkennbares Symbol der katholischen Vorherrschaft in der Stadt und der Umgebung. 1562–1564 ließ der Erzbischof das Gebäude durch Bonifaz Wohlmut und Ulrico Aostalli umbauen. 1599 kam die Kapelle hinzu. Die cremefarbene Rokoko-Fassade wurde von Johann Joseph Wirch nach 1760 für Erzbischof Antonín Příchovský gestaltet, dessen Wappen auch das Portal (frühes 17. Jh.) schmückt.

Příchovský-Wappen

⑭ Palais Sternberg
Šternberský palác

Franz Josef Sternberg gründete 1796 die Gesellschaft der patriotischen Kunstfreunde Böhmens, deren Sitz das Palais Sternberg war. Die ersten Exponate ihrer Sammlung, die kurz vor dem Zweiten Weltkrieg Staatseigentum wurde, stammen aus Privatbesitz. Seit 1949 ist der Barockbau Teil der Nationalgalerie mit einer Sammlung europäischer Kunst, einer hervorragenden Auswahl alter Meister.

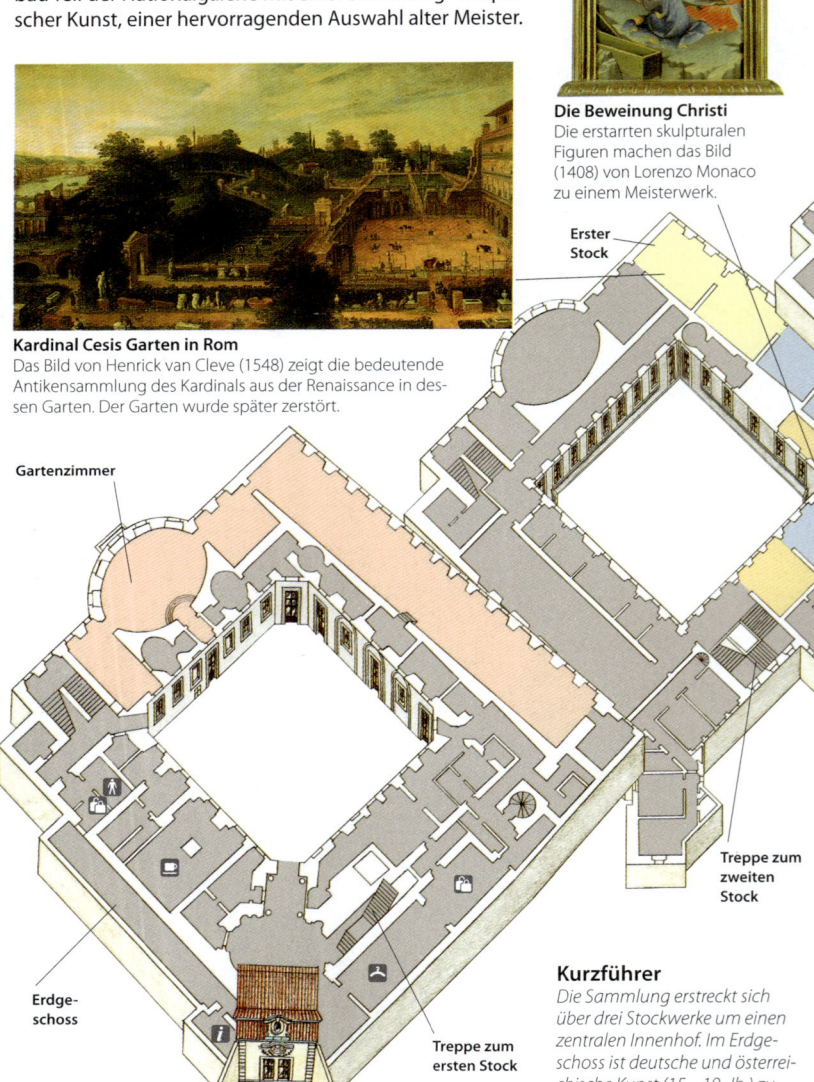

Die Beweinung Christi
Die erstarrten skulpturalen Figuren machen das Bild (1408) von Lorenzo Monaco zu einem Meisterwerk.

Kardinal Cesis Garten in Rom
Das Bild von Henrick van Cleve (1548) zeigt die bedeutende Antikensammlung des Kardinals aus der Renaissance in dessen Garten. Der Garten wurde später zerstört.

- Erster Stock
- Gartenzimmer
- Treppe zum zweiten Stock
- Erdgeschoss
- Treppe zum ersten Stock
- Kasse
- Durchgang zum Hradčanské náměstí

Kurzführer
Die Sammlung erstreckt sich über drei Stockwerke um einen zentralen Innenhof. Im Erdgeschoss ist deutsche und österreichische Kunst (15.–19. Jh.) zu sehen. Gleich hinter der Kasse beim Haupteingang führt eine Treppe zu den Räumen in den oberen Etagen.

PALAIS STERNBERG | 113

★ Der Gelehrte in der Studierstube
An dem Gemälde von 1634 hat Rembrandt sehr detailliert gearbeitet, um die Weisheit im Gesicht des Gelehrten wiederzugeben.

Infobox

Information
Hradčanské náměstí 15.
Stadtplan 1 C2. **Karte** C3.
📞 23 30 90 570 (Rezeption), 23 30 90 570 (Information).
🌐 ngprague.cz
🕐 Di–So 10–18 Uhr (letzte Führung 17 Uhr). 30-minütiger Spaziergang (Altstadt).

Anfahrt
🚇 Hradčanská, Malostranská.
🚊 22 bis Prager Burg (Pražský hrad) oder Brusnice.

Chinesisches Kabinett

Zweiter Stock

Treppe zu den anderen Stockwerken und zum Ausgang

Garten Eden (1618)
Roelant Savery studierte die Tiere in der Menagerie, die aus Persien an den Hof Rudolfs II. kamen, und benutzte sie als Vorlage für seine Bilder.

★ Der betende Christus
Das von El Greco in den 1590er Jahren gemalte Porträt betont die Menschlichkeit Christi. Gleichzeitig verleiht der viereckige Heiligenschein dem Bild etwas von einer alten Ikone.

★ Das Martyrium des hl. Thomas
Das Werk stammt von Peter Paul Rubens, dem flämischen Meister des 17. Jahrhunderts.

Legende

- Deutsche und österreichische Kunst (1400–1800)
- Fläm./holländ. Kunst (1400–1600)
- Italienische Kunst (1400/1500)
- Fläm./holländ. Kunst (1600–1800)
- Französische Kunst (1400–1800)
- Ikonen, klass. und antike Kunst
- Venedig (1700/1800) und Goya
- Spanische Kunst (1400–1800)
- Neapel und Venedig (1600/1700)
- Italienische Kunst (1500/1600)
- Kein Ausstellungsbereich

Stadtplan *siehe Seiten 244–255*

Palais Sternberg: Sammlungen

Die Nationalgalerie mit ihrer Sammlung alter europäischer Meister gehört zu den besten des Landes. Das Museum gliedert sich in drei Bereiche: Die reichhaltige Sammlung deutscher und österreichischer Kunst aus dem 15. bis zum 19. Jahrhundert gruppiert sich im Erdgeschoss um einen Innenhof. Eine kleine Sammlung von Ikonen und antiker Kunst sowie eine größere Kollektion früher italienischer und holländischer Kunst befinden sich im ersten Stock. Wahre Schätze kann man im zweiten Stock entdecken: italienische, spanische, französische und holländische Meister vom 16. bis zum 19. Jahrhundert.

Ikonen, klassische und antike Kunst

Zwei kleine Räume im ersten Stock des Palais enthalten eine in jeder Hinsicht außergewöhnliche Sammlung. Dazu gehört auch das *Bildnis einer jungen Frau* aus dem 2. Jahrhundert v. Chr., das im 19. Jahrhundert bei Ausgrabungen in der Nähe von Fayoum in Ägypten entdeckt wurde.

Im zweiten Raum links des Hauptausstellungsbereichs befinden sich Ikonen byzantinischen, italogriechischen und russischen Ursprungs aus orthodoxen Kirchen. Eines der schönsten Stücke stammt aus dem späten 16. Jahrhundert: *Einzug in Jerusalem* wurde in Russland gefertigt. Die Exponate decken eine Vielfalt an Stilen aus dem mediterranen und osteuropäischen Raum ab.

Einzug in Jerusalem, russische Ikone aus dem 16. Jahrhundert

Deutsche und österreichische Kunst (1400–1800)

In der umfangreichen Abteilung kann man leicht einen halben Tag zubringen. Zu den am meisten bewunderten Bildern gehört Albrecht Dürers *Rosenkranzfest*, gemalt 1506 während eines Aufenthalts des Künstlers in Venedig. Das Gemälde nimmt auch deshalb eine Sonderstellung in Prag ein, weil es Kaiser Rudolf II. erstand. Bei den beiden Figuren vor der Jungfrau und dem Kind handelt es sich um Maximilian I. (Rudolfs Urgroßvater) und Papst Julius II.

Weitere bedeutende deutsche Renaissance-Maler sind Hans Holbein d. Ä. und Lukas Cranach d. Ä. Letzterer ist u. a. mit dem Gemälde *Adam und Eva* vertreten, dessen Darstellung von Nacktheit den Geist der Renaissance widerspiegelt – allerdings gemildert durch die Lutheranische Reform.

Italienische Kunst (1400–1700)

Wenn Sie die Räume im ersten Stock betreten, sehen Sie sofort die Pracht der vergoldeten Altarbilder aus den Kirchen der Toskana und Norditaliens. Die meisten Diptychen und Triptychen stammen aus der d'Este-Sammlung in Burg Konopiště (siehe S. 169). Sehenswert sind vor allem zwei dreieckige Gemälde mit Darstellungen von Heiligen (14. Jh.) von Pietro Lorenzetti aus Siena sowie Lorenzo Monacos *Beweinung Christi*.

Faszinierend sind auch die Bronzen aus der Renaissance. Diese kleinen Figuren, die im 15. Jahrhundert beim Adel beliebt waren, wurden zunächst nach berühmten oder wiederentdeckten Skulpturen der Antike gegossen. Später wählten die Bildhauer freiere Motive – Padua spezialisierte sich z. B. auf die Darstellung kleiner Tiere – und erstellten auch Stücke, die als dekorative Haushaltsgegenstände Verwendung fanden, etwa Öllampen, Tintenfässchen oder Türklopfer. In dieser Abteilung sind mit Ausnahme von Mantua die Arbeiten aller größeren italienischen Werkstätten vertreten. Während man in anderen Museen eine Vielzahl von Exponaten finden kann, sind einige der hier gezeigten Figuren sowohl einzigartig als auch besonders schön gefertigte Beispiele dieser Kunstform. Bei den italienischen Werken aus

Rosenkranzfest von Dürer (1506)

Don Miguel de Lardizábal (1815) von Francisco Goya

dem 16. Jahrhundert im zweiten Stock findet sich manche Überraschung, etwa der *Hl. Hieronymus* des Venezianers Tintoretto sowie die *Verkündigung bei den Hirten* und *Porträt eines älteren Mannes* seines Landsmanns Jacopo Bassano. Das Porträt der Gattin von Cosimo de'Medici, *Eleonora von Toledo*, ist ein Meisterwerk des florentinischen Manieristen Bronzino.

Flämische und holländische Kunst (1400–1800)

Die Sammlungen flämischer und holländischer Malerei im ersten und zweiten Stock des Palais Sternberg reichen von ländlichen Szenen von Pieter Brueghel d. Ä. bis hin zu Porträts von Rubens und Rembrandt. Zu den Highlights zählt das Altargemälde *Anbetung der Heiligen Drei Könige* von Geertgen tot Sint Jans. Zu den frühen Werken gehört auch *Der hl. Lukas, die Madonna malend* von Jan Gossaert (um 1515), bei dem der Einfluss der italienischen Renaissance klar erkennbar ist.

Die Exponate aus dem 17. Jahrhundert im zweiten Stock umfassen mehrere Meisterwerke, vor allem von Rubens, der 1693 den Augustinern der St.-Thomas-Kirche (siehe S. 127) zwei Bilder zukommen ließ. Die Originale, die sich seit 1896 in der Sternberg-Sammlung befinden, wurden durch Kopien ersetzt. Die Gewalt und die Tragödie, die im *Martyrium des hl. Thomas* zu

Eleonora von Toledo (um 1540), ein Bild des florentinischen Malers Agnolo Bronzino

sehen sind, stehen im Gegensatz zur spirituellen Ruhe des *Hl. Augustinus*.

Zwei Porträts aus dieser Epoche sind Rembrandts *Der Gelehrte in der Studierstube* und das *Porträt von Jasper Schade* von Frans Hals. Auch die Gemälde weniger bekannter Künstler sind ebenbürtige Repräsentanten des »Goldenen Jahrhunderts«.

Spanische und französische Kunst (1400–1800)

Die französische Malerei im zweiten Stock ist hauptsächlich durch Künstler des 17. Jahrhunderts vertreten: Simon Vouet mit dem *Selbstmord der Lukrezia*, Sébastien Bourdon sowie Charles Le Brun.

Zu den bedeutendsten spanischen Werken gehören *Der betende Christus* von El Greco – das einzige Werk des Künstlers in der Tschechischen Republik – und das Politikerporträt *Don Miguel de Lardizábal* von Francisco Goya.

Chinesisches Kabinett

Nach mehrjähriger Restaurierung ist diese Kuriosität im zweiten Stock wieder zugänglich. Das reich dekorierte kleine Zimmer war Teil der ursprünglichen Ausstattung des Palais Sternberg. Hierher konnte man sich vom hektischen Treiben in den großen Staatsräumen zurückziehen. Die dekorative Fülle des Raums zeigt barocke Elemente im Mix mit solchen aus dem Fernen Osten, die an der Wende vom 17. zum 18. Jahrhundert sehr in Mode waren. Im Deckengewölbe ist auch der Stern der Sternbergs zu sehen. Schwarze Lackwände sind mit blauen und weißen Medaillons in goldenen Rahmen verziert. In den vergoldeten Regalen stand einst seltenes orientalisches Porzellan.

⓯ Palais Martinitz
Martinický palác

Hradčanské náměstí 8. **Stadtplan** 1 C2. **Karte** C3. 77 77 98 040. Malostranská, Hradčanská. 22. nur Führungen (tel. Voranmeldung). **martinickypalac.cz**

Bei der in den 1970er Jahren durchgeführten Restaurierung kam die originale Sgraffito-Fassade wieder zum Vorschein, auf der Szenen aus dem Alten Testament dargestellt sind, darunter die Geschichte von Josef und Potiphars Frau. Weitere Sgraffiti mit Szenen aus dem Leben Samsons und den Heldentaten von Herkules gibt es auf der Hofseite. Das Palais wurde von Jaroslav Bořita von Martinitz, der durch den Fenstersturz 1618 berühmt wurde, ausgebaut *(siehe S. 107)*.

Einer Sage zufolge erscheint jeden Abend zwischen 23 Uhr und Mitternacht ein gefährlicher schwarzer Hund im Palais, der Spaziergänger bis zum Loreto-Heiligtum begleitet.

Es gibt Führungen für das Palais sowie ein kleines Museum im ehemaligen Stall mit Musikgeräten (z. B. Musikautomaten und Grammophonen).

⓰ Palais Schwarzenberg
Schwarzenberský palác

Hradčanské náměstí 2. **Stadtplan** 2 D3. **Karte** C4. 23 30 81 713. Malostranská, Hradčanská. 22. Di – So 10 –18 Uhr. **ngprague.cz**

Aus der Ferne macht die Fassade des herrlichen Renaissance-Palais den Eindruck, als ob sie mit pyramidenförmigen Steinen bedeckt sei. Aus der Nähe erweisen sich diese als Sgraffito-Dekor in Diamantquadermanier. Der italienische Architekt Agostino Galli hat das Palais im norditalienischen Stil 1545 – 76 für die Familie Lobkowitz errichtet. Nach vielen Vorbesitzern erwarb es 1719 die Familie Schwarzenberg. Ein Großteil der Fresken im Inneren ist gut erhalten, auch die vier Deckengemälde (1580) im zweiten Stock. Früher waren in einem Teil des Gebäudes Exponate des Militärmuseums untergebracht (jetzt U Památníku 3).

Seit 2008 beherbergt das Palais die Barocksammlung der Prager Nationalgalerie. Auf dem Vorplatz steht eine Statue Tomáš G. Masaryks, des ersten Präsidenten der Tschechoslowakischen Republik.

Tycho Brahe, Hofastronom Rudolfs II.

⓱ Neue Welt
Nový svět

Stadtplan 1 B2. **Karte** B3. 22, 25 bis Brusnice.

Einst war Nový svět (Neue Welt) ein Hradschiner Viertel – heute ist es der Name einer malerischen Straße mit winzigen Häusern. Das einst für die Bauarbeiter der Burg errichtete Areal wurde zweimal durch Brände zerstört, zuletzt 1541. Die ältesten Häuser stammen aus dem 17. Jahrhundert. Sie wurden schön renoviert und strahlen einen eigenen Charme aus, der sie von ihrer Umgebung abhebt. Trotz oder gerade wegen ihrer Armut schmückten die Bewohner ihre Häuser mit vergoldeten Hauszeichen – man findet eine goldene Birne, eine Traube, einen Fuß, einen Busch und eine Eichel. In Nr. 1 wohnte einst Tycho Brahe, der berühmte Hofastronom von Rudolf II. Haus Nr. 25 ist Geburtsstätte des großen tschechischen Geigers František Ondříček.

⓲ Kapuzinerkloster
Kapucínský klášter

Loretánské náměstí 6. **Stadtplan** 1 B3. **Karte** B3. 22, 25. für Besucher (außer Kirche). Mo – Sa 18, So 8.30 Uhr.

Böhmens erstes Kapuzinerkloster stammt aus dem Jahr 1600. Es ist durch einen überdachten Gang mit dem Loreto-Heiligtum *(siehe S. 118f)* verbunden. An das Kloster grenzt eine Marienkirche, die in ihrer Schlichtheit für den Kapuzinerorden bezeichnend ist. Die Kirche ist für ihre Marienstatue berühmt, um die sich eine seltsame Geschichte rankt: Kaiser Rudolf II. fand einst so großen Gefallen an der Statue, dass er darum bat, sie in seiner Privatkapelle aufstellen zu dürfen. Die Kapuziner erfüllten diesen Wunsch. Die Marienstatue wurde in der Kapelle des Kaisers aufgestellt. Auf unerklärliche Weise aber

Das Karmeliterkloster beim Palais Schwarzenberg

HRADSCHIN | 117

Altar in der Marienkirche des Kapuzinerklosters

gelangte sie dreimal wieder in die Kirche der Kapuziner zurück. Der Kaiser fügte sich schließlich, stellte seinen Wunsch zurück und ließ die Madonna mit einer goldenen Krone und einem Gewand versehen.

Die Marienkirche ist vor allem in der Weihnachtszeit ein Anziehungspunkt. Dann wird hier eine Barockkrippe mit lebensgroßen Figuren in historischen Kostümen aufgestellt.

⓲ Loreto
Loreta

Siehe S. 118f.

⓳ Palais Černín
Černínský palác

Loretánské náměstí 5. **Stadtplan** 1 B3. **Karte** B4. 🚋 22, 25. ⬤ für Besucher. 🌐 mzv.cz

Das 150 Meter lange Gebäude mit den 30 massiven korinthischen Halbsäulen seiner Fassade wurde 1668 von Graf Czernin von Chudenice, dem kaiserlichen Botschafter in Venedig, in Auftrag gegeben. Das Palais überragt einen kleinen grasbewachsenen Platz und liegt gegenüber dem Loreto-Heiligtum.

Wegen seiner exponierten Stellung wurde das monumentale Gebäude wiederholt schwer beschädigt. 1742 wurde es von den Franzosen geplündert, 1757 von den Preußen unter schwerem Beschuss genommen. 1851 musste die verarmte Familie Czernin das Palais an den Staat verkaufen. Kurz darauf wurde es zur Kaserne umgewandelt. Nach der Gründung der Tschechoslowakei 1918 erfolgte eine komplette Restaurierung. Seither ist es Sitz des Außenministeriums. Kurz nach dem kommunistischen Staatsstreich 1948 starb Außenminister Jan Masaryk, der Sohn des ersten Präsidenten Tomáš Masaryk, durch einen Sturz aus einem der Fenster. Er war das einzige nichtkommunistische Mitglied der neuen Regierung. Bis heute ist unklar, ob es sich um einen Unfall oder um Mord handelte.

⓴ Pohořelec

Stadtplan 1 B3. **Karte** A/B4. 🚋 22, 25.

Schon 1375 wurde dieser Teil des Hradschin besiedelt, er war Vorstadt des damaligen Hradčany (vor der Eingemeindung nach Prag). Der Pohořelec (»abgebrannter Ort«) wurde mehrfach durch Brände – 1420, 1541 und 1742 – zerstört.

Der heutige große offene Platz liegt auf der Hauptroute zur Prager Burg. Auf ihm steht die 1752 errichtete Statue des hl. Johannes von Nepomuk *(siehe S. 137)*, die Johann Anton Quitainer zugeschrieben wird. Die Häuser rund um den Platz stammen großteils aus Barock und Rokoko. Vor der Johannes-Kepler-Schule befinden sich Statuen von Kepler und seinem Vorgänger Tycho Brahe, der 1601 in einem Haus unweit dieser Schule starb.

Kapitell am Palais Černín

Palais Černín mit korinthischen Halbsäulen

Stadtplan *siehe Seiten 244 – 255*

🅆 Loreto

Loreta

Seit der Gründung der Santa Casa, des Zentrums des Loreto-Heiligtums, durch Gräfin Katharina von Lobkowitz 1626 zählt der Bau zu den wichtigsten Pilgerstätten des Landes. Das Herz des Heiligtums soll eine Nachbildung des Hauses der Jungfrau Maria sein. Es wurde 1661 von einem Wandelgang umschlossen, dessen Barockfassade 60 Jahre später nach Entwürfen von Christoph und Kilian Ignaz Dientzenhofer entstand. Ferdinand II. nutzte das Heiligtum, um den Katholizismus wieder populär zu machen *(siehe S. 32f)*.

Glockenturm
Im barocken Turm befinden sich 30 von Claudy Fremy 1683–91 in Amsterdam gegossene Glocken.

★ **Schatzkammer**
Die strahlenförmige, mit Diamanten besetzte Monstranz zählt zu den wertvollen liturgischen Gegenständen, die vor allem aus dem 16. bis 18. Jahrhundert stammen.

Eingang vom Loretánské náměstí

Außerdem

① St.-Anna-Kapelle
② Kapelle des hl. Franz
③ Brunnen mit einer Skulptur der Auferstehung Christi
④ St.-Josefs-Kapelle
⑤ Heilig-Kreuz-Kapelle
⑥ Kapelle des St. Antonius von Padua
⑦ Kapelle der Schmerzensreichen Muttergottes
⑧ **Die Brunnenskulptur** ist eine Kopie von Mariä Himmelfahrt (1739) von Jan Brüderle. Das Original steht im Lapidarium *(siehe S. 162)*.

Barocker Haupteingang
Die Balustrade über dem Portal zieren Statuen des hl. Josef und Johannes' des Täufers von Ondřej Quitainer.

LORETO | 119

★ Santa Casa
Die Figuren und Stuckreliefs (Propheten und Szenen aus dem Leben Mariä) stammen von italienischen Künstlern.

Infobox

Information
Loretánské náměstí 7, Hradčany.
Stadtplan 1 C3. **Karte** B4.
📞 22 05 16 740.
🌐 loreta.cz
🕐 Sommer: tägl. 9 – 12.15, 13 – 17 Uhr (Winter: bis 16 Uhr).
✝ Sa 7.30, So 10, 18 Uhr.

Anfahrt
🚋 22, 25 bis Pohořelec.

★ Kirche Christi Geburt
Grausige Relikte, darunter bekleidete Skelette mit Totenmasken aus Wachs, schmücken die Wände der Kapelle (18. Jh.). Das Deckengemälde stammt von Václav Vavřinec Reiner.

Santa-Casa-Legende
Laut Legende wurde das Haus, in dem der Erzengel Gabriel Maria die Geburt Jesu verkündete, 1278 zum Schutz vor Ungläubigen von Nazareth ins italienische Loreto gebracht. Nach der Niederlage der Protestanten von 1620 (siehe S. 32f) wurde die Legende von den Katholiken für die Gegenreformation instrumentalisiert. In Böhmen und Mähren entstanden rund 50 Loreto-Wallfahrtsstätten – wobei die Prager Stätte die größte und bekannteste von allen ist.

Stuckarbeiten, Santa Casa

Kreuzgang (17. Jh.)
Der freskengeschmückte Wandelgang sollte einst den vielen Pilgern, die zur Wallfahrtsstätte kamen, Schutz bieten.

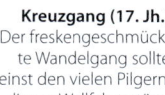

Stadtplan *siehe Seiten 244 – 255*

❷ Kloster Strahov

Strahovský klášter

Das 1140 vom strengen Prämonstratenser-Orden erbaute Kloster machte durch seine Größe der damaligen Prager Burg Konkurrenz. 1258 wurde es bei einem Brand zerstört, danach im gotischen Stil wiederaufgebaut und später im Barockstil erweitert. Die über 800 Jahre alte Bibliothek im Theologischen und Philosophischen Saal war trotz Plünderungen sehr umfangreich. Strahov entkam 1783 der Auflösung der Klöster unter Joseph II., indem es die Bibliothek für die öffentliche Bildung freigab. Heute ist es immer noch ein Kloster – und ein Museum.

Statue des Johannes
Eine spätgotische Statue des Evangelisten Johannes steht im Theologischen Saal. In einem kleinen Beutel befindet sich das Gebetbuch des Heiligen.

Eingang zum Haupthof des Klosters

★ Mariä Himmelfahrt
Das barocke Kirchenschiff ist reich ausgestattet. Über den Bogen der Seitenschiffe hängen zwölf Gemälde von Jiří Neunhertz mit Szenen aus dem Leben des hl. Norbert, des Gründers des Prämonstratenser-Ordens.

Außerdem

① Barockorgel, auf der Mozart spielte

② **Das Museum der Nationalliteratur** ist der tschechischen Literatur gewidmet.

③ Refektorium

④ Barockturm

⑤ **Die Fassade** des Philosophischen Saals schmücken Vasen und ein vergoldetes Medaillon Josephs II. von Ignaz Platzer.

Eingang zur Kirche Mariä Himmelfahrt

Kirchenfassade
Die kunstvollen Statuen von Johann Anton Quitainer an der Westfassade wurden vom Architekten Anselmo Lurago, der die Kirche 1750 neu gestaltete, hinzugefügt.

KLOSTER STRAHOV | 121

Infobox

Information
Královská Kanonie Premonstrátů na Strahově. Strahovské nádvoří 1.
Stadtplan 1 B4. **Karte** B5.
📞 23 31 07 711.
🌐 strahovskyklaster.cz
🕐 tägl. 9–12, 12.30–17 Uhr.
Philosophischer und Theologischer Saal, Mariä Himmelfahrt und Galerie 🕐 tägl. 9–12, 13–17 Uhr. ⬤ Ostersonntag, 24., 25. Dez.

Anfahrt
🚋 22, 25.

Blick vom Petřín
Ein Tor am Ostende des ersten Innenhofs führt zum Petřín (Laurenziberg), dem einstigen Obstgarten des Klosters.

★ Theologischer Saal
Hier stehen astronomische Globen (17. Jh.) von William Blaeu. Die Fresken und Wandbilder stellen Szenen aus Wissenschaft und Literatur dar.

★ Philosophischer Saal
Das Deckenfresko von Franz Maulbertsch stellt die Suche nach Wahrheit dar. Der Saal wurde 1782 extra erbaut, um die barocken Bücherschränke und Bücher, die aus einem aufgelösten Kloster in Mähren kamen, aufzunehmen.

Strahover Evangeliar
Ein Faksimile der wertvollen Handschrift (9. Jh.) ist im Theologischen Saal zu sehen.

Stadtplan siehe Seiten 244 – 255

Kleinseite
Malá Strana

Auf der Prager Kleinseite scheint die Zeit stehen geblieben zu sein. Fast alle Gebäude wurden vor 1800 erbaut. Hier sieht man viele schöne Barockpalais und alte Häuser mit ansprechenden Hauszeichen. Gegründet wurde Malá Strana 1257 an den Hängen unterhalb der Burg, von wo aus man einen wunderbaren Blick über den Fluss auf die Altstadt hat.

Bis 1784 war es eine eigenständige Stadt. Kleinseitner Ring (Malostranské náměstí) und Nikolauskirche bilden das Zentrum der Kleinseite. Es ist hier noch fast wie zu Mozarts Zeiten: Das Rad der Großpriorsmühle dreht sich auf der Kampa, die Gläubigen knien vor dem Prager Jesuskind in St. Maria de Victoria – und es dringt Musik aus Kirchen und Palais.

Sehenswürdigkeiten auf einen Blick

Kirchen
- ❷ St.-Thomas-Kirche
- ❹ *Nikolauskirche S. 128f*
- ❾ St. Maria de Victoria
- ⓭ Maria unter der Kette
- ㉓ St.-Laurentius-Kirche

Parks und Gärten
- ❽ Vrtba-Garten
- ⓲ Vojan-Park
- ⓴ Palastgärten
- ㉑ Aussichtsturm (Mini-Eiffelturm)
- ㉒ Spiegellabyrinth
- ㉔ Štefánik-Sternwarte
- ㉖ Petřín-Park
- ㉗ Standseilbahn

Museen und Sammlungen
- ❺ Museum Montanelli
- ⓱ Kafka-Museum
- ⓳ Museum Kampa
- ㉘ Museum der Musik

Historisches Denkmal
- ㉕ Hungermauer

Historisches Restaurant
- ⓯ »Zu den drei Straußen«

Historische Straßen und Plätze
- ❸ Kleinseitner Ring
- ❻ Nerudagasse
- ❼ Italienische Gasse
- ❿ Malteserplatz
- ⓬ Großpriorsplatz
- ⓰ Brückengasse

Brücke und Insel
- ⓫ Kampa
- ⓮ *Karlsbrücke S. 136–139*

Palais
- ❶ Palais Waldstein und Garten
- ㉙ Palais Michna

Restaurants *siehe S. 201f*
1. Alchymist
2. Bar Bar
3. Café Lounge
4. Café de Paris
5. Café Savoy
6. Coda
7. Cowboys
8. Essensia
9. Gitanes
10. Kočár z Vídně
11. Konírna
12. Luka Lu
13. U Malého Glena
14. U Malífů
15. Malostranská beseda
16. Nebozízek
17. The Sushi Bar
18. Terasa U Zlaté Studně

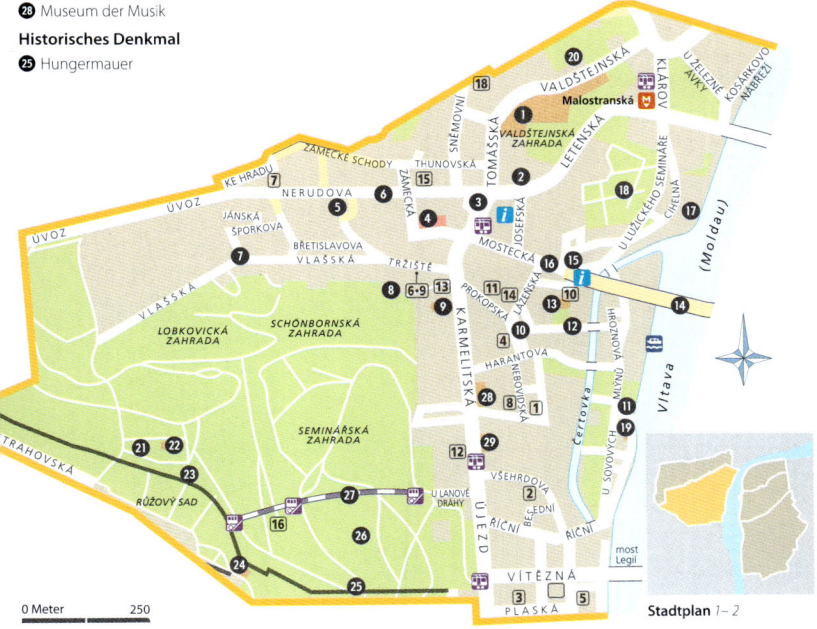

◀ Statuen auf der Karlsbrücke *(siehe S. 136–139)*   Zeichenerklärung *siehe hintere Umschlagklappe*

Im Detail: Um den Kleinseitner Ring

Die Kleinseite hat sich ihren Charme großteils bis heute bewahrt. Die schmalen Gassen und steilen Stufen tragen zur romantischen Atmosphäre bei. Besucher stoßen überall auf herrliche Gebäude und wunderschöne Hausschilder. Auch einige edle Restaurants haben sich auf der Kleinseite niedergelassen.

❺ Museum Montanelli
Das Museum zeigt interessante Ausstellungen zeitgenössischer Kunst.

Das Haus »Zu den drei Geigen« stammt von 1700 und wurde von einer Geigenbauerfamilie bewohnt. Heute ist es ein Restaurant.

Palais Thun-Hohenstein (1721–26) weist ein schönes Portal mit zwei Adlern von Matthias Braun auf. Heute ist es Sitz der Italienischen Botschaft.

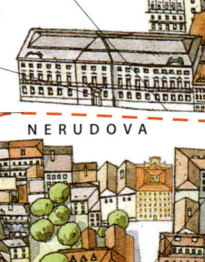

❻ ★ Nerudagasse
Die alte Gasse, die zur Burg hinaufführt, ist nach dem Schriftsteller Jan Neruda benannt.

Das Palais Morzin mit seinen beiden Mohrenskulpturen gehört zu den schönsten Barockgebäuden.

❼ Italienische Gasse
Vom 16. bis 18. Jahrhundert lebten in einigen Häusern, etwa im Haus »Zur goldenen Waage«, italienische Handwerker.

Legende

— Routenempfehlung

0 Meter   100

❽ Vrtba-Garten
Der 1725 von František Maximilián Kaňka angelegte terrassenförmige Barockgarten bietet eine wunderbare Aussicht auf die Kleinseite.

UM DEN KLEINSEITNER RING | 125

❶ ★ Palais Waldstein
Das Deckenfresko in der Haupthalle zeigt Albrecht von Wallenstein als Gott Mars.

Zur Orientierung
Siehe Prager Innenstadt S. 16f, siehe Stadtplan 1–2

Tschechische Nationalversammlung

Pestsäule

Zur Metro-Station Malostranská

Waldstein-Garten

Kleinseitner Rathaus

❷ St.-Thomas-Kirche
Eine Statue des hl. Augustinus von Hieronymus Kohl (1648) schmückt die barocke Fassade.

❸ Kleinseitner Ring
Der Stich (18. Jh.) zeigt die untere Hälfte des Platzes zwischen Nikolauskirche und Rathaus.

Das Palais Schönborn, jetzt Sitz der Amerikanischen Botschaft, zieren Kariatyden aus dem 17. Jahrhundert.

❹ ★ Nikolauskirche
Kuppel und Glockenturm der Barockkirche sind die bekanntesten Wahrzeichen der Kleinseite.

Stadtplan siehe Seiten 244–255

❶ Palais Waldstein und Garten

Valdštejnský palác

Valdštejnské náměstí 4. **Stadtplan** 2 E3. **Karte** E3. 🚇 Malostranská. 📞 25 70 75 707. 🚋 12, 18, 20, 22. **Palais** 🕐 Sa, So 10–17 Uhr. 📷 bitte tel. vereinbaren. 🚷 ♿ von der Valdštejnská aus. **Garten** 🕐 Apr–Okt: tägl. 10–18 Uhr (Juni–Sep: bis 19 Uhr). **Reitschule** 🕐 Di–So 10–18 Uhr (bei Ausstellungen). ♿ vom Valdštejnské náměstí. 📷 🌐 senat.cz

Hauptsaal des Palais Waldstein

Der erste profane Barockbau Prags – auch Palais Wallenstein genannt – ist Sinnbild des verhängnisvollen militärischen Ehrgeizes seines Besitzers Albrecht von Wallenstein (aus dem Geschlecht Waldstein), dem kaiserlichen Generalissimus (1581–1634). Seine Siege gegen die Protestanten im Dreißigjährigen Krieg *(siehe S. 32f)* machten ihn für Kaiser Ferdinand II. unentbehrlich. Weil er selbstständig Friedensverhandlungen begann, wurde er wegen Hochverrats angeklagt und vom Kaiser geächtet. Auf der Flucht wurde er in Eger von Söldnern ermordet.

Wallenstein wollte mit seinem Palais (1624–30) die Prager Burg in den Schatten stellen. Zu diesem Zweck ließ er 23 Häuser, drei Gärten und eine städtische Ziegelei abreißen. Der Hauptsaal dehnt sich über zwei Stockwerke aus. Das Deckenfresko zeigt Wallenstein als Kriegsgott Mars auf dem Triumphwagen. Der Architekt Andrea Spezza war Italiener – wie auch fast alle Arbeiter, die am Bau beteiligt waren.

Heute ist das Palais Sitz des tschechischen Senats. Nach Renovierungsarbeiten ist es wieder begrenzt zugänglich. Von der Letenská-Straße aus kommt man in den weitläufigen Garten, der sich noch im gleichen Zustand befindet wie damals, als Wallenstein in seinem Gartenpavillon (Sala terrena) speiste und dabei auf Brunnen und Bronzestatuen blickte. Heute stehen hier allerdings Kopien. Die Originale von Adriaen de Vries wurden 1648 von den Schweden erbeutet *(siehe S. 32f)*.

An der Nordseite befindet sich eine Grotte, an der Südseite ein kleiner Pavillon mit Fresken zur Sage der Argonauten und des Goldenen Vlieses. Am Ende des Gartens steht eine Herkulesstatue in einem großen Teich. Dahinter liegt die einstige Reitschule, in der Sonderausstellungen der Nationalgalerie stattfinden. Sowohl Garten als auch Reitschule wurden inzwischen umfassend restauriert.

Kopie der Bronzestatue des Eros von A. de Vries

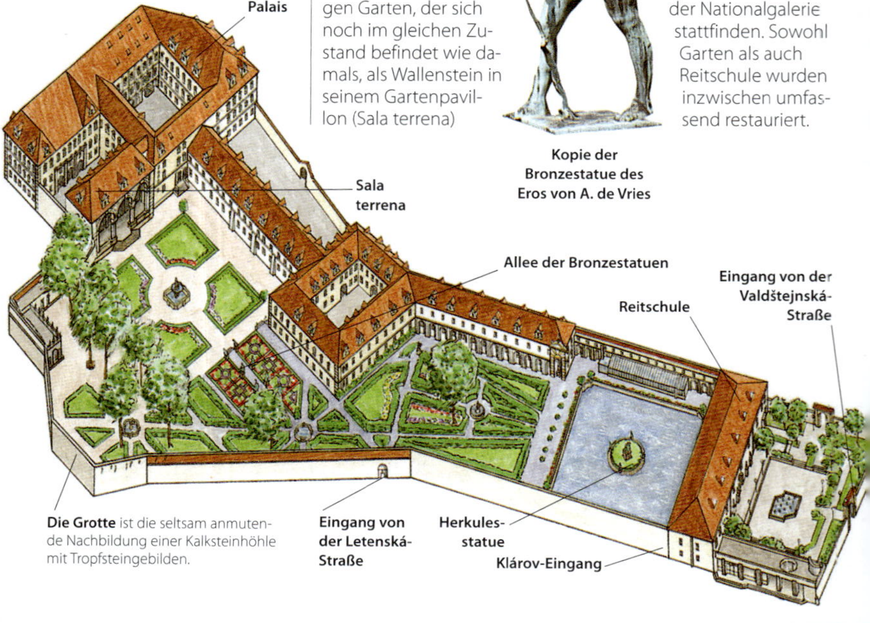

Palais

Sala terrena

Allee der Bronzestatuen

Reitschule

Eingang von der Valdštejnská-Straße

Die Grotte ist die seltsam anmutende Nachbildung einer Kalksteinhöhle mit Tropfsteingebilden.

Eingang von der Letenská-Straße

Herkulesstatue

Klárov-Eingang

❷ St.-Thomas-Kirche
Kostel sv. Tomáše

Josefská 8. **Stadtplan** 2 E3. **Karte** E4.
📞 25 75 30 556. Ⓜ Malostranská.
🚋 12, 20, 22. 🕐 tägl. 9–16 Uhr.
✝ Mo–Sa 12.15, 19 Uhr (Sa 18 Uhr),
So 9.30, 11 (auf Englisch), 12.30, 18 Uhr
(im Winter 17 Uhr).

Die 1285 von Wenzel II. als Klosterkirche für die Augustiner gegründete Kirche wurde 1379 im gotischen Stil fertiggestellt. Weil sie auch in der Zeit der Hussiten *(siehe S. 28f)* katholisch blieb, wurde sie großteils zerstört, später jedoch wiederaufgebaut. Unter Kaiser Rudolf II. *(siehe S. 30f)* wurde sie Hofkirche und Begräbnisstätte bedeutender Persönlichkeiten, darunter des Hofarchitekten Ottavio Aostalli und des Bildhauers Adriaen de Vries.

Als die Kirche 1723 durch Blitzschlag und Brand zerstört wurde, betraute man Kilian Ignaz Dientzenhofer mit dem Wiederaufbau, dem es trotz des Neubaus im Barockstil gelang, ihre alte Form zu bewahren. An den ehemals gotischen Stil erinnert jedoch kaum mehr als der Kirchturm.

Die Fresken von Kuppel und Decke des Schiffs stammen von Dientzenhofers Mitarbeiter Václav Vavřinek Reiner. Über dem Altar hängen Kopien von Rubens-Gemälden – *Das Martyrium des hl. Thomas* und *Der hl. Augustin*. Die Originale sind im Palais Sternberg *(siehe S. 112–115)* zu besichtigen.

Barocke Deckenfresken in der St.-Thomas-Kirche

Arkaden an der Nordseite des Kleinseitner Rings

Die Kirche ist Treffpunkt der Englisch sprechenden Gemeinde Prags.

Die nahe, 1358 gegründete Thomasbrauerei wurde 2005 geschlossen. Das seit 2009 bestehende Hotel hat den historischen Thomaskeller in eine Bar umgewandelt.

❸ Kleinseitner Ring
Malostranské náměstí

Stadtplan 2 E3. **Karte** E4. Ⓜ Malostranská. 🚋 12, 20, 22.

Der Platz ist seit Gründung der Kleinseite 1257 ihr Zentrum. Anfangs war er ein Marktplatz unterhalb der Prager Burg. Neu gebaute Häuser teilten ihn bald in zwei Hälften – im unteren Teil standen Galgen und Pranger.

Die Grundmauern der Häuser gehen teilweise auf das Mittelalter zurück. Wiederaufgebaut wurden sie in der Renaissance und im Barock. Der Platz wird durch die herrliche barocke Nikolauskirche dominiert. Der große Bau daneben war früher ein Jesuitenkolleg. Den oberen Abschluss des Platzes bildet die mächtige klassizistische Fassade des Palais Liechtenstein. Die Säule zu Ehren der Heiligen Dreifaltigkeit vor dem Palais wurde zur Erinnerung an die Pestepidemie von 1713 errichtet.

Weitere bemerkenswerte Bauten sind das Kleinseitner Rathaus mit seiner Renaissance-Fassade und das Palais Sternberg, das an der Stelle steht, an der 1541 der große Brand wütete, bei dem ein Großteil des Viertels zerstört wurde. Direkt daneben befindet sich das Palais Smiřický, das mit seinen Türmen und Erkern ein unverkennbares Wahrzeichen des unteren Platzes ist.

Das barocke Palais Kaiserstein steht an der Ostseite. Die Fassade wird von einer Büste der berühmten tschechischen Sopranistin Emmy Destinn, der Partnerin von Enrico Caruso, geziert, die hier zwischen 1908 und 1914 wohnte.

❹ Nikolauskirche
Kostel sv. Mikuláše

Siehe S. 128f.

❺ Museum Montanelli
Muzeum Montanelli

Nerudova 13. **Stadtplan** 2 D3. **Karte** D4. 📞 72 42 11 584. Ⓜ Malostranská. 🚋 12, 20, 22. 🕐 Di–Fr 14–18 Uhr.
🌐 muzeummontanelli.com

Das Museum Montanelli (MuMo) ist eines der wenigen Privatmuseen der Tschechischen Republik. Ziel des MuMo ist es, ansprechende moderne Kunst in historischem Ambiente zu präsentieren sowie die Sammlung der DrAK-Stiftung zu betreuen. Es gibt interessante Programme für Kinder, darunter auch Wochenend-Workshops.

Stadtplan *siehe Seiten 244–255*

❹ Nikolauskirche

Kostel sv. Mikuláše

Die Nikolauskirche teilt und beherrscht den Kleinseitner Ring. Der 1703 begonnene Bau wurde 1761 fertiggestellt. Er ist das Meisterwerk von Vater und Sohn Dientzenhofer (Christoph und Kilian Ignaz), Prags berühmtesten Vertretern des Spätbarock *(siehe S. 129)*. Keiner der beiden erlebte allerdings die Vollendung des Bauwerks. Die Statuen, Fresken und Gemälde im Inneren der Kirche stammen von den bedeutendsten Künstlern der damaligen Zeit – Karel Škrétas *Kreuzigung* ist nur ein Beispiel. In den 1950er Jahren wurden umfangreiche Renovierungsarbeiten durchgeführt, um die Schäden der vergangenen 200 Jahre zu beseitigen.

Altarbilder
Die Seitenkapellen bergen viele Kunstschätze, darunter dieses Gemälde des hl. Michael von Francesco Solimena.

★ Kanzel
Die mit goldenen Cherubim kunstvoll verzierte Kanzel von Richard und Peter Prachner stammt aus dem Jahr 1765.

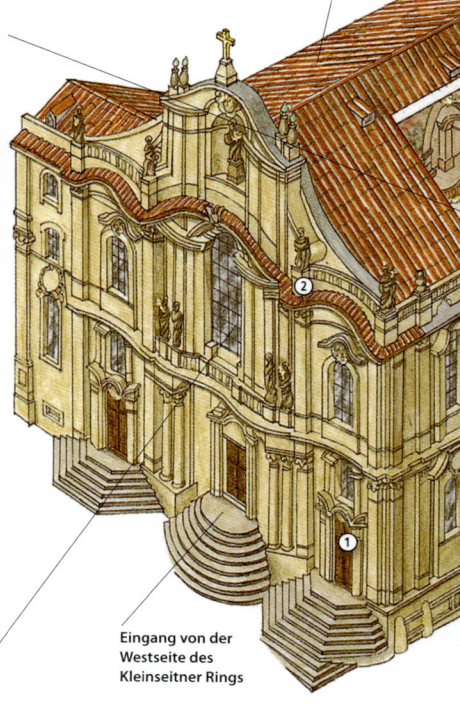

Außerdem

① **St.-Anna-Kapelle**

② **Die Fassade** besitzt mehrere Statuen, darunter die des hl. Paulus von Johann F. Kohl. Sie wurde 1710 von Christoph Dientzenhofer fertiggestellt, der von den Italienern Borromini und Guarini beeinflusst war.

③ **Die Kuppel** wurde von Kilian Ignaz Dientzenhofer 1751, kurz vor seinem Tod, vollendet.

④ **Der Glockenturm** wurde 1751–56 als letzter Teil gebaut und beherbergt ein kleines Museum für Musikinstrumente.

⑤ **St.-Franziskus-Xaverius-Kapelle**

⑥ **Katharinenkapelle**

Eingang von der Westseite des Kleinseitner Rings

Barocke Orgel
Das Fresko zeigt die hl. Cäcilie, die Schutzpatronin der Musik. Sie wacht über die Orgel von 1746, auf der 1787 Mozart spielte.

Infobox

Information
Malostranské náměstí.
Stadtplan 2 E3. **Karte** D4.
25 75 34 215.
März–Okt: tägl. 9–17 Uhr
(Nov–Feb: bis 16 Uhr, letzter Einlass 15 Min. vor Schließung).

Anfahrt
Malostranská. 12, 20, 22.

★ **Kuppelfresko**
František Palkos *Verherrlichung der Heiligen Dreifaltigkeit* (1753/54) schmückt die 70 Meter hohe Kuppel.

Hochaltar
Eine Statue des hl. Nikolaus von Ignaz Platzer ragt über dem Hochaltar auf. Darunter ist ein Gemälde des hl. Josef von Johann L. Kracker, der auch das Deckenbild schuf.

Eingang zum Glockenturm

★ **Statuen der Kirchenväter**
Die großen Kirchenlehrer von Ignaz Platzer stehen unterhalb der Kuppel. Die Figur zeigt den hl. Kyrill, der mit seinem Bruder Böhmen missionierte.

Die Familie Dientzenhofer

Christoph Dientzenhofer (1655–1722) entstammte einer bayerischen Architektenfamilie. Sein Sohn Kilian Ignaz (1689–1751) kam in Prag zur Welt und wurde im Klementinum *(siehe S. 81)* erzogen. Zusammen schufen Vater und Sohn bedeutende Bauten des Spätbarock. Die Nikolauskirche, ihre letzte Arbeit, vollendete Kilians Schwiegersohn Anselmo Lurago.

Kilian Ignaz Dientzenhofer

Stadtplan siehe Seiten 244–255

❻ Nerudagasse
Nerudova ulice

Stadtplan 2 D3. **Karte** D4. Malostranská. 12, 20, 22. 292.

Die malerische steile Gasse hinauf zur Burg ist nach dem Dichter und Journalisten Jan Neruda benannt, dessen Kurzgeschichten häufig in diesem alten Prager Stadtviertel spielen. 1845 bis 1857 wohnte er im Haus »Zu den zwei Sonnen« (Nr. 47).

Bis zur Einführung von Hausnummern im Jahr 1770 identifizierte man die Prager Häuser lediglich an ihren – insbesondere in der Nerudagasse reich verzierten – Hauszeichen und Wappen. Auf dem Weg zur Burg passiert man u.a. den »Roten Adler« (Nr. 6), die »Drei Fiedeln« (Nr. 12), das »Goldene Hufeisen« (Nr. 34), den »Grünen Hummer« (Nr. 43), den »Weißen Schwan« (Nr. 49) sowie das »Museum der Alten Apotheke« (Nr. 32).

Man findet in der Gasse auch eine ganze Reihe von imposanten Barockbauten, darunter das Palais Thun-Hohenstein (Nr. 20). Es ist heute Sitz der Italienischen Botschaft. Außerdem können Sie das Palais Morzin (Nr. 5) sehen, den Sitz der Rumänischen Botschaft. Der Balkon des Palais wird von zwei Mohrenstatuen (Morzin = Mohr) gestützt. Eine prachtvolle Fassade ziert die Kirche St. Maria von der immerwährenden Hilfe der Theatiner, das Gotteshaus des während der Gegenreformation gegründeten Theatinerordens.

Italienische Gasse – Mittelpunkt des früheren italienischen Viertels

❼ Italienische Gasse
Vlašská ulice

Stadtplan 1 C4. **Karte** D4. Malostranská. 12, 20, 22. 292.

Im 16. Jahrhundert ließen sich hier die ersten italienischen Einwanderer nieder, darunter viele Künstler und Handwerker, die im Dienst der Burgherren standen. Nähert man sich der Straße vom Petřín (Laurenziberg) her, sieht man zur Linken das ehemalige italienische Spital, einen Barockbau mit Hof und Arkaden. Heute wird es von der Italienischen Botschaft zu kulturellen Zwecken genutzt. Größtes und schönstes Gebäude ist das ehemalige Palais Lobkowitz, heute Sitz der Deutschen Botschaft, mit seinem herrlichen Garten, der durch eine ovale Halle zu erreichen ist. Das Haus »Zu den drei roten Rosen« mit barocken Hauszeichen stammt aus dem 18. Jahrhundert.

❽ Vrtba-Garten
Vrtbovská zahrada

Karmelitská 25. **Stadtplan** 2 D4. **Karte** D5. 27 20 88 350. Malostranská. 12, 20, 22. Apr–Okt: tägl. 10–18 Uhr. vrtbovska.cz

Der schöne Barockgarten mit steiler Doppeltreppe und einer Terrasse am höchsten Punkt liegt hinter dem Palais Vrtba. Von hier aus hat man eine herrliche Aussicht auf Burg und Kleinseite. Der Vrtba-Garten wurde um 1720 von František Maximilián Kaňka entworfen. Die antiken Götterstatuen und die Vasen schuf Matthias Braun, die Gemälde im Gartenpavillon (Sala terrena) stammen von Václav Vavřinec Reiner.

Blick vom Vrtba-Garten auf die Kleinseite

❾ St. Maria de Victoria
Kostel Panny Marie Vítězné

Karmelitská 9. **Stadtplan** 2 E4. **Karte** E5. 25 75 33 646. 12, 20, 22. tägl. 8.30–19 Uhr (So bis 20 Uhr). Mo–Fr 9, 18 Uhr (Do 17 Uhr englisch), Sa 9, 17 (spanisch), 18, So 10, 12 (englisch), 17 (französisch), 18 (italienisch), 19 Uhr. pragjesu.info

Prags erstes Barockgebäude war die für die deutschen Lutheraner 1613 erbaute Kirche der Heiligen Dreifaltigkeit des Italieners Giovanni Maria Filippi. Nach der Schlacht am Weißen Berg (siehe S. 33) errichteten die Karmeliter an ihrer Stelle den heutigen Bau.

Hauszeichen »Zu den zwei Sonnen«, Nerudagasse 47

Die meisten Besucher interessieren sich jedoch nicht für die Architektur, sondern für die Wachsfigur des »Prager Jesuskinds«, besser bekannt unter seinem italienischen Namen *il bambino di Praga*. Die Figur steht in einem Glasbehälter auf einem der marmornen Seitenaltäre rechts. Die Fürstin Polyxena von Lobkowitz hatte die Wachsfigur – eines der hochverehrten Bildnisse der katholischen Kirche, der man viele Wunder zuschreibt – 1628 aus Spanien mitgebracht und den Karmelitern geschenkt.

❿ Malteserplatz
Maltézské náměstí

Stadtplan 2 E4. **Karte** E5.
12, 20, 22.

Der Platz ist nach dem Prior der Malteserritter benannt, die einst in diesem Teil der Kleinseite wohnten. Am Nordende steht die Statuengruppe von Johannes dem Täufer von Ferdinand Brokoff, die zum Andenken an das Ende der Pest im Jahr 1715 errichtet wurde.

Die meisten Gebäude waren ursprünglich von wohlhabenden Bürgern im Renaissance-Stil errichtet worden. Im 17. und 18. Jahrhundert ließen sich allerdings immer mehr katholische Adlige auf der Kleinseite nieder, die diese Häuser zu barocken Palais umbauten. Der größte Bau (Mitte des 17. Jh.), das Palais Nostitz, befindet sich auf der Südseite. Um 1720 wurden Dachercker sowie klassische Vasen und Kaiserstatuen hinzugefügt. Das Palais beherbergt heute das Kultusministerium. Im Sommer werden hier Konzerte veranstaltet. Die Japanische Botschaft hat ihren Sitz im Palais Turba, einem schönen Rokoko-Bau (1767) von Joseph Jäger.

Teufelsbach (Čertovka) mit der Moldau-Insel Kampa zur Rechten

⓫ Kampa
Kampa

Stadtplan 2 F4. **Karte** F5–6. 6, 9, 12, 20, 22.

Die beschauliche »Insel« Kampa wird von der Kleinseite durch den Teufelsbach (Čertovka), einen Seitenarm der Moldau, gebildet. Es heißt, dass der Flussarm im 19. Jahrhundert seinen Namen nach einer teuflischen Dame erhalten habe, die am nahen Malteserplatz ein Haus besaß. Das Areal diente jahrhundertelang dem Antrieb von Mühlen. Jenseits der Großpriorsmühle verschwindet der Moldau-Arm unter einer kleinen Brücke nahe der Karlsbrücke und taucht zwischen Häuserreihen wieder auf, die oft als »Prager Venedig« bezeichnet werden. Statt in Gondeln schaukelt man jedoch in Kanus auf dem Wasser.

Bis ins 15. Jahrhundert wurde die Insel nur als wilder Garten und zum Wäschewaschen benutzt. Nach dem Großbrand von 1541 auf der Kleinseite wurde das Material der niedergerissenen Häuser zur Befestigung der Ufer verwendet. Im 17. Jahrhundert war die Insel für ihre

Ferdinand Brokoffs Statue von Johannes dem Täufer

Keramikmärkte bekannt. Aus dieser Zeit stammen auch einige sehenswerte Häuser um den Hauptplatz. Die große Parkanlage auf der Südseite entstand durch die Zusammenlegung alter Palastgärten.

2002 zog das katastrophale Hochwasser der Moldau Gebäude auf der ganzen Insel in Mitleidenschaft. Viele mussten völlig saniert werden.

⓬ Großpriorsplatz
Velkopřevorské náměstí

Stadtplan 2 F4. **Karte** E5. Malostranská. 12, 20, 22.

Auf der Nordseite des kleinen, von zahlreichen Bäumen gesäumten Platzes steht das ehemalige Palais des Großpriors des Malteserordens, das in seiner heutigen Form auf das frühe 17. Jahrhundert zurückgeht. Türen, Fenster und Vasen stammen aus der Werkstatt von Matthias Braun. Auf der gegenüberliegenden Seite des Platzes befindet sich das etwa aus der gleichen Zeit stammende Barockpalais Buquoy, heute Sitz der Französischen Botschaft.

Die einzigen »unzeitgemäßen« Abweichungen sind ein Bild von John Lennon und das Zitat »Give peace a chance« an der Gartenmauer. Die »Friedenswand« gibt es seit dem Tod Lennons 1980.

Im Detail: An den Ufern der Kleinseite

Auf beiden Seiten der Brückengasse liegt etwas versteckt ein Areal mit malerischen Plätzen, Palais, Kirchen und Gärten. Um den fliegenden Händlern auf der Karlsbrücke zu entkommen, flüchtet man am besten zu einem Spaziergang auf die Insel Kampa und genießt den Blick auf die Altstadt und die majestätisch dahingleitenden Schwäne auf dem Fluss.

Die St.-Josefs-Kirche wurde im 17. Jahrhundert erbaut. Das Gemälde *Die Heilige Familie* (1702) am vergoldeten Hochaltar stammt vom Barockmaler Petr Brandl.

Am Haus »Zum goldenen Einhorn« in der Lázeňská-Straße erinnert eine Gedenktafel an den Besuch Beethovens im Jahr 1796.

❶❻ **Brückengasse**
Die 750 Jahre alte schmale Gasse führt zum Kleinseitner Ring.

❶❷ **Großpriorsplatz**
Das Palais aus den 1720er Jahren war früher Sitz des Malteserordens. Die Straßenfassade weist Wandmalereien und Sgraffiti auf.

❶❸ **Maria unter der Kette**
Zwei massive Türme erinnern an die Zeit, als die Kirche eine Burg war.

❷❽ **Museum der Musik**
Das Museum besitzt eine riesige Sammlung handwerklich schöner Musikinstrumente.

❾ **St. Maria de Victoria**
In der barocken Kirche befindet sich die berühmte Wachsfigur des »Prager Jesuskinds«.

❿ **Malteserplatz**
Große Palais umgeben den eigenwillig geformten Platz. Dieses Wappen schmückt das als Veranstaltungsort beliebte Palais Nostitz (17. Jh.).

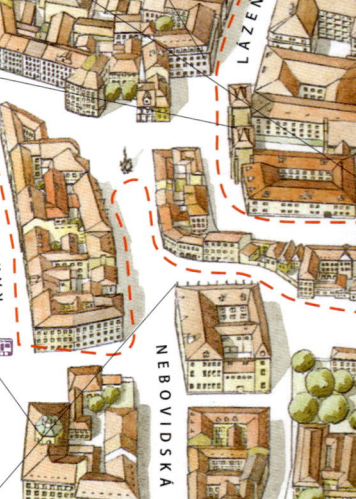

Legende
— Routenempfehlung

AN DEN UFERN DER KLEINSEITE | 133

⓲ Vojan-Park
Unter den Apfelbäumen des einstigen Klostergartens wurden schattige Wege angelegt.

Zur Orientierung
Siehe Prager Innenstadt S. 16f, siehe Stadtplan 1–2

⓯ »Zu den drei Straußen«
Das Schild des mit Straußenfedern handelnden Kaufmanns schmückt Lokal und Hotel.

⓮ ★ Karlsbrücke
Den Zugang zur Brücke aus dem 14. Jahrhundert mit ihren barocken Skulpturen bildet ein gotischer Brückenturm.

Čertovka (Teufelsbach)

Palais Lichtenstein

Großpriorsmühle
Das Rad der Mühle wurde restauriert und dreht sich jetzt wieder langsam im seichten Wasser des Teufelsbachs.

⓫ ★ Kampa
Das Gemälde aus dem 19. Jahrhundert von Soběslav Pinkas zeigt spielende Kinder auf der Insel. Noch heute ist der Park bei Kindern beliebt.

Stadtplan *siehe Seiten 244–255*

⓭ Maria unter der Kette
Kostel Panny Marie pod řetězem

Lázeňská/Velkopřevorské náměstí 4.
Stadtplan 2 E4. **Karte** E5. 25 75 30 876. Malostranská. 12, 20, 22.
bei Gottesdiensten und Konzerten. Mi 17.30, So 10 Uhr.

Blick durch den Brückenturm auf die Brückengasse

Die älteste Kirche der Kleinseite wurde im 12. Jahrhundert erbaut. König Vladislav II. schenkte sie dem an den Kreuzzügen beteiligten Johanniterorden (später Malteserorden). Die Kirche bildete den Mittelpunkt des Klosters am Brückenkopf der Judithbrücke. Es diente der Sicherung der wichtigen Brückenanlagen. Der ungewöhnliche Name der Kirche geht auf die Kette zurück, mit der im Mittelalter die Klostertore verschlossen wurden.

Im 13. Jahrhundert bekam die Kirche ein gotisches Presbyterium. Im folgenden Jahrhundert wurde der romanische Bau zerstört. Danach entstand ein neuer Vorraum mit zwei massiven Türmen. Er wurde allerdings nicht vollendet, das alte Schiff verkam zum Kirchhof zwischen den Türmen und der eigentlichen Kirche.

Erst Carlo Lurago gab der Kirche 1640 ihre barocke Gestalt. Das Gemälde am Hochaltar von Karel Škréta zeigt die Jungfrau Maria und Johannes den Täufer, die den Maltesern in der Seeschlacht bei Lepanto 1571 zum Sieg über die Türken verhelfen.

⓮ Karlsbrücke
Karlův most

Siehe S. 136–139.

⓯ »Zu den drei Straußen«
U Tří pštrosů

Dražického náměstí 12. **Stadtplan** 2 F3. **Karte** E4. 25 72 88 888. Malostranská. 12, 20, 22.

Viele der barocken Hauszeichen verweisen auf das Gewerbe der ehemaligen Bewohner. Jan Fux, ein mit Straußenfedern handelnder Kaufmann, erwarb 1597 dieses Haus bei der Karlsbrücke. Die Federn waren damals bei Höflingen und Offizieren vor allem als Hutschmuck sehr gefragt. Kaufmann Fux belieferte sogar fremde Armeen. Er wurde so reich, dass er das Haus 1606 neu erbauen und mit einem Straußen-Fresko verzieren ließ. Heute beherbergt das Gebäude ein Hotel und ein Restaurant.

⓰ Brückengasse
Mostecká ulice

Stadtplan 2 E3. **Karte** E4. Malostranská. 12, 20, 22.

Seit dem Mittelalter verbindet die Gasse die Karlsbrücke mit dem Kleinseitner Ring. Betritt man die Brücke von der Altstadt aus, sieht man das Portal des ehemaligen Zollamts vor dem Judithturm aus dem Jahr 1591. Im Ersten Stock des Turms gibt es ein Relief aus dem 12. Jahrhundert, das einen König und einen knienden Mann zeigt.

An der Nordseite dieser Gasse befand sich im 13. und 14. Jahrhundert die Pfalz der Prager Bischöfe, die während der Hussiten-Kriege *(siehe S. 28f)* zerstört wurde. Erhalten ist nur ein gotischer Turm im Hof des Hauses »Zu den drei goldenen Glocken«, das von dem höheren der beiden Brückentürme aus zu sehen ist.

Die Gasse wird von Bürgerhäusern im Renaissance- und Barockstil gesäumt. Geht man zum Kleinseitner Ring weiter, stößt man zur Linken auf das Haus »Zum schwarzen Adler« mit prächtiger Fassade und schmiedeeisernen Fenstergittern. Das Palais Kaunitz, ebenfalls zur Linken, besitzt eine Rokoko-Fassade mit Stuckaturen und Statuen von Ignaz Platzer.

Fresko, das dem Haus »Zu den drei Straußen« seinen Namen gab

AN DEN UFERN DER KLEINSEITE | 135

⓱ Kafka-Museum
Kafkovo muzeum

Cihelná 2b. **Stadtplan** 2 F3. **Karte** F4.
Malostranská. 25 75 35 373.
12, 18, 20, 22. tägl. 10–18 Uhr.
kafkamuseum.cz

Das Museum zeigt die Dauerausstellung »Die Stadt Franz Kafkas und Prag«. Franz Kafka kam am 3. Juli 1883 in Prag zur Welt. Seine Romane und Erzählungen, darunter *Der Prozess*, *Die Verwandlung* und *Das Schloss*, gehören zu den wichtigsten Literaturwerken des 20. Jahrhunderts.

Die Ausstellung ist in zwei Teile gegliedert. Der »Existenzielle Raum« zeigt, wie die Stadt Kafkas Leben beeinflusste, während die »Imaginäre Topografie« beschreibt, wie Kafka die Stadt in einen Fantasieraum mit gespenstischer unbestimmter Architektur und allegorischen Orten verwandelt.

⓲ Vojan-Park
Vojanovy sady

U lužického semináře 17. **Stadtplan** 2 F3. **Karte** F4. 25 75 31 839. Malostranská. 12, 18, 20, 22. tägl. 8–17 Uhr (im Sommer bis 19 Uhr).

Der beschauliche Park hinter hohen weißen Mauern geht auf das 17. Jahrhundert zurück.

Damals wurde er als Garten des Klosters der Barfüßigen Karmelitinnen angelegt. Zwischen Grünflächen und Bäumen haben sich noch zwei Kapellen erhalten: die in Form einer Tropfsteinhöhle angelegte Kapelle des hl. Elias, der als Gründer des Karmeliterordens gilt, sowie die der hl. Theresa. Letztere wurde Ende des 18. Jahrhunderts aus Dankbarkeit für die Errettung des Klosters während der Belagerung der Stadt durch die Preußen 1757 errichtet.

⓳ Museum Kampa
Muzeum Kampa

U Sovových mlýnů 2. **Stadtplan** 2 F4. **Karte** F6. 25 72 86 147. 6, 9, 12, 20, 22. tägl. 10–18 Uhr.
museumkampa.cz

Das Museum in der alten Sova-Mühle mitten in der Stadt besitzt eine große Sammlung mitteleuropäischer moderner Kunst. Das tschechisch-amerikanische Ehepaar Jan und Meda Mládek gründete es für seine Privatsammlung von Zeichnungen, Gemälden und Skulpturen, darunter Werke des abstrakten Malers František Kupka und des tschechischen kubistischen Bildhauers Otto Gutfreund.

Herkulesstatue (18. Jh.) in den Palastgärten

⓴ Palastgärten
Palácové zahrady

Valdštejnské 14. **Stadtplan** 2 F3. **Karte** E3. 25 72 14 817. Malostranská. 12, 18, 20, 22. Apr, Okt: tägl. 10–18 Uhr; Mai, Sep: tägl. 10–19 Uhr; Juni, Juli: tägl. 9–21 Uhr; Aug: tägl. 9–20 Uhr.
palacove-zahrady.cz

Die Südhänge unterhalb der Prager Burg waren im Mittelalter Gärten und Weinberge. Als hier der Adel im 16. Jahrhundert Palais errichten ließ, wurden – nach italienischem Vorbild – auch terrassenförmige Gärten angelegt. Die meisten wurden im 18. Jahrhundert barock umgestaltet.

Fünf dieser Gärten – Anlagen, die einst zu den Palais Ledebour, Černín und Pálffy gehörten – wurden zusammengefasst, restauriert und öffentlich zugänglich. Von den Terrassen aus hat man einen herrlichen Blick über Prag.

Der im frühen 18. Jahrhundert entworfene Ledebour-Garten besitzt einen hübschen Pavillon von Giovanni Battista Alliprandi. Der Pálffy-Garten hat zahlreiche Terrassen (eine mit originaler Sonnenuhr).

Die prächtigste Anlage bildet der Kolowrat-Černín-Garten von Ignaz Palliardi von 1784. Die höchste Terrasse verfügt über einen Gartenpavillon sowie Statuen und Vasen. Unten liegen Rundbogen, Balustraden und Reste von Statuen.

Der untere Teil der Palastgärten

Stadtplan *siehe Seiten 244–255*

Karlsbrücke (Kleinseite)

Karlův most

Das Prager Wahrzeichen, zu dem Karl IV. 1357 den Grundstein legte, verbindet Altstadt und Kleinseite. Als die Brücke noch befahren wurde, fanden vier Fahrzeuge nebeneinander Platz. Berühmt ist sie wegen ihrer Skulpturen, heute Kopien. Die Originale befinden sich im Lapidarium des Nationalmuseums *(siehe S. 162)* und auf dem Vyšehrad *(siehe S. 181)*. Der gotische Altstädter Brückenturm *(siehe S. 139)* gehört zu den schönsten seiner Art.

★ **Blick vom Kleinseitner Brückenturm**
Vom Turm hat man eine wunderbare Aussicht auf Prag. Der niedrigere Turm ist ein Überbleibsel der Judithbrücke.

Hl. Adalbert, 1709
Der Prager Bischof gründete 991 die St.-Laurentius-Kirche *(siehe S. 140)* auf dem Petřín (Laurenziberg). Bei den Tschechen heißt er Vojtěch.

Eingang zum Turm

Außerdem

① Kleinseitner Brückenturm
② Turm der Judithbrücke, 1158
③ Treppe zur Saská-Straße
④ Hl. Wenzel, 1859
⑤ Christus zwischen dem hl. Kosmas und dem hl. Damian, 1709
⑥ Hl. Philipp Benizi, 1714
⑦ Hl. Kajetan, 1709
⑧ Treppe zur Insel Kampa
⑨ Hl. Nikolaus Tolentinus, 1708
⑩ Hl. Augustinus, 1708
⑪ Hl. Judas Thaddäus, 1708
⑫ Hl. Franz von Assisi, mit zwei Engeln, 1855
⑬ Hl. Antonius von Padua, 1707
⑭ Hl. Ludmilla mit dem kleinen Wenzel, 1720

Hl. Johannes von Matha, hl. Felix von Valois und Seliger Ivan, 1714
Ferdinand Brokoff schuf die Statuen der Heiligen, die den Trinitarierorden gründeten. Sie sammelten Geld für den Loskauf der von Ungläubigen gefangen gehaltenen Christen (am Fuß der Statue dargestellt).

Hl. Veit, 1714
Die Statue zeigt den Märtyrer, der im 3. Jahrhundert den Löwen zum Fraß vorgeworfen wurde. Doch statt ihn zu fressen, leckten sie ihn ab. Der Heilige gilt als Schutzpatron der Tänzer. Zu ihm beten die am Veitstanz Erkrankten.

KARLSBRÜCKE (KLEINSEITE) | 137

★ Hl. Luitgard, 1710
Die künstlerisch bemerkenswerte Statue auf der Brücke wurde von Matthias Braun im Alter von nur 26 Jahren geschaffen. Dargestellt wird die Vision der blinden Zisterziensernonne, als ihr der Gekreuzigte erscheint und sie seine Wunden küsst.

Infobox

Information
Stadtplan 2 F4. **Karte** F5.
Kleinseitner Brückenturm
tägl. 10–18 Uhr (im Sommer länger geöffnet).

Anfahrt
12, 20, 22 bis Malostranské náměstí, zu Fuß die Mostecká hinunter.

★ Hl. Johannes von Nepomuk, 1683
Reliefs auf der Brücke stellen das Martyrium des Heiligen dar. Vom vielen Berühren, das Glück bringen soll, ist Nepomuk schon ganz glänzend geworden.

Hl. Vinzenz Ferrer und hl. Prokop, 1712
Die Skulpturengruppe zeigt einen Rabbi, der trauert, weil der hl. Vinzenz viele Juden zum Christentum bekehrt. Der hl. Prokop ist einer von Böhmens Schutzpatronen.

Johannes von Nepomuk

Die Legende um den 1729 heiliggesprochenen Johannes von Nepomuk wurde von den Jesuiten, die Jan Hus *(siehe S. 29)* entgegenwirken wollten, verbreitet. Nepomuk, Generalvikar des Bischofs von Prag, wurde 1393 von Wenzel IV. gefangen genommen. Der König ließ ihn foltern und von der Karlsbrücke stürzen. Nepomuk ertrank in der Moldau. Der Bischof ließ ihn im Veitsdom bestatten. Nach der Errichtung der ersten Statue auf der Brücke 1683 wurden in ganz Europa Statuen des Heiligen aufgestellt, der als Helfer bei Gefahr durch Wasser gilt.

Stadtplan *siehe Seiten 244 – 255*

Karlsbrücke (Altstädter Seite)
Karlův most

Bis 1741 war die Karlsbrücke (515 m lang, 10 m breit) der einzige Übergang über die Moldau. Der Mörtel zwischen den Sandsteinblöcken soll mit Eiern besonders haltbar gemacht worden sein. Karl IV. gab 1357 den Auftrag, die alte Judithbrücke zu ersetzen. Peter Parler begann mit dem Neubau. Erst zierte nur ein einfaches Kreuz die Brücke. Die erste Statue (Johannes von Nepomuk) wurde 1683 hinzugefügt – in Anlehnung an Berninis Skulpturen der Engelsbrücke (Ponte Sant'Angelo) in Rom.

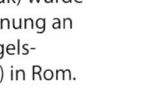

Hl. Franz Xaver, 1711
Der Jesuitenmissionar wird von Konvertiten (Afrikaner, Mongolen, Orientalen) eingerahmt. Ein heidnischer Prinz wartet auf seine Taufe.

★ **Kruzifix (17. Jh.)**
200 Jahre lang war das Holzkreuz einziger Schmuck der Brücke.
Der goldene Christus datiert von 1629. Die hebräische Inschrift wurde von einem Juden als Strafe für Gotteslästerung bezahlt.

Außerdem

① **Hl. Norbert, hl. Wenzel und hl. Sigismund**, 1853

② **Hl. Franz von Borgia**, 1710

③ **Johannes der Täufer**, 1855

④ **Hl. Christophorus**, 1857

⑤ **Hl. Kyrill und hl. Method**, 1938

⑥ **Hl. Anna**, 1707

⑦ **Hl. Josef mit Jesus**, 1854

⑧ **Pietà**, 1859

⑨ **Hl. Barbara, hl. Margarete und hl. Elisabeth**, 1707

⑩ **Hl. Ivo**, 1711

⑪ **Altstädter Brückenturm**

Dreißigjähriger Krieg
In den letzten Kriegsstunden von 1648 wurde die Altstadt vor der schwedischen Armee gerettet. Der Waffenstillstand wurde auf der Brücke unterzeichnet.

1100	1300	1500	1700	1900
	1357 Karl IV. gibt die neue Brücke in Auftrag	**1621** Zurschaustellung der Köpfe von zehn protestantischen Adligen am Altstädter Brückenturm	**1648** Brücke und Kleinseitner Brückenturm von Schweden beschädigt	
	1342 Judithbrücke vom Hochwasser zerstört			
1158 Bau der Judithbrücke (zweite mittelalterliche Steinbrücke Europas)		**1393** Johannes von Nepomuk wird auf Anordnung von Wenzel IV. von der Brücke gestürzt	**1890** Drei Bogen durch Flut zerstört	**1938** Karel Dvořáks Skulptur der Heiligen Kyrill und Method
			1713 Brücke mit 21 Statuen von Braun, Brokoff u.a.	

Flutkatastrophe von 1890

Bildhauer Matthias Braun (1684–1738)

KARLSBRÜCKE (ALTSTÄDTER SEITE) | 139

Madonna mit dem hl. Dominikus und dem hl. Thomas, 1708
Die Dominikaner (lat. *Domini canes* = Hunde Gottes) sind mit der Madonna und ihrem Wahrzeichen, dem Hund, zu sehen.

Infobox

Information
Stadtplan 3 A4. **Karte** G5.
Altstädter Brückenturm
○ tägl. 10–18 Uhr (Apr–Sep: bis 22 Uhr; Okt, März: bis 20 Uhr).

Anfahrt
🚋 17, 18 bis Karlovy lázně.

Madonna und hl. Bernhard, 1709
Engel und Passionssymbole, darunter Würfel, Hahn und Handschuh des römischen Hauptmanns, sind Teil der Statue.

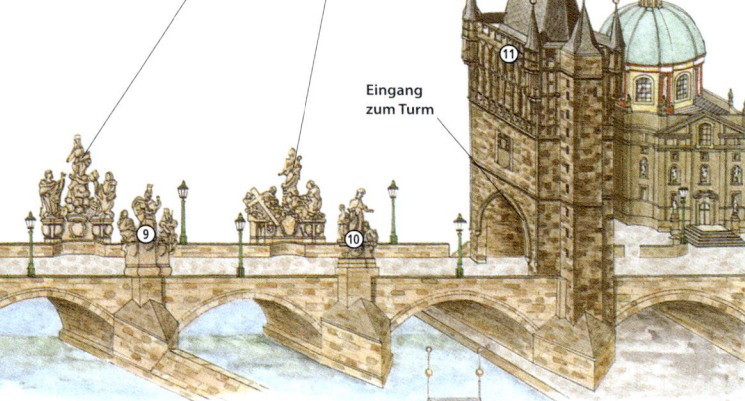

Eingang zum Turm

★ Altstädter Brückenturm

Der herrliche gotische Turm (Ende 14. Jh.) ist ein Entwurf Peter Parlers. Er war Teil der Befestigungsanlagen der Altstadt. 1648 wurde er schwer beschädigt, was man an der Westseite noch sehen kann.

Zu den Brückenturmskulpturen von Peter Parler gehören der hl. Veit, Schutzpatron der Brücke, Karl IV. *(links)* und Wenzel IV.

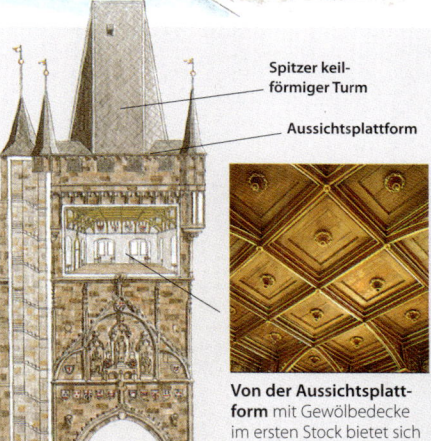

Spitzer keilförmiger Turm

Aussichtsplattform

Von der Aussichtsplattform mit Gewölbedecke im ersten Stock bietet sich eine wunderbare Aussicht auf die Prager Burg und die Kleinseite.

Stadtplan *siehe Seiten 244–255*

㉑ Aussichtsturm (Mini-Eiffelturm)
Petřínská rozhledna

Petřín. **Stadtplan** 1 C4. **Karte** C6.
📞 72 49 11 497. 🚋 6, 9, 12, 20, 22, dann Standseilbahn. 🚌 143, 176.
🕐 tägl. 10–22 Uhr (März, Okt: bis 20 Uhr; Nov–Feb: bis 18 Uhr).
💻 prazskeveze.cz

Wahrzeichen des Petřín (Laurenziberg) ist dieser Turm. Die Nachbildung des Eiffelturms wurde zur Jubiläumsausstellung 1891 errichtet. Der achteckige Bau (60 m) besitzt nur ein Fünftel der Höhe des Eiffelturms. Eine Wendeltreppe mit 299 Stufen und ein Aufzug führen zur Aussichtsplattform, von der man an klaren Tagen den höchsten Berg Böhmens, die Sněžka (Schneekoppe), sieht – 150 Kilometer nordöstlich.

㉒ Spiegellabyrinth
Zrcadlové bludiště

Petřín. **Stadtplan** 1 C4. **Karte** C6.
📞 72 49 11 497. 🚋 6, 9, 12, 20, 22, dann Standseilbahn. 🚌 143, 149, 176, 217. 🕐 tägl. 10–22 Uhr (März, Okt: bis 20 Uhr; Nov–Feb: bis 18 Uhr).
💻 prazskeveze.cz

Auch das Spiegellabyrinth ist ein Überbleibsel der Jubiläumsausstellung von 1891. Untergebracht ist es in einem hölzernen Pavillon, der die Form des alten Špička-Tors hat, das Teil der Befestigungsanlage des Vyšehrad *(siehe S. 180f.)* ist. Das eigenartige Amüsierkabinett wurde nach Beendigung der Ausstellung abgebaut und steht seitdem auf dem Petřín

Der über 120 Jahre alte Aussichtsturm überblickt die gesamte Stadt

(Laurenziberg). Wenn man sich seinen Weg durch den Irrgarten gebahnt hat, wird man abschließend mit dem imposanten Diorama *Der Kampf Prags gegen die Schweden*, das im Jahr 1648 auf der Karlsbrücke spielt, belohnt.

㉓ St.-Laurentius-Kirche
Kostel sv. Vavřince

Petřín. **Stadtplan** 1 C5. **Karte** C6.
🚋 12, 20, 22, 69, dann Standseilbahn. 🚌 176. ✝ Ostern–Okt: Fr 17 Uhr.

Der Sage nach soll die Kirche im 10. Jahrhundert an der Stelle einer heidnischen Kultstätte errichtet worden sein, was auf dem Deckenfresko in der Sakristei dargestellt ist. Das eindrucksvolle Gemälde datiert aus dem 18. Jahrhundert, als das ursprünglich romanische Kirchlein durch eine größere barocke Kirche mit Kuppelbau und zwei Zwiebeltürmen ersetzt wurde. Links von der Kirche steht die kleine Kalvarienkapelle (1735).

㉔ Štefánik-Sternwarte
Štefánikova hvězdárna

Petřín 205. **Stadtplan** 2 D5. **Karte** C7.
📞 25 73 20 540. 🚋 6, 9, 12, 20, 22, dann Standseilbahn. 🕐 Di–So (die Öffnungszeiten ändern sich monatlich; bitte vorher anrufen oder auf die Website gehen). ● Mo, Okt–Dez.
💻 observatory.cz

Seit 1930 können Prags Hobby-Astronomen die Sternwarte auf dem Petřín (Laurenziberg) benutzen. Mit den Teleskopen kann man von Mondkratern bis zu fernen Galaxien alles beobachten. Zu sehen ist außerdem eine Ausstellung alter astronomischer Instrumente. Am Wochenende gibt es häufig Sonderveranstaltungen für Kinder.

㉕ Hungermauer
Hladová zeď

Újezd, Petřín, Strahovská. **Stadtplan** 2 D5. **Karte** D7. 🚋 6, 9, 12, 20, 22, dann Standseilbahn. 🚌 143, 176, 217.

Die Stadtmauer, die im Auftrag von Karl IV. von 1360 bis 1362 auf der Südseite der Kleinseite errichtet wurde, ist seit Jahrhunderten als Hungermauer bekannt. Ein etwa 1200 Meter langer Teil der Mauer hat die Zeit überdauert, einschließlich Zinnen und Schießscharten. Die Mauer zieht sich von Újezd über den Petřín-Park bis nach Strahov.

Die Geschichte ihrer Namensgebung lautet, dass Karl IV. sie erbauen ließ, um den damals an Hunger leidenden Einwohnern Böhmens Arbeit und Broterwerb zu bieten. Tatsächlich war in den 1360er Jahren eine große Hungersnot in Böhmen ausgebrochen – auf diese Weise vereinigten sich Hungersnot und Mauerbau in den Köpfen der Menschen.

Diorama *Der Kampf Prags gegen die Schweden* im Spiegellabyrinth

Nebozízek, Station der Standseilbahn auf halbem Weg zum Petřín

㉖ Petřín-Park
Petřínské sady

Stadtplan 2 D5. **Karte** D6. 6, 9, 12, 20, 22, dann Standseilbahn. Siehe **Spaziergänge** S. 176 f.

Im Westen der Kleinseite erheben sich die bewaldeten Hänge des Petřín (Laurenziberg) bis zu 318 Meter über der Stadt. Der tschechische Name »Petřín« leitet sich entweder vom slawischen Gott Perun her, dem an dieser Stelle geopfert wurde, oder vom lateinischen Namen Mons Petrinus (steiniger Berg). Der Wald reichte einst bis zum Weißen Berg (siehe S. 33). Im 12. Jahrhundert wurde am Südhang Wein angebaut. Die Rebstöcke wurden jedoch im 19. Jahrhundert durch Obstbäume ersetzt. Heute windet sich ein Pfad bis nach oben, von wo man schöne Blicke auf Prag hat. Im Park stehen das Denkmal für die Opfer des Kommunismus (2002) des Bildhauers Olbram Zoubek sowie ein Denkmal für den Dichter Karel Hynek Mácha.

㉗ Standseilbahn
Lanová dráha

Újezd. **Stadtplan** 2 D5. **Karte** D6. 6, 9, 12, 20, 22. tägl. 9–23.30 Uhr (Winter: bis 23.20 Uhr). gilt als generelles Ticket. **w** dpp.cz

Die Standseilbahn wurde 1891 zur Jubiläumsausstellung in Betrieb genommen, um die Besucher der Sternwarte auf den Petřín zu befördern. Sie wurde bis 1914 mit Wasserkraft betrieben. Erst zwischen den Weltkriegen stellte man auf Elektrizität um. 1965 musste der Betrieb nach einem Erdrutsch – eine Folge des Kohleabbaus im 19. Jahrhundert – eingestellt werden. Die Aufschüttung des Hangs und die Restaurierungsarbeiten der Bahn dauerten 20 Jahre. Seit 1985 ist die Fahrt nach oben wieder eine sichere Angelegenheit. Die Station Nebozízek auf halbem Weg hinauf bietet ein Restaurant (siehe S. 201) mit Aussicht.

Karel-Hynek-Mácha-Denkmal im Petřín-Park

㉘ Museum der Musik
České muzeum hudby

Karmelitská 2, Praha 1, Malá Strana. **Stadtplan** 2 E4. **Karte** E5. 25 72 57 777. Malostranská. 12, 20, 22. Mo, Mi–So 10–18 Uhr. **w** nm.cz

Das Museum in der ehemaligen Barockkirche St. Magdalena (17. Jh.) präsentiert Instrumente nicht allein als schön gefertigte Exponate, sondern auch als Medium zwischen Mensch und Musik. Es gehört zum Nationalmuseum (siehe S. 147). Besucher gewinnen auch einen Einblick in populäre moderne Musik, die bei Filmen, Fernsehproduktionen, Fotos und Tonaufnahmen eingesetzt bzw. verarbeitet wird. Weitere Themen sind Instrumentenherstellung, die Geschichte der Notenschrift sowie Musik für gesellschaftliche Anlässe. Über Kopfhörer sind Originalaufnahmen der ausgestellten Instrumente zu hören. Es gibt auch einen Studienraum und ein Studio, in dem man Tonaufnahmen aus dem Archiv anhören kann.

㉙ Palais Michna
Michnův palác

Újezd 40. **Stadtplan** 2 E4. **Karte** E6. 25 70 07 111. 12, 20, 22.

An der Stelle des von Ottavio Aostalli 1580 für die Familie Kinský erbauten Sommerpalais stand früher ein Dominikanerkloster. Der nach der Schlacht am Weißen Berg reich gewordene Versorgungsoffizier Pavel Michna von Vacínov kaufte das Anwesen 1623. In der Hoffnung, damit das benachbarte Palais Waldstein (siehe S. 126) zu übertrumpfen, ließ er es im Barockstil umgestalten.

1767 wurde das Palais an die Armee verkauft. Mit der Zeit verkam es zur Ruine. 1918 wurde es vom Turnverein Sokol erworben und in ein Fitness-Center umgewandelt – samt Übungsgelände im alten Palaisgarten. Der restaurierte Bau wurde schließlich zu Ehren des Sokol-Begründers Tyrš Tyrš-Haus genannt. Heute kann man hier Säle für Veranstaltungen mieten.

Restaurierte Barockfassade des Palais Michna (Tyrš-Haus)

Stadtplan siehe Seiten 244–255

Neustadt
Nové Město

Die 1348 von Karl IV. gegründete Prager Neustadt wurde sorgfältig geplant und um drei zentrale Marktplätze angelegt: Heumarkt, Rindermarkt (Karlsplatz) und Rossmarkt (Wenzelsplatz). Sie ist doppelt so groß wie die Altstadt und wurde hauptsächlich von Handwerkern, etwa Schmieden, Brauern und Radmachern, sowie von Händlern bewohnt. Das heutige Aussehen der Neustadt stammt jedoch vom Ende des 19. Jahrhunderts, als sie saniert, zum Teil abgerissen und schließlich neu aufgebaut wurde.

Sehenswürdigkeiten auf einen Blick

Kirchen und Klöster
- ❷ Maria Schnee
- ❾ St. Ignatius
- ⓬ St. Kyrill und St. Method
- ⓮ St. Johannes von Nepomuk auf dem Felsen
- ⓯ Emmauskloster
- ⓱ St.-Katharinen-Kirche
- ⓴ St-Stephans-Kirche
- ㉓ St.-Ursula-Kirche

Historische und moderne Gebäude
- ❺ Hotel Europa
- ❿ Jesuitenkolleg
- ⓭ Fausthaus
- ㉑ Neustädter Rathaus
- ㉕ Tanzendes Haus

Theater und Opernhäuser
- ❼ Staatsoper Prag
- ㉔ Nationaltheater S. 156f

Museen und Sammlungen
- ❹ Kommunismus-Museum
- ❻ Nationalmuseum
- ❽ Mucha-Museum
- ⓳ Dvořák-Museum

Historische Plätze
- ❶ Wenzelsplatz
- ⓫ Karlsplatz

Historische Restaurants und Bierlokale
- ⓲ Restaurant »Zum Kelch«
- ㉒ U Fleků

Parks und Gärten
- ❸ Franziskanergarten
- ⓰ Botanischer Garten

☐ **Restaurants** siehe S. 202–204
1. Alcron
2. Bresto
3. Café Louvre
4. Café Slavia
5. Céleste
6. Čestr
7. Cicala
8. Como
9. Dynamo
10. El Emir
11. Fama
12. Home Kitchen
13. Klub Cestovatelů
14. Miss Saigon
15. Miyabi
16. Nota Bene
17. Novoměstský Pivovar
18. Pagana
19. Le Patio
20. Renommé
21. Rotisserie
22. Solidní Jistota
23. Suterén
24. U Emy Destinnové
25. U Pinkasů
26. Ultramarin
27. Universal
28. Žofín
29. Zvonice

Stadtplan 3–4, 5–6

◀ Marmorboden des Pantheon, Nationalmuseum *(siehe S. 156f)*   Zeichenerklärung *siehe hintere Umschlagklappe*

Im Detail: Wenzelsplatz

Der einstige Rossmarkt (Wenzelsplatz, Václavské náměstí) bildet mit seinen traditionsreichen Hotels und Restaurants das Zentrum des heutigen Prag. Fast alle Gebäude um den Platz stammen aus der Zeit seiner Neugestaltung um 1900. Hier kann man dekorative Baustile von tschechischen Architekten dieser Zeit entdecken. Viele Blocks besitzen schöne Arkaden, durch die man in die dahintergelegenen Geschäfte, Restaurants, Theater und Kinos gelangt.

Das Koruna-Gebäude (1914) ist ein prunkvoller Komplex mit Büros und Läden. Den Eckturm ziert eine Krone *(koruna)*.

U Pinkasů *(siehe S. 203)*, Prags berühmteste Bierkneipe, schenkt seit 1843 Pilsner Urquell aus *(siehe S. 196f)*.

❷ **Maria Schnee**
Das riesige gotische Bauwerk ist nur ein Teil des im 14. Jahrhundert geplanten Kirchenbaus.

Der Jungmannplatz ist nach dem Schriftsteller und Sprachforscher Josef Jungmann (1773–1847) benannt, dessen Statue im Zentrum des Platzes steht. Das Palais Adria (1925) war früher die Bühne für die Laterna Magika. In den Anfangstagen der Samtenen Revolution tagte hier Václav Havels Bürgerforum.

❸ **Franziskanergarten**
Der kleine Park mit Brunnen, Rosenbeeten, Gartenhäusern und Kinderspielplatz wurde in einem ehemaligen Klostergarten angelegt.

Palais Lucerna

Das fünfstöckige Wiehl-Haus (1896) im Stil der Neorenaissance und mit farbigen Sgraffiti ist nach dem Architekten Antonín Wiehl benannt. Einige der Jugendstil-Skulpturen stammen von Mikoláš Aleš.

WENZELSPLATZ | 145

❶ ★ Wenzelsplatz
Beherrscht wird der Platz vom bronzenen Reiterstandbild des hl. Wenzel (1912) und vom Nationalmuseum dahinter. Wenzel war ein Přemyslide, der von seinem Bruder Boleslav ermordet wurde. Er ist der Schutzheilige Böhmens.

Zur Orientierung
Siehe Prager Innenstadt S. 16f, siehe Stadtplan 3–4, 5–6

Im Assicurazioni-Generali-Gebäude arbeitete Franz Kafka *(siehe S. 70)* 1906/07 zehn Monate lang als Versicherungsangestellter.

❺ ★ Hotel Europa
Jugendstil-Fassade und Inneneinrichtung des Hotels (1906) sind original erhalten.

Das Denkmal für die Opfer des Kommunismus befindet sich nahe der Stelle, wo sich Jan Palach aus Protest gegen den Einmarsch von Truppen des Warschauer Pakts am 16. Januar 1969 verbrannte.

❻ ★ Nationalmuseum
Der Prachtbau mit monumentalem Treppenaufgang wurde 1890 als Symbol des Nationalbewusstseins fertiggestellt.

Wenzelsdenkmal

❼ Staatsoper Prag
Das in den 1980er Jahren sorgsam restaurierte Innere besitzt noch seinen roten Plüsch, die Kronleuchter und den vergoldeten Stuck aus dem 19. Jahrhundert.

Palais Fénix

0 Meter 100

Denkmal für Jan Palach vor dem Nationalmuseum

Legende
— Routenempfehlung

Stadtplan *siehe Seiten 244–255*

Wenzelsdenkmal auf dem Wenzelsplatz

❶ Wenzelsplatz
Václavské náměstí

Stadtplan 3 C5. Karte J6. 🚇 Můstek, Muzeum. 🚋 3, 9, 14, 24.

Der Wenzelsplatz war in der jüngeren Vergangenheit Zeuge einiger historischer Ereignisse von nationaler und auch internationaler Bedeutung. Als Zeichen des Protests gegen die Besetzung durch Truppen des Warschauer Pakts verbrannte sich 1969 dort der Student Jan Palach. Von diesem Ort aus nahm 1989 die Samtene Revolution ihren Lauf, die den Sturz der kommunistischen Regierung einleitete.

Der ursprünglich als Pferdemarkt angelegte Platz ist etwa 750 Meter lang und 60 Meter breit. Gesäumt wird er von Hotels, Restaurants, Clubs und Geschäften, die sich an eine »betuchte« Klientel wenden.

Das übergroße bronzene Reiterstandbild des hl. Wenzel vor der Kulisse des Nationalmuseums wurde 1912 vom renommierten tschechischen Bildhauer Josef Myslbek geschaffen. Am Fuß des Sockels befinden sich die Figuren vier weiterer tschechischer Schutzpatrone. Ein Denkmal in der Nähe der Statue erinnert an die Opfer des Kommunismus.

❷ Maria Schnee
Kostel Panny Marie Sněžné

Jungmannovo náměstí 18. Stadtplan 3 C5. Karte J6. 📞 22 22 46 243. 🚇 Můstek. 🕐 Mo–Fr 7–20, Sa, So 8–20 Uhr. ✝ Mo–Fr 7, 8, 18, Sa 8, 18, So 9, 10.15, 11.30, 18 Uhr. ♿
🌐 pms.ofm.cz

Karl IV. gründete die Kirche aus Anlass seiner Krönung 1347. Ihr Name geht auf ein Marienwunder im 4. Jahrhundert in Rom zurück, als die Jungfrau dem damaligen Papst im Traum erschien und ihn anwies, an der Stelle eine Kirche zu bauen, wo im August Schnee fallen würde. Karls Kirche, die über 100 Meter lang werden sollte, wurde nie fertiggestellt. Der heutige Bau besteht nur aus einem Chorraum, der 1397 mit 33 Metern Höhe vollendet wurde. Ursprünglich gehörte die Kirche zu einem Karmeliterkloster. Auf der Nordseite sieht man ein Portal (14. Jh.), das den Eingang zum Klosterfriedhof bildete.

Im frühen 15. Jahrhundert wurde der Kirchturm errichtet. Die Hussiten-Kriege *(siehe S. 28f)* verhinderten die Fortsetzung des Baus. Der radikale Hussit Jan Želivský predigte hier und wurde nach seiner Hinrichtung 1422 in der Kirche begraben. Während der Hussiten-Kriege wurde die Kirche schwer beschädigt, 1434 sogar der Turm zerstört. Im Lauf der Zeit verfiel die Anlage. 1603 begannen die Franziskaner mit dem Wiederaufbau. Aus dieser Zeit stammt auch das großartige Netzgewölbe. Das Innere ist – mit Ausnahme des zinnernen Taufbeckens – barock gestaltet. Der prächtige dreistöckige Hochaltar ist mit Heiligenfiguren und Kruzifix geschmückt.

❸ Franziskanergarten
Františkánská zahrada

Jungmannovo náměstí 18. Stadtplan 3 C5. Karte J6. 🚇 Můstek. 🕐 Apr–Sep: tägl. 7–22 Uhr (Okt: bis 20 Uhr; Nov–März: 8–19 Uhr). ♿

Der frühere Garten des Franziskanerklosters ist seit 1950 ein öffentlich zugänglicher Park beim Wenzelsplatz. Ein gotisches Portal am Eingang führt zum Kellerrestaurant U Františkánů. Seit den 1980er Jahren gibt es Kräuterbeete, wie sie die Franziskaner im 17. Jahrhundert kultiviert hatten.

❹ Kommunismus-Museum
Muzeum komunismu

Na Příkopě 10. Stadtplan 3 C4. Karte J5. 📞 22 42 12 966. 🚇 Můstek. 🕐 tägl. 9–21 Uhr. ⬤ 24. Dez.
🌐 muzeumkomunismu.cz

Das Museum präsentiert die verschiedenen Phasen kommunistischer Herrschaft von 1948 bis 1989 in Prag und wie die Ideologie Gesellschaft und das Alltagsleben beeinflusste.

Neben Archivobjekten sind auch seltene Objekte von privaten und öffentlichen Sammlungen ausgestellt. Zu sehen sind u. a. Fotos, Propagandamaterial und Filme. Es gibt zudem den Nachbau eines Verhörraums, komplett mit Scheinwerfer und Schreibmaschine.

Maria Schnee vom Franziskanergarten aus gesehen

Fassade der Staatsoper Prag, ehemals Neues Deutsches Theater

❺ Hotel Europa
Hotel Evropa

Václavské náměstí 25. **Stadtplan** 4 D5. **Karte** K6. 22 42 15 387. Můstek. 3, 9, 14, 24.
W evropahotel.cz

Obwohl der alte Glanz etwas verblichen ist, ist das Haus ein sehenswertes Überbleibsel aus der goldenen Zeit der Grandhotels. Es wurde 1903–06 im Jugendstil erbaut. Nicht nur die Fassade mit den vergoldeten Nymphen ist erhalten, auch ein Großteil des Interieurs – Theken, Spiegel, Holztäfelungen und Leuchten – hat die Jahrzehnte überstanden.

❻ Nationalmuseum
Národní muzeum

Václavské náměstí 68. **Stadtplan** 6 E1. **Karte** K/L7. 22 44 97 111. Muzeum. Altes Gebäude wg. Restaurierung bis 2015 – bis dahin Ausstellungen in der Vinohradská 1: tägl. 10–18 Uhr. **W** nm.cz

Das monumentale Gebäude im Stil der Neorenaissance bildet den oberen Abschluss des Wenzelsplatzes. Der Architekt Josef Schulz hat es 1885–91 als Symbol der Nationalen Wiedergeburt erbaut. Der Eingang verläuft über eine von allegorischen Figuren flankierte Rampe. Links und rechts sitzen Geschichte und Naturgeschichte. Das Museum präsentiert Mineralogie, Archäologie, Anthropologie, Zoologie, Numismatik und Naturgeschichte. Im Pantheon befinden sich Büsten und Statuen großer tschechischer Gelehrter, Künstler und Schriftsteller.

Das Museum wird bis 2015 restauriert. In dieser Zeit finden Ausstellungen im einstigen Gebäude von Radio Free Europe in der Vinohradská statt.

❼ Staatsoper Prag
Státní opera

Wilsonova 4. **Stadtplan** 4 E5. **Karte** L7. 22 49 01 448 (Tickets). Muzeum. 3, 9, 14, 24. zu Vorstellungen. 22 49 01 506. Siehe **Unterhaltung** S. 218 und 220. **W** opera.cz

Das ursprünglich an dieser Stelle stehende Neustädter Theater wurde 1885 abgerissen. Stattdessen errichtete man den jetzigen Bau, der zunächst Neues Deutsches Theater hieß und für die Deutschen in Prag sowie auch als Konkurrenz zum tschechischen Nationaltheater *(siehe S. 156f)* gedacht war.

Den Frontgiebel über dem Säuleneingang ziert ein klassizistischer Fries mit Dionysos und Thalia. Das Innere weist Stuckaturen auf. Im Zuschauerraum und auf den Vorhängen sind die Originalgemälde erhalten geblieben. Seit 1945 kann man hier Opern- und Ballettaufführungen sehen.

❽ Mucha-Museum
Muchovo muzeum

Panská 7. **Stadtplan** 4 D4. **Karte** K5. 22 42 16 415. Můstek, Náměstí Republiky. 3, 9, 14, 24, 26. tägl. 10–18 Uhr. **W** mucha.cz

Das Palais Kaunický (18. Jh.) beherbergt das erste Museum für Alfons Mucha, den tschechischen Meister des Jugendstils. Zu den über 100 Exponaten des Museums gehören Gemälde, Skulpturen, Fotos und Erinnerungsstücke. Im Innenhof gibt es im Sommer ein Café. Der Museumsladen bietet exklusive Artikel mit Jugendstil-Motiven von Mucha an.

Haupttreppenaufgang im Nationalmuseum

Stadtplan siehe Seiten 244–255

Jugendstil in Prag

Der anmutige und grazile Kunststil eroberte im letzten Jahrzehnt des 19. Jahrhunderts von Paris aus sehr schnell die anderen Hauptstädte Europas. In Prag erreichte er seinen Höhepunkt im ersten Jahrzehnt des 20. Jahrhunderts. Ab dem Ersten Weltkrieg wurde er jedoch als frivol und dekadent angesehen. Besucher finden in Prag eine Fülle von Jugendstil-Arbeiten – sowohl in der Architektur als auch in den schönen Künsten. In der Neustadt und der Josefstadt *(siehe S. 82 – 95)* wurden um 1900 ganze Straßenzüge abgerissen und im neuen Stil wiederaufgebaut.

Praha-Haus
Das Haus wurde 1903 für die Versicherung Praha erbaut. PRAHA steht in Jugendstil-Lettern am vierten Stock.

Architektur

In Prag hielt der Jugendstil während der Jubiläumsausstellung im Jahr 1891 Einzug. Der neue Architekturstil, dessen erklärtes Ziel es war, mit der alten monumentalen Bauweise zu brechen, legte Wert auf ornamentale Strukturen: Glatte Oberflächen wurden entweder bemalt oder mit Stuck bzw. Statuen versehen. Die dafür entwickelte Technik eignete sich vor allem für oft verwendete Materialien wie Gusseisen und Glas, die leicht wirkten, aber sehr stabil waren. Das Ergebnis sind zahlreiche Bauwerke von unvergänglicher Schönheit.

Hotel Central
Die Fassade des von Alois Dryák und Bedřich Bendelmayer 1900 erbauten Hotels zieren herrliche Stuckaturen.

Hlahol-Chor-Gebäude, 1905
Josef Fanta verschönerte das Gebäude mit Mosaiken und Skulpturen von Karl Mottl und Josef Pekárek.

Hotel Meran
Das schöne, 1904 fertiggestellte Jugendstil-Gebäude ist für seine vollendete Gestaltung bekannt.

Hlavní nádraží
Der Hauptbahnhof von 1901 mit seiner hohen gläsernen Kuppel und seinen eleganten Skulpturen gehört zu den schönsten Jugendstil-Bauten.

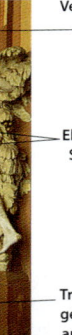

Verzierte Pfeiler

Elegante Statuen

Treppengeländer aus Messing und Schmiedeeisen

JUGENDSTIL IN PRAG | 149

Schöne Künste

Viele Maler, Bildhauer und Grafiker wurden vom Jugendstil beeinflusst. Einer seiner wichtigsten Vertreter war Alfons Mucha (1860–1939), der vor allem mit seinen Plakatmotiven berühmt wurde. Er arbeitete jedoch auch mit Bleiglas *(siehe S. 104)* und Schmuck und entwarf sogar Briefmarken. Die schönsten Jugendstil-Exponate findet man in Prag in den Bereichen der schönen Künste und des Kunsthandwerks. Die Künstler machten es sich zur Aufgabe, jedes Objekt – vom Türknauf bis zum Besteck – zu verschönern. Die Ornamente, die sie schufen, sind den Formen in der Natur nachempfunden.

Záboj und Slavoj
Die mythischen Figuren wurden von Josef Myslbek 1895 für die Palacký-Brücke erschaffen. Heute stehen sie im Vyšehrad-Park.

Briefmarke, 1918
Alfons Mucha schuf das markante Motiv zur Gründung der Tschechoslowakei.

Plakat für Sokol
Alfons Muchas Farblithografie für die sechste Tagung des Turnvereins Sokol (1912) ist im Museum für Sport (Tyrš-Museum) ausgestellt.

Glasvase
Die schillernde grüne Vase aus böhmischem Glas mit Reliefschmuck aus ineinander verschlungenen Fäden steht im Kunstgewerbemuseum.

Vorhangschmuck und Kerzenhalter
Der Schmuck zierte das Zimmer des Bürgermeisters im Gemeindehaus. Der Kerzenhalter von Emanuel Novák steht heute im Kunstgewerbemuseum.

Jugendstil in Prag

Türschmuck am Haus Široka 9 in der Josefstadt

Architektur
Gemeindehaus *S. 66*
Hanau-Pavillon *S. 161*
Hlahol-Chor-Gebäude, Masarykovo nábřeží 10
Hlavní nádraží (Hauptbahnhof), Wilsonova
Hotel Central, Hybernská 10
Hotel Europa *S. 147*
Industriepalast *S. 162* und *Spaziergänge S. 178f*
Ministerstvo pro místní rozvoj *S. 69*
Palacký-Brücke (Palackého most)
Praha-Haus, Národní třída 7
Wiehl-Haus *S. 144*
Wohnhaus, Na Příkopě 7

Malerei
Messepalast *S. 164f*

Bildhauerei
Jan-Hus-Denkmal *S. 72*
Vyšehrad-Park und -Friedhof *S. 160* und *Spaziergänge S. 180f*

Kunsthandwerk
Mucha-Museum *S. 147*
Kunstgewerbemuseum *S. 86*
Museum der Stadt Prag *S. 161*

Im Detail: Karlsplatz

Laut ist es im südlichen Teil der Neustadt fast immer, denn hier kreuzen sich nahezu alle Tramlinien. Glücklicherweise kann man sich in den beschaulichen Park auf dem Karlsplatz (Karlovo náměstí) zurückziehen. Einige Gebäude um den Platz werden von der Universität genutzt. Auf dem Platz selbst stehen mehrere Denkmäler von tschechischen Schriftstellern und Gelehrten. Zahlreiche Gebäude wurden im Barockstil errichtet. Südlich ragt das Emmausklosters (14. Jh.) auf.

Die Tschechische Technische Hochschule wurde 1867 in diesem großen Neorenaissance-Bau gegründet.

Karlsplatz-Zentrum

St. Wenzel

Zur Moldau

⓬ ★ St. Kyrill und St. Method
Eine Gedenktafel und die Einschusslöcher an der Wand erinnern an den Angriff auf die Kirche 1942, als deutsche Truppen nach dem Attentat auf Heydrich tschechische Widerstandskämpfer in der Krypta aufgespürt hatten.

⓫ ★ Karlsplatz
Das Herz des Platzes ist ein großzügiger Park mit Rasenflächen, Blumenbeeten und Statuen aus dem 19. Jahrhundert.

Zur Metro-Station Karlovo náměstí

Kapelle St. Kosmas und Damian

⓯ Emmauskloster
1965 wurden der Klosterkirche aus dem 14. Jahrhundert zwei moderne Betontürme von František Černý hinzugefügt.

⓮ St. Johannes von Nepomuk auf dem Felsen
Orgel und Deckengemälde der Kirche stammen von Kilian Ignaz Dientzenhofer.

KARLSPLATZ | 151

9 St. Ignatius
Strahlenkranz und vergoldete Engel an den Seitenaltären sind typisch für die prunkvolle Ausstattung der Barockkirche.

Zur Orientierung
Siehe Prager Innenstadt S. 16f, siehe Stadtplan 5–6

Die Dichterin Eliška Krásnohorská schrieb die Libretti für Smetanas Opern. Seit 1931 erinnert ein Denkmal an sie.

Die Statue Jan Purkyněs (1787–1869), eines bedeutenden Naturwissenschaftlers und Zellforschers, wurde 1961 als jüngstes Denkmal des Platzes errichtet.

10 Jesuitenkolleg
Das Mitte des 17. Jahrhunderts erbaute monumentale Gebäude ist seit Auflösung des Jesuitenordens 1773 ein Krankenhaus *(siehe S. 32f)*.

U NEMOCNICE

Damenstift (18. Jh.), heute Krankenhaus

13 Fausthaus
Graf Ferdinand Mladota von Solopysky erwarb das Haus im 18. Jahrhundert. Die chemischen Experimente, die er darin durchführte, gaben dem Haus seinen Namen.

BENÁTSKÁ

16 Botanischer Garten
Der Garten gehört zur Karlsuniversität und ist berühmt für seine Vielfalt an seltenen Pflanzen. Wer hierherkommt, findet Ruhe und Entspannung.

0 Meter 100

Legende
— Routenempfehlung

Stadtplan *siehe Seiten 244–255*

Skulpturen an der Fassade des Jesuitenkollegs von Tomaso Soldati

❾ St. Ignatius
Kostel sv. Ignáce

Ječná 2. **Stadtplan** 5 C2. **Karte** H9. ☎ 22 19 90 200. Ⓜ Karlovo náměstí. 🚋 3, 4, 6, 10, 16, 18, 21, 22, 24. ⏺ tägl. 6–18.30 Uhr. ✝ Mo–Sa 6.30, 7.30, 17.30, So 7, 9, 11, 17.30 Uhr.

Der prachtvolle barocke Kirchenbau mit seiner Stuckverzierung ist typisch für die Jesuiten, die mit diesem Prunk ihre Macht und den Einfluss ihres Glaubens demonstrieren wollten. Begonnen wurde der Bau 1665 unter Architekt Carlo Lurago, Paul Ignaz Bayer beendete ihn schließlich mit der Fertigstellung des Turms 1687. Beide zeichnen auch für das angrenzende Jesuitenkolleg verantwortlich.

Das Gemälde von Jan Jiří Heinsch am Hochaltar zeigt die Glorifizierung des hl. Ignatius (Ignatius von Loyola), des Begründers des Jesuitenordens. Die Jesuiten verschönerten die Kirche im Lauf der Zeit ständig mit Stuckaturen, Statuen u. a., bis ihr Orden 1773 aufgelöst wurde.

❿ Jesuitenkolleg
Jezuitská kolej

Karlovo náměstí 36. **Stadtplan** 5 B2. **Karte** H9. Ⓜ Karlovo náměstí. 🚋 3, 4, 6, 10, 14, 16, 18, 21, 22, 24. ⏺ für Besucher.

Das frühere Jesuitenkolleg in der Neustadt nimmt die halbe Ostseite des Karlsplatzes ein. Die Jesuiten haben wie in anderen Stadtteilen auch hier ganze Areale zerstört, um weitere Bastionen ihres Einflusses zu errichten. 23 Gebäude und 13 Gärten verschwanden. Erbaut wurde das Kolleg 1656–1702 von den Architekten Carlo Lurago und Paul Ignaz Bayer. Die mit Statuen verzierten Portale stammen von Johann Georg Wirch, der das Gebäude 1770 auch erweiterte. Nach Auflösung des Ordens wurde das Kolleg zum Militärkrankenhaus. Heute gehört es zur medizinischen Fakultät der Karlsuniversität.

⓫ Karlsplatz
Karlovo náměstí

Stadtplan 5 B2. **Karte** H8–9. Ⓜ Karlovo náměstí. 🚋 3, 4, 6, 10, 16, 18, 21, 22, 24.

Seit Mitte des 19. Jahrhunderts ist der Platz ein öffentlicher Park, der zu jeder Tageszeit Raum zur Entspannung bietet.

Karl IV. ließ den Park 1348 anlegen – eigentlich als Rindermarkt. Gehandelt wurde jedoch auch mit Holz, Kohle und Salzheringen.

In der Mitte des Marktplatzes ließ Karl IV. einen Holzturm errichten, in dem jedes Jahr die Kronjuwelen ausgestellt wurden. 1382 wurde der Turm schließlich durch eine Kapelle ersetzt, in der im Jahr 1437 das Abkommen zwischen den Hussiten und dem Papst auf dem Basler Konzil proklamiert wurde.

⓬ St. Kyrill und St. Method
Kostel sv. Cyrila a Metoděje

Resslova 9. **Stadtplan** 5 B2. **Karte** G/H9. ☎ 22 49 20 686. Ⓜ Karlovo náměstí. 🚋 3, 4, 6, 10, 16, 18, 22, 24. ⏺ Di–So 10–17 Uhr (Winter: Di–Sa). ✝ Mi 8, Sa 8, 17, So 9.30 Uhr. 🌐 pravoslavnacirkev.cz

Die um 1730 errichtete Barockkirche mit ihrer säulengeschmückten Fassade war Karl Borromäus geweiht und diente als Gebetsstätte für betagte Priester, doch sowohl Altersheim als auch Kirche wurden 1783 geschlossen.

Um 1930 wurde die Kirche für die tschechoslowakische orthodoxe Kirche restauriert und den beiden Slawenaposteln, dem hl. Kyrill und hl. Method, geweiht. Im Mai 1942 versteckten sich in der Krypta jene Widerstandskämpfer, die das Attentat auf den stellvertretenden Reichsprotektor Reinhard Heydrich verübt hatten. Als die Nazis die Kirche umstellt hatten, nahmen sich alle Widerstandskämpfer das Leben. Einige der Einschüsse – Zeugnisse der deutschen Belagerung – sind noch unterhalb der Gedenktafel an der Außenfassade zu sehen. Die Krypta beherbergt heute ein kleines Museum zum Thema »Widerstand«.

Hauptaltar der Kirche St. Kyrill und St. Method

UM DEN KARLSPLATZ | 153

⓭ Fausthaus
Faustův dům

Karlovo náměstí 40, 41. **Stadtplan** 5 B3. **Karte** H10. Ⓜ Karlovo náměstí. 🚋 3, 4, 10, 16, 18, 21, 24. ⬤ für Besucher.

Prag ist die Stadt der Mythenbildung über Alchimisten und ihren Pakt mit dem Teufel – und dieses Palais ist Teil davon. Der erste Bau von Prinz Václav von Opava, einem Naturwissenschaftler, stammte aus dem 14. Jahrhundert. Im 16. Jahrhundert kaufte es der Alchimist Edward Kelley. Doch es waren die chemischen Experimente von Graf Ferdinand Mladota von Solopysky im 18. Jahrhundert, die das Haus mit der Faustsage in Verbindung brachten.

Barocke Fassade des Fausthauses

⓮ St. Johannes von Nepomuk auf dem Felsen
Kostel sv. Jana Nepomuckého na Skalce

Vyšehradská 49. **Stadtplan** 5 B3. **Karte** H10. 📞 22 19 79 325. 🚋 3, 4, 10, 16, 18, 22, 24. ⬤ nur zu Gottesdiensten. ✝ So 11 Uhr.

Die Kirche mit ihren zwei Türmen zählt zu Prags kleineren Barockkirchen. Sie wurde von Kilian Ignaz Dientzenhofer erbaut und gehört zu seinen schönsten Arbeiten. Das Kirchenschiff erhebt sich über einem achteckigen Grundriss. Die Kirche wurde 1738 fertiggestellt, die doppelarmige Freitreppe um 1770 hinzugefügt. Auf dem Hauptaltar steht eine hölzerne Version des Johannes von Nepomuk von Jan Brokoff (*siehe S. 137*). Seine Statue (Kopie) befindet sich auf der Karlsbrücke.

⓯ Emmauskloster
Klášter Na Slovanech-Emauzy

Vyšehradská 49. **Stadtplan** 5 B3. **Karte** H10. 📞 22 49 17 662. 🚋 3, 4, 10, 16, 18, 21, 24. **Kirche** ⬤ Mo – Fr 11– 17 Uhr (im Sommer auch Sa). **Kreuzgang** ⬤ nach Vereinbarung. ✝ tägl. 10 Uhr. 🌐 emauzy.cz

Kloster und Kirche wurden bei einem Luftangriff der Amerikaner 1945 fast völlig dem Erdboden gleichgemacht. Während des Wiederaufbaus erhielt die Kirche zwei moderne Betontürme.

Das Kloster wurde 1347 für die kroatischen Benediktiner erbaut, die ihre Gottesdienste auf Altslawonisch abhielten. Im Lauf der ereignisreichen religiösen Geschichte Prags geriet das Kloster jedoch in zahlreiche Hände. 1446 wurde hier der hussitische Orden gegründet. 1635 ging das Kloster an die spanischen Benediktiner über. Deutsche Benediktiner, die das Kloster 1880 übernahmen, bauten fast das gesamte Barockgebäude im neogotischen Stil um. Bis heute haben sich einige historisch interessante Wandmalereien erhalten. Die meisten wurden allerdings (wenn nicht schon vorher) während des massiven Luftangriffe im Zweiten Weltkrieg zerstört.

Überreste der Fresken (14. Jh.) im Kreuzgang des Emmausklosters

⓰ Botanischer Garten
Botanická zahrada

Na slupi 16. **Stadtplan** 5 B3. **Karte** H/J10. 📞 22 19 51 879. 🚋 18, 24. **Gewächshäuser** ⬤ tägl. 10 –17 Uhr (Feb, März: bis 16 Uhr; Nov – Jan: bis 15.30 Uhr). **Gärten** ⬤ tägl. 10 – 19.30 Uhr (Feb, März: bis 17 Uhr; Sep, Okt: bis 18 Uhr; Nov – Jan: bis 16 Uhr). 🌐 bz-uk.cz

Der erste Botanische Garten Prags wurde schon unter Karl IV. im 14. Jahrhundert angelegt. Der 1775 in Smíchov gegründete Universitätsgarten wurde 1897 hierherverlegt. Die Gewächshäuser stammen von 1938.

Es gibt viele Ausstellungen sowie Areale mit exotischen Vögeln und Fischen. Zu den Attraktionen gehört die Riesenseerose (*Victoria cruziana*), deren gigantische Blätter ein Kind tragen können. Ihre Blüten sind in der ersten Nacht weiß, in der zweiten rot.

Eingang zum Botanischen Garten

Stadtplan *siehe Seiten 244 – 255*

Turm der St.-Katharinen-Kirche

⓱ St.-Katharinen-Kirche
Kostel sv. Kateřiny

Kateřinská 30. **Stadtplan** 5 C3. **Karte** J9. 🚊 4, 6, 10, 16, 22. ⭕ nur zu Gottesdiensten.

Die St.-Katharinen-Kirche steht im Garten eines ehemaligen Klosters, das 1354 von Karl IV. zur Erinnerung an seine siegreiche Schlacht von San Felice (1332) gegründet wurde.
 Seit 1822 wird es als Krankenhaus genutzt. 1737 entstand eine neue Barockkirche, die den schlanken Turm der ursprünglichen Kirche erhielt. Seine achteckige Form verlieh ihm den Spitznamen »Prager Minarett«.

⓲ Restaurant »Zum Kelch«
Restaurace U Kalicha

Na bojišti 12–14. **Stadtplan** 6 D3. **Karte** K10. ☎ 22 49 12 557. Ⓜ I.P. Pavlova. 🚊 4, 6, 10, 16, 22. ⭕ tägl. 11–23 Uhr (bitte reservieren). ♿ 🌐 ukalicha.cz

Berühmt wurde die Bierkneipe, in der heute wie damals Pilsner Urquell ausgeschenkt wird, durch Jaroslav Hašeks Roman *Die Abenteuer des braven Soldaten Švejk*. Hier traf Hašek auf den Offiziersdiener, nach dem er die Romanfigur Švejk gestaltete. Das Personal des Gasthauses ist angezogen wie im Ersten Weltkrieg.

⓳ Dvořák-Museum
Muzeum Antonína Dvořáka

Ke Karlovu 20. **Stadtplan** 6 D2. **Karte** K9. ☎ 22 49 23 363. Ⓜ I.P. Pavlova. 🚌 291. ⭕ Di–So 10–13.30, 14–17 Uhr und für Konzerte. 📷 🌐 nm.cz

Die Villa Amerika, in der heute das Dvořák-Museum beheimatet ist, zählt zu den schönsten barocken Profanbauten Prags. Ausgestellt sind Partituren und Handschriften des bedeutenden tschechischen Komponisten des 19. Jahrhunderts. Zu sehen sind auch Klavier, Viola und Schreibtisch von Antonín Dvořák.
 Kilian Ignaz Dientzenhofer *(siehe S. 129)* baute das zweistöckige barocke Gebäude mit dem elegant gestaffelten Dach 1720 als Sommerresidenz für die Michnas von Vacínov, daher der Name Sommerpalais Michna. Später wurde der Bau Villa Amerika genannt – nach einem in der Nähe liegenden Gasthof. Das Barockgitter am Eingang zwischen den beiden Pavillons ist eine Kopie des Originals. Die Statuen und Vasen im Garten (1735) stammen aus der Werkstatt von Matthias Braun. Sie bedurften ebenso wie die Innenräume des Gebäudes der kompletten Restaurierung. Decke und Wände des Saals im ersten Stock, der oft für Konzerte dient, zieren Fresken (18. Jh.) von Jan Ferdinand Schor.

⓴ St.-Stephans-Kirche
Kostel sv. Štěpána

Štěpánská. **Stadtplan** 5 C2. **Karte** J8. ☎ 22 19 90 224. 🚊 4, 10, 16, 22. ⭕ nur zu Gottesdiensten. ✝ So 11 Uhr.

Karl IV. gründete die Kirche 1351 als Pfarrkirche der oberen Neustadt, 1401 wurde sie fertiggestellt. Im 17. Jahrhundert kam die Branberg-Kapelle auf der Nordseite hinzu, wo der barocke Bildhauer Matthias Braun begraben liegt.
 Der Großteil der barocken Anbauten wurde in den 1770er Jahren wieder entfernt, als Josef Mocker die Kirche im neogotischen Stil umgestaltete. Erhalten blieben einige Barockgemälde, z.B. *Die Taufe Christi* von Karel Škréta am Ende des linken Seitenschiffs sowie ein Porträt von Johannes von Nepomuk *(siehe S. 137)* von Jan Jiří Heinsch auf der linken Seite der Kanzel (15. Jh.).
 Der weitaus kostbarste Schatz ist das wertvolle gotische Madonnenbild von 1472: *Unsere Liebe Frau von St. Stephan*.

Villa Amerika, heute Sitz des Dvořák-Museums

NEUSTADT | 155

Gotische Kanzel in der St.-Stephans-Kirche

ⓛ Neustädter Rathaus
Novoměstská radnice

Karlovo náměstí 23. **Stadtplan** 5 B1. **Karte** H8. Karlovo náměstí. 3, 4, 6, 10, 18, 21, 22, 24. 22 49 48 229. Apr–Sep: Di–So 10–18 Uhr (22 49 48 225). **Turm** tägl. 10–18 Uhr. nrpraha.cz

Fassade des Neustädter Rathauses

1960 wurde ein Denkmal des Hussiten-Predigers Jan Želivský vor dem Rathaus enthüllt. Es erinnert an den ersten und blutigsten Prager Fenstersturz. Am 30. Juli 1419 führte Želivský eine Menschenmenge vor das Rathaus und forderte die Freilassung von Gefangenen. Man stürmte den Bau und stürzte die katholischen Ratsherren aus dem Fenster. Wer überlebte, wurde mit Lanzen getötet.

Das ursprüngliche Rathaus stammt aus dem 14., der gotische Turm aus dem 15. Jahrhundert. Im 16. Jahrhundert entstand der Arkadenhof.

Nach Zusammenschluss der vier Prager Städte wurde der Bau Gericht und Gefängnis. Heute dient er der Kultur.

ⓜ U Fleků

Křemencova 11. **Stadtplan** 5 B1. **Karte** G7. 22 49 34 019. Národní třída. 3, 4, 6, 9, 10, 16 18, 22, 24. **Museum** Mo–Fr 10–16 Uhr. ufleku.cz

Dokumente belegen, dass in der traditionsreichen (und auch sehr touristischen) Bierkneipe seit 1459 Bier gebraut wird. 1762 wurde das Lokal von Jakub Flekovský gekauft, der ihm den Namen gab: U Fleků (Zum Fleck).

In der kleinsten Brauerei Prags wird ein dunkles Starkbier gebraut, das nur hier ausgeschenkt wird. Es gibt außerdem ein kleines Brauereimuseum.

ⓝ St.-Ursula-Kirche
Kostel sv. Voršily

Národní 8. **Stadtplan** 3 A5. **Karte** G7. 22 49 30 577. Národní třída. 6, 9, 18, 22. tägl. 17 Uhr. Führungen (22 49 30 511). **Konzerte**.

Die Barockkirche wurde 1672 als Teil des Ursulinenklosters gegründet. Erhalten sind die Originalskulpturen an der Fassade und die Statuengruppe (1747) vor der Kirche von Ignaz Platzer d. Ä. Im Kircheninneren gibt es Fresken und Stuckaturen. In den Seitenkapellen befinden sich barocke Gemälde. Den Altar ziert ein Bild der hl. Ursula.

Uhr an der Fassade des U Fleků

Das angrenzende Kloster, das sich wieder in Händen des Ordens befindet, ist eine katholische Schule.

ⓞ Nationaltheater
Národní divadlo

Siehe S. 156 f.

ⓟ Tanzendes Haus
Tančící dům

Rašínovo nábřeží 80. **Stadtplan** 5 A2. **Karte** G9. Karlovo náměstí 3, 4, 6, 10, 14, 16, 18, 22, 23, 24. **Restaurant** 22 19 84 160.

Der schwungvolle Bürobau erhebt sich am Ufer der Moldau. Sein Spitzname – »Ginger und Fred« – spielt darauf an, dass die Silhouette an das berühmte Tanzpaar Ginger Rogers und Fred Astaire erinnert. Den Glas-Beton-Bau haben 1996 der kalifornische Architekt Frank Gehry und sein Kompagnon Vlado Milunić errichtet. Vom Restaurant Céleste (7. Stock) hat man eine herrliche Sicht.

Stadtplan siehe Seiten 244–255

❷ Nationaltheater
Národní divadlo

Das von Blattgold berstende Gebäude ist ein wichtiges Symbol der Nationalen Wiedergeburt des Landes. 1868 begann der tschechische Architekt Josef Zítek mit dem großteils durch Spenden aus der Bevölkerung finanzierten Neorenaissance-Bau, der jedoch kurz nach Vollendung durch einen Brand zerstört wurde *(siehe Kasten S. 157)*. Wiederaufgebaut wurde das Theater von Josef Schulz. Ende der 1970er bis Anfang der 1980er Jahre wurde der Bau von Karl Prager restauriert, der auch die Neue Bühne (Nová Scena) hinzufügte.

Blick von Slovanský ostrov auf das Theater

★ **Zuschauerraum**
Die beeindruckenden Deckenmalereien, allesamt Allegorien der Künste, stammen von František Ženíšek.

Außerdem

① **Die fünf Arkaden** der Loggia schmücken Lünettenbilder von Josef Tulka mit dem Titel *Fünf Lieder*.

② **Zuschauerraum der Neuen Bühne**

③ **Laterna Magika**

④ **Der dreispännige Bronze-Triumphwagen** von Bohuslav Schnirch trägt die Siegesgöttin.

⑤ **Das himmelblaue Dach mit Sternen** symbolisiert die Vollendung, die alle Künstler anstreben sollten.

★ **Decke im Foyer**
Das Deckenfresko ist der dritte Teil eines Triptychons von František Ženíšek von 1878: *Das Goldene Zeitalter der tschechischen Kunst.*

NATIONALTHEATER | 157

★ Bühnenvorhang
Der prächtige rot-goldene Vorhang von Vojtěch Hynais zeichnet die Entstehung des Theaters nach.

Infobox

Information
Národní 2, Nové Město.
Stadtplan 3 A5. **Karte** G7.
22 49 01 448 (Tickets). nur bei Vorstellungen. Sa, So 8.30–11 Uhr (22 17 14 161).
W narodni-divadlo.cz

Anfahrt
Národní třída, Linie B. 6, 9, 17, 18, 21, 22 bis Národní divadlo.

Fassadenschmuck
Die Statue (1883) an der Westseite ist nur eine der vielen Allegorien der Künste aus der Werkstatt von Antonín Wagner.

Brand im Nationaltheater

Am 12. August 1881, wenige Tage vor der Eröffnung, fiel das Nationaltheater einem Brand zum Opfer, der durch Metallarbeiten auf dem Dach verursacht worden war. Sechs Wochen danach waren genügend Geldspenden zusammengekommen, um es wiederaufzubauen. Nur zwei Jahre später wurde es mit Bedřich Smetanas Oper *Libuše (siehe S. 81)* eröffnet.

Präsidentenloge
Die mit Samt ausgekleidete einstige Königsloge schmücken Bildnisse berühmter Figuren der tschechischen Geschichte von Václav Brožík.

Stadtplan *siehe Seiten 244 – 255*

Abstecher

Der Reichtum an historischen Sehenswürdigkeiten im Prager Zentrum kann dazu verführen, die etwas außerhalb liegenden Attraktionen zu vernachlässigen. Jenseits der Innenstadt kann es natürlich zu Sprachproblemen kommen, doch es lohnt sich, den Menschenmassen zu entfliehen und zu erleben, dass Prag sowohl eine moderne Stadt als auch ein historisches Kleinod ist. Viele Attraktionen im ersten Teil dieses Reiseführers sind mit Metro, Tram oder zu Fuß problemlos zu erreichen. Wenn Sie ein bisschen in die Ferne schweifen wollen, sollten Sie auf jeden Fall Schloss Troja und Kloster Břevnov besichtigen. Das erste böhmische Kloster (993) wurde später im Barockstil wiederaufgebaut. Die Ausflüge *(siehe S. 168–171)* in die Umgebung schließen Fahrten zu den Schlössern und Burgen in der Nähe der Stadt ein. Darüber hinaus führen sie auch zu den alten Kurorten Marienbad und Karlsbad, die schon im 19. Jahrhundert Urlauber nach Böhmen lockten.

Sehenswürdigkeiten auf einen Blick

Museen und Sammlungen
- ❺ Museum der Stadt Prag
- ❼ Technisches Nationalmuseum
- ❽ *Messepalast S. 164f*
- ⓬ Villa Müller

Kloster
- ⓭ Kloster Břevnov

Friedhof
- ❷ Olšany

Historische Viertel
- ❶ Vyšehrad
- ❸ Žižkov
- ❹ Náměstí Míru

Historische Sehenswürdigkeiten
- ⓮ Weißer Berg und Jagdschloss Stern

Historisches Gebäude
- ❿ *Schloss Troja S. 166f*

Parks und Gärten
- ❻ Letná-Park
- ❾ Ausstellungsgelände und Baumgarten
- ⓫ Zoo

Legende
- Zentrum von Prag
- Großraum Prag
- Hauptstraße
- Nebenstraße

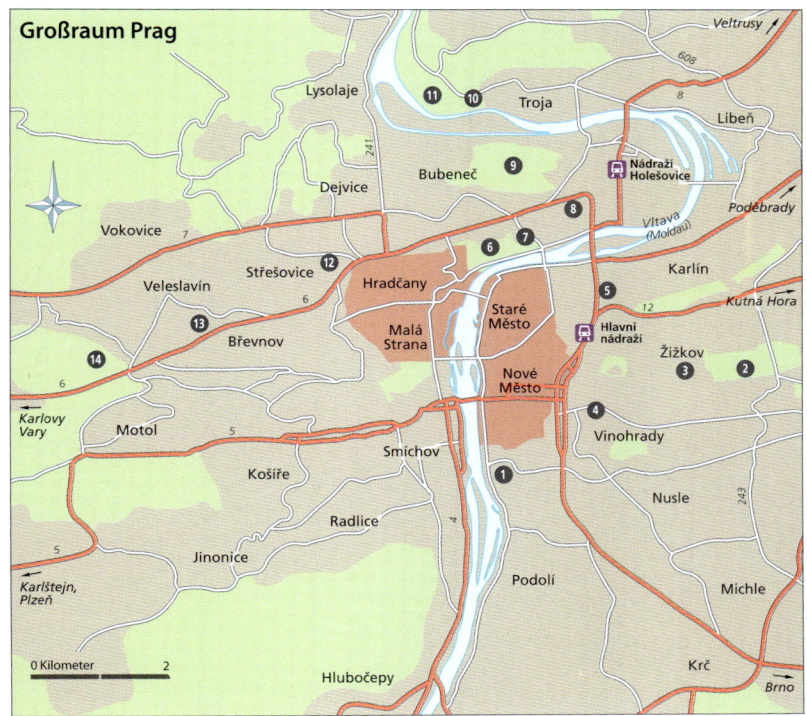

◀ Festsaal von Schloss Troja *(siehe S. 166f)*   **Zeichenerklärung** *siehe hintere Umschlagklappe*

Vyšehrad-Friedhof, letzte Ruhestätte vieler bekannter Prager

❶ Vyšehrad

Stadtplan 5 B5. 🚇 Vyšehrad. 🚊 3, 6, 7, 17, 18, 24.

Die befestigte »Burg auf dem Felsen« *(siehe S. 180f)* stammt aus dem 10. Jahrhundert und diente den ersten Přemysliden-Herrschern, die sie der Prager Burg vorzogen, als Residenz. Die Anlage ist für die Tschechen von historischer Bedeutung. 1869 wurde hier der Nationalfriedhof angelegt.

Viele Persönlichkeiten der tschechischen Kultur liegen hier begraben, darunter die Komponisten Antonín Dvořák *(siehe S. 154)* und Bedřich Smetana *(siehe S. 81)*, der seine Reminiszenz an die Přemysliden-Dynastie in der Oper *Libuše* *(siehe S. 34)* zum Ausdruck brachte. Jedes Jahr zu Beginn des Musikfestivals »Prager Frühling« *(siehe S. 52)* wird an Smetanas Grab ein Gottesdienst abgehalten.

Innerhalb des Vyšehrad gibt es faszinierende Blickpunkte, etwa die Kirche St. Peter und Paul mit ihren Zwillingstürmen, die St.-Martins-Rotunde, die Teufelssäule und die Festungsmauern selbst *(siehe S. 180f)*. Von hier aus fällt der Blick auf die Moldau und auf Prag – traumhaft bei Sonnenuntergang. Im Vyšehrad-Park kann man auf baumbestandenen Wegen spazieren gehen.

Auch die umliegenden Straßen lohnen einen Blick. Kubistische Häuser von Josef Chochol finden sich auf dem Rašínovo nábřeží, in der Libušina und an der Ecke von Přemyslova und Neklanova.

❷ Friedhof Olšany
Olšanské hřbitovy

Vinohradská 153, Jana Želivského. 📞 26 73 10 652. 🚇 Želivského. 🚊 5, 10, 11, 16, 26. 🕐 März, Apr, Okt: tägl. 8–18 Uhr; Mai–Sep: tägl. 8–19 Uhr; Nov–Feb: tägl. 8–17 Uhr.

An der Nordwestecke des Hauptfriedhofs steht die Kirche St. Rochus (1682). Sie ist dem Schutzheiligen gegen die Pest geweiht, denn der erste Friedhof entstand hier 1679 nach der großen Pestepidemie. Im Lauf des 19. Jahrhunderts wurde der alte Friedhof vergrößert und neue Friedhöfe um ihn herum angelegt – so der russische Friedhof mit orthodoxer Kapelle (1924/25) und der jüdische, auf dem Franz Kafka *(siehe S. 70)* begraben liegt. Hier ruhen auch der Maler Josef Mánes (1820–1871), der zur Blütezeit der Nationalen Wiedergeburt arbeitete, und Josef Jungmann (1773–1847), der Verfasser eines deutsch-tschechischen Wörterbuchs.

Reiterstatue von Jan Žižka

❸ Žižkov

🚇 Florenc. **Nationaldenkmal** Vitkov, U památníku 1900. 📞 22 27 81 676. 🚊 133, 175. 🕐 Mi–So 10–18 Uhr. 📷 💻 🌐 nm.cz

Hier war der Schauplatz eines historischen Siegs der Hussiten über die Kreuzritter. Auf dem Veitsberg (Vítkov) besiegte am 14. Juli 1420 die kleine Hussitenschar das riesige Heer von Kaiser Sigismund *(siehe S. 28f)*. Angeführt wurden die todesmutigen, singenden Hussiten von dem einäugigen Jan Žižka.

1877 wurde das Areal zu Ehren Žižkas in Žižkov umbenannt. 1950 wurde ein von Bohumil Kafka geschaffenes Bronzedenkmal aufgestellt. Die mit neun Metern höchste Reiterstatue der Welt steht vor dem Nationaldenkmal (1928–38), das zu Ehren der tschechoslowakischen Soldaten erbaut und nach dem Zweiten Weltkrieg erweitert wurde. Eine Zeit lang war hier die letzte Ruhestätte für Klement Gottwald und andere kommunistische Führer. Deren Gebeine wurden jedoch mittlerweile entfernt. Das Bauwerk wurde dem Nationalmuseum übergeben, das eine Dauerausstellung zur neueren Landesgeschichte zeigt.

In der Nähe wurde 1985–92 der 216 Meter hohe Fernsehturm erbaut. Die Prager stehen

Gepflegtes Grab im östlichen Teil des Friedhofs Olšany

NAH BEIM ZENTRUM | 161

Relief von Josef Myslbek, Portal von St. Ludmilla, Náměstí Míru

dem Ungetüm aus Stahlbeton mit Argwohn gegenüber. Man hat allerdings von der Plattform eine gute Fernsicht.

❹ Náměstí Míru

Stadtplan 6 F2. **Karte** M9. Náměstí Míru. 4, 10, 16, 22. 135.
St. Ludmilla März–Okt: Mo–Sa 9–16, So 12–16 Uhr. tägl. 16.30, So 9, 11, 16.30 Uhr.
ludmilavinohrady.cz

Der beschauliche Platz (»Friedensplatz«) mit Park ist das Zentrum des Weinbergviertels (Vinohrady), ein gepflegtes Wohnviertel.

Am oberen Ende der abfallenden Rasenfläche steht die neogotische Kirche St. Ludmilla (1888–93) von Josef Mocker, Architekt des westlichen Teils des Veitsdoms *(siehe S. 102–105)*. Die beiden achteckigen Türme sind 60 Meter hoch. Über dem Hauptportal befindet sich ein Relief mit Christus und dem hl. Wenzel sowie der hl. Ludmilla, eine Arbeit des berühmten Bildhauers Josef Myslbek. Führende Künstler der damaligen Zeit schufen die Bleiglasfenster.

Das hervorstechendste Gebäude am Náměstí Míru ist das Vinohrady-Theater (Divadlo na Vinohradech), ein Jugendstil-Bau von 1907. Die Fassade krönen zwei überlebensgroße geflügelte Figuren von Milan Havlíček, Allegorien von Schauspiel und Oper.

❺ Museum der Stadt Prag
Muzeum hlavního města Prahy

Na Poříčí 52. **Stadtplan** 4 F3. **Karte** M3. 22 48 16 773. Florenc. 3, 8, 24. Di–So 9–18 Uhr.
muzeumprahy.cz

Dokumentiert wird hier die geschichtliche Entwicklung Prags von den Anfängen bis ins 20. Jahrhundert. Das Gebäude wurde in den 1890er Jahren im Stil der Neorenaissance mit reichem Fassadenschmuck erbaut. Die Innenwände sind mit alten Stichen von Prag geschmückt. Zur Dauerausstellung gehören u. a. Prager Porzellan und Möbel, aber auch Relikte mittelalterlichen Handwerks sowie historische Gemälde und Stiche. Bemerkenswert ist vor allem das 20 Quadratmeter große Stadtmodell aus Holz und Papier (im Maßstab 1:500) von Antonín Langweil aus dem Jahr 1834.

❻ Letná-Park
Letenské sady

Stadtplan 3 A1. **Karte** G1. Malostranská, Hradčanská. 1, 5, 8, 12, 17, 18, 20, 22, 25, 26.

Gegenüber der Josefstadt erhebt sich über dem linken Ufer der Moldau die Letná-Höhe. Hier sammelten sich die Armeen zum Angriff auf die Prager Burg. Mitte des 19. Jahrhunderts wandelte man das Plateau in einen öffentlichen Park um.

Über eine Granittreppe gelangt man zur Aussichtsterrasse hinauf, auf der sich ein ungewöhnliches Zeitdokument befindet: ein gigantisches Metronom.

Nicht weit davon entfernt steht der Hanau-Pavillon, ein neobarocker Gusseisen-Bau, der für die Industrieausstellung im Jahr 1891 errichtet worden war. Vom Ausstellungsgelände wurde der Pavillon auf die Letná-Höhe gebracht und zu einem beliebten Aussichtsrestaurant und -café umgebaut.

Am Ostende des Parks öffnet im Sommer ein gut besuchter Biergarten.

Blick von der Letná-Höhe auf die Moldau und ihre Brücken

Stadtplan *siehe Seiten 244–255*

❼ Technisches Nationalmuseum
Národní technické muzeum

Kostelní 42. 22 03 99 111. 1, 5, 18, 25, 26. Di – Fr 9 –17.30, Sa, So 10 –18 Uhr. ntm.cz

Bisher versuchte das Museum mit allen technischen Neuerungen Schritt zu halten, doch seine Stärke lag immer in der Sammlung von Maschinen (von der Industrialisierung bis heute), die zu den umfangreichsten in Europa gehört. Die große Halle zur Geschichte der Transportmittel präsentiert alte Loks und Waggons bis hin zu Fahrrädern, Autos, Flugzeugen und Heißluftballons.

Sehenswert sind auch die Abteilungen zu Fotografie und Kinematografie sowie die astronomischen Instrumente. Interessant ist die Sammlung von Uhren und anderen Zeitmessgeräten. Im Untergeschoss befindet sich ein Musterstollen, der neben alten Werkzeugen Infos über die Geschichte des Bergbaus vom 15. bis 19. Jahrhundert bietet.

Es gibt auch Ausstellungen zu Druck, Architektur und Alltagsdesign.

Industriepalast, Jugendstil-Ikone des Ausstellungsgeländes

❽ Messepalast
Veletržní palác

Siehe S. 164f.

❾ Ausstellungsgelände und Baumgarten
Výstaviště a Stromovka

5, 12, 17. **Ausstellungsgelände** tägl. 10 – 23 Uhr. **Baumgarten** tägl. 24 Std. **Lapidarium** 70 20 13 372. Mi 10 –16, Do – So 12 –18 Uhr. nm.cz

Seit das Ausstellungsgelände 1891 für die Jubiläumsausstellung angelegt wurde, finden auf dem Areal Messen, Sportveranstaltungen und im Sommer Konzerte statt. Mit seinem Vergnügungspark ist es ein idealer Ausflugsort für Familien mit Kindern.

Der im Westen angrenzende große Park war Ende des 16. Jahrhunderts königliches Gehege. Der Name Baumgarten erinnert an die frühere Baumschule. Seit 1804 ist er öffentlich zugänglich.

Das Lapidarium zeigt eine Ausstellung von Skulpturen (11.–19. Jh.), u. a. Originalskulpturen von der Karlsbrücke.

2008 wurden ein Teil des Areals und der linke Flügel des Industriepalasts durch einen Brand zerstört. Ein Wiederaufbau ist geplant.

❿ Schloss Troja
Trojský zámek

Siehe S. 166f.

⓫ Zoo
Zoologická zahrada

U trojského zámku 3/120. 29 61 12 111. Holešovice, dann 112. Juni – Aug: tägl. 9 –19 Uhr; Apr, Mai, Sep, Okt: tägl. 9 –18 Uhr; Nov – Feb: tägl. 9 –16 Uhr; März: tägl. 9 –17 Uhr. zoopraha.cz

An den felsigen Hängen oberhalb des rechten Ufers der Moldau findet man den im Jahr 1924 gegründeten Zoo, der sich über 64 Hektar erstreckt. Ein Sessellift bringt die Besucher in den oberen Teil der Anlage.

Die 2500 Tiere des Zoos umfassen 500 Arten. 50 davon sind in der freien Natur vom Aussterben bedroht. Hier grasen die berühmten Przewalski-Urpferde, die Vorfahren unserer Hauspferde. Der Zoo kann zudem Züchtungserfolge bei Großkatzen, Gorillas und Orang-Utans verzeichnen. Im Tierpark gibt es zwei neue Gehege, eines für Löwen, Tiger und andere Raubkatzen, das zweite für Elefanten. Es bestehen auch Programme zur Auswilderung von Zootieren.

Der mit dem Riesenpanda verwandte Rote Panda

NÖRDLICH UND WESTLICH DES ZENTRUMS | 163

⓬ Villa Müller
Müllerova vila

Nad Hradním vodojemem 14. 22 43 12 012. Hradčanská, dann 1, 2, 18 bis Ořechovka. Apr–Okt: Di, Do, Sa, So 9–18 Uhr; Nov–März: Di, Do, Sa, So 10–17 Uhr. Apr–Okt: 9, 11, 13, 15, 17 Uhr; Nov–März: 10, 12, 14, 16 Uhr. **mullerovavila.cz**

Charakteristisch für die Villa sind die weiße Betonfassade, die asymmetrisch verteilten Fenster und das Flachdach. Sie wurde vom Architekten Adolf Loos, einem dezidierten Vertreter der Moderne, entworfen und 1928–30 für den Unternehmer František Müller und dessen Frau Milada, Mitglieder der damaligen tschechischen High Society, errichtet. Loos setzte hier außen und innen seine Theorie des »Raumplans« um, nach der alle Teile des Gebäudes miteinander in Verbindung stehen müssen. Die Dachterrasse bietet einen »gerahmten« Blick auf den Veitsdom in der Ferne. Im Kontrast zum funktionalen Äußeren ist das Innere elegant mit edlen Materialien (Marmor, Holz, Seide) ausgestattet.

Während der 1950er Jahre verfiel die Villa. 1995 ging sie in den Besitz der Stadt Prag über. Zwischen 1997 und 2000 wurde sie sorgfältig restauriert und anschließend als Nationales Kulturdenkmal öffentlich zugänglich gemacht.

⓭ Kloster Břevnov
Břevnovský klášter

Markétská 28. 22 04 06 111. 22, 25. nur Führungen (Voranmeldung unter 22 04 06 270), tägl. 10, 14 Uhr (Apr–Okt: auch 16 Uhr). **brevnov.cz**

Auf den ersten Blick würde niemand vermuten, dass Břevnov eine der ältesten Wohngegenden Prags ist. 993 gründeten Fürst Boleslav II. und Bischof Adalbert (Vojtěch; *siehe S. 22f*) hier das erste Kloster in Böhmen, um das bald eine Gemeinde entstand. Ein alter Brunnen namens Vojtěška steht dort, wo der Bischof und der Fürst die Gründung des Klosters angeblich beschlossen haben sollen.

Das Portal, der Klosterhof und die Gebäude stammen hauptsächlich von den beiden großen Barockbaumeistern Christoph und Kilian Ignaz Dientzenhofer *(siehe S. 129)*. Die Klosterkirche St. Margarete wurde 1715 fertiggestellt. Ihr Grundriss aus übereinanderlappenden Ovalen steht römischen Kirchen Berninis an Raffinesse nicht nach. 1964 wurde unterhalb des Chors die Krypta der ursprünglichen romanischen Klosterkirche wiederentdeckt. Sie ist nun zugänglich. Interessant ist der Prälatensaal, der auch Theresiensaal genannt wird, mit seinem Deckenfresko aus dem Jahr 1727.

Jagdschloss Stern

⓮ Weißer Berg und Jagdschloss Stern
Bílá Hora a Hvězda

Obora Hvězda. 1, 22, 25. **Obora Hvězda (Wildpark)** 24 Std. tägl. **Jagdschloss Stern** 23 53 57 938. Apr, Okt: Di–So 10–17 Uhr; Mai–Sep: Di–So 10–18 Uhr.

Die Schlacht am Weißen Berg *(siehe S. 33)* vom 8. November 1620, die erste entscheidende Schlacht im Dreißigjährigen Krieg, war für die beiden Hauptgemeinden Prags schicksalhaft. Für die Protestanten war sie eine Katastrophe und hatte die 300-jährige Herrschaft der Habsburger zur Folge. Für die katholischen Anhänger der Habsburger war sie ein Triumph, zu dessen Gedenken sie auf dem Berg eine Kapelle errichteten. Anfang des 18. Jahrhunderts baute man die Kapelle zur Kirche der Siegreichen Jungfrau Maria um und ließ sie von führenden Barockkünstlern – darunter Václav Vavřinec Reiner – ausgestalten.

Im 16. Jahrhundert war das Waldland ein königlicher Wildpark. 1556 wurde das Jagdschloss Stern mit seinem sechsstrahligen sternförmigen Grundriss fertiggestellt. Eine kleine Ausstellung informiert über den Bau und seine Geschichte. In einem Teil befinden sich zudem eine Ausstellung über die Schlacht am Weißen Berg sowie Wechselausstellungen zur tschechischen Kultur.

Die modernistische Villa Müller von der Gartenseite

❽ Messepalast
Veletržní palác

Die Nationalgalerie in Prag eröffnete dieses Zentrum für moderne und zeitgenössische Kunst 1995 im Nachbau eines Messegebäudes von 1929. Seit 2000 beherbergt es auch eine Sammlung von Kunstwerken des 19. Jahrhunderts. Die lichtdurchfluteten Räume bilden den idealen Rahmen für die Exponate – von französischen Gemälden (19. Jh.) über Beispiele von (Post-)Impressionisten bis zu Werken von Munch, Klimt, Picasso, Miró und zeitgenössischen tschechischen Künstlern. Achtung: Die Werke können anders gehängt sein.

Großes Mahl (1951–55)
Mikuláš Medeks Werke wechseln vom Surrealismus zur Abstraktion der 1960er Jahre.

Vierter Stock

Kubistische Büste (1913/14)
Otto Gutfreund übertrug als erster Künstler kubistische Strukturen auf Skulpturen. Dieses Werk zeigt seine Annäherung an abstrakte Kunst.

Dritter Stock

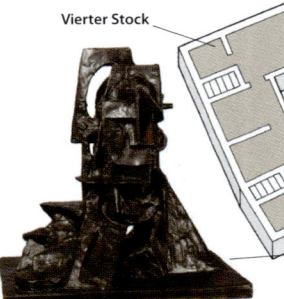

Kleopatra (1942–57)
Das Gemälde machte Jan Zrzavý zu einem Hauptvertreter der modernen tschechischen Malerei.

St. Sebastian (1912)
Das Selbstporträt von Bohumil Kubišta bezieht sich auf das Martyrium des Heiligen, der an einen Baum gebunden und von Pfeilen durchbohrt wurde.

Pomona (1910)
Aristide Maillol war ein Schüler Rodins. Die Bronzeskulptur ist Teil einer außergewöhnlichen Skulpturensammlung.

Legende
- ▢ Tschechische Kunst 1900–1930
- ▢ Französische Kunst (19./20. Jh.)
- ▢ Tschechische Kunst 1900–heute
- ▢ Ausländische Kunst (20. Jh.)
- ▢ Wechselausstellungen
- ▢ Kein Ausstellungsbereich

MESSEPALAST | 165

★ **Großer Dialog (1966)**
Karel Nepraš' Skulptur aus Industrieabfall wird von Drähten fixiert. Die rote Farbe ist ein sarkastischer Kommentar zum kommunistischen Regime.

Infobox

Information
Veletržní Palác, Dukelských hrdinů 47.
22 43 01 111.
ngprague.cz
Di – So 10 –18 Uhr (letzter Einlass 30 Min. vor Schließung).

Anfahrt
Vltavská. 12, 14, 15, 17 bis Veletržní; 1, 5, 8, 25, 26 bis Strossmayerovo náměstí.

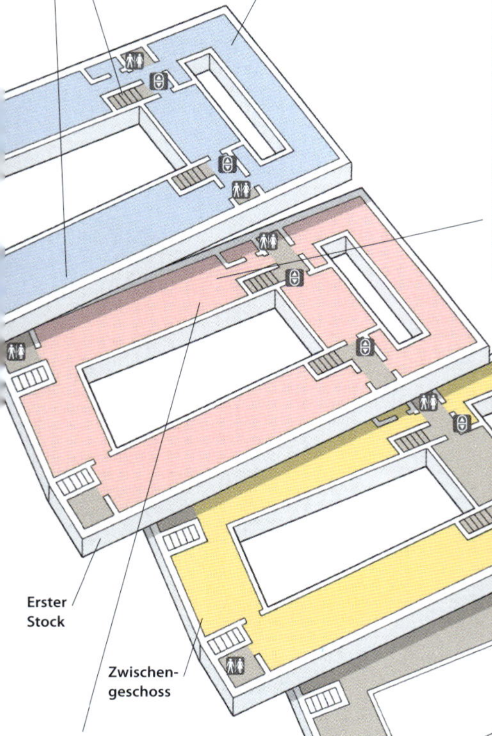

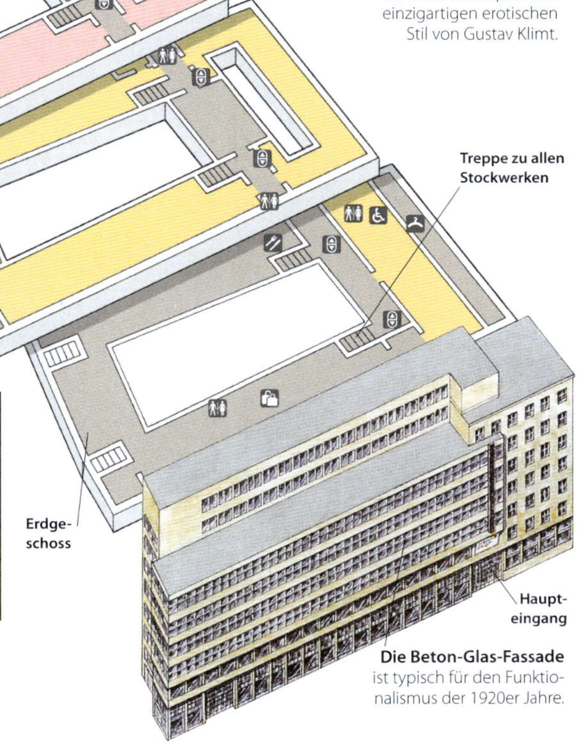

Treppe zu allen Stockwerken

Zweiter Stock

★ **Die Jungfrau (1913)**
Das farbenfrohe Jugendstil-Werk verkörpert den einzigartigen erotischen Stil von Gustav Klimt.

Treppe zu allen Stockwerken

Erster Stock

Zwischengeschoss

Erdgeschoss

Haupteingang

Schwangere und Tod (1911)
Egon Schieles verstörende Mischung von Sex und Tod war von Sigmund Freud beeinflusst.

Die Beton-Glas-Fassade
ist typisch für den Funktionalismus der 1920er Jahre.

❿ Schloss Troja
Trojský zámek

Eines der bemerkenswertesten Barockschlösser in Prag ist das im ausgehenden 17. Jahrhundert von Jean-Baptiste Mathey für den böhmischen Grafen Sternberg erbaute Troja. Der Bau erinnert an eine italienische Villa. Die Gärten wurden dagegen nach französischem Vorbild angelegt. Die herrliche Ausstattung der Gemächer dauerte 20 Jahre und spiegelt in ihren Deckenfresken die Loyalität der Familie zu den Habsburgern wider. Das Schloss beherbergt heute eine sehenswerte Gemäldesammlung von Werken des 19. Jahrhunderts.

Terrakotta-Urne, Gartenbalustrade

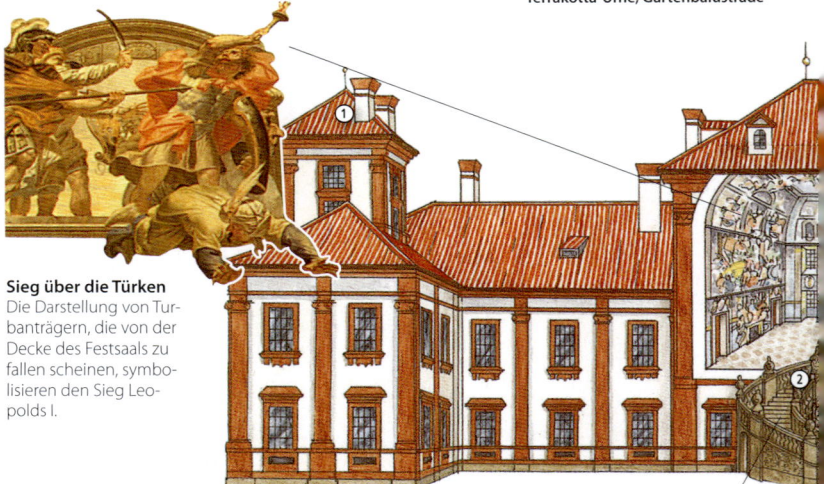

Sieg über die Türken
Die Darstellung von Turbanträgern, die von der Decke des Festsaals zu fallen scheinen, symbolisieren den Sieg Leopolds I.

★ Freitreppe zur Gartenanlage
Die beiden Söhne von Mutter Erde auf der ovalen Freitreppe (1685–1703) gehören zu einer Skulpturengruppe von Johann Georg Heermann und seinem Neffen Paul, die den Kampf der Götter mit den Titanen darstellt.

Außerdem

① Aussichtsturm

② Statue eines antiken Gottes

③ Statuen der Söhne von Mutter Erde

④ **Die chinesischen Zimmer** weisen chinesische Wandmalereien (18. Jh.) auf – ein perfekter Rahmen für das hier ausgestellte Porzellan.

⑤ Stuckornamente

SCHLOSS TROJA | 167

Infobox

Information
U trojského zámku 1, Praha 7.
28 38 51 614.
ghmp.cz
Apr – Okt: Di – Do, Sa, So 10–18, Fr 13–18 Uhr (Gärten bis 19 Uhr).

Anfahrt
siehe S. 57. Holešovice, dann 112.

★ Fresko im Festsaal
Das Fresko (1691 – 97) von Abraham Godin stellt das Leben von Rudolf I., dem ersten Kaiser der Habsburger, und die Siege von Leopold I. über das Osmanische Reich dar.

Die Gerechtigkeit
Abraham Godins Allegorie der Gerechtigkeit blickt von der Ostwand des Festsaals herunter.

★ Gartenanlage

Weingärten wurden eingeebnet, Berghänge abgetragen und Terrassen angelegt, um die kühnen Pläne des französischen Architekten Jean-Baptiste Mathey zu verwirklichen. Er hatte sich in den Kopf gesetzt, den ersten Barockgarten nach französischem Vorbild in Böhmen anzulegen. Den besten Blick auf das Schloss und seine geometrische Gartenanlage, die mittlerweile nach den Originalplänen von Mathey restauriert wurde, hat man vom Südende zwischen den beiden Orangerien aus.

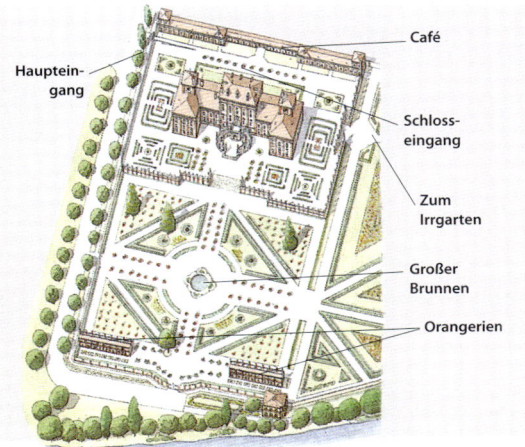

- Café
- Haupteingang
- Schlosseingang
- Zum Irrgarten
- Großer Brunnen
- Orangerien

Ausflüge

Die beliebtesten Sehenswürdigkeiten bei Prag sind die malerischen mittelalterlichen Burgen bzw. attraktiven Schlösser. Burg Karlstein etwa liegt einsam über bewaldeten Tälern, fast noch so wie im 14. Jahrhundert, als Kaiser Karl IV. dort jagte. Organisierte Besichtigungsfahrten *(siehe S. 225)* bringen Sie zu den weiteren Sehenswürdigkeiten außerhalb Prags, z. B. zur historischen Bergarbeiterstadt Kutná Hora. Wenn Sie mehr Zeit haben, empfehlen sich die berühmten Kurorte Karlsbad und Marienbad im Westen.

Sehenswürdigkeiten auf einen Blick

Burgen
1. Veltrusy
2. Karlstein
3. Konopiště
4. Křivoklát

Historische Orte
5. Kutná Hora
6. Karlsbad
7. Marienbad

Legende
- Autobahn
- Hauptstraße
- Nebenstraße

❶ Schloss Veltrusy
Veltruský zámek

20 km nördl. von Prag. 31 57 81 146. von Masarykovo nach Kralupy nad Vltavou, dann Bus. Apr–Okt: Di–So 9–17 Uhr (letzte Tour 16 Uhr); Nov–März: nach Voranmeldung (60 24 94 466).
w zamek-veltrusy.cz
Park tägl. bis Sonnenuntergang.
Schloss Nelahozeves 31 57 09 111. von Masarykovo nach Nelahozeves-zámek. Apr–Okt: Di–So 9–17 Uhr.
w zamek-nelahozeves.cz

Der kleine Ort an der Moldau ist berühmt für sein kreuzförmiges Schloss (18. Jh.), das die Adelsfamilie Chotek erbauen ließ. Gekrönt ist es mit einer Zentralkuppel. Das große Treppenhaus säumen Statuen, die die zwölf Monate und die vier Jahreszeiten darstellen.

Das 300 Hektar große Areal im Stil englischer Landschaftsparks, das auf einer Seite an die Moldau grenzt, zieren romantische Sommerhäuser. Am Eingang befindet sich ein Wildgehege. Der Dorische und der Maria-Theresia-Pavillon, Orangerie und Grotte stammen aus dem späten 18. Jahrhundert. Im Park gedeihen an die 100 verschiedene Baumarten. Das Schloss wurde 2002 durch Hochwasser beschädigt. Wegen Renovierung sind einige Räume geschlossen.

Jenseits des Flusses liegt **Schloss Nelahozeves** (von Veltrusy aus mit Bus oder Zug erreichbar). Der Renaissance-Bau beherbergt die Ausstellung »Privaträume – eine Adelsfamilie zu Hause«, die das Leben der Familie Lobkowitz über fünf Jahrhunderte präsentiert. Zu sehen sind zwölf Räume mit Möbeln der Zeit, darunter auch eine Bibliothek. Die Kunstwerke sind heute im Palais Lobkowitz *(siehe S. 101)* in Prag ausgestellt. In der Nähe befindet sich der Geburtsort von Antonín Dvořák.

Kaiser Karl IV. ließ Burg Karlstein im 14. Jahrhundert erbauen

Zeichenerklärung siehe hintere Umschlagklappe

❷ Burg Karlstein
Karlštejn

25 km südwestl. von Prag. 31 16 81 617. von Smíchov oder Hlavní nádraží nach Karlštejn (1,5 km zur Burg, zu Fuß den Hang hinauf ca. 40 Min.). März–Nov: Di–So 9–15 Uhr (Mai, Juni, Sep: bis 17.30 Uhr; Juli, Aug: bis 18.30 Uhr). obligatorisch (nach Voranmeldung).
hradkarlstejn.cz

Die Burg diente Karl IV. als Sommerresidenz, für die Aufbewahrung der Reichskleinodien und als Symbol seiner Herrschaft über das Heilige Römische Reich. Sie thront hoch über dem Fluss Berounka. Der heutige Bau (19. Jh.) ist eine Rekonstruktion des Originals von Josef Mocker. Die Arbeiten an der ersten Burg (1348–67) hatte der französische Baumeister Matthias von Arras geleitet, später übernahm Peter Parler die Ausführung. Aus dieser Zeit stammen noch der Audienzsaal und das Schlafzimmer von Karl IV.

Die Marienkirche im Hauptgebäude ist mit Wandmalereien (14. Jh.) geschmückt. Eine schmale Passage führt zur kleinen Kapelle der hl. Katharina, deren Wände mit Halbedelsteinen verziert sind.

❸ Burg Konopiště

40 km südöstl. von Prag. 31 77 21 366. von Hlavní nádraží nach Benešov, dann Bus. Apr, Mai, Sep: Di–So 10–12, 13–16 Uhr (Jun–Aug: bis 17 Uhr; Okt, Nov: bis 15 Uhr).
zamek-konopiste.cz

Obwohl das Gebäude auf das 13. Jahrhundert zurückgeht, stammt der wesentliche Teil aus dem 19. Jahrhundert. Von den früheren Umbauten des Barockarchitekten František Kaňka ist noch das schöne Tor am Ostturm erhalten, an dem auch der Bildhauer Matthias Braun mitwirkte.

1887 ließ der österreichisch-ungarische Thronfolger Erzherzog Franz Ferdinand Konopiště vollständig umbauen. Die Ermordung des Thronfolgers und seiner Gemahlin in Sarajevo löste 1914 den Ersten Weltkrieg aus. Franz Ferdinand hatte in den reich ausgestatteten Burgräumen Waffen, Rüstungen und Meißner Porzellan zusammengetragen. Er genoss die Ruhe von Konopiště, da seine Frau am Hof nicht gern gesehen war. Typisch für die Burgräume sind die vielen Hundert Geweihe an den Wänden.

Blick auf Burg Křivoklát mit dem Großen Turm

Jagdtrophäen schmücken die Räume von Burg Konopiště

❹ Burg Křivoklát

45 km westl. von Prag. 31 35 58 440. von Hlavní nádraží via Beroun oder von Masarykovo nádraží via Rakovník (1 km zur Burg). Apr–Sep: Di–So 10–17 Uhr (Apr: bis 16 Uhr; Juli, Aug: bis 18 Uhr); Okt: Di–So 10–16 Uhr; Nov, Dez: Sa, So 10–15 Uhr; Jan–März: Mo–Sa 10–15 Uhr.
krivoklat.cz

Burg Křivoklát wurde ebenso wie Burg Karlstein von Josef Mocker restauriert. Einst war die Burg eine Jagdhütte der Přemysliden-Fürsten und Sitz des Betreuers der königlichen Jagdhunde.

König Wenzel I. ließ im 13. Jahrhundert auf dem Areal eine Burg errichten, die bis ins 17. Jahrhundert hinein zum Besitz der böhmischen Könige und der Habsburgerkaiser gehörte.

Karl IV. verbrachte einen Teil seiner Kindheit hier. Nachdem er 1334 mit Blanche de Valois, seiner ersten Gemahlin, aus Frankreich zurückgekehrt war, gebar diese ihm in der Burg die Tochter Margarete. Zur Unterhaltung von Frau und Tochter ließ er in einem Waldgebiet nahe dem Schloss Nachtigallen aussetzen. Noch heute gibt es einen Nachtigallenweg.

Der Palas liegt an der Ostseite der fast dreieckigen Burg, die an dieser Seite vom 42 Meter hohen Großen Turm überragt wird. Man kann hier noch Reste des alten Baus sehen. Der heutige datiert aus der Regierungszeit von Vladislav Jagiello. Die gotische Gewölbehalle im ersten Stock erinnert an den Vladislav-Saal im Königspalast der Prager Burg *(siehe S. 106f)*. Sehenswert sind ein Erkerfenster, die schöne Loggia für die Wachen und die Kapelle mit gotischem Altar.

Unter der Kapelle liegt das Augusta-Verlies. Es ist nach Bischof Jan Augusta benannt, der im 16. Jahrhundert hier einsaß. Das frühere Gefängnis beherbergt heute eine schaurige Sammlung von Folterinstrumenten.

❺ Kutná Hora

70 km östl. von Prag. 📞 32 75 12 378 (Information). 🚆 von Hlavní nádraží, nach Kutná Hora, dann Bus 1 bis Kutná Hora-Mĕsto. 🚌 von Florenc. **Dom St. Barbara** ⭕ Mai – Sep: tägl. 9 – 17.30 Uhr (Mo bis 16 Uhr); Okt – Apr: tägl.10 – 16 Uhr. **Welscher Hof** ⭕ März, Okt: tägl. 10 – 17 Uhr; Apr – Sep: tägl. 9 – 18 Uhr; Nov – Feb: tägl. 10 – 16 Uhr. **Hrádek** ⭕ Apr, Okt: Di – So 9 – 17 Uhr; Mai, Juni, Sep: Di – So 9 – 18 Uhr; Juli, Aug: Di – So 10 – 18 Uhr. **Steinernes Haus** ⭕ wie Hrádek. 🌐 kutnahora.cz

Der Ort, dessen Altstadt zum UNESCO-Welterbe zählt, war Mitte des 13. Jahrhunderts eine kleine Bergarbeitersiedlung. Als man reiche Silbervorkommen entdeckte, übernahm der König die Verwaltung der Minen. Kutná Hora (Kuttenberg) entwickelte sich in der Folge zur zweitwichtigsten Stadt Böhmens.

Im 14. Jahrhundert wurden bis zu sechs Tonnen Silber im Jahr gefördert. Das machte den böhmischen König zum reichsten Herrscher Mitteleuropas. Der Prager *Groschen*, der in Europa zirkulierte, wurde im Welschen Hof (Vlašský dvůr) geprägt, der auch Italienischer Hof hieß, weil hier Spezialisten aus Florenz beschäftigt waren. Im späten 14. Jahrhundert wurde aus der befestigten Anlage eine Königsresidenz mit der Kapelle des hl. Wenzel und des hl. Ladislaus, unter der die königliche Schatzkammer lag.

Als im 16. Jahrhundert die Silbervorkommen zur Neige gingen, verlor auch die Stadt an Bedeutung. Die Minen wurden 1727 geschlossen. Der Welsche Hof wurde später zur Stadthalle, in deren Untergeschoss noch einige Schmieden zu sehen sind. Seit 1947 beherbergt die alte Festung Hrádek ein Bergbaumuseum, dessen Besichtigung auch eine mittelalterliche Mine einschließt. Das Steinerne Haus (Kamenný dům), ein restauriertes gotisches Gebäude (spätes 15. Jh.), ist heute Museum.

Im Südwesten erhebt sich der Dom St. Barbara. Die Heilige ist Schutzpatronin der Bergarbeiter. Der Bau wurde 1380 von Peter Parler begonnen, der auch die Arbeiten am Veitsdom (siehe S. 102 – 105) leitete. Der Chor (1499) besitzt ein Sterngewölbe. Das spätere Deckengewölbe des Langschiffs stammt vom königlichen Architekten Benedikt Ried. Wandgemälde zeigen das Leben der Bergarbeiter. Die Kirche ist mit den drei zeltartigen Türmen über einem Wald aus Strebebogen ein imposantes Beispiel der böhmischen Gotik.

Der Welsche Hof in Kutná Hora

Im Ortsteil Sedlec (Sedletz) liegt im Untergeschoss der Allerheiligenkapelle des Friedhofs ein Ossarium mit 40000 menschlichen Knochen. Um die 10000 Gebeine wurden vom Leuchter bis zum Altar künstlerisch verarbeitet.

❻ Karlsbad
Karlovy Vary

140 km westl. von Prag. 📞 77 33 78 559. 🚆 von Hlavní nádraží. 🚌 von Florenc. ℹ️ Husovo náměstí 2 (35 53 21 171). 🌐 karlovyvary.cz

Der Sage nach entdeckte Karl IV. *(siehe S. 26f)* das Mineralwasser, das die Stadt berühmt machte, als einer seiner Jagdhunde in eine heiße Quelle fiel. 1522 erschien eine medizinische Abhandlung über die Quellen. Ende des 16. Jahrhunderts gab es bereits über 200 Kurhotels. Die bekannteste der zwölf Mineralquellen *(vary)*, und mit 72 °C auch die heißeste, ist der zwölf Meter hoch steigende Karlsbader Sprudel (Vřídlo). Das Wasser unterstützt die Verdauung – man muss es allerdings nicht trinken. Die Mineralien können auch in Form von Salzen eingenommen wer-

Die drei zeltartigen Türme des Doms St. Barbara in Kutná Hora

den. Bekannt ist die Stadt zudem für ihr Porzellan und Kristall sowie für ihre Sommerkonzerte und das internationale Filmfestival Anfang Juli.

Unter den historischen Bauten ist die Barockkirche Maria Magdalena (1732 – 36) von Kilian Ignaz Dientzenhofer hervorzuheben. Neueren Datums sind die russisch-orthodoxe (1896) und die anglikanische Kirche (1877).

Die Mühlbrunnenkolonnade (Mlýnská kolonáda) aus dem 19. Jahrhundert ist ein Werk Josef Zíteks, der auch das Nationaltheater in Prag *(siehe S. 156f)* schuf.

❼ Marienbad
Mariánské Lázně

170 km westl. von Prag. 🚆 von Hlavní nádraží. 🚌 von Florenc.
ℹ️ Hlavní 47 (35 46 22 474).
🌐 marianskelazne.cz

Bronzeskulptur am »Hirschsprung« (Jeleni skok), mit Blick auf das Sanatorium von Karlsbad

Die Eleganz der Hotels und Gartenanlagen Marienbads ist heute geringer als um 1900, als Könige und Prinzessinnen hier weilten. Die Heilquellen in der Umgebung – *lázně* bedeutet Heilbad – sind schon seit dem 16. Jahrhundert bekannt. Das Kurbad entstand allerdings erst Anfang des 19. Jahrhunderts. Das Wasser soll alle möglichen Leiden lindern. Beliebt sind Moorbäder.

Die meisten Kureinrichtungen datieren aus der zweiten Hälfte des 19. Jahrhunderts. Die Große Kolonnade aus Gusseisen mit den Wandbildern von Josef Vyletál ist immer noch beeindruckend. Davor erhebt sich der Singende Brunnen mit computergesteuerter Fontäne. Es gibt Kirchen verschiedener Konfessionen, eine evangelische (1857), eine anglikanische (1879) sowie die russisch-orthodoxe St.-Wladimir-Kirche (1902). Die Geschichte des Kurbads zeigt das Haus »Zur goldenen Traube« (U zlatého hroznu), in dem sich 1823 auch Johann Wolfgang von Goethe aufhielt. Im Lauf des 19. Jahrhunderts ließen sich hier die Komponisten Weber, Wagner und Bruckner sowie die Schriftsteller Ibsen, Gogol, Twain und Kipling behandeln. König Edward VII. von England war ebenfalls oft zu Gast. Er eröffnete hier auch den ersten Golfplatz in Böhmen.

Die gusseiserne Kolonnade von 1889 in Marienbad

DIE STADTTEILE PRAGS | **173**

Spaziergänge

Die »Goldene Stadt« ist für schöne Spaziergänge hervorragend geeignet. In der Innenstadt gibt es mehrere Fußgängerzonen. Die meisten Sehenswürdigkeiten liegen dicht beieinander *(siehe S. 16f)*.

Im Folgenden stellen wir Ihnen vier Routen vor. Die erste führt durch die Innenstadt, vom Pulvertor am Rand des alten Stadtkerns über die Karlsbrücke bis zum Veitsdom und zur Prager Burg. Dies war jahrhundertelang der Krönungsweg, den die böhmischen Könige entlangschritten. Außerhalb des Zentrums führen der zweite und dritte Spaziergang durch zwei der schönsten Parkanlagen Prags: durch den Petřín-Park und den Baumgarten (Stromovka). Der Petřín-Park bietet eine großartige Aussicht auf die Stadt. Der Baumgarten liegt außerhalb der Innenstadt im ehemaligen königlichen Jagdgehege. Der letzte der vier Spaziergänge führt durch die Festung Vyšehrad, eine alte Burganlage mit geschichtsträchtiger Atmosphäre. Der Vyšehrad bietet zudem eine einzigartige Aussicht auf die Moldau und die Prager Burg.

Spaziergänge auf einen Blick

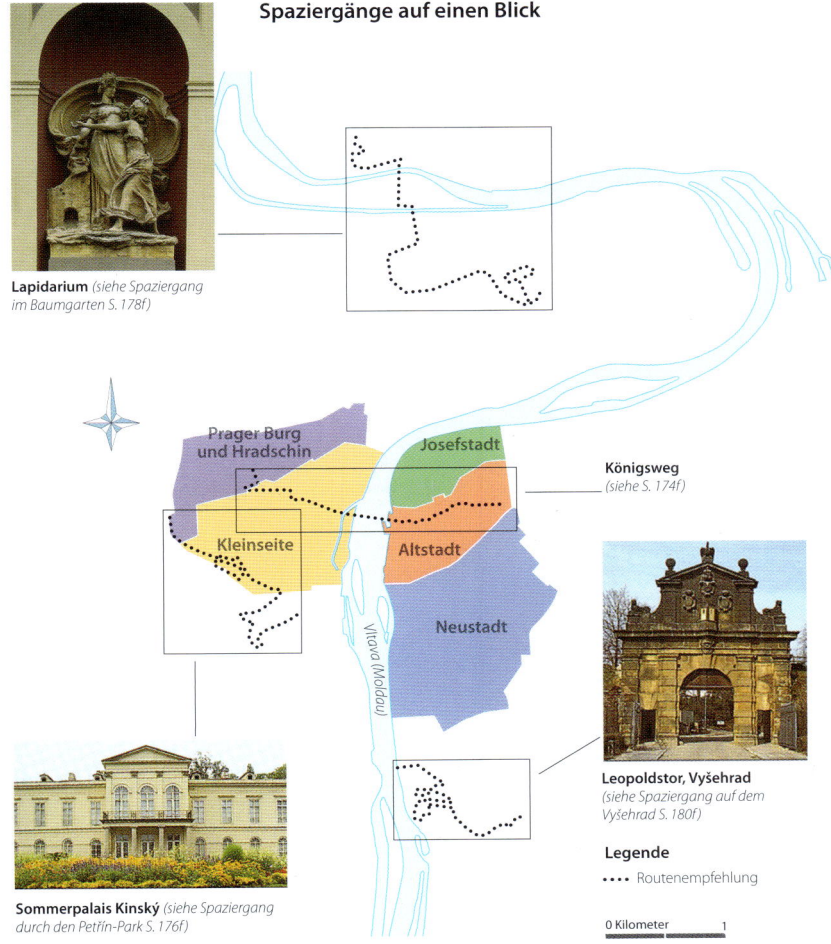

Lapidarium *(siehe Spaziergang im Baumgarten S. 178f)*

Königsweg *(siehe S. 174f)*

Leopoldstor, Vyšehrad *(siehe Spaziergang auf dem Vyšehrad S. 180f)*

Sommerpalais Kinský *(siehe Spaziergang durch den Petřín-Park S. 176f)*

Legende
•••• Routenempfehlung

0 Kilometer 1

◀ **Blick auf den gut besuchten Altstädter Ring** *(siehe S. 68–71)*

Spaziergang auf dem Königsweg (1:30 Std.)

Der Königsweg verband ursprünglich zwei königliche Residenzen: den königlichen Hof nahe dem Rathaus, wo dieser Spaziergang beginnt, und die Prager Burg an dessen Ende. Die Krönungsprozessionen der böhmischen Könige und Königinnen gaben dem Weg seinen Namen. Heute gibt es in den angrenzenden Straßen eine Vielzahl historisch interessanter Gebäude, Läden und Cafés, die diesen Spaziergang zu einem der schönsten durch Prag machen. Weitere Einzelheiten über Altstadt, Hradschin und Kleinseite finden Sie auf den Seiten 62 – 81, 96 –121 und 122 –141.

Sgraffiti zieren die Fassade des Renaissance-Hauses U Minuty

Geschichte der Krönungsprozession

Die erste wichtige Krönungsprozession entlang dem Weg war diejenige von Georg von Poděbrady *(siehe S. 28)* im Jahr 1458. Der nächste Prunkzug fand 1743 statt, als Maria Theresia mit Pomp gekrönt wurde. Dazu wurden drei türkische Pavillons vor dem Pulvertor errichtet. Im September 1791 wurde Leopold II. gekrönt. Angeführt wurde die Prozession von der Kavallerie, gefolgt von Trommlern, Trompetern, Soldaten und den böhmischen Fürsten – sowie rund 80 Kutschen mit Adligen und Bischöfen. Die prachtvollsten Kutschen (die der Hofdamen) wurden von zwölf Pferden gezogen, begleitet von Dienern in roten Mänteln und Lederhosen. Die letzte große Krönungsprozession (1836 für Ferdinand V.) begleiteten 3391 Pferde und vier Kamele.

Vom Pulvertor zum Altstädter Ring

Vom Náměstí Republiky geht man zum Gemeindehaus *(siehe S. 66)* und von dort weiter zum gotischen Pulvertor *(siehe S. 66)* ①. Hier wurden der König, die kirchlichen Würdenträger, die Aristokraten und die ausländischen Botschafter von den Repräsentanten der Stadt empfangen. Durchs Stadttor kommt man auf eine der ältesten Straßen Prags, die Zeltnergasse *(siehe S. 67)*, in der die jüdische Gemeinde und die Zünfte den König begrüßten.

Die Straße säumen Häuser mit Barock- und Rokoko-Fassaden, teilweise mit Hauszeichen. Haus Nr. 36 ② war die Münze. Hier wurde von 1420 bis 1784 Geld geprägt, da katholische Truppen in den Hussiten-Kriegen *(siehe S. 28f)* die königliche Münze von Kutná Hora *(siehe S. 170)* eingenommen hatten. Das Haus »Zur Schwarzen Madonna« ③ beherbergt eine sehenswerte Ausstellung mit Werken tschechischer Kubisten *(siehe S. 67)*. Von den Gasthäusern »Zur Spinne« ④ und »Zum Geier« ⑤ aus konnte man seinerzeit die Krönungsprozessionen gut beobachten.

③ »Zur Schwarzen Madonna«

⑪ Barockfassade des Hauses »Zur goldenen Quelle« in der Karlsgasse

Die Zeltnergasse führt auf den Altstädter Ring ⑥ *(siehe S. 68–71)*, wo die Prozession an der Teynkirche ⑦ *(siehe S. 72)* zum Stehen kam und die Loyalitätsbekundungen der Universität entgegennahm. Links, am Haus »Zum Einhorn« (Nr. 20) ⑧ vorbei, befand sich Bedřich Smetanas 1848 gegründete Musikschule. Am Altstädter Rathaus *(siehe S. 74–76)* ⑨ wartete die Stadtwache mit einer Musikkapelle auf die königliche Prozession. Hier jubelten die Würdenträger der Stadt dem Herrscher zu.

Entlang der Karlsgasse und der Karlsbrücke

Der Weg führte dann – vorbei am reich verzierten Renaissance-Haus U Minuty – auf den Malé náměstí ⑩, wo Kauf- und Ordensleute die Prozession erwarteten. Gehen Sie nun rechts durch die von Galerien gesäumte Karlsgasse. Jenseits der Husova-Straße kommen Sie an schönen Barockhaus »Zur goldenen Quelle« ⑪ vorbei und weiter zum Klementinum aus dem 16. Jahrhundert *(siehe S. 81)*. Hier stand früher der Klerus. Als seinerzeit Leopold III. zum Kreuzherrenplatz *(siehe S. 81)* kam, klarte der Himmel auf, was als gutes Omen gedeutet wurde. Doch Leopold starb schon kurze Zeit später. Durch den Altstädter Brückenturm ⑫ und über die Karlsbrücke ⑬ geht es dann zum Kleinseitner Turm ⑭ *(siehe S. 136–139)*.

Kleinseite

Der Weg folgt nun der Mostecká-Straße. Hier übergab der Bürgermeister dem König die Stadtschlüssel. Dazu feuerte die Artillerie Salut. Die Mostecká-Straße mündet in den Kleinseitner Ring ⑮ *(siehe S. 124f)* mit der Nikolauskirche ⑯ *(siehe S. 128f)*, deren Geläut den Zug begleitete.

Biegen Sie in die Nerudagasse ⑰ *(siehe S. 130)* ein. Der Schriftsteller Jan Neruda, der Hunderte von Kleinseitner Charakteren in den *Kleinseitner Geschichten* verewigte, wuchs hier auf. Er arbeitete im Haus »Zu den zwei Sonnen« (Nr. 47) ⑱. Am Ende der Gasse kommt man rechts zur Burganlage. Der Weg endet am Matthiastor ⑲ *(siehe S. 50)* – die Krönungsprozession im Veitsdom.

Dekorativer Hausschmuck in der Zeltnergasse

Die Krönungsprozession überquert den Kreuzherrenplatz

Legende

••• Routenempfehlung
— Burgmauer

0 Meter   300

Routeninfos

Start: Náměstí Republiky.
Länge: 2,4 km.
Anfahrt: Linie B zur Metro-Station Náměstí Republiky. Vom Hradschin aus kommt man mit der Tram 22 wieder in die Stadt zurück.
Rasten: Sie können im Sommer in den Cafés am Altstädter Ring oder in der Karlsgasse eine Kaffeepause an den Tischen im Freien einlegen. Auch auf dem Malostranské náměstí und in der Nerudagasse gibt es zahlreiche Cafés, Kneipen und Restaurants.

Zeichenerklärung *siehe hintere Umschlagklappe*

Spaziergang durch den Petřín-Park (2 Std.)

Der besondere Reiz eines Spaziergangs durch den großen, beschaulichen Park liegt darin, dass er fantastische Ausblicke auf Prag eröffnet. Kleinseite, Hradschin und Altstadt stellen sich, von oben betrachtet, ganz anders dar. Unzählige Wege durchziehen den Park mit seinen Bäumen, Parkschlösschen, Pavillons und Statuen und führen Sie immer wieder zu abgeschiedenen interessanten Plätzen (mehr Infos über den Petřín *siehe S. 140f*).

⑤ Eines der Tore der Hungermauer

③ Innenraum von St. Michael

Vom Kinský-Platz zur Hungermauer

Der Spaziergang beginnt am Náměstí Kinských in Smíchov. Durch ein großes Tor betritt man den Kinský-Park, der 1827 im englischen Stil angelegt und nach der wohlhabenden Kinský-Familie benannt wurde, Förderer der tschechischen Kunst im 19. Jahrhundert.

Gehen Sie über den breiten Weg linker Hand zum Sommerpalais Kinský ①. Jindřich Koch entwarf es 1830 im klassizistischen Stil. Die Fassade zeigt ionische Säulen, die in einem dreieckigen Tympanon enden. Innen befindet sich eine große Säulenhalle mit einem reich geschmückten Treppenhaus. Das Ethnografische Museum präsentiert hier eine Dauerausstellung mit Volkskunst. Unweit des Museums erinnert eine Statue an die Schauspielerin Hana Kvapilová.

50 Meter oberhalb des Palais liegt der untere See ② mit einem kleinen Wasserfall. Gehen Sie weiter den Hügel hinauf zur ganz aus Holz errichteten Kirche St. Michael ③ aus dem 18. Jahrhundert, die aus der Ukraine hierhergebracht wurde.

Folgen Sie dem Weg weitere 20 Meter nach oben, dann links über eine Treppe zum Panoramaweg mit Ausblick auf die Stadt. Wenn Sie sich hier nach rechts wenden, kommen Sie zum kleinen oberen See ④, in dessen Mitte ein Seehund aus Bronze thront. Der Panoramaweg führt weiter zu einem neugotischen Tor in den aus der Barockzeit stammenden Teilen der Stadtmauer.

Sonnenanbeter auf dem Petřín

Von der Hungermauer bis zum Aussichtsturm

Der Panoramaweg bringt Sie zur Hungermauer ⑤ *(siehe S. 140)*, die Teil der alten Kleinseitner Befestigungsanlagen ist. Die Mauer zieht sich von der Újezd-Straße über den Petřín (Laurenziberg) hinauf zum Kloster Strahov. Das Tor in der Mauer bildet den Zugang zum Petřín-Park. Der breite Weg links unterhalb der Mauer führt Sie den Hügel hinauf und zur Brücke über die Standseilbahn *(siehe S. 141)*. Rechter Hand liegt das Restaurant Nebozízek *(siehe S. 201)*, das wegen des schönen Ausblicks sehr beliebt ist.

Links und rechts des Wegs befinden sich kleine Sandsteingebilde. Es sind meist Zugänge zu Wasserreservoirs, die im 18. und 19. Jahrhundert für die Wasserversorgung des Klosters Strahov angelegt wurden. Andere zeugen von der erfolglosen Suche nach Bodenschätzen. Auf dem Weg zum Gipfel sehen Sie rechts das Spiegellabyrinth ⑥ *(siehe S. 140)* und ihm gegenüber die St.-Laurentius-Kirche (12. Jh.) ⑦ *(siehe S. 140)*, die 1740 im Barockstil erneuert wurde. Etwas weiter überrascht der Anblick des Aussichtsturms (Mini-Eiffelturm).

Vom Aussichtsturm zum Kloster Strahov

Der Aussichtsturms (Mini-Eiffelturm) ⑧ *(siehe S. 140)*, eine 60 Meter hohe Eisenkonstruktion wurde dem Eiffelturm in Paris nachempfunden. Ihm gegenüber öffnet sich das Haupttor der Hungermauer. Gehen Sie hindurch, und folgen Sie dem Weg links, der Sie in den Rosengarten ⑨ bringt.

Den Garten ließ die Stadt Prag 1932 mit einer Reihe von Skulpturen anlegen. Am unteren Ende des Gartens erreichen Sie die Štefánik-Sternwarte *(siehe S. 140)*. Die Tschechische Astronomische Gesellschaft ließ 1928 ein altes Stadthaus umbauen, das 1970 modernisiert wurde und nun ein riesiges Teleskop beherbergt. In den Abendstunden ist es öffentlich zugänglich.

Gehen Sie zum Aussichtsturm zurück, und folgen Sie der Mauer links, vorbei an einigen Stationskapellen eines Kalvarienbergs von 1834. Schlüpfen Sie durch einen Durchlass in der Hungermauer, und gehen Sie rechts an einem reizenden Barockhaus vorbei weiter. Nach etwa 50 Metern kommt man rechter Hand wieder durch die Mauer. Linker Hand erstreckt sich ein riesiger Obstgarten oberhalb von Kloster Strahov ⑩ *(siehe S. 120f)*, der Ihnen einen herrlichen Blick auf Prag beschert. Durch das gleiche Loch in der Mauer, dann allerdings nach rechts, geht es zum Kloster hinunter. Tram 22 bringt Sie in die Stadt zurück. Wenn Sie nicht zu müde sind, können Sie auch zurück spazieren.

⑦ Sgraffito-Fassade der Kalvarienbergkapelle bei der St.-Laurentius-Kirche

Legende
••• Route
— Hungermauer

Routeninfos

Start: Náměstí Kinských in Smíchov.
Länge: 2,7 km, inklusive steiler Auf- und Abstiege.
Anfahrt: Die dem Ausgangspunkt am nächsten gelegene Metro-Station ist Anděl. Die Tramlinien 6, 9, 12 und 20 fahren alle zum Kinský-Platz (Náměstí Kinských).
Rasten: Das Restaurant Nebozízek liegt auf halbem Weg den Petřín hinauf. Im Sommer haben auch die kleinen Cafés am Aussichtsturm geöffnet.

Blick vom Petřín (Laurenziberg) auf Hradschin und Kleinseite

Zeichenerklärung siehe hintere Umschlagklappe

Spaziergang im Baumgarten (1:30 Std.)

Der Baumgarten (Stromovka) ist einer der größten Parks in Prag. Er entstand 1266, in der Regierungszeit von Přemysl Ottokar II., der das Gelände umzäunen und darauf ein kleines Jagdschloss errichten ließ. 1804 wurde die Anlage öffentlich zugänglich und entwickelte sich zu Prags beliebtestem Freizeitgelände. Der große Park des Schlosses Troja und der Zoo liegen auf der anderen Flussseite.

⑥ Büste, Akademie der schönen Künste

Ausstellungsgelände (Výstaviště)

Durch ein Tor gelangen Sie von U Výstaviště ① auf das alte Ausstellungsgelände, das 1891 für die Jubiläumsausstellung angelegt wurde. Seither wird es für Messen und als Vergnügungspark genutzt.

Rechts steht das Lapidarium des Nationalmuseums ②. Der Neorenaissance-Pavillon wurde 1907 im Jugendstil umgestaltet und mit Reliefs verziert, die Figuren der tschechischen Geschichte zeigen. Hier sind architektonische Denkmäler und Skulpturen aus dem 11. bis 19. Jahrhundert ausgestellt.

② **Das Lapidarium im Jugendstil**

Geradeaus erhebt sich der Industriepalast ③, ein riesiges Neorenaissance-Gebäude. Er ist nur zu Konzerten und anderen Veranstaltungen geöffnet. 2008 wurde der Bau bei einem Brand teilweise beschädigt.

Rechts am Palast vorbei gelangen Sie zum Křižík-Brunnen ④ von František Křižík (1847–1941), der die Straßenbeleuchtung in Prag einführte. 1991 wurde der Brunnen anlässlich der Tschechoslowakei-Ausstellung restauriert. Im Sommer gibt es eine computergesteuerte Beleuchtung, die auf die Musikuntermalung abgestimmt ist *(siehe S. 53)*.

Hinter dem Brunnen liegt ein ganzjähriger Rummelplatz. Links vom Industriepalast steht das

⑩ **Das hübsche Sommerpalais war einst ein Jagdschloss**

Legende

••• Routenempfehlung
═══ Eisenbahn

runde Gebäude des Marold-Panoramas ⑤. Das Gemälde von Luděk Marold (1898) zeigt die Schlacht bei Lipany.

Auf dem Rückweg zum Eingang des Ausstellungsgeländes passieren Sie die Akademie der schönen Künste ⑥, die mit 18 Büsten von Künstlern geschmückt ist. Wenn Sie das Gelände verlassen haben, wenden Sie sich rechts. Links von Ihnen liegt nun das Planetarium ⑦ mit interessanten interaktiven Ausstellungen. Gehen Sie geradeaus weiter den Abhang hinunter, ehe Sie links in eine Kastanienallee einbiegen.

⑭ Fassade von Schloss Troja *(siehe S. 166f)*

Baumgarten (Stromovka)

Nach einer Weile sehen Sie zwischen den Bäumen links ein einfaches Haus, welches hinter dem Rudolf-Stollen ⑧ liegt, der unter Rudolf II. *(siehe S. 30f)* errichtet wurde. Der über 1000 Meter lange Aquädukt (mit viel Graffiti) wurde 1584 in den Fels gehauen, um das Moldauwasser in Rudolfs künstliche Seen im Königsgarten leiten zu können.

Gehen Sie auf dem Weg weiter zur verlassenen Königlichen Halle ⑨. Sie wurde Ende des 17. Jahrhunderts errichtet, später in ein Restaurant umgewandelt und 1855 im neogotischen Stil umgebaut.

Dahinter, bei der Abbiegung auf den Hauptweg, nehmen Sie den steilen linken Weg durch den Wald zum einstigen Jagdschloss ⑩. Das mittelalterliche Gebäude wurde für die böhmischen Könige errichtet, die den Park als Jagdrevier nutzten. Später wurde es erweitert. 1805 baute Jiří Fischer es zu einem neogotischen Sommerpalais um. Bis 1918 war dies die Residenz des böhmischen Regenten. Heute ist hier das umfangreiche Zeitungs- und Zeitschriftenarchiv des Nationalmuseums untergebracht.

Gehen Sie nun zurück zum Hauptweg und bei der ersten Abzweigung rechts in einen französischen Formgarten aus dem späten 16. Jahrhundert ⑪.

Auf dem Hauptweg gehen Sie rechts weiter. An der Gabelung nehmen Sie den Weg rechts vom Bahngleis. Nach kurzer Zeit unterqueren Sie das Gleis und kommen zu einem Kanal ⑫. Gehen Sie über die Brücke und nach links am Kanal entlang. Dann überqueren Sie rechts die Insel.

Jenseits der Moldau ⑬ biegen Sie nach links in die Povltavská-Straße ein. Die Mauer gehört bereits zum Garten von Schloss Troja. Durch den Südeingang des Gartens gelangen Sie zum Schloss Troja ⑭ *(siehe S. 166f)*.

Routeninfos

Start: U Výstaviště in Holešovice.
Länge: 5 km. Der Spaziergang führt einen sehr steilen Weg zum früheren Jagdschloss hinauf.
Anfahrt: Die Trams 5, 12, 14, 15 und 17 fahren zum Ausgangspunkt. Die nächsten Metro-Stationen sind Vltavská und Nádraží Holešovice der Linie C (10 Min. zu Fuß). Am Ende des Spaziergangs nehmen Sie den Bus 112 zur Metro-Station Nádraží Holešovice.
Rasten: Auf dem Ausstellungsgelände selbst gibt es mehrere Restaurants und Imbissstände. Unterwegs kann man an beschaulichen Plätzen Rast einlegen. Wenn Sie Lust auf eine Fahrt auf der Moldau haben: Boote fahren häufig von der Brücke über den Kanal zur Palacký-Brücke *(siehe S. 57)*.

⑦ Prager Planetarium, das größte der Tschechischen Republik

Zeichenerklärung siehe hintere Umschlagklappe

Spaziergang auf dem Vyšehrad (1 Std.)

Der Sage nach war der Vyšehrad die erste Residenz der tschechischen Könige. Hier soll die Fürstin Libuše die glorreiche Zukunft der Stadt Prag vorhergesehen haben *(siehe S. 22f)*. Die Archäologie enthüllte allerdings, dass es auf dem Vyšehrad erst im 10. Jahrhundert eine Burg gab. Diese hatte eine turbulente Geschichte und wurde oft neu aufgebaut. Heute ist der Vyšehrad eine Oase der Ruhe mit schönem Park und grandioser Aussicht auf Prag und die Moldau. Der Friedhof ist die letzte Ruhestätte vieler tschechischer Schriftsteller, Schauspieler, Maler und Musiker.

⑤ Skulptur am barocken Leopoldstor

⑩ Die Ruinen des Bads der Libuše an der Steilseite des Vyšehrad

V pevnosti

Von der Metro-Station Vyšehrad ① führt ein Ausgang zum Kongresszentrum ②. Gehen Sie die Treppe hinauf und dann geradeaus. Rechts von Ihnen liegt die Prager Burg. Gehen Sie den Hang hinunter und geradeaus in die Straße Na Bučance. Überqueren Sie sie, und gehen Sie rechts zur V pevnosti, von wo aus Sie die Backsteinmauer der alten Zitadelle des Vyšehrad sehen. Vor Ihnen öffnet sich das westliche Burgtor, das Mitte des 17. Jahrhunderts erbaute Tábor-Tor ③. Dahinter liegen rechts die Ruinen der Wehranlagen (14. Jh.), erbaut unter Karl IV. Passieren Sie die Ruinen des gotischen Špička-Tors ④. Sie gelangen zum Leopoldstor ⑤, einem imposanten Teil der Festung (17. Jh.). Es grenzt an die Backsteinmauern, die 1742, während der französischen Besatzung, erweitert wurden ⑥.

Von der K rotundě zur Soběslavova

Gehen Sie hinter dem Tor nach rechts und anschließend nach der St.-Martins-Rotunde nach links zur K rotundě. Hinter den hohen Mauern liegt linker Hand versteckt das Neue Dekanat ⑦. Zwischen K rotundě und der Soběslavova-Straße befindet sich die alte Dechanei ⑧. Gehen Sie anschließend links die Soběslavova-Straße hinunter zur Ausgrabungsstätte der Basilika St. Laurentius ⑨, die Vratislav II. gegen Ende des 11. Jahrhunderts erbauen ließ. Sie wurde 1420 von Hussiten

Der Kupferstich I. G. Ringles zeigt Vyšehrad und Moldau im 18. Jahrhundert

Legende

• • • Routenempfehlung
— Burgmauer

0 Meter 200

(siehe S. 28f) zerstört. Rechter Hand der Basilika haben Sie vom Befestigungswall aus eine großartige Aussicht auf Prag.

Der Fels Vyšehrad

Der bewaldete Felsen, auf dem die Burg erbaut wurde, fällt im Westen steil zum Fluss hin ab – eine ideale Lage, um sich zu verteidigen. Ganz oben auf dem Fels ruhen die gotischen Ruinen des sogenannten Bads der Libuše ⑩, ein Wehrposten des mittelalterlichen Forts. Auf dem Rasenstück weiter links wurden die Überreste eines gotischen Palas ⑪ aus dem 14. Jahrhundert gefunden.

⑭ Grabmal des Komponisten Antonín Dvořák auf dem Vyšehrad-Friedhof

Vyšehrad-Park

Der westliche Teil des Vyšehrad wurde als Park gestaltet. Südlich der Kirche St. Peter und Paul erinnern vier Skulpturengruppen ⑫ des Bildhauers Josef Myslbek aus dem 19. Jahrhundert an Persönlichkeiten aus der frühen tschechischen Geschichte, etwa an die legendären Gestalten Přemysl und Libuše (siehe S. 22f). Einst schmückten sie die Palacký-Brücke, wurden jedoch während der amerikanischen Bombardierungen 1945 beschädigt. Nach ihrer Restaurierung zogen sie in den Park um. Früher stand hier ein romanischer Palas, den eine Brücke mit der nahen Kirche verband. Ein weiterer Palas entstand unter Karl IV. (siehe S. 26f).

St. Peter und Paul

Die Kirche ⑬ überragt mit ihren Zwillingstürmen die gesamte Burganlage. Sie wurde Ende des 11. Jahrhunderts von Fürst Vratislav II. erbaut und 1129 erweitert. Im 13. Jahrhundert brannte sie nieder.

An ihrer Stelle entstand eine gotische Kirche, die vielfach umgestaltet und 1885 im neogotischen Stil neu errichtet wurde. Die Zwillingstürme kamen 1902 hinzu. Beachtenswert sind ein Sarkophag aus dem frühen 12. Jahrhundert, vermutlich die Grabstätte des hl. Longinus, sowie das gotische Tafelbild Regenmadonna (Mitte 14. Jh.) in der dritten Kapelle rechts.

Vyšehrad-Friedhof und Pantheon

Rechts der Kirche führt ein Tor zum Friedhof ⑭, der 1869 angelegt wurde, um großen tschechischen Persönlichkeiten, etwa dem Komponisten Bedřich Smetana (siehe S. 81) oder dem Bildhauer Josef Myslbek, eine letzte Ruhestätte zu bieten. Myslbek liegt im 1890 erbauten Pantheon (Slavín) an der Ostseite des Friedhofs, das bedeutenden Persönlichkeiten vorbehalten ist.

Vom Tor neben der Kirche gehen Sie zurück zur K rotunde. Die Teufelssäule ⑮ links soll der Teufel zurückgelassen haben, nachdem er eine Wette mit einem Priester verloren hatte. Die Straße führt zur kleinen romanischen St.-Martins-Rotunde ⑯ (siehe S. 46), die Ende des 11. Jahrhunderts errichtet und 1878 restauriert wurde.

Gehen Sie links den Hügel hinab zum Ziegeltor (Chotek-Tor) ⑰ von 1841. Es beherbergt ein kleines Museum mit sechs Originalstatuen der Karlsbrücke. Gehen Sie dann die Vratislavova-Straße hinunter zur Tramhaltestelle Výtoň am Ufer der Moldau.

Routeninfos

Start: Metro-Station Vyšehrad, Linie C.
Länge: 1,5 km.
Anfahrt: Der Spaziergang beginnt an der Metro-Station Vyšehrad und endet bei der Tramhaltestelle Výtoň (Linien 3, 7, 17 und 21 zum Stadtzentrum).
Rasten: Der Park vor St. Peter und Paul eignet sich zum Ausruhen. Gegenüber der Basilika St. Laurentius gibt es ein Café. Weitere öffnen im Sommer.

⑫ Přemysl und Fürstin Libuše, Skulptur von Josef Myslbek im Vyšehrad-Park

Zeichenerklärung siehe hintere Umschlagklappe

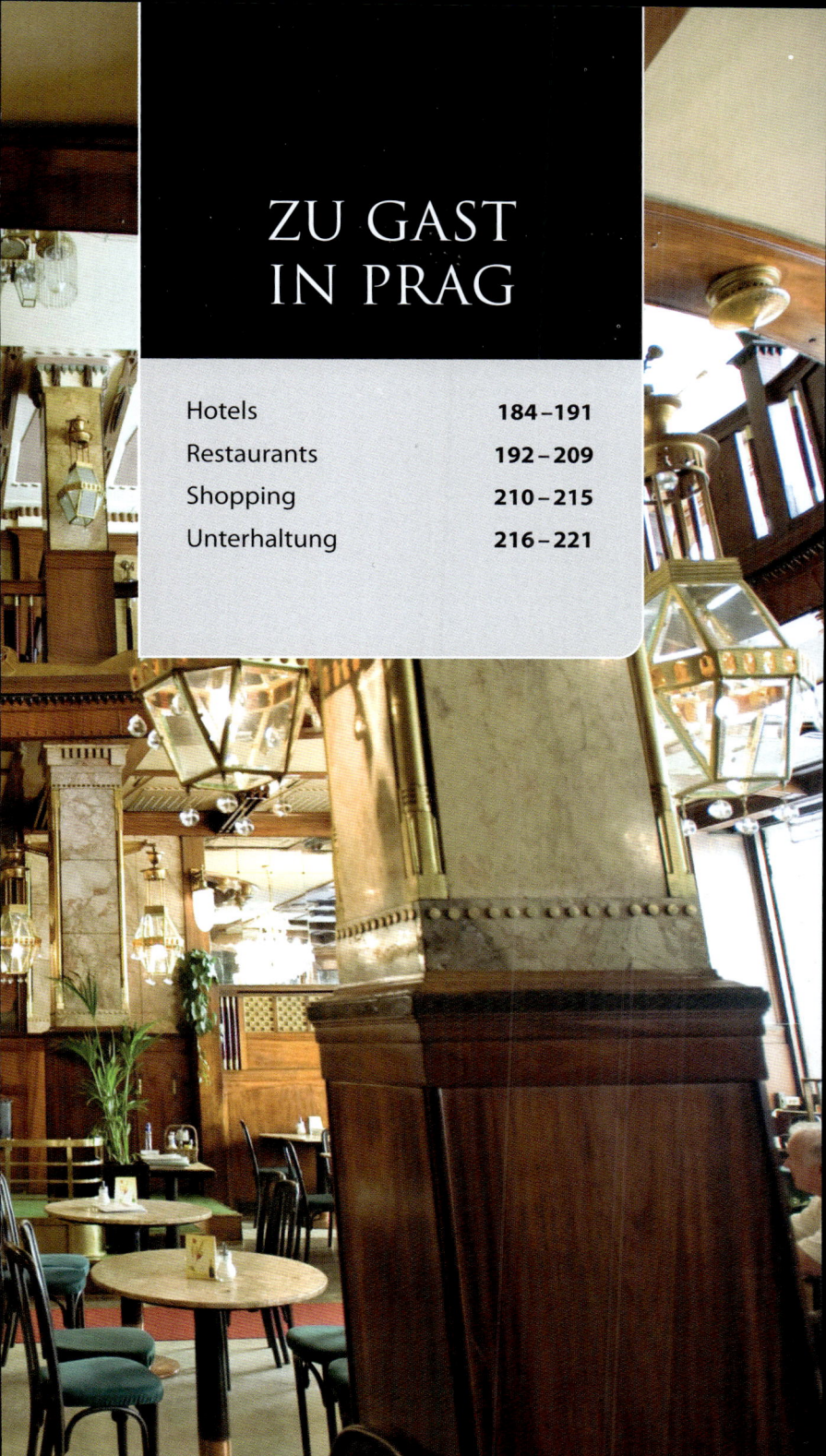

ZU GAST IN PRAG

Hotels	**184–191**
Restaurants	**192–209**
Shopping	**210–215**
Unterhaltung	**216–221**

Hotels

Seit der Samtenen Revolution 1989 gehört Prag zu den meistbesuchten Städten Europas. Etliche neue Hotels sind zum Teil mit ausländischem Kapital gebaut worden. Viele alte Hotels wurden renoviert. Heute ist Prag dem Besucheransturm gewachsen. Der Standard der Unterkünfte ist ausgesprochen gut. Das bedeutet allerdings, dass die Kosten für eine Übernachtung so hoch sein können wie in westeuropäischen Metropolen. Doch es gibt auch eine große Zahl von Häusern mittlerer Preisklasse. Einige davon sind sogar im Zentrum angesiedelt und bieten Designausstattung und exzellenten Service. Preiswerte Hotels im Zentrum sind oft noch altmodisch, preiswerte Pensionen findet man eher in den Vororten. Besonders günstig ist es, eine kleine Privatwohnung oder ein Zimmer zu mieten. Man kann sie meist bei einer Agentur buchen *(siehe S. 186)*. Zudem bieten Herbergen und Campingplätze Unterkünfte für den kleinen Geldbeutel *(siehe S. 187)*.

Hotel Ungelt *(siehe S. 189)*

Hotelsuche

Da Prag relativ klein ist, sucht man sich am besten ein Hotel im Zentrum, nahe den Sehenswürdigkeiten, Läden und Restaurants. Die meisten Hotels liegen um den Wenzelsplatz, mitten in der Stadt also, was sich natürlich in den Preisen niederschlägt. Beliebt ist auch die Gegend um den Náměstí Republiky sowie das Areal um den Altstädter Ring, in Gehweite zur Karlsbrücke. Hier finden Sie internationale, alte tschechische und kleinere, exklusive Hotels.

Im Süden der Neustadt, nur wenige Metro-Stationen vom Altstädter Ring entfernt, gibt es preisgünstigere Hotels. Doch ist die Gegend weniger angenehm und äußerst verkehrsreich. Hotels in der Josefstadt bieten einen Blick über die Moldau. Sie sind meist modern, aber auch teuer. Weiter entfernt vom Stadtzentrum liegen am Flussufer einige »schwimmende Hotels«, sogenannte Botels – eine Option für preisbewusste Reisende und eine ungewöhnliche Unterkunft.

Oberhalb der Karlsbrücke gibt es auf der Kleinseite einige interessante kleine Hotels in wunderschöner Lage, einige auch nahe der Prager Burg (Hradschin). Weiter im Norden dieser Gegend befinden sich mehrere große, wenig reizvolle Hotels.

Zwei Viertel in Zentrumsnähe, Vinohrady und Anděl, kann man ebenfalls in Betracht ziehen. Qualitätsunterkünfte und viele Restaurants machen diese Stadtteile interessant.

Auch in den Vorstädten finden Sie diverse Hotelbauten. Einige der Häuser wurden neu errichtet. Sie bieten zwar Komfort, sind aber meist ebenso teuer wie die Hotels im Zentrum. Zudem müssen Sie mit langen Fahrzeiten rechnen sowie mit zusätzlichen Fahrtkosten – die Metro fährt nur bis Mitternacht, und Taxis können recht teuer werden.

Parken ist in Prag schwierig. Falls Sie per Auto in der Stadt sind, sollten Sie sicherstellen, dass Ihr Hotel einen Parkplatz hat. Oft ist man da mit einem Hotel etwas außerhalb besser beraten.

Reservierung

Ein Hotel im Voraus zu buchen, ist kein Problem: telefonisch, brieflich, online und per Fax

Interieur des Riverside Praha *(siehe S. 190)*

◀ **Das berühmte Café im Hotel Europa** *(siehe S. 147)*

(wobei es bei Online-Buchungen oft die besten Angebote gibt). Achten Sie darauf, eine schriftliche Buchungsbestätigung (Brief, E-Mail oder Fax) zu erhalten. Viele Hotelangestellte sprechen Englisch, die älteren häufig auch Deutsch.

Wenn Sie Ihre Unterkunft lieber über ein Reisebüro buchen, wenden Sie sich an die auf Prag spezialisierten Unternehmen *(siehe S. 187)*.

Ausstattung

Die meisten Hotels in Prag verfügen inzwischen über Zimmer mit Dusche, Bad oder WC sowie Internet-Anschluss, Telefon und Fernseher (auch mit Satellitenprogrammen). Viele Hotels bieten zudem einen günstigen Reinigungsservice an, die großen auch einen 24-Stunden-Zimmerservice sowie Minibars.

Es wird erwartet, dass Sie Ihr Zimmer bei der Abreise bis Mittag verlassen haben. Sollten Sie später abreisen, bewahren viele Hotels Ihr Gepäck gern noch länger auf.

In den Hotels wird fast immer Englisch und Deutsch gesprochen, sodass Sie kaum Kommunikationsschwierigkeiten haben dürften.

Preisnachlässe

Die Hotelpreise in Prag sind flexibel. Günstigere Angebote gibt es bei vielen Hotels für Online-Buchungen oder an den Wochenenden. Zu beliebten Reisezeiten, etwa an Weihnachten, Neujahr und Ostern wie auch im Sommer, sind Zimmer oft teurer. Vor allem sind dann viele Hotels schon ausgebucht.

Versteckte Preisaufschläge

Der Zimmerpreis beinhaltet normalerweise eine Steuer (derzeit 20 Prozent) und eine Service-Pauschale. Klären Sie die Details jedoch stets im Voraus.

Wenn Sie vom Zimmer aus telefonieren, zahlen Sie meist hohe Aufschläge. In der Stadt gibt es zwar noch einige Telefonzellen für Telefon- oder Kreditkarten – praktischer sind natürlich Mobiltelefone *(siehe S. 232)*. Bei teureren Hotels ist das Frühstück oft nicht im Preis eingeschlossen, bei anderen Hotels ist es dagegen inklusive. Für warme Speisen müssen Sie extra zahlen. Oft gibt es Frühstücksbüfetts. Trinkgelder werden mittlerweile überall erwartet.

Das Hotel Paříž steht unter Denkmalschutz *(siehe S. 191)*

Dominierend – das moderne Hilton Prague Hotel *(siehe S. 191)*

Wie in den meisten Ländern gibt es keine Vergünstigungen für Alleinreisende. Einzelzimmer sind eher rar, vor allem in den neueren Hotels. Wenn Sie als Single ein Doppelzimmer nehmen, müssen Sie etwa 70 bis 80 Prozent des Zimmerpreises zahlen.

Behinderte Reisende

Die meisten der neueren Prager Hotels sind rollstuhlgerecht *(siehe S. 226)*. Informationen über weitere Möglichkeiten für Behinderte erteilen **Accessible Prague** oder die Botschaft der Tschechischen Republik Ihres Landes.

Mit Kindern reisen

Mit Kindern bekommen Sie meist ein Mehrbettzimmer, oder man stellt ein Extrabett in Ihr Zimmer. Babysitter-Service gibt es eher in hochpreisigen Hotels sowie in kleinen Gasthöfen. In vielen Hotelrestaurants sind Hochstühle für Kinder mittlerweile üblich. Fragen Sie unbedingt nach Vergünstigungen. Vielleicht können die Kinder kostenlos im Zimmer der Eltern übernachten.

Pension in einer ruhigen Straße in historischer Umgebung

Privatzimmer und -wohnungen

In den letzten Jahren stieg die Anzahl der Privatzimmer in Prag enorm an. Sie sind preiswert und beliebt, liegen aber oft nicht im Stadtzentrum. Pro Person und Nacht kosten sie ab etwa 1000 Kč, meist inklusive Frühstück. Wohnungen, in denen man sich selbst versorgt, kosten für zwei Personen etwa 2000 Kč pro Nacht. Es gibt viele Agenturen, die solche Unterkünfte vermitteln (siehe S. 187).

Wenn Sie ein Zimmer oder Apartment mieten wollen, sollten Sie genau angeben, wie teuer und wo es sein soll. Bevor Sie ein Angebot der Agentur akzeptieren, erkundigen Sie sich nach der Gegend und der nächsten Metro-Station. Sollten Sie selbst in Prag sein, sehen Sie sich das Zimmer oder die Wohnung vorher an. Lassen Sie sich jede Buchung schriftlich bestätigen.

Meist bezahlen Sie nach Ihrer Ankunft bei der Agentur in bar. Manchmal bezahlen Sie jedoch auch direkt den Vermieter. Verlangt die Agentur die Bezahlung im Voraus über die Bank, dann gehen Sie mit einer entsprechenden Quittung direkt zu Ihrer Unterkunft. Die Agenturen können eine Gebühr für die Vermittlung erheben, die in den meisten Fällen vor Ort zu zahlen ist.

Jugendherbergen

Viele Prager Hostels, die billige Betten anbieten, sind ganzjährig geöffnet. Hilfreich sind verschiedene Websites: www.hostel.cz, www.hostels.com, www.bed.cz, www.jugendherberge-prag.cz oder auch www.hostelworld.com/hostels/Prague.

Viele Jugendherbergen haben eine Sperrstunde – ab einer bestimmten Uhrzeit am Abend wird man nicht mehr eingelassen. Fragen Sie bei der Reservierung nach. Die meisten Herbergen bieten Bettbezüge und Decken an, sodass man keinen Schlafsack mitbringen muss.

Herbergen außerhalb der Innenstadt sind meist günstiger. Auch wenn man die Transportkosten hinzurechnet, bleibt unter dem Strich weniger. Viele Häuser in Zentrumsnähe kosten so viel wie ein billiges Hotel.

Wenn Sie zwischen Juni und Mitte September, den Semesterferien der Prager Karlsuniversität, in der Stadt sind, können Sie in den schlichten Studentenzimmern nächtigen – das Richtige für alle mit niedrigem Reisebudget (Tel: 22 49 30 010). Die Unterkünfte sind unterschiedlich, einige liegen im Stadtzentrum, andere in den Vororten. Sie haben jedoch alle gute Verkehrsanbindungen. Viele Kollegs haben ähnliche Angebote wie die Universitäten.

Camping

Die meisten Campingplätze in und um Prag sind von November bis April geschlossen. Sie sind preisgünstig und verkehrstechnisch gut angebunden. Der größte Platz ist **Camp Dana Trója**, drei Kilometer nördlich des Zentrums. **Aritma Džbán**, vier Kilometer westlich, ist ganzjährig geöffnet. **Intercamp Hostel Kotva** liegt sechs Kilometer südlich der Stadt an der Moldau.

Pensionen

Die tschechischen Pensionen oder Gästehäuser sind recht preisgünstig. Sie bieten meist Standardzimmer mit Bad, inklusive Frühstück. Wenn Sie mit dem Auto nach Prag fahren, sehen Sie schon die entsprechenden Schilder (mit dem Wort »Pension« in Grün). Pensionen findet man meist außerhalb des Prager Stadtzentrums. Sie sind deshalb eher für Urlauber mit Auto geeignet.

Luxushotels

Prag besitzt viele Hotels der Luxusklasse, einschließlich Häuser internationaler Hotelketten wie Four Seasons, Hilton, Intercontinental und Radisson Blu. Die Etablissements sind für ihren Service und ihre Annehmlichkeiten bekannt.

Die Portiers edlerer Hotels können Gästen bei der Besorgung von Theaterkarten oder bei Restaurantbuchungen behilflich sein. Pförtner haben Be-

Hoteleingang in einer Straße auf der Kleinseite

HOTELS | 187

ziehungen und können gute Plätze bei Veranstaltungen arrangieren bzw. doch noch einen Tisch in einem der Prager Edelrestaurants für Sie ergattern. Hotelportiers sind auch ansprechbar für Reisebuchungen oder Sightseeing-Tipps, für Service-Belange vor Ort oder im Notfall. Ein hilfsbereiter Portier sollte ein entsprechendes Trinkgeld erhalten.

Hotelkategorien

Die Hotelauswahl *(siehe S. 188–191)* dieses Reiseführers ist in die Kategorien Luxus, Boutique/Design und Hotels mit Charakter aufgeteilt. Zusätzlich gibt es noch die Kategorien Privatwohnungen und Preiswert für preisbewusste Besucher. Viele liegen in touristischen Arealen, doch auch Hotels außerhalb wurden aufgenommen, wenn sie entsprechende Angebote haben. Alle bieten ein bisschen mehr als nur ein Bett für die Nacht. Die Vis-à-Vis-Tipps listen besondere Häuser auf – Hotels mit schönen Zimmern, historischem Flair, überdurchschnittlichem Service, grandiosem Ausblick, einem tollen Spa, familiärer Atmosphäre – oder einer Kombination aus allem.

Auf einen Blick

Behinderte Reisende

Accessible Prague
Moravanů 51, Praha 6.
608 531 753.
w accessible prague.com

Botschaften

Botschaften der Tschechischen Republik
In Deutschland:
Wilhelmstr. 44,
10117 Berlin.
(030) 22 6380.
w mzv.cz/berlin

In Österreich:
Penzinger Str. 11–13,
1140 Wien.
(0043) 1 89 95 81 11.
w mzv.cz/vienna

In der Schweiz:
Muristrasse 53,
3006 Bern.
(031) 350 40 70.
w mzv.cz/bern

Agenturen

Begegnung mit Böhmen
Dechbetterner Str. 47b,
93049 Regenburg.
(0941) 95 88 59 28.
w boehmen-reisen.de

Čedok
Parkring 10, 1010 Wien.
(0043) 1 51 24 372.
w cedok.com

ČSA Holidays
V Čelnici 5.
Stadtplan 4 D3.
22 01 04 704.
w holidayscsa.cz

Dertour
DER Touristik Frankfurt GmbH & Co. KG,
Emil-von-Behring-Str. 6,
60439 Frankfurt am Main.
(069) 95 88 59 28.
w dertour.de

Tschechische Zentrale für Tourismus
Kennedyallee 93,
60596 Frankfurt am Main.
(069) 21 99 85 87.
Wilhelmstraße 44,
10117 Berlin.
(030) 204 47 70.
w czechtourism.com
w tschechien-reisen.de

Privatzimmer und -wohnungen

Akasi
Jungmannovo náměstí
771/9. **Stadtplan** 3 C5.
22 22 43 067.

American Express Business Travel Centre
Na Příkopě 19.
Stadtplan 3 C4.
22 28 00 100.
w american express.cz

Apartmentplan.cz
U Demartinky 1347/3.
60 66 88 970
w apartmentplan.cz

Autoturist
Na Strži 1837/9.
26 11 04 401.

AVE Ltd
Pod Barvířkou 6.
25 15 51 011.
w praguehotel locator.com

Čedok
Na Příkopě 18.
Stadtplan 4 D4.
22 14 47 242.
w cedok.com

Estec
Vaníčkova 5, Praha 6.
23 31 07 511.
w praha-hotel-operator.cz

hotel.cz
Žitná 52.
Stadtplan 6 D2.
22 25 39 539.
w hotel.cz

PCA (Prague City Apartments)
Divadelní 24.
800 800 722.
w praguecity-apartments.cz

Prager Informationsdienst (PIS)
Staroměstské náměstí 1.
Stadtplan 3 B3.
22 17 14 444.
Rytířská 31.
Stadtplan 3 C4.
Hlavní nádraží (Hauptbahnhof).
Stadtplan 4 E5.
w praguewelcome.cz/de

Prague City Apartments
Karoliny Svetle 4, Praha 1.
22 49 90 990.
w prague-city-apartments.cz

Reiseagentur České Dráhy (ČD Travel)
Na Příkopě 31.
Stadtplan 3 C4.
97 22 43 053.
w cdtravel.cz

Hostels

Hostel Jednota
Opletalova 38.
Stadtplan 4 D5.
22 42 30 038.
w alfatourist.cz

Hostel Orange
Václavské náměstí 20.
Stadtplan 3 C5.
22 25 39 539.
w hotel.cz

Little Quarter Hostel
Nerudova ulice 21.
Stadtplan 2 D3.
25 72 12 029.
w littlequarter.com/de

Little Town
Malostranské náměstí
11/260. **Stadtplan** 2 E3.
24 24 06 964.
w littletownhotel.cz

Miss Sophie's
Melounová 3.
Stadtplan 6 D2.
29 63 03 530.
w miss-sophies.com

Traveller's Hostel
Dlouhá 33. **Stadtplan**
3 C3. 22 48 26 662.
w travellers.cz

Camping

Aritma Džbán
Nad Lávkou 5, Praha 6.
23 53 58 554.
w campdzban.eu

Camp Dana Troja
Trojská 129, Troja.
28 38 50 482.
w campdana.cz

Intercamp Hostel Kotva
U ledáren 55,
Braník, Praha 4.
24 44 61 712.
w kotvacamp.cz

Stadtplan *siehe Seiten 244–255*

Hotelauswahl

Ferienwohnungen

Kleinseite

Hunger Wall Residence Ⓚ
Plaská 615/8, Praha 5
☏ 25 74 04 040   SP 2 E5   K E7
🌐 prague-rentals.com
Die Apartments mit gutem Service sind hübsch möbliert.

Appia Hotel Residence ⓀⓀ
Šporkova 3/322, Praha 1
☏ 25 72 15 819   SP 2 D3   K C4
🌐 appiaresidencesprague.cz
Das historische Hotel bietet Zimmer für bis zu vier Personen.

Amour Hotel Residence ⓀⓀ
Malostranské náměstí 5, Praha 1
☏ 25 75 35 578   SP 2 E3   K E4
🌐 amourresidencesprague.cz
Die imposanten Apartments haben Küche. Hilfreiches Personal.

Neustadt

Elysee Apartments ⓀⓀ
Václavské náměstí 43, Praha 1
☏ 22 14 55 111   SP 4 D5   K K7
🌐 elyseeapartmentsprague.cz
Die kompakten Apartments sind gut eingerichtet. Parkplätze.

Abstecher

Prague Classic Rental Ⓚ
Záhřebská 37, Praha 2
☏ 22 25 16 466
🌐 pragueclassicrental.cz
Die acht Gebäude mit unterschiedlichen Wohnungen eignen sich für Langzeitaufenthalte.

Boutique/Design

Altstadt

Barcelo ⓀⓀ
Celetná 29, Praha 1
☏ 22 23 37 111   SP 4 D3   K J4
🌐 barcelo.com
Die Zimmer mit Klimaanlage und kostenlosem WLAN liegen in einem restaurierten Haus (17. Jh.).

Prager Burg und Hradschin

Domus Henrici ⓀⓀ
Loretánská 11, Praha 1
☏ 22 05 11 369   SP 1 C3   K B4
🌐 domus-henrici.cz
Das historische Haus bietet preiswerte moderne Zimmer.

Hotel Hoffmeister ⓀⓀ
Pod Bruskou 7, Praha 1
☏ 25 10 17 111   SP 2 F2   K F2
🌐 hoffmeister.cz
Das Hoffmeister besitzt luftige Zimmer, eine hübsche Umgebung und ein exzellentes Spa.

Kleinseite

Domus Balthasar ⓀⓀ
Mostecká 5, Praha 1
☏ 25 71 99 499   SP 2 E3   K E4
🌐 domus-balthasar.cz
Die hellen einladenden Zimmer kombinieren Design mit Tradition.

Neustadt

Hotel Pav ⓀⓀ
Kremencova 13, Praha 1
☏ 22 15 02 111   SP 5 B1   K H8
🌐 hotel-pav.cz
Die Zimmer sind elegant möbliert, der Service ist sehr gut. Kostenloses WLAN.

Hotel Sovereign ⓀⓀ
Politických vězňů 16, Praha 1
☏ 22 11 11 000   SP 4 D5   K K6
🌐 sovereignhotel.cz
Die Zimmer in dem angenehmen Hotel sind relativ unprätentiös. Es gibt Sauna, Dampfbad und Fitness-Center.

Preiskategorien
Die Preise gelten für ein Standard-Doppelzimmer pro Nacht (Hochsaison), inklusive Steuern und Service.
Ⓚ   unter 3000 Kč
ⓀⓀ   3000 – 6000 Kč
ⓀⓀⓀ   über 6000 Kč

Majestic Plaza ⓀⓀ
Štěpánská 33, Praha 1
☏ 22 14 86 100   SP 5 C1   K J7
🌐 hotel-majestic.cz
In dem beliebten Hotel gibt es Art-déco- und Biedermeier-Zimmer. Vom siebten Stock hat man eine grandiose Aussicht.

Maria Prague ⓀⓀ
Opletalova 21, Praha 1
☏ 22 22 11 229   SP 4 E5   K L6
🌐 falkensteiner.com
Die Zimmer sind klassisch-innovativ eingerichtet. Im Keller gibt es einen Wellness-Bereich.

Metropol ⓀⓀ
Národní 33, Praha 1
☏ 24 60 22 100   SP 3 B5   K H6
🌐 metropolhotel.cz
Das neunstöckige Haus hat viel Glasfassade. Die eher kleinen Zimmer sind komfortabel.

Noir ⓀⓀ
Legerova 35, Praha 2
☏ 22 41 04 111   SP 6 D3   K K10
🌐 hotelnoir.cz
Das Zimmerdesign ist schwarz-weiß. Hübsches Gartencafé.

Abstecher

Ametyst ⓀⓀ
Jana Masaryka 11, Praha 2
☏ 22 29 21 921
🌐 hotelametyst.com
In den Zimmern ist Wall Art zu sehen, die man auch erwerben kann.

Andel's Hotel ⓀⓀ
Stroupežnického 21, Praha 5
☏ 29 68 89 688
🌐 andelshotel.com
Hier gibt es gut eingerichtete Zimmer in modernem Design. Sehr gutes Frühstücksbüfett.

Angelo ⓀⓀ
Radlická 1, Praha 5
☏ 23 48 01 111
🌐 angelohotel.com
Die Zimmer sind ausgesprochen farbenfroh und bieten einen zusätzlichen Arbeitsbereich.

Art Hotel Praha ⓀⓀ
Nad Královskou oborou 53, Praha 7
☏ 23 31 01 331
🌐 arthotel.cz

Charmantes Äußeres des Hotels Hoffmeister nahe der Prager Burg

Hotelkategorien *siehe Seite 187*

In den Zimmern gibt es zeitgenössische Kunst. Lobby und Garten sind beeindruckend.

Mövenpick ⓚⓚ
Mozartova 1, Praha 5
📞 25 71 51 111
🌐 movenpick-prague.com
Nehmen Sie den Fahrstuhl zum Hotelrestaurant, und genießen Sie die Aussicht. Große Zimmer.

Red and Blue Design Hotel ⓚⓚ
Holečkova 13, Praha 5
📞 22 09 90 100
🌐 redandbluehotels.com
Die gut geschnittenen Zimmer des Hotels sind in Blau oder Rot eingerichtet.

Preiswert
Altstadt
Černý Slon ⓚ
Týnská 1, Praha 1
📞 22 23 21 521 SP 3 C3 K J4
🌐 hotelcernyslon.cz
Angenehmes historisches Haus. Die individuell eingerichteten Zimmer bieten eine schöne Sicht.

Prague Square Hostel ⓚ
Melantrichova 10, Praha 1
📞 22 42 40 859 SP 3 B4 K H5
🌐 praguesquarehostel.com
Das saubere Hostel serviert kostenloses Frühstück. Hervorragende Lage, freundliches Personal.

U Červené Židle ⓚ
Liliová 4, Praha 1
📞 29 61 80 018 SP 3 B4 K G5
🌐 redchairhotel.com
Die modernen, geräumigen Zimmer verstrahlen Charme. Schöne Lobby und exzellenter Service.

Modrá Růže ⓚⓚ
Rytířská 403/16, Praha 1
📞 22 44 04 100 SP 3 C4 K J5
🌐 hotelmodraruze.cz
Die Zimmer sind einfach, einige Dachzimmer bieten Aussicht.

U Medvídků ⓚⓚ
Na Perštýně 7, Praha 1
📞 22 42 11 916 SP 3 B5 K H6
🌐 umedvidku.cz
Das mit einer Brauerei verbundene Hotel besitzt charmante Zimmer mit gotischen Dachsparren und Renaissance-Deckenbildern.

Ungelt ⓚⓚ
Štupartská 646/7, Praha 1
📞 22 27 45 900 SP 3 C3 K J4
🌐 ungelt.cz
Hier stehen Apartments und geräumige Suiten mit allen Annehmlichkeiten zur Verfügung.

Mosaikfassade des Mosaic House

Josefstadt
Travellers' Hostel ⓚ
Dlouhá 33, Praha 1
📞 22 48 26 662 SP 3 C2 K J3
🌐 travellers.cz
Die beliebte Pension mit Hostel ist ein guter Ort, um andere Reisende zu treffen. In der Nähe verschiedener Kneipen und Clubs.

Kleinseite
Little Town Hotel ⓚ
Malostranské náměstí 11, Praha 1
📞 24 24 06 964 SP 2 E3 K E4
🌐 littletownhotel.cz
Einfach, aber modern – preiswerte Option für die Kleinseite.

Pension Dientzenhofer ⓚ
Nosticova 2, Praha 1
📞 25 73 11 319 SP 2 E4 K E5
🌐 dientzenhofer.cz
Die bekannte Pension bietet große Zimmer mit etwas abgewohntem Charme. Im Garten sieht man auf die Moldau.

Dům u Velké Boty ⓚⓚ
Vlašská 30/333, Praha 1
📞 25 75 32 088 SP 2 D3 K C4
🌐 dumuvelkeboty.cz
Anheimelnde Zimmer und freundliche Besitzer machen den Aufenthalt angenehm.

Hotel Kampa ⓚⓚ
Všehrdova 16, Praha 1
📞 25 74 04 444 SP 2 E5 K E6
🌐 praguekampahotel.com
Versteckt im Kampa-Park finden Sie in diesem Hotel Zimmer mit historischem Touch.

Neustadt
Jerome House ⓚ
V jirchařích 13, Praha 1
📞 22 49 33 207 SP 5 B1 K H7
🌐 hoteljeromehouse.cz
Die Zimmer sind einfach, doch die Lage des Jerome House ist hervorragend.

Vis-à-Vis-Tipp
Mosaic House ⓚ
Odborů 4, Praha 2
📞 22 15 95 350 SP 5 B1 K H8
🌐 mosaichouse.cz
Das umweltbewusste Hotel bietet Übernachtungsmöglichkeiten von Schläfsälen bis zu Vier-Sterne-Zimmern. Die beliebte Bar und das Restaurant sowie das freundliche Personal ziehen Urlauber jeden Alters an.

Pension Museum ⓚ
Mezibranská 15, Praha 1
📞 29 63 25 186 SP 6 D1 K K8
🌐 pension-museum.cz
Die großen Zimmer sind einfach, aber geschmackvoll eingerichtet. Extras: Kühlschrank im Zimmer und köstliches Frühstück.

987 Prague Hotel ⓚⓚ
Senovážné náměstí 15, Praha 1
📞 25 57 37 200 SP 4 E4 K L5
🌐 987-praguehotel.com
Das preiswerte Haus bietet hübsche Zimmer und Suiten.

Abstecher
Anna ⓚ
Budečská 17, Praha 2
📞 22 25 13 111
🌐 hotelanna.cz
Das günstige Hotel hat Zimmer im Jugendstil. Besonders hübsch ist der Frühstücksraum. Angenehm ruhige Lage.

Czech Inn ⓚ
Francouzská 76, Praha 2
📞 26 72 67 612
🌐 czech-inn.com
Das hippe Hostel bietet auch Zimmer sowie eine Bar und viele Veranstaltungen.

Dahlia Inn ⓚ
Lipová 1444/20, Praha 2
📞 22 25 17 518
🌐 dahliainn.com
Die Zimmer des kleinen Hotels sind charmant und komfortabel. Freundliches Personal.

Diplomat ⓚ
Evropská 15, Praha 6
📞 29 65 59 111
🌐 diplomathotel.cz
Das Hotel in Flughafennähe besitzt zwei Restaurants und ein Café.

Plaza Alta ⓚ
Ortenovo nám. 22, Praha 7
📞 22 04 07 082
🌐 plazahotelalta.com
Das Öko-Hotel punktet mit seinem mexikanischen Restaurant.

SP = **Stadtplan** *siehe Seiten 244 – 255* **K** = **Karte** *Extrakarte zum Herausnehmen*

Hotels mit Charakter

Altstadt

Hotel Aurus
Karlova 3, Praha 1
22 22 20 262   SP 3 A4   K H5
hoteltaurus.cz
Das kleine familienfreundliche Hotel ist altes Prag. Die individuellen Zimmer haben Antikmöbel.

U Zlatého Stromu
Karlova 6, Praha 1
22 22 20 441   SP 3 A4   K G5
zlatystrom.com
Das Haus ist 18. Jahrhundert – die hübschen Zimmer sind jedoch modern eingerichtet.

Unitas
Bartolomějská 9, Praha 1
22 42 30 533   SP 3 B5   K H6
unitas.cz
Das einstige Kloser bietet riesige Zimmer mit tollen Bädern.

Vis-à-Vis-Tipp

Hotel Josef
Rybná 20, Praha 1
22 17 00 111   SP 3 C3   K J3
hoteljosef.com
Weiße Wände und viel Glas – das Designhotel bietet grandiosen Service und ein interessantes Ambiente. Zwei Gebäude sind durch einen Hof verbunden und weisen viel Design auf. Die Lobby ist ein Schmuckstück. Von hier aus können Sie gut zu einer morgendlichen Joggingrunde aufbrechen.

Josefstadt

Maximilian
Haštalská 14, Praha 1
22 53 03 118   SP 3 C2   K J3
maximilianhotel.com
Das Designhotel weist gedeckte Farben und Art-déco-Elemente auf. Exzellent: das Frühstück.

Prager Burg und Hradschin

Lindner Hotel Prague Castle
Strahovská 128, Praha 1
22 60 80 000   SP 1 B4   K A5
lindner.de/en/hotel_prague_castle
Den einstigen Stall hinter der Burg muss man gesehen haben.

Kleinseite

Charles Hotel
Josefská 1, Praha 1
21 11 51 300   SP 2 E3   K E4
hotel-charles.cz

Geräumiges, einladendes Bad im U Zlaté Studně

Das Hotel mit hübschen historischen Zimmern liegt unweit der Karlsbrücke.

Vis-à-Vis-Tipp

Icon
V jámě 6, Praha 1
22 16 34 100   SP 5 C1   K J7
iconhotel.eu
Das schicke Hotel mit professionellem Personal und sehr schönen Zimmern bietet eine ansprechende Lage. Pluspunkte sind Spa, Lounge und Bar. Die Zimmern haben iPod-Anschlüsse. Frühstück gibt es den ganzen Tag über.

Palace Road Hotel
Nerudova 7, Praha 1
25 75 31 941   SP 2 D3   K D4
palaceroad.com
Das gut gelegene Hotel bietet individuell eingerichte Zimmer in mehreren Gebäuden.

Sax
Jánský vršek 328/3, Praha 1
25 75 31 268   SP 2 D3   K D4
hotelsax.cz
Das farbenfrohe Haus im Dekor der 1950er, 1960er und 1970er Jahre ist witzig. Einfache, aber hübsche Zimmer.

Vis-à-Vis-Tipp

U Zlaté Studně
Zlaté studně 166/4, Praha 1
25 70 11 213   SP 2 E2   K E3
goldenwell.cz
Der »Goldene Brunnen« bei der Prager Brug liegt im Gassengewirr der Kleinseite und bietet hübsche Zimmer mit Aussicht. Das Hotelrestaurant gehört zu den Top-Adressen in Prag.

Augustine Hotel
Letenská 12/33, Praha 1
26 61 12 233   SP 2 F3   K E4
theaugustine.com
Das frühere Kloster mit Kellerbrauerei hat kubistische Zimmer.

Neustadt

Vis-à-Vis-Tipp

Fusion
Panská 9, Praha 1
22 62 22 800   SP 4 D4   K K5
fusionhotels.com
Das Haus im schicken Industriedesign bietet Zimmer mit zeitgenössischem Flair. Es gibt flexible Zwei- und Mehrbettzimmer sowie Räume mit Stockbetten. Das Personal garantiert einen vergnüglichen Aufenthalt. Bar und Restaurant.

Hotel Yasmin
Politických vězňů 12, Praha 1
23 41 00 100   SP 4 D5   K K6
hotel-yasmin.cz
Das Yasmin beim Wenzelsplatz weist komfortable Zimmer mit modernem Dekor auf.

Abstecher

U Blaženky
U Blaženky 1, Praha 5
25 15 64 532
ublazenky.cz
Die erfreuliche Wohlfühl-Villa hat eine wundervolle Umgebung sowie aufmerksames Personal.

Moods
Klimentská 28, Praha 1
420 222 330 100
hotelmoods.com
An den Zimmerwänden ist eine tschechische Kindergeschichte abgebildet, die Lobby besitzt eine Mooswand. In dem witzigangenehmen Haus gibt es den ganzen Tag über Frühstück.

Riverside Praha
Janáčkovo nábřeží 15, Praha 5
22 59 94 611
mamaison.com
Das historische Hotel hat eine Märchenfassade und liegt einzigartig am Ufer der Moldau. Die intelligent eingerichteten Zimmer wirken elegant und haben moderne Annehmlichkeiten.

Hotelkategorien *siehe Seite 187*   **Preiskategorien** *siehe Seite 188*

HOTELS MIT CHARAKTER, LUXUS | 191

Luxus

Altstadt

Grand Hotel Praha ⓚⓚ
Staroměstské náměstí 22, Praha 1
☎ 22 16 32 556   SP 3 C3   K H4
🌐 grandhotelpraha.cz
Die Zimmer des Barockpalais gegenüber der Astronomischen Uhr sind mit Wandbildern und Antikmöbeln ausgestattet.

Ventana ⓚⓚ
Celetná 7, Praha 1
☎ 22 17 76 600   SP 3 C3   K J4
🌐 ventana-hotel.net
Die riesigen Zimmer und Suiten bieten Jugendstil-Luxus und faszinierende Sicht auf die Altstadt.

Hotel Paříž ⓚⓚⓚ
U Obecního domu 1, Praha 1
☎ 22 21 95 195   SP 4 D2   K K4
🌐 hotel-paris.cz
Schöne Zimmer mit luxuriöser Ausstattung – nicht zu vergessen: der pompöse Treppenaufgang.

Pachtuv Palace ⓚⓚⓚ
Karolíny Světlé 34, Praha 1
☎ 23 47 05 111   SP 3 A4   K G6
🌐 mamaison.com/pachtuvpalace
Fresken, Kapellendecken und architektonische Schmuckdetails sind Kennzeichen dieses Palais.

Josefstadt

Four Seasons ⓚⓚⓚ
Veleslavínova 2a/1098, Praha 1
☎ 22 14 27 000   SP 3 A3   K G4
🌐 fourseasons.com
Das Hotel in bestechender Lage am Moldau-Ufer bietet den bekannten Four-Seasons-Luxus.

Intercontinental ⓚⓚⓚ
Pařížská 30, Praha 1
☎ 29 66 31 111   SP 3 B2   K H3
🌐 icprague.com
Komfortable Zimmer, mehrere Restaurants – das Intercontinental gehört zur Luxusklasse.

President ⓚⓚⓚ
Náměstí Curieových 100, Praha 1
☎ 23 46 14 111   SP 3 B2   K H3
🌐 hotelpresident.cz
Das Haus hat grandiose Zimmer und ein bekanntes Restaurant.

Prager Burg und Hradschin

Savoy ⓚⓚ
Keplerova 6, Praha 1
☎ 22 43 02 430   SP 1 B3   K A4
🌐 goldentulipsavoyprague.com
Der Glanz des Hotels ist etwas verblichen, doch das Hotel ist immer noch angenehm. Minibar im Zimmer.

Kleinseite

Alchymist ⓚⓚⓚ
Tržiště 19, Praha 1
☎ 25 72 86 011   SP 2 D3   K D4
🌐 alchymisthotel.com
Die ganz unterschiedlichen Zimmer sind üppig möbliert. Das Spa zählt zu den Attraktionen.

Aria ⓚⓚⓚ
Tržiště 9, Praha 1
☎ 22 53 34 111   SP 2 E3   K D4
🌐 ariahotel.net
Das Dekor der Zimmer ist einem Musikstil oder einem berühmten Komponisten, etwa Mozart oder Puccini, gewidmet. Gäste genießen Zugang zum Garten der Prager Burg.

Mandarin Oriental ⓚⓚⓚ
Nebovidská 459/1, Praha 1
☎ 23 30 88 888   SP 2 E4   K E5
🌐 mandarinoriental.com
Das Haus integriert Teile eines Klosters, jedes Zimmer ist ganz individuell gestaltet.

Neustadt

Boscolo Prague ⓚⓚⓚ
Senovážné náměstí 13, Praha 1
☎ 22 45 93 111   SP 4 E4   K L5
🌐 prague.boscolohotels.com
Das Hotel beim Hauptbahnhof bietet italienische Opulenz sowie ein beeindruckendes Spa.

Prague Inn ⓚⓚ
28. října 378/15, Praha 1
☎ 22 60 14 444   SP 3 C4   K J6
🌐 hotelpragueinn.cz
Die geräumigen Zimmer sind stilvoll möbliert und weisen Komfortbetten auf.

Vis-à-Vis-Tipp

Radisson Blu Alcron ⓚⓚⓚ
Štěpánská 40, Praha 1
☎ 22 28 20 000   SP 6 D1   K J7
🌐 radissonblu.com/hotel-prague
Das historische Art-déco-Hotel besitzt hohe Decken und Mobiliar der Zeit. Die exzellente Ausstattung geht mit exzellentem Service einher. Das Restaurant wird von einem der besten Küchenchefs geführt, die Lobby besitzt eine Cocktailbar.

Sheraton Prague Charles Square Hotel ⓚⓚⓚ
Žitná 8, Praha 2
☎ 22 59 99 999   SP 5 C1   K J8
🌐 sheratonprague.com
Schicke Lobby, gepflegte Zimmer, elegante Essensoptionen.

Abstecher

Corinthia Hotel Prague ⓚⓚ
Kongresová 1, Praha 4
☎ 26 11 91 111
🌐 corinthia.com
Das Corinthia in der Nähe des Prager Kongresszentrums ist für Geschäftsreisende ideal.

Hilton Prague ⓚⓚ
Pobřežní 1, Praha 8
☎ 22 48 41 111
🌐 hiltonprague.com
Einige der modernen geräumigen Zimmer blicken auf die Moldau. Klassischer Hilton-Service.

Kempinski Hotel Hybernska ⓚⓚⓚ
Hybernská 12, Praha 1
☎ 22 62 26 111
🌐 kempinski-prague.com
Das schön rekonstruierte Haus hat einen traumhaften Garten.

Le Palais ⓚⓚⓚ
U zvonařky 1, Praha 2
☎ 420 234 634 111
🌐 palaishotel.cz
Das Belle-Époque-Haus hat grandiose Zimmer und ein tolles Spa.

Prague Marriott ⓚⓚⓚ
V celnici 8, Praha 1
☎ 420 222 888 888
🌐 marriott.com
Die großen Zimmer sind exzellent ausgestattet. Das Hotelrestaurant ist renommiert.

Elegantes Interieur des Kempinski Hotels Hybernska

SP = Stadtplan *siehe Seiten 244–255*   **K = Karte** *Extrakarte zum Herausnehmen*

Restaurants

Die Prager Restaurants werden, genau wie die touristische Infrastruktur der Stadt, immer besser. Die jahrzehntelange, staatlich gelenkte Gastronomie war zunächst ein Hemmschuh gewesen. Doch der Ansturm der Besucher brachte viele neue, auch Lokale fremder Küchen hervor, die eine immer größere Auswahl an Gerichten anbieten. Die hier vorgestellten Lokale zeugen von diesem Wandel, wenn auch viele – neben der traditionellen tschechischen Küche – nur eine begrenzte Anzahl an internationalen Gerichten offerieren. Die *Restaurantauswahl* auf den Seiten 198 – 205 stellt Lokale aufgrund bestimmter Kriterien wie Lage und Küche vor – nach Stadtteilen geordnet. Informationen zu Bierkneipen, Gasthäusern und Bars gibt es auf Seite 206f. Im Vergleich zu den Preisen in Westeuropa ist das Essen in Prag immer noch preisgünstig.

Tipps zum Essengehen

Das Mittagessen in Prag kann zwischen 11 und 15 Uhr eingenommen werden. Für die meisten Tschechen liegt die Abendessenszeit zwar um 19 Uhr, doch viele Restaurants haben wegen der Touristen bis spätabends geöffnet. Man bekommt zwischen 10 Uhr morgens und 23 Uhr nachts jederzeit etwas zu essen. Üblicherweise kann man bis etwa 30 Minuten vor Restaurantschließung bestellen.

Im Frühjahr und Sommer sind die beliebteren Restaurants in Prag voller Besucher. Um sicherzugehen, dass Sie einen Tisch bekommen, sollten Sie, vor allem in den bekannten Lokalen, zwei bis drei Tage im Voraus reservieren. Obwohl die meisten Restaurants im Stadtzentrum liegen, gibt es auch einige abseits der Touristenpfade, die allemal den Weg dorthin wert sind. Je weiter man sich vom Zentrum entfernt, umso preisgünstiger wird das Essen.

Essensoptionen

Die Bedeutung eines gemütlichen Ambientes und eines kulinarisch inspirierten Essens wird auch in Prags besseren Restaurants langsam erkannt. Die Lokale, die diesem Motto folgen, sind meist die besten.

Die einfachste Möglichkeit, etwas zu essen, sind Würstchenbuden, die tschechische Würste zum Essen vor Ort oder zum Mitnehmen verkaufen. Für eine späte Abendmahlzeit (bis ca. 24 Uhr) bietet sich z. B. eine Snackbar *(bufet)* an. Dort gibt es nicht nur Würste, sondern u. a. auch Pizzas und Kebab.

Größeren Komfort bieten die Cafés *(kavárna)* an den großen Plätzen und Straßen oder die Kaffeehäuser in den ruhigeren Ecken Prags. Sie haben eine reichhaltige Auswahl an Gerichten, angefangen von Sandwiches über kleinere Mahlzeiten bis zu Menüs. Ihre Öffnungszeiten sind unterschiedlich, meist bekommt man aber schon am frühen Morgen ein Frühstück.

Essen in einem hübschen Innenhof

In einigen der edleren Prager Lokale ist Brunch – mit Champagner und Jazz live – angesagt. Der Preis beträgt bis zu 600 Kč, eine gute Gelegenheit für Leute, die qualitatives Essen lieben, aber ihr Budget nicht überstrapazieren wollen.

Restaurants heißen *restaurace* oder *vinárna* (mit Weinausschank). Typisch tschechische Gerichte gibt es in den Bierhallen *(pivnice)* oder Kneipen *(hospoda)*. Der Schwerpunkt liegt hier allerdings auf dem Trinken.

Speisekarte

Beurteilen Sie ein Restaurant nie nach der Übersetzung der Speisekarte – auf dieser finden Sie meist jede Menge Fehler. Viele Restaurants geben noch das Gewicht der Fleischportionen an (ein Relikt aus kommunistischer Zeit).

Zum Hauptgericht müssen Sie Ihre gewünschte Beilage, etwa Kartoffeln, Reis oder Knödel, extra bestellen – außer auf der Speisekarte ist ausdrücklich vermerkt, dass sie enthalten sind. Auch Salat oder andere Beilagen müssen extra bestellt werden *(siehe S. 194f)*.

Speiseraum des La Truffe *(siehe S.199)*

Tische eines Cafés am Altstädter Ring

Vorsicht

In einigen Restaurants und Bars kann es passieren, dass man Ihnen ein Schälchen Nüsse bringt – zum Preis eines Aperitifs oder teurer. Scheuen Sie sich nicht, dem Kellner zu sagen, dass er sie wieder mitnehmen möge. Das Gleiche gilt für Appetizer, die er unaufgefordert an den Tisch bringt.

Auf Ihrer Rechnung werden die zusätzlichen Leistungen aufgelistet. Verschiedene sind berechtigt: Kosten für das Gedeck betragen meist zehn bis 25 Kronen. Auch Milch, Butter, Brot oder Ketchup werden extra berechnet. Die Mehrwertsteuer von 20 Prozent ist oft schon aufgeschlagen.

Etikette

In Snackbars und kleineren Lokalen setzt man sich hin, wo Platz ist. Normal ist, dass sich noch andere Gäste mit an den Tisch setzen, wenn es voll wird. Es gibt keinen Dresscode, doch wenn man edler speisen geht, sollte man sich auch entsprechend anziehen.

Bezahlung und Trinkgeld

Die Preise für ein Menü liegen zwischen 250 und 1100 Kronen oder auch höher – je nach Restauranttyp. In manchen Lokalen nimmt der Kellner Ihre Bestellung auf und lässt das Papier oder einen Durchschlag auf dem Tisch liegen. Wenn Sie zahlen wollen, kommt jemand zum Tisch.

Üblich ist ein Trinkgeld von zehn Prozent, das Sie zum Rechnungsbetrag dazugeben. Lassen Sie Trinkgeld nicht auf dem Tisch liegen.

Immer mehr Restaurants akzeptieren mittlerweile die gängigen Kreditkarten. Fragen Sie jedoch vorsichtshalber nach, bevor Sie Essen bestellen. Reiseschecks werden nur selten angenommen.

Vegetarische Gerichte

Für Vegetarier ist Prag mittlerweile ein besseres Pflaster als früher. Nun gibt es auch im Winter frisches Gemüse. Immer mehr Lokale bieten inzwischen auch einige vegetarische Gerichte an. In jedem Fall – vor allem wenn Sie auf eine entsprechende Diät angewiesen sind – ist es ratsam, sich bei der Bestellung zu erkundigen. Vegetarier sollten beachten, dass die Rubrik »bez masa« auf der Karte zwar wörtlich »ohne Fleisch« heißt, tatsächlich bedeutet es lediglich, dass Fleisch nicht die Hauptzutat ist.

Behinderte Reisende

Behinderte Menschen haben es in Prager Lokalen schwer. Zwar ist das Personal überall äußerst freundlich und hilfsbereit, aber die vielen Treppen und Kellergeschosse sind nicht behindertengerecht.

Reservierung

Mittags und unter der Woche auch abends muss man nicht unbedingt reservieren. Anders sieht es freitag- und samstagabends aus, vor allem in den besseren Prager Restaurants. Tische können persönlich, telefonisch oder online reserviert werden. Alternativ übernehmen Buchungsagenturen Tischreservierungen in Restaurants. Ihre Buchung wird dann per E-Mail bestätigt. Sie bezahlen wie gewöhnlich im Lokal.

Restaurantkategorien

Prag bietet eine erstaunliche Vielfalt an Küchen, von französischer und asiatischer Küche bis zur traditionellen und modernen tschechischen Küche *(siehe S. 194f)*. Traditionelle Küche bedeutet: viel Fleisch mit Kartoffeln oder Knödeln. Die moderne Variante versucht, althergebrachte Rezepte bekömmlicher und mit frischen Zutaten zu servieren.

Die Restaurantauswahl *(siehe S. 198–205)* dieses Reiseführers ist in sechs Areale unterteilt: Altstadt, Josefstadt, Prager Burg und Hradschin, Kleinseite, Neustadt und Abstecher. Sie deckt eine Bandbreite an Küchen und Preiskategorien ab – dabei gehören alle Lokale zu den besten ihrer Art. Erwähnt sind auch lohnende und preisgünstige Lokale außerhalb.

Die Vis-à-Vis-Tipps listen besondere Häuser auf – etwa Lokale mit außergewöhnlich guten Gerichten, moderaten Preisen, romantischem Ambiente, spezifischem Prager Flair, besonders guter traditioneller tschechischer Küche – oder einer Kombination aus allem.

Gepflegte Tafel vor schönem Art-déco-Bleiglasfenster

Prager Küche

Die tschechische Küche ist deftig. Fleischgerichte werden meist in einer Sauce und mit Kartoffeln, Reis oder Knödeln (Klößen) gereicht. Fleisch, Geflügel, Fisch wie Karpfen, Gemüse oder Kartoffeln werden relativ einfach zubereitet. Fleisch wird normalerweise in der Pfanne oder im Ofen gebraten bzw. gegrillt. Die Standardgerichte werden oft in großen Mengen serviert. Am gängigsten ist Schweinebraten mit Sauerkraut und Knödeln *(vepřové, kyselé zelí a knedlíky)*. Eine Suppe *(polévka)* gehört zu jeder Mahlzeit. Lecker ist die saure Suppe. Unvorstellbar ist Prag ohne Knödel – seien sie nun deftig oder süß.

Heidelbeeren

Das urige Kellerrestaurant U Pinkasů *(siehe S. 203)*

Fleisch

Besonders beliebt ist Schweinefleisch *(vepřový)*. Es wird zu Suppen, Gulasch, Würsten oder zu Braten verarbeitet, der mit Knödeln und Sauerkraut (oder frischem Kraut mit Speck und Kümmel) serviert wird *(Vepřo-knedlo-zélo)*. Schweinefleisch taucht auch als köstlicher, leicht geräucherter Prager Schinken *(Pražska šunka)* auf, der entweder mit Brot zum Frühstück bzw. mit Meerrettich als Vorspeise gegessen wird.

Kalbfleisch gibt es bisweilen in Form des Wiener Schnitzels *(smažený řízek)*.

Das Rindfleisch aus der Region reicht nicht an internationale Standards heran und muss wirklich gut zubereitet werden, um zu munden. Das in Restaurants servierte Rindfleisch ist meist importiert. Der Prager Favorit heißt *Svíčková*: Lendenbraten (Lendenschnitte) in sähmiger Sahnesauce mit Knödeln – eine Köstlichkeit.

Tschechisches Lammfleisch *(jehněčí)* ist gleichfalls nicht das weltbeste, aber von Mitte März bis Mitte Mai gibt es auf Prags Märkten gutes Lamm zu kau-

Štrůdl (Apfelstrudel)
Honzova buchta (Buchteln mit Fruchtfüllung)
Trdelník (Hohlrolle)
Čokoládový řez (Schokokuchen)
Český ko... (Hefegebäck … Pflaumenm...)
Bublanina (Ap... streuselkuch...)

Auswahl an tschechischem Gebäck

Typische böhmische Gerichte

Knedlíky (Knödel), ob pikant *(špekové)*, ob in Suppen oder süß *(sladké)* und mit Früchten *(ovocné)*, sind wohl die berühmteste böhmische Spezialität. Einst waren sie nur Beilage, inzwischen sind sie ein zentrales Element in der tschechischen Küche. Moderne Küchenchefs erfinden immer wieder neue Kreationen und Zubereitungsarten. Eine weitere regionale Spezialität ist *Drštková polévka*, eine sehr gute Kuttelsuppe, die, obwohl gewöhnungsbedürftig, in den letzten Jahren ein Revival erlebt hat und in besseren Restaurants oft auf der Karte steht. Wildente und Fasan aus den Wäldern der Region sind nach wie vor sehr beliebt und immer von erstklassiger Qualität. Schweinefleisch bleibt dennoch der Favorit der Prager (und des ganzen Landes). Meist wird es als Braten mit Rotkohl oder Sauerkraut serviert.

Gefüllte Eier

Polévka s játrovými knedlíčky ist Leberknödelsuppe – ein im ganzen Land sehr beliebtes Gericht.

Frische Pfifferlinge aus den Wäldern um Prag

fen – meist im Ganzen. Aus dem Kopf wird eine Suppe hergestellt.

Wild

In den Wäldern rund um Prag gibt es viel Wild. Je nach Jagdsaison findet man auf der Speisekarte Ente, Fasan, Wildschwein, Hirschwild, Kaninchen und Hase. Das beliebteste Gericht ist Wildente mit Rotkohl. Meist wird der Braten mit Früchten und Beeren, manchmal mit Kastanien zubereitet. Kleine Fasane werden im Ganzen mit Wacholder und Blau- und Preiselbeeren gebraten. Rotwild wird häufig mit Pilzen serviert. Kaninchen und Hasen kommen meist in deftigen gulaschartigen Saucen auf den Tisch.

Gemüse

Gemüse wird als Beilage zunehmend beliebter. Liebhaber knackiger Gemüsegerichte sollten allerdings beachten, dass die Tschechen ihr Gemüse gern sehr weich kochen. Da inzwischen immer mehr Gemüse importiert wird, kann man im Supermarkt auch außerhalb der Saison Gemüse aller Art kaufen. Die Tschechen bezahlen jedoch nur ungern die höheren Preise für Importware. Deshalb ist der widerstandsfähige Weiß- oder Rotkohl nach wie vor das beliebteste Gemüse – ob roh oder als Salat, ob eingelegt (sauer) oder gekocht als Beilage zu Braten. Das tschechische Sauerkraut, *kyselé zelí*, findet man überall.

Auch Pilze sind beliebt und werden in Saucen (gern zu Wildgerichten) oder aber als saure Beilage (etwa saure Steinpilze) verwendet.

Frisches Gemüse am Marktstand

Die besten Snacks

Würstchen Straßenstände und Snackbars bieten traditionelle Würstchen (*klobásy* und *utopence*), Wiener (*párky*) oder Bratwürste mit Brötchen und Senf feil.

Chlebíčky Die belegten Weißbrotscheiben gibt es in Feinkostläden und Snackbars. Sie sind meist mit Schinken, Salami oder Käse und immer mit einer Gewürzgurke (*nakládaná okurka*) belegt.

Pivní sýr Bierkäse wird in Bier weich mariniert, auf Brot gestrichen und mit eingelegtem Gemüse gegessen.

Nakládaný hermelín Der mit Zwiebeln und Paprika in Öl eingelegte Rundkäse ist ein Kneipenklassiker.

Palačinky Die dünnen Pfannkuchen (Palatschinken) werden mit Eis und/oder Obst und Marmelade gefüllt und mit Puderzucker bestreut.

Pečený kapr s kyselou omáčkou ist Karpfen in saurer Sahne, das traditionelle Weihnachtsessen.

Vepřové s křenem ist ein Schweinebraten am Knochen. Es gibt ihn mit Rotkohl, Sauerkraut oder Meerrettich.

Ovocné knedlíky sind süße Knödel mit Zwetschgen oder auch Aprikosen (*Meruňkové knedlíky*).

Tschechische Getränke

Tschechisches Bier ist in der ganzen Welt berühmt, doch wird es nirgendwo mit so großer Wertschätzung getrunken wie in Prag. Die Tschechen sind sehr stolz auf ihr Bier *(pivo)*. Pils und seine zahlreichen Variationen kommen aus Böhmen. Das beste Pils stammt aus Plzeň (Pilsen), dem Ursprungsort dieser Biere. Alle Spitzenbrauereien liegen nicht weit von Prag entfernt. Bier gibt es in der Dose, in der Flasche und vom Fass. Dosenbier wird überwiegend exportiert – kein Kenner würde es trinken. Die Tschechische Republik produziert aber auch ansehnliche Mengen Rot- und Weißwein, hauptsächlich in Südmähren. Nur wenig davon gelangt in den Export. Mineralwasser wird in vielen Lokalen angeboten. Mattoni und Dobrá voda (»gutes Wasser«) sind die meistverkauften.

Gambrinus, legendärer König der Biere und Markenname eines Pilsners

Kupferkessel in einer Brauerei in Plzeň

Pilsner und Budweiser

Das bekannteste aller tschechischen Biere ist das Pilsner – klar und golden, mit typischem Hopfengeschmack. Es wird nach der Lagermethode gebraut, untergärig und langsam, und reift bei niedrigen Temperaturen. Der Begriff »Pilsner« oder »Pils« (heute die generelle Bezeichnung für derartige Biere) ist abgeleitet von Pilsen (Plzeň), der 80 Kilometer südwestlich von Prag gelegenen Stadt, in der dieses Bier 1842 zum ersten Mal gebraut wurde. Die gleiche Brauerei produziert noch heute das Plzeňský prazdroj, besser bekannt als »Pilsner Urquell«. Ein etwas milderes Bier, das Budvar (Budweiser), wird 150 Kilometer südlich von Prag in České Budějovice (Budweis) gebraut.

Der erste Brauer des amerikanischen Budweiser übernahm nach einem Besuch in Böhmen im 19. Jahrhundert den Namen.

Budweiser-Etikett

Pilsner-Urquell-Etikett

Tschechische Biersorten

In früherer Zeit wurde Bier in Fassbier, Pils und Spezialbier unterteilt, entsprechend dem Malzgehalt. 1997 wurde allerdings eine neue Systematisierung eingeführt, die eher den europäischen Richtlinien entspricht. Tschechisches Bier wird nun nach vier Farbgruppen unterteilt: hell/Lagerbier *(světlé)*, halbdunkel *(polotmavé)*, dunkel/Schwarzbier *(tmavé)* und geschnitten *(řezané)*. Innerhalb dieser Gruppen gibt es wiederum elf Untergruppen, die sich an Alkoholgehalt, Zucker, Weizen und Stammwürze sowie an der Herstellungsmethode orientieren. Die Kategorie findet sich auf dem Etikett, doch verwirrenderweise verwenden Kneipen immer noch die alte Kategorisierung.

Kozel-Etikett

Bier und Bierkneipen

| Staropramen | Gambrinus | Velkopopovický kozel | Budvar (Budweiser) | Plzeňský prazdroj (Pilsner Urquell) |

Der einzig wahre Ort, tschechisches Bier zu genießen, ist die traditionelle Bierkneipe (pivnice). Jede wird üblicherweise von einer Brauerei (pivovar) beliefert, sodass Sie immer nur Bier einer Marke bestellen können. Die gängigsten Sorten sind Pilsner Urquell und Gambrinus aus Plzeň, Staropramen aus Prag und Velkopopovický aus Velké Popovice, südlich von Prag. Normalerweise wird ein leichtes Bier vom Fass (světlé) getrunken, doch viele Kneipen, darunter U Flekǔ (siehe S. 155) und U Kalicha (siehe S. 154), bieten auch starke Dunkelbiere, die Schwarzbiere (tmavé), an.

Ein großes Bier, ein velké, hat 0,5, ein kleines, malé, 0,33 Liter. Die Kellner bringen Ihnen Bier und Snacks und notieren, was Sie verzehren, auf Ihrem Bierdeckel. In einigen Kneipen (siehe S. 206f) geht man selbstredend davon aus, dass die Gäste so lange bleiben, bis zugemacht wird. Seien Sie also nicht überrascht, wenn man Ihnen sofort ein weiteres Bier bringt, ohne dass Sie es bestellt haben. Wenn Sie es nicht wollen, müssen Sie es auch nicht nehmen. Bezahlt wird, wenn Sie aufbrechen.

In den Biergärten kann man die tschechischen Biere genießen

Weine

Das bedeutendste Weinanbaugebiet der Tschechischen Republik liegt in Mähren. Von dort kommen die besten Weine, die jedoch hauptsächlich im Land selbst getrunken werden. Ein wenig Wein wird auch in Böhmen, nahe Mělník, etwas nördlich von Prag, angebaut. An Weißweinen stehen Riesling, Veltliner oder Müller-Thurgau (polosuché heißt halbtrocken, suché trocken) zur Auswahl. Der Rulandské (Pinot) ist ein trinkbarer trockener Wein. Die Rotweine sind meist besser als die Weißweine, am verbreitetsten sind Frankovka und Vavřinecké. Der Herbst ist die Zeit des burčák, eines jungen süßen Rot- oder Weißweins.

Weißer bzw. roter Rulandské

Schnaps und Likör

In jedem Restaurant und in jeder Bierkneipe bekommen Sie Becherovka, einen gelben, bittersüßen Kräuterschnaps, der als Aperitif oder Likör serviert wird, teilweise mit Wasser verdünnt (beton). Andere tschechische Specials sind Borovička, ein Wacholderschnaps, oder Slivovice, ein kräftiges Zwetschgenwasser. Ausländische Erzeugnisse und Cocktails sind teurer.

Becherovka

Restaurantauswahl

Altstadt

Bohemia Bagel
Amerikanisch SP 3 C3 K J4 Ⓚ
Masná 2, Praha 1
☏ 22 48 12 560
Ein großartiger Platz für das Frühstück – es gibt aber auch Sandwiches und Burger. Kaffee wird kostenlos nachgeschenkt. Das populäre Lokal bietet Internet-Zugang zu vernünftigen Preisen.

Country Life
Vegetarisch SP 3 B4 K H5 Ⓚ
Melantrichova 15, Praha 1
☏ 22 42 13 366   ● Sa
Hier kann man hervorragend zu Mittag essen. Das Selbstbedienungsbüfett bietet heiße und kalte vegetarische Gerichte – gezahlt wird nach Gewicht. Auch die Sandwiches, Salate, Suppen und Desserts sind gut.

Kabul
Afghanisch SP 3 A5 K G6 Ⓚ
Karolíny Světlé 14, Praha 1
☏ 22 42 35 452
Eine bunte Speisekarte, nettes Personal und Lokalkolorit – das Kabul bietet günstige afghanische Kost und Pizzas. Mittags wird es hier sehr voll.

Las Adelitas
Mexikanisch SP 3 B4 K H5 Ⓚ
Malé náměstí 13, Praha 1
☏ 22 22 33 247
Gleich um die Ecke der Astronomischen Uhr kann man authentisches mexikanisches Essen genießen. Die frisch gemachten Burritos, Enchiladas und Quesadillas sind lecker. Es gibt auch eine gute Auswahl an mexikanischen Bieren und Tequilas.

Vis-à-Vis-Tipp

Lehká Hlava
Vegetarisch SP 3 A4 K G6 Ⓚ
Boršov 2/280, Praha 1
☏ 22 22 20 665
Das beste vegetarische Restaurant Prags bietet kreative internationale Küche sowie leicht psychedelisches Interieur. Die umfangreiche Karte listet asiatische, mexikanische und libanesische Gerichte auf. Das rote Thai-Curry mit Tofu ist verführerisch gut, die Burritos lassen keinen Nachtisch mehr zu. Es gibt auch viele vegane Gerichte.

Maitrea
Vegetarisch SP 3 C3 K J4 Ⓚ
Týnská ulička 6/1064, Praha 1
☏ 22 17 11 631
Auf der Karte des schönen Lokals stehen auch asiatische und mexikanische Speisen. Mittags gibt es spezielle Tagesgerichte.

Století
International SP 3 A5 K G6 Ⓚ
Karolíny Světlé 21/320, Praha 1
☏ 22 22 20 008
In dem zentral gelegenen, aber oft übersehenen Lokal stößt man auf effizienten Service und herzhaftes Essen. Die tschechischen Gerichte auf der Karte tragen fantasievolle Namen und sind ebenso kreativ zubereitet.

U Provaznice
Tschechisch SP 3 C4 K J5 Ⓚ
Provaznická 3, Praha 1
☏ 22 42 32 528
Die angenehmen Kneipe mit vernünftigen Preisen liegt hervorragend zentral. Mittags ist sie rappelvoll mit Einheimischen.

Preiskategorien
Die Preise gelten für ein Drei-Gänge-Menü pro Person mit einer halben Flasche Hauswein, inklusive Steuern und Service.

Ⓚ   unter 500 Kč
ⓀⓀ   500 – 800 Kč
ⓀⓀⓀ   über 800 Kč

U Tří růží
Tschechisch SP 3 B4 K H5 Ⓚ
Husova 10/232, Praha 1
☏ 60 15 88 287/2
Das Lokal braut sein eigenes Bier und serviert tschechische Klassiker. Es gibt immer sechs Biere vom Fass.

Caffrey's
Irisch SP 3 C3 K H4 ⓀⓀ
Staroměstské náměstí 10, Praha 1
☏ 22 48 28 031
Das Pub am Altstädter Ring hat gutes Essen sowie viele Bildschirme – beliebter Treff von Urlaubern und Expats.

Divinis
Italienisch SP 3 C3 K J4 ⓀⓀ
Týnská 21, Praha 1
☏ 22 23 25 440   ● So
Die Weinbar serviert norditalienische Klassiker in elegantem Ambiente. Auf der Weinkarte stehen hauptsächlich italienische Tropfen.

Kogo
Italienisch SP 3 C4 K H5 ⓀⓀ
Havelská 499/27, Praha 1
☏ 22 42 14 543
Idealer Ort für ein Essen – serviert werden italienische Gerichte in geräumigem, nettem Ambiente.

Le Saint-Tropez
Französisch SP 3 C3 K J4 ⓀⓀ
Týnská ulička 606/3, Praha 1
☏ 22 48 10 750
In dem hübschen Kellerlokal werden regionale französische Küche und exquisite Weine serviert – im Sommer auch im Garten.

Parnas
Tschechisch, international
SP 3 A5 K G6 ⓀⓀ
Smetanovo nábřeží 1012/2, Praha 1
☏ 22 42 39 604
Das Lokal im Art-déco-Stil an der Moldau nahe beim Nationaltheater serviert leichte tschechische Küche. Auch die anderen Gerichte sind gut.

Pizza Nuova
Italienisch SP 4 D2 K K3 ⓀⓀ
Revoluční 1/655, Praha 1
☏ 22 18 03 308
Eine der besten Pizzerien – das Lokal ist für seine dünnkrustige

Design im Lehká Hlava, Prags bestem vegetarischen Restaurant

ALTSTADT | 199

Jugendstil-Dekor mit einem farbenfrohen Mosaik im Plzeňská

Pizza bekannt. Auf der Karte stehen auch Fisch, Pasta und andere Klassiker. Antipasti-Bar.

Platina ⓚⓚ
Tschechisch   SP 3 A5 K G6
Karolíny Světlé 323/27, Praha 1
📞 23 90 09 244
Genießen Sie hier moderne tschechische Küche. Der Fokus der saisonalen Karte liegt auf regionalen Zutaten. Im Sommer gibt es Barbecue auf der Terrasse.

Plzeňská ⓚⓚ
Tschechisch   SP 4 D3 K K4
Náměstí Republiky 5, Praha 1
📞 22 20 02 770
Im Plzeňská mit seinem famosen Jugendstil-Dekor, dem freundlichen Personal und der umfangreichen Karte mit tschechischen Klassikern können Sie einen vergnüglichen Abend erleben.

Red Pif ⓚⓚ
International   SP 3 A5 K G6
Betlémská 9, Praha 1
📞 22 22 32 086   ● So
Das schicke Restaurant im Industriedesign mit Weinladen hat eine kleine, aber feine Speisekarte und eine große Weinkarte.

**School Restaurant
& Lounge** ⓚⓚ
Tschechisch, international
SP 3 A4 K G5
Smetanovo nábřeží 22, Praha 1
📞 22 22 22 173
In dem großen modernen Speisesaal mit Blick auf die Moldau wird gute moderne tschechische und internationale Küche geboten. Emsiges Personal.

U Závoje ⓚⓚ
International   SP 3 B4 K H5
Havelská 500/25, Praha 1
📞 60 22 57 640
Die Speisekarte dient hier quasi als Anhängsel der umfassenden Karte mit französischen Weinen. Einladendes Kellerlokal.

VinodiVino ⓚⓚ
Italienisch   SP 3 C3 K J4
Štupartská 769/18, Praha 1
📞 22 23 11 791
Das Restaurant mit Weinbar präsentiert Spezialitäten aus Süditalien. Die Karte ist nicht umfangreich, doch die Gerichte sind delikat.

Ambiente Brasileiro ⓚⓚⓚ
Brasilianisch   SP 3 B3 K H4
U radnice 8, Praha 1
📞 22 42 34 474
Am All-you-can-eat-Büfett haben Sie eine große Auswahl an Gerichten. Brasilianisches *churrasco* wird an Grillspießen durch das Lokal getragen.

Bellevue ⓚⓚⓚ
International   SP 3 A4 K G7
Smetanovo nábřeží 18, Praha 1
📞 22 22 21 443
Das Bellevue bietet ein einmaliges Esserlebnis, Sie können sich die Gänge für Ihr Mahl beliebig selbst zusammenstellen. Die Zutaten sind sorgfältig ausgewählt. Das Personal empfiehlt passende Weine. Wunderbarer Ausblick auf die Prager Burg.

Buddha Bar ⓚⓚⓚ
Asiatisch   SP 3 C3 K J4
Jakubská 8, Praha 1
📞 22 17 76 400   ● So, Mo
Der üppig dekorierte Speiseraum wird von einem Buddha überwacht. Serviert wird fantasievolle asiatische Küche. Es gibt zudem eine separate Bar-Lounge.

**Francouzská
Restaurace** ⓚⓚⓚ
Französisch   SP 4 D3 K K4
Náměstí Republiky 5, Praha 1
📞 22 20 02 784
Die köstlichen französischen Gerichte werden fast noch von der Jugendstil-Architektur in den Schatten gestellt. Auch im Angebot: tschechische und internationale Küche. Gute Weinkarte.

La Truffe ⓚⓚⓚ
Französisch   SP 3 C3 K J4
Týnská 633/12, Praha 1
📞 60 83 08 574   ● So
Hier dreht sich alles um Trüffeln. Schöne Einrichtung mit Nischen und Fresken an den Wänden.

Le terroir ⓚⓚⓚ
Französisch, international
SP 3 B4 K H5
Vejvodova 1, Praha 1
📞 60 28 89 118   ● So, Mo
Le terroir zählt zu Prags Top-Restaurants. Es ist zudem ein Paradies für Weinliebhaber.

Mlýnec ⓚⓚⓚ
Tschechisch   SP 3 A4 K G5
Novotného lávka 9, Praha 1
📞 27 70 00 777
Die servierten Gerichte basieren auf Fleisch und Fisch regionaler Herkunft. Sonntags gibt es traditionellen Sonntagsbraten.

Sarah Bernhardt ⓚⓚⓚ
Französisch, tschechisch
SP 4 D3 K K4
U Obecního domu 1, Praha 1
📞 22 21 95 900
In dem schönen Ambiente kann man sich an frischen, leichten tschechisch-französischen Gerichten delektieren.

V Zátiší ⓚⓚⓚ
International   SP 3 B4 K H5
Liliová 1, Praha 1
📞 22 22 21 155
Für ein unvergessliches Esserlebnis müssen Sie einen Tisch im V Zátiší reservieren. Köstliche Gerichte sowie exzellenter Service.

Zdenek's Oyster Bar ⓚⓚⓚ
Seafood   SP 3 C3 K J4
Malá Štupartská 636/5, Praha 1
📞 72 59 46 250
Das renommierte Seafood-Lokal besitzt eine beeindruckende Austernbar. Probieren Sie die generösen Meeresfrüchteplatten mit Austern und Muscheln. Spezialität des Hauses ist das Hummer-Sandwich – das beste Prags.

Eingang des La Truffe, das klassische französische Küche serviert

SP = Stadtplan *siehe Seiten 244 – 255*   K = Karte *Extrakarte zum Herausnehmen*

Josefstadt

Vis-à-Vis-Tipp

Lokál ⓚ
Tschechisch   SP 3 C2 K J3
Dlouhá 33, Praha 1
📞 22 23 16 265
Das Lokál ist eine altmodische Kneipe mit verlässlichen tschechischen Klassikern sowie frisch gezapftem Pilsner Urquell. Moderne Beleuchtung, lange Tische und Holzstühle schaffen eine anheimelnde Atmosphäre. Guter Service und herzhaftes Essen.

Dezente Eleganz im renommierten La Degustation

Mistral Café ⓚ
International   SP 3 B3 K G4
Valentinská 56/11, Praha 1
📞 22 23 17 737
Das Mistral in der Josefstadt bietet gutes Essen in einladender Atmosphäre.

Aldente Trattoria Vineria ⓚⓚ
Italienisch   SP 3 C2 K J3
Vězeňská 4, Praha 1
📞 22 23 13 185
In der ruhigen Trattoria gibt es saisonale Gerichte. Die Angebote wechseln wöchentlich. Gute Auswahl an italienischen Weinen.

Bílkova 13 ⓚⓚ
Italienisch, international
SP 3 B2 K H3
Bílkova 13, Praha 1
📞 22 48 29 254
Das einfache, aber gute Essen wird in einem hübschen offenen Speiseraum serviert. Es gibt auch ein Café mit kleinen Speisen.

Cartouche ⓚⓚ
Französisch, international
SP 3 C2 K H3
Bílkova 14, Praha 1
📞 22 23 17 103
Ein Ort für Fleischliebhaber – das romantische Ambiente hat Anklänge an das 16. Jahrhundert.

Speiseraum des Barock, das für seine asiatische Küche bekannt ist

Vis-à-Vis-Tipp

Grosseto Marina ⓚⓚ
Italienisch   SP 3 A3 K G4
Alšovo nábřeží, Praha 1
📞 60 54 54 020
Genießen Sie den Service, den Blick über die Moldau auf die Prager Burg und das hervorragende italienische Essen – auf einem Boot. Das Deck ist ein grandioser Ort für einen Drink, dann geht es unter Deck für ein Dinner mit Pasta, Fisch, Fleisch oder auch nur Pizza. Der frühe Abend ist ideal, um den Sonnenuntergang und die Lichter der Stadt zu erleben.

La Belle Epoque ⓚⓚ
Amerikanisch   SP 3 A3 K G4
Křižovnická 8, Praha 1
📞 22 23 21 926
Hier gibt es Tex-Mex-Gerichte mit Schwerpunkt Steaks in rustikalem Setting. Auf der Karte: argentinisches Rindfleisch und neuseeländisches Lamm.

La Veranda ⓚⓚ
Italienisch, französisch
SP 3 B2 K H3
Elišky Krásnohorské 10/2, Praha 1
📞 22 48 14 733   ● So
Ein helles, einladendes Ambiente empfängt die Gäste. Die Küche verwendet beste lokale und Bio-Produkte.

La Vita e Bella ⓚⓚ
Italienisch   SP 3 B2 K H3
Elišky Krásnohorské 5, Praha 1
📞 22 23 10 039   ● So
Das trendige Lokal serviert Seafood sowie hausgemachte Nudeln und Gnocchi. Edler Speiseraum.

Barock ⓚⓚⓚ
Japanisch, international
SP 3 B2 K H3
Pařížská 24, Praha 1
📞 22 23 29 221
Der gemütlich-moderne Rückzugsort bietet delikates Essen, insbesondere japanische und Thai-Speisen.

Chagall's ⓚⓚⓚ
International   SP 3 C2 K J3
Kozí 5, Praha 1
📞 73 90 02 347
Das Chagall ist bekannt für moderne europäische Küche, großartigen Service und einladendes Interieur – ein idealer Ort für ein besonderes Abendessen.

CottoCrudo ⓚⓚⓚ
Italienisch   SP 3 A3 K G4
Veleslavinova 1098/2a, Praha 1
📞 22 14 26 880
Laben Sie sich am Fleisch- und Käsebüfett, oder bestellen Sie italienische Gerichte am Tisch – eine Herausforderung für unentschiedene Esser. Das Themenlokal hat ein schönes Interieur.

King Solomon ⓚⓚⓚ
Jüdisch   SP 3 B3 K H4
Široká 8, Praha 1
📞 22 48 18 752
Hier wird koscher gekocht, allerdings mit tschechischem Einschlag. Kalbfleisch, Wild und Lamm kommen aus der Region. Das frisch bereitete Brot wird mit Hummus und Tahine angeboten.

La Casa Argentina ⓚⓚⓚ
Argentinisch   SP 3 C2 K J3
Dlouhá 35/730, Praha 1
📞 22 23 11 512
Das Lokal hat ein dschungelartiges Interieur mit Schwinghockern an der Theke. Achtung: Meist ist es hier ziemlich voll.

Vis-à-Vis-Tipp

La Degustation ⓚⓚⓚ
Tschechisch, international
SP 3 C2 K J3
Haštalská 18, Praha 1
📞 22 23 11 234
La Degustation bietet das ultimative Esserlebnis. Die sechs oder elf Gänge mit exzellenten Gerichten werden von passenden Weinen begleitet. Jede Kleinigkeit wird mit Sorgfalt zubereitet und präsentiert. Service der Spitzenklasse.

Restaurantkategorien *siehe Seite 193* Preiskategorien *siehe Seite 198*

JOSEFSTADT, PRAGER BURG UND HRADSCHIN, KLEINSEITE | 201

La Finestra in Cucina ⓚⓚⓚ
Italienisch SP 3 B3 K G4
Platnéřská 90/13, Praha 1
📞 22 23 25 325
Die kleine Karte bietet perfekte italienische Klassiker in schöner Umgebung. Guter Service und großartige Weinkarte.

Zlatá Praha ⓚⓚⓚ
Tschechisch, international
SP 3 B2 K H3
Pařížská 30, Praha 1
📞 29 66 30 914
Genießen Sie im exzellenten Dachrestaurant des Intercontinental saisonale Spezialitäten. Populär: der Sonntags-Brunch.

Prager Burg und Hradschin

Host ⓚⓚ
Tschechisch, international
SP 1 C3 K B4
Loretánská 15, Praha 1
📞 60 38 17 633
In dem Touristenlokal gibt es günstige tschechische Klassiker. Modernes Ambiente mit schöner Aussicht.

Villa Richter ⓚⓚ
International SP 2 F2 K E3
Staré zámecké schody 6/251, Praha 1
📞 25 72 19 079
Zwei Restaurants in einem: Terra bietet günstige tschechische Küche, Piano Nobile serviert modernes europäisches Essen.

Kleinseite

Bar Bar ⓚ
International SP 2 E5 K E6
Všehrdova 17, Praha 1
📞 25 73 12 246
Das witzige Nachbarschaftslokal besitzt ein großartiges Interieur. Die Speisekarte ist umfangreich, die Weinauswahl gut.

Vis-à-Vis-Tipp

Café Lounge ⓚ
International SP 2 E5 K E7
Plaská 615/8, Praha 1
📞 25 74 04 020
Hier ist immer etwas los. Das schöne Interieur, der versteckte Innenhof, die köstlichen Suppen, der gute Kaffee und die kreativen Abendangebote tragen zur Beliebtheit bei. Jede Woche gibt es spezielle Kaffee- und Weinangebote. Der Konditor des Hauses fabriziert grandioses Gebäck und köstliche Desserts. Dank des Ambientes und des netten Personals ist hier alles ganz entspannt.

Café Savoy ⓚ
Tschechisch, französisch
SP 2 F5 K E7
Vítězná 5, Praha 1
📞 25 73 11 562
Das charmante, oft volle Café serviert guten Kaffee, leichte Mahlzeiten und Gourmet-Gerichte.

Kočár z Vídně ⓚ
Österreichisch SP 2 F4 K E5
Saská 520/3, Praha 1
📞 77 70 43 793
Für österreichisches Essen müssen Sie hier einkehren. Spezialität des Hauses ist natürlich Wiener Schnitzel. Österreichische Weine.

Luka Lu ⓚ
Balkan-Gerichte SP 2 E4 K E6
Újezd 33, Praha 1
📞 25 72 12 388
Farbenfroh, freundlicher Service, guter Fisch, Pasta sowie Grillspezialitäten – im Luka Lu kann man drinnen und draußen (Straße und Innenhof) sitzen.

Malostranská beseda ⓚ
Tschechisch, international
SP 2 E3 K E4
Malostranské náměstí 21, Praha 1
📞 25 74 09 112
In dem eleganten Gebäude werden tschechische Gerichte und tschechisches Bier serviert. Mittags brummt der Laden.

Nebozízek ⓚ
International SP 2 D5 K D6
Petřínské sady 411, Praha 1
📞 25 73 15 329
In dem Parklokal hat man drinnen und draußen eine schöne Sicht. Günstige Standardgerichte.

U Malého Glena ⓚ
International SP 2 E4 K E5
Karmelitská 23, Praha 1
📞 25 75 31 717
In dem Lokal gibt es gute Burger, Rippchen, Tex-Mex und ein paar tschechische Gerichte. Im Keller ist ein winziger Jazzclub.

Café de Paris ⓚⓚ
Französisch SP 2 E4 K E5
Maltézské náměstí 4, Praha 1
📞 60 31 60 718
Das Café de Paris gilt als eine der besten Brasserien Prags. Im kleinen Speiseraum des familiengeführten Lokals gibt es die exzellente Hausspezialität »Entrecôte Café de Paris« – die Sauce zum Steak ist ein Geheimrezept.

Cowboys ⓚⓚ
Steakhaus SP 2 D3 K D4
Nerudova 40, Praha 1
📞 29 68 26 107
Das moderne Restaurant versorgt Sie mit Steaks aller Art. Die »Lieblingskombination der Cowboys« ist empfehlenswert. Vom Garten aus hat man einen unvergesslichen Blick auf Prag.

Gitanes ⓚⓚ
Mediterran SP 2 E3 K D4
Tržiště 7, Praha 1
📞 25 75 30 163
Das Gitanes ist eine Perle der Kleinseite. Die Gerichte der Karte stammen aus diversen Küchen, die Weinkarte ist erstklassig.

Konírna ⓚⓚ
Tschechisch SP 2 E4 K E4
Maltézské náměstí 10, Praha 1
📞 25 75 34 121
Hier gibt es traditionelle tschechische Küche mit modernem Touch. Auf der Karte des Konírna stehen zudem alte Rezepte, die man nur noch in wenigen Restaurants findet.

Farbenfrohes Ambiente des Luka Lu

SP = **Stadtplan** *siehe Seiten 244 – 255* K = **Karte** *Extrakarte zum Herausnehmen*

Blick von der Dachterrasse des Terasa U Zlaté Studně

U Malířů ⓚⓚ
Tschechisch, international
SP 2 E4 **K** E4
Maltézské náměstí 11, Praha 1
℡ 25 75 30 318
Der ideale Ort für ein elegantes Abendessen – in grandioser historischer Einrichtung und mit moderner tschechischer Küche. Freundliches Personal.

Alchymist ⓚⓚⓚ
International   **SP** 2 E4 **K** E5
Nosticova 1, Praha 1
℡ 25 73 12 518   ● So, Mo
Es herrscht ein wildes Interieur vor – die Gerichte kommen mit französisch-libanesischem Touch. Herrlich: der Sommergarten.

Coda ⓚⓚⓚ
International   **SP** 2 E3 **K** D4
Tržiště 9, Praha 1
℡ 22 5334 761
Im eleganten Ambiente mit Musikthema gibt es fantasievolle Gerichte und einige tschechische Speisen. Die Dachterrasse ist ideal für einen Nachmittagsdrink.

Essensia ⓚⓚⓚ
Tschechisch, asiatisch
SP 2 E4 **K** E5
Nebovidská 459/1, Praha 1
℡ 23 30 88 888
Hier gibt es klassische asiatische und regionale tschechische Gerichte. Delikat: *Kulajda* (Suppe) und der in Orangenöl pochierte Lachs. Unter der Gewölbedecke ist der Innenraum asiatisch.

Terasa U Zlaté Studně ⓚⓚⓚ
International   **SP** 2 E2 **K** E3
U Zlaté studně 4, Praha 1
℡ 25 75 33 322
Der »Goldene Brunnen« wartet mit einem schönen Interieur und mit erstaunlichen Ausblicken auf. Die Gerichte sind perfekt zubereitet und werden ansprechend serviert. Im Sommer sollte man auf der Dachterrasse speisen.

The Sushi Bar ⓚⓚⓚ
Japanisch   **SP** 2 F5 **K** E7
Zborovská 49, Praha 5
℡ 60 32 44 882
In dem modernen Lokal gibt es eine riesige Auswahl an Sushi. Dies war die erste Prager Sushi-Bar – und sie gehört immer noch zu den besten.

Neustadt

Bresto ⓚ
Französisch, italienisch
SP 3 C1 **K** J8
Štěpánská 31, Praha 1
℡ 22 22 12 810   ● So
Hier gibt es kreative Gerichte und eine gute Weinkarte. Auch die Kaffeeauswahl ist erstaunlich.

Café Louvre ⓚ
Tschechisch, international
SP 3 B5 **K** H6
Národní 22, Praha 1
℡ 22 49 30 949
Die tschechische Institution bietet eine gute Auswahl an qualitativem Essen sowie an Kuchen, Gebäck und Kaffee. Im Billardraum nebenan kann man eine Runde spielen.

Café Slavia ⓚ
Tschechisch, international
SP 3 A5 **K** G7
Národní 1, Praha 1
℡ 22 42 18 493
Das traditionelle Café bietet eine gute Speisekarte, schönes Artdéco-Interieur, hübsche Fenster und eine exzellente Kuchenauswahl. Abends oft Live-Musik.

Dynamo ⓚ
International   **SP** 5 A1 **K** G7
Pštrossova 29, Praha 1
℡ 22 49 32 020
Das Dynamo ist ein Design-Juwel mit guten vegetarischen Gerichten, einigen tschechischen Spezialitäten sowie Pasta-Gerichten.

Fama ⓚ
Tschechisch   **SP** 3 C5 **K** H7
Vladislavova 18, Praha 1
℡ 22 49 49 305   ● So
Die fantasievollen Gerichte werden in einem modernen Speiseraum serviert. Gegen den Durst gibt es Pilsner Urquell.

Home Kitchen ⓚ
International   **SP** 5 C1 **K** J7
Jungmannova 8, Praha 1
℡ 73 47 14 227   ● So
Anheimelnder Ort für ein schnelles Mittagessen: Die saisonal wechselnde Karte bietet Suppen, Salate und Sandwiches.

Klub Cestovatelů ⓚ
Libanesisch   **SP** 5 A1 **K** G8
Masarykovo nábřeží 22, Praha 1
℡ 22 49 30 390
Herzhaftes Essen, guter Service und entspanntes Ambiente – in dem Lokal am Fluss fühlt man sich mittags und abends wohl.

Miss Saigon ⓚ
Vietnamesisch, japanisch
SP 5 B1 **K** G8
Myslíkova 26, Praha 2
℡ 22 25 60 328
In diesem Lokal gibt es großartige Sushi und *pho* (Nudelsuppe) neben einer Auswahl an gut zubereiteten anderen Spezialitäten.

Vis-à-Vis-Tipp

Nota Bene ⓚ
Tschechisch   **SP** 6 D2 **K** K8
Mikovcova 4, Praha 2
℡ 72 12 99 131   ● So
Das große, immer wechselnde Bierangebot und die regionalen tschechischen Spezialitäten machen das Nota Bene zum beliebten Treff. Im Untergeschoss ist eine Bierkneipe, die nur Bier und Snacks serviert. Für das Lokal sollen Sie reservieren.

Novoměstský Pivovar ⓚ
Tschechisch, international
SP 5 C1 **K** J7
Vodičkova 20, Praha 1
℡ 22 22 32 448
In dem Brauhaus werden tschechische Klassiker serviert. Das Novoměstský Pivovar ist der Ort, um Ihr Bierwissen zu erweitern.

Renommé ⓚ
Tschechisch, französisch
SP 5 A1 **K** J7
Na sturze 1, Praha 1
℡ 22 49 34 109
Das kleine elegante, familiengeführte Lokal nahe dem Nationaltheater serviert saisonale Gerichte mit Schwerpunkt auf Seafood und *foie gras*.

Restaurantkategorien *siehe Seite 193* **Preiskategorien** *siehe Seite 198*

Solidní Jistota
International SP 5 A1 K G7 ⓚ
Pštrossova 21, Praha 1
📞 72 59 84 964 ● Mo

Dies ist ein lockeres Lokal mit herzhaftem Essen, darunter Burger und Steaks, zu vernünftigen Preisen. Im Haus gibt es auch einen Club. Spätabends geöffnet.

U Pinkasů
Tschechisch SP 3 C5 K J6 ⓚ
Jungmannovo náměstí 15/16, Praha 1
📞 22 11 11 150

Die beliebte Bierkneipe bietet typisches Interieur, typisches Essen und viel Bier – eigentlich eine Touristenfalle, doch hier sind auch viele Einheimische.

Universal
Französisch, international ⓚ
SP 5 B1 K G7
V jirchářích 6, Praha 1
📞 22 49 34 416

Das typische Bistro bietet französische Klassiker und klassisches Interieur – ein entspannter Ort.

Žofín
International SP 5 A1 K G8 ⓚ
Slovanský Ostrov, Praha 1
📞 77 47 74 774

Das schöne Gartenrestaurant mit gutem Essen liegt auf einer Moldau-Insel – ideal für Familien.

Alcron
International SP 6 D1 K J7 ⓚⓚ
Štěpánská 40, Praha 1
📞 22 28 20 410 ● So

Das Sterne-Restaurant bietet eine kleine, aber hochkarätige Karte – sicherlich mit einigen der innovativsten Gerichte in Prag.

Čestr
Tschechisch SP 6 E1 K L7 ⓚⓚ
Legerova 75/57, Praha 1
📞 22 27 27 851

Rindfleisch ist die Spezialität des Hauses. Verwendet wird Fleisch regionaler Tiere, die Karte listet über 20 Teile vom Rind auf. Die Bierauswahl ist exzellent – der richtige Ort für Fleischliebhaber.

Cicala
Italienisch SP 6 D1 K K8 ⓚⓚ
Žitná 43, Praha 1
📞 22 22 10 375 ● So

Die Trattoria bietet sowohl im Ziegelkeller als auch im modernen Lokal im Erdgeschoss italienisches Flair. Delikat sind u.a. die *Bucatini all'amatriciana*. Freundliches Personal.

Como
Mediterran SP 4 D5 K K7 ⓚⓚ
Václavské náměstí 818/45, Praha 1
📞 22 22 47 240

Das Lokal am Wenzelsplatz ist schwer zu finden, doch hier gibt es herzhaftes Essen. Probieren Sie die hervorragende Lammhaxe.

El Emir
Libanesisch SP 3 C4 K J6 ⓚⓚ
Václavské náměstí 1, Praha 1
📞 22 42 81 099

Die großzügig bemessenen Gerichte, darunter Fisch und eine große Auswahl an *mezze*, sind delikat. Orientalisches Dekor und angenehme Atmosphäre.

Le Patio
Asiatisch SP 3 B5 K H6 ⓚⓚ
Národní 22, Praha 1
📞 77 45 39 301

Die kreativen asiatischen Gerichte werden von freundlichem Personal in schönem Interieur serviert. Lecker: Dschungelente (Ente in Currysauce) und indonesisches Rindfleisch. Am Wochenende gibt es Live-Musik.

Miyabi
Japanisch SP 5 C1 K J8 ⓚⓚ
Navrátilova 10, Praha 1
📞 29 62 33 102 ● So

Miyabi ist der älteste Prager Japaner mit exzellenter Küche. Gute Sushi sowie stilvolles Interieur.

Holztäfelung und dezente Beleuchtung im Le Patio

Pagana
Italienisch SP 3 B5 K H7 ⓚⓚ
Spálená 14, Praha 1
📞 22 40 56 300 ● Sa, So

Das Pagana entzückt seine Gäste mit klassischen italienischen Gerichten. Der Innenraum ist mit Wandbildern dekoriert. Reservierung empfehlenswert.

Rotisserie
Tschechisch SP 3 B5 K H7 ⓚⓚ
Mikulandská 121/6, Praha 1
📞 73 42 09 228

Hier wird sowohl klassische als auch zeitgenössische tschechische Küche serviert – mit einer saisonal wechselnden Karte. Das Motto des Lokals ist: »Geschmack geht vor.« Hübscher Speiseraum.

Suterén
Tschechisch, europäisch ⓚⓚ
SP 5 A1 K G8
Masarykovo nábřeží 26, Praha 1
📞 22 49 33 657 ● So

Das Lokal in einem Jugendstil-Gebäude ist auf Wild und Geflügel spezialisiert. Doch auch das Angebot an Seafood ist beachtlich.

Ultramarin
Thai, international SP 3 B5 K H7 ⓚⓚ
Ostrovní 32, Praha 1
📞 22 49 32 249

Das stilvolle Restaurant bietet Grillgerichte. Im Haus ist auch ein Club, der Cocktails serviert.

Céleste
Französisch SP 5 A2 K G9 ⓚⓚⓚ
Rašínovo nábřeží 80, Praha 2
📞 22 19 84 160 ● So

Das Restaurant im Obergeschoss des »Tanzendes Hauses« serviert moderne französische Küche. Das Interieur ist umwerfend, der Ausblick von oben grandios.

Das Universal – cremefarben mit ausgefallenen Objekten

Anheimelnd und komfortabel: der Speiseraum des U Emy Destinnové

Vis-à-Vis-Tipp

U Emy Destinnové ⓚⓚⓚ
International   SP 5 C2 K J9
Kateřinská 7, Praha 2
📞 22 49 18 425   ⬤ So
Das Restaurant serviert kreatives Essen und exzellente Weine. Im U Emy Destinnové sind vor allem das schwarze Angusrind und das Seafood fantastisch. Es gibt Zubereitungen am Tisch, Ihren Hummer oder Fisch wählen Sie aus dem Fischtank. Das Personal ist mit Leidenschaft bei der Arbeit.

Zvonice ⓚⓚⓚ
Tschechisch, international
SP 4 D4 K K5
Jindřišská věž, Praha 1
📞 22 42 20 009
Das Zvonice bietet eine große Auswahl an Gerichten, darunter Wildschwein und Hirsch. Es liegt in einem alten Glockenturm – das Ambiente ist unschlagbar.

Abstecher

Hanil ⓚ
Japanisch
Slavíkova 24, Praha 3
📞 420 222 715 867
Die hervorragenden Sushi und der freundliche Service machen das Hanil zu etwas Besonderem. Delikat: das koreanische *bulgogi*. Große Portionen.

Hybernia ⓚ
Tschechisch, international
Hybernská 7/1033, Praha 1
📞 22 42 26 004
Das Hybernia serviert tschechische Küche mit modernem Einschlag. Das Lokal ist populär und fast immer voll. Große Theke sowie Tische auf der Terrasse.

Kofein ⓚ
Tschechisch, international
Nitranská 9, Praha 3
📞 27 31 32 145
Hier gibt es tschechisch inspirierte Tapas sowie internationale leichte Gerichte. Immer empfehlenswert: die Tagesgerichte. Nichtraucher-Speiseraum.

Mash Hana ⓚ
Japanisch
Badeniho 3, Praha 6
📞 22 43 24 034   ⬤ So, Mo
Exzellentes Essen in freundlichem Ambiente: Als Erstes sehen Sie den Sushi-Meister, wenn Sie das Lokal betreten.

Olympus ⓚ
Griechisch
Kubelíkova 9, Praha 3
📞 22 27 22 239
Das Lokal serviert gute griechische Klassiker. Probieren Sie unbedingt den griechischen Käse. In der entspannten Atmosphäre kann man einen angenehmen Abend verbringen.

Pho Vietnam Tuan & Lan ⓚ
Vietnamesisch
Slavíkova 1657/1, Praha 2
📞 77 36 88 689
Weil das Lokal günstige authentische vietnamesische Gerichte anbietet, wird es von Liebhabern dieser Küche fast überrannt.

Aromi ⓚⓚ
Italienisch
Mánesova 1442/78, Praha 2
📞 22 27 13 222
Der italienische Koch bietet nur eine kleine, dafür aber exzellente Auswahl an italienischen Klassikern. Die Tagesgerichte basieren auf frischen Marktzutaten.

Café Imperial ⓚⓚ
Tschechisch, international
Na Poříčí 15, Praha 1
📞 24 60 11 440
In dem Lokal werden sowohl kreative internationale als auch spezielle tschechische Gerichte angeboten. Zudem gibt es Frühstück sowie Tagesangebote.

Červená tabulka ⓚⓚ
International
Lodecká 4, Praha 1
📞 22 48 10 401
Das anheimelnde Interieur täuscht über die Qualität der Gerichte hinweg – die meisten davon italienischen Ursprungs.

Kolkovna ⓚⓚ
Tschechisch
V Kolkovně 8, Praha 1
📞 22 48 19 701
Populäre Brauerei und Restaurant – mit Pilsner, schnellen Bedienungen und tschechischem Essen.

La Boca ⓚⓚ
International
Truhlářská 1114/10, Praha 1
📞 22 23 12 073

Café Imperial mit Jugendstil-Keramikmosaiken an Wänden und Decke

Opulentes Interieur und asiatische Aromen: das SaSaZu

Das kuschelige Restaurant liegt in einer betriebsamen Gegend. Auf der Karte: Tapas, frische Pasta und leckere Desserts. Es gibt auch Kindergerichte.

Vis-à-Vis-Tipp

La Terrassa ⓚⓚ
Spanisch
Janáčkovo nábřeží – Dětský ostrov, Praha 5
📞 60 43 00 300
Auf dem schön renovierten Schiff auf der Moldau werden Tapas und andere spanische Spezialitäten serviert. Das Personal ist aufmerksam und empfiehlt Weine. Da Essen und Service so gut sind, kommen die Leute auch, wenn sie unter Deck sitzen müssen. Eine Empfehlung für einen schönen Sommerabend.

Mailsi ⓚⓚ
Pakistanisch
Lipanská 1, Praha 3
📞 22 27 17 783
Ein Unikat: Das Mailsi macht einen bescheidenen Eindruck, doch die Gerichte, die aus der Küche kommen, sind grandios.

Mozaika ⓚⓚ
International
Nitranská 13, Praha 3
📞 22 42 53 011
Das Mozaika serviert aromatische, leicht asiatisch angehauchte Speisen in schickem Ambiente.

Na Kopci ⓚⓚ
International
K Závěrce 2774/20, Praha 5
📞 25 15 53 102
Auf der Karte stehen moderne tschechische plus einige französische Gerichte. Stolz des Hauses ist das Rindfleisch-Tatar. Freundlicher Service.

Občanská Plovárna ⓚⓚ
Thai
U plovárny 8, Praha 1
📞 25 75 31 451
Das moderne Restaurant am Ufer der Moldau serviert exzellente Thai-Gerichte. Die scharfen Currys sind köstlich.

Olivia ⓚⓚ
Mediterran
Plavecká 404/4, Praha 2
📞 22 25 20 288 ● So
In dem hübschen, familiengeführten Lokal wird mit frischen Zutaten gekocht. Die Gerichte werden ansprechend serviert.

Osteria Da Clara ⓚⓚ
Italienisch
Mexická 7, Praha 10
📞 27 17 26 548 ● So
Etwas abseits vom Weg, doch es lohnt sich: guter Service, exzellente Gerichte und ansprechende Weinkarte.

Sahara Café ⓚⓚ
International
Náměstí Míru 6, Praha 2
📞 22 25 14 987 ● So
Das schöne Café bietet einige orientalisch angehauchte Speisen sowie Hauptgerichte von Pasta bis zu Fleisch und Fisch.

Vis-à-Vis-Tipp

Sansho ⓚⓚ
International
Petrská 25, Praha 1
📞 22 23 17 425 ● So, Mo
Hier gibt es keine feste Karte. Im Sansho werden täglich frische Gerichte, je nach dem Angebot regionaler Bauern zubereitet. Der Speiseraum wirkt familiär, fast unfertig, doch die Atmosphäre ist einladend mit offener Küche und freundlichem Personal. Der Koch legt größten Wert auf die Fleischqualität. Daneben gibt es auch immer Leckeres für Vegetarier.

The Pind ⓚⓚ
Indisch
Korunní 1151/67, Praha 3
📞 22 25 16 085
Das hier servierte indische Essen ist delikat – und durchaus scharf. Das Pind besitzt einen hübschen Speiseraum und freundliches Personal.

Aureole ⓚⓚⓚ
Asiatisch, Fusion
Hvězdova 1716/2b, Praha 4
📞 22 27 55 380
Das Aureole ist das höchstgelegene Restaurant Prags und bietet ein erstaunliches Interieur. Auf der Karte: Sushi und Curry.

Vis-à-Vis-Tipp

SaSaZu ⓚⓚⓚ
Asiatisch
Bubenské nábřeží 306, Praha 7
📞 28 40 97 455
Das mit einem Michelin-Bib (Michelin-Männchen) ausgezeichnete Restaurant serviert köstliche Gerichte aus Indonesien, Thailand und Vietnam. Hier wird mit einem ganzen Füllhorn an Aromen experimentiert, heraus kommen innovative Gerichte. Nehmen Sie sich Zeit – dies ist ein Ort für langsames genussvolles Dinieren.

SP = **Stadtplan** *siehe Seiten 244–255* **K** = **Karte** *Extrakarte zum Herausnehmen*

Gasthäuser, Bierkneipen und Bars

Es gibt in Prag keinen Mangel an Kneipen aller Art und für jeden Geschmack. Zum Charme der Stadt gehört es, auch spätnachts noch durch die Altstadt zu gehen und offene Gasthäuser zu finden. Wer allein an einem Tisch sitzt, sollte sich nicht wundern, wenn sich andere Gäste zu ihm setzen. In einigen traditionellen Bierkneipen bringt der Kellner von selbst das nächste Bier, wenn man das letzte fast ausgetrunken hat – außer man signalisiert, dass es für heute genug ist. In Prag sollte man immer das Unerwartete erwarten: In manchen teuren Lokalen können Kellner unprofessionell und unfreundlich sein, in einer schäbigen Kneipe kann man auf perfektes Personal stoßen.

Gasthäuser und Bierkneipen

Es gibt in Prag eine lange Tradition von Gasthäusern mit Essen und großen Bierkneipen, in denen in erster Linie getrunken wird. *Hostinec* und *hospoda* sind die Bezeichnungen für Gasthäuser und Lokale. Im *pivnice* dagegen wird nur Bier serviert. Im Lauf der Zeit sind die Unterschiede allerdings verblasst. Wagemutigen sei das »**Zum goldenen Tiger**« (U Zlatého tygra) empfohlen, eine laute tschechische Literatenkneipe mit überwiegend männlichen Stammgästen. Das **U Fleků** braut angeblich seit 1499 sein eigenes Bier, das Flekovské. Eine authentische Kneipe mit Budweiser ist das **U Medvídků** in der Nähe des Nationaltheaters *(siehe S. 156f)*. **U Vejvodů** ist eine traditionelle Bierkneipe mit langen Tischen, die mittlerweile sehr touristisch ist. Die Kellner sprechen Englisch. Das Bier ist gut, das Essen eher bescheiden – doch man findet meist einen Sitzplatz. Das Flair einer traditionellen *hospoda* hat man am ehesten im **U Pinkasů**, das versteckt in einem Hof beim Wenzelsplatz liegt.

Cocktailbars

Heute gibt es in Prag unzählige Cocktailbars. Einige ragen aus der Masse heraus. An der Pařížská, Prags Nobelmeile, liegt das **Bugsy's**. Diese Bar hat sogar ihre eigene Cocktail-Fibel herausgegeben. Zum Wochenende hin wird sie allerdings von ein wenig zu vielen stämmigen Männern in langen Mänteln belagert. Dieses Los blieb dem benachbarten **Barock**, einer Cocktailbar mit auffallend schicker Klientel, bisher erspart. In der **Beer Factory** kann man sein Bier selbst zapfen, Cocktails trinken oder einfach nur der Musik zuhören.

Irish Pubs und Themenbars

Prag bietet die gastronomischen Visitenkarten aller möglichen Länder. Am weitesten verbreitet sind die Irish Pubs. **Caffreys**, gleich beim Altstädter Ring, gehört zu den beliebtesten, aber auch etwas teureren Kneipen. **Rocky O'Reilly's** ist das größte Irish Pub Prags mit ausgelassener Atmosphäre. Total voll wird es, wenn im Fernsehen ein wichtiges Fußballspiel übertragen wird. **Jáma** ist eine lebhafte Kneipe, die gutes Kneipenessen, darunter die besten Burger der Stadt, serviert. Einen Steinwurf von der Karlsbrücke liegt das einzige irisch-kubanische Pub, das witzige, laute **O'Che's**.

Karaoke gibt es in der **Molotow Cocktail Bar**. Das **La Casa Blu** ist eine südamerikanische Bar, in der lateinamerikanisches und tschechisches Personal karnevalsartiges Flair schafft.

Treffs der Boheme

Prag liegt nicht nur im Herzen Böhmens – auch die danach benannten Lebenskünstler (der französische Begriff »bohémien« bezeichnete die aus Böhmen stammenden Zigeuner) kommen im Stadtleben nicht zu kurz. Das **Al Capone's** ist eine der berühmtesten Lasterhöhlen der Altstadt und bei Einheimischen und Besuchern gleichermaßen beliebt. Das **Chapeau Rouge** ist eher ein Studententreff, doch Nachteulen lieben die Bar im Erdgeschoss und den Club (mit Disco) im Keller. Jenseits der Moldau und unter dem Hradschin stößt man auf das **U Malého Glena**, in dem sich viele Jahre lang die in Prag lebenden Ausländer trafen. Nicht weit entfernt findet sich **Jo's Bar & Garáž**, ein ebenfalls schon seit einer Ewigkeit bestehendes Kelleretablissement mit mexikanischem Lokal und einer Disco. Hier wird es schnell voll. **Jet Set** bietet die Kombination aus toller Bar und gutem Esslokal.

Sportbars

Neuerdings gibt es in Prag auch diverse Bars für Sportfans, etwa **Zlatá Hvězda** mit Fernsehmonitoren. Etwas außerhalb des Zentrums liegen zwei weitere beliebte Bars dieses Typs: **Abyss Bar** in Michle und **Club Velbloud** in Žižkov.

Cafés und Kaffeehäuser

Prag hat eine große Bandbreite an prächtigen Kaffeehäusern und kleinen Cafés, teilweise in Buchläden, Boutiquen oder Billardhallen. Einige sind veritable Restaurants, andere servieren nur Getränke (alle Alkohol). Im Haus »Zur Schwarzen Madonna« *(siehe S. 67)* gibt es eine Kubisten-Sammlung und das **Grand Café Orient**. Weitere Orte zum Sehen und Gesehenwerden sind das **Ebel** in der Altstadt und das **Slavia** gegenüber dem Nationaltheater.

Als Treffpunkt können Sie etwa das **Grand Café Praha** gegenüber dem Altstädter Rathaus wählen. Der Buchladen mit dem Café **Globe** ist bei Prags Ausländergemeinde schon legendär. Hier gibt es nämlich den besten Cappuccino der Stadt.

GASTHÄUSER, BIERKNEIPEN UND BARS | 207

Auf einen Blick

Gasthäuser und Bierkneipen

Bierhaus
Pivovarský dům
Lípová 15. **Stadtplan** 5 C2. 29 62 16 666.
w gastroinfo.cz/pivodum

Klosterbrauerei Strahov
Strahovské nádvoří 301/10. **Stadtplan** 1 B4.
23 33 53 155.
w klasterni-pivovar.cz

Kolkovna-Olympia
Vítězná 7.
Stadtplan 2 E5.
25 15 11 080.
w kolkovna.cz

U Fleků
Křemencova 11.
Stadtplan 5 B1.
22 49 34 019.
w ufleku.cz

U Kalicha
Na Bojišti 12–14.
Stadtplan 6 D3.
29 61 89 600.
w ukalicha.cz

U Medvídků
Na Perštýně 7.
Stadtplan 3 B5.
22 42 11 916.
w umedvidku.cz

U Pinkasů
Jungmannovo náměstí 15/16. **Stadtplan** 3 C5.
22 11 11 150.
w upinkasu.cz

U Vejvodů
Jilská 4. **Stadtplan** 3 B4.
22 42 19 999.
w restauraceuvejvodu.cz

»Zum Einäugigen«
U Vystřelenýho oka
U Božích bojovníků 3.
22 25 40 465.

»Zum goldenen Tiger«
U Zlatého tygra
Husova 17. **Stadtplan** 3 B4. 22 22 21 111.
w uzlatehotygra.cz

»Zum schwarzen Stier«
U Černého vola
Loretánské nám. 1.
Stadtplan 1 B3.
22 05 13 481.

Cocktailbars

Bar Hush
Lublaňská 39. **Stadtplan** 6 E3. 22 42 41 448.
w hushcafe.cz

Barock
Pařížská 24. **Stadtplan** 3 B2. 22 23 29 221.
w barockrestaurant.cz

Beer Factory
Václavské náměstí 58.
Stadtplan 6 D1.
23 41 01 117.
w beer-factory.cz

Bugsy's
Pařížská 10. **Stadtplan** 3 B2. 840 284 797.
w bugsysbar.com

Coyotes Prague
Malé náměstí 2.
Stadtplan 3 B4.
22 42 16 000.
w coyotesprague.cz

Sherlock's Pub
Bartolomějská 11.
Stadtplan 3 B5.
22 42 40 588.
w sherlockspub.cz

Zanzibar
Lázeňská 6. **Stadtplan** 2 E4. 25 75 30 762.
w zanzi.cz

Irish Pubs und Themenbars

Black Angels
Staroměstské nám. 29.
Stadtplan 3 B3.
22 42 13 807.
w blackangelsbar.cz

Caffreys
Staroměstské nám. 10.
Stadtplan 3 B3. 22 48 28 031. w caffreys.cz

George & Dragon
Staroměstské nám. 11.
Stadtplan 3 B3.
w georgeanddragonprague.com

Jáma
V jámě 7. **Stadtplan** 5 C1.
22 29 67 081.
w jamapub.cz

James Joyce
U Obecního dvora 4.
Stadtplan 4 D3. 22 48 18 851. w jamesjoyceprague.cz

J.J. Murphy's
Tržiště 4.
Stadtplan 2 E3.
25 75 35 575.
w jjmurphys.cz

La Casa Blu
Kozí 15. **Stadtplan** 3 C2.
22 48 18 270.
w lacasablu.cz

Merlin
Bělehradská 68a.
Stadtplan 6 E2.
22 25 22 054.
w merlin-pub.cz

Molotow Cocktail Bar
Karlovo náměstí 31.
Stadtplan 5 B2.

O'Che's
Liliová 14.
Stadtplan 3 C3.
22 22 21 178.
w oches.com

Rocky O'Reilly's
Štěpánská 32.
Stadtplan 3 A5.
22 22 31 060.
w rockyoreillys.cz

Treffs der Boheme

Al Capone's
Bartolomějská 3.
Stadtplan 3 B5.
22 42 41 040.
w alcapone.cz

Chapeau Rouge
Jakubská 2.
Stadtplan 3 C3.
22 23 16 328.
w chapeaurouge.cz

Duende
Karolíny Světlé 30.
Stadtplan 3 A4.
77 51 86 077.
w barduende.cz

Jet Set
Radlická 1c, Praha 5.
25 73 27 251.
w jetset.cz

Jo's Bar & Garáž
Malostranské nám. 7.
Stadtplan 2 E3.
25 75 31 422.
w josbar.cz

U Malého Glena
Karmelitská 23.
Stadtplan 2 E4.
25 75 31 717.
w malyglen.cz

Sportbars

Abyss Bar
Michelská 2, Praha 4.
73 15 10 612.

Club Velbloud
Hraniční 3, Praha 3.
Stadtplan 6 D1.
73 99 36 696.

Zlatá Hvězda
Ve smečkách 12.
Stadtplan 6 D1.
29 62 22 292.
w sportbar.cz

Cafés und Kaffeehäuser

Café Imperial
Na Poříčí 15.
Stadtplan 4 D3.
24 60 11 440.
w cafeimperial.cz

Ebel Coffee House
Řetězová 9.
Stadtplan 3 B4.
603 823 665.
w ebelcoffee.cz

Globe
Pštrossova 6.
Stadtplan 5 A1.
22 49 34 203.
w globebookstore.cz

Grand Café Orient
Dům U Černé Matky Boží, Ovocný trh 19.
Stadtplan 3 C3.
22 42 24 240.
w grandcafeorient.cz

Grand Café Praha
Staroměstské nám. 22.
Stadtplan 3 B3.
22 16 32 522.
w grandcafe.cz

Hotel Evropa Café
Václavské náměstí 25.
Stadtplan 3 C5.
22 42 15 387.
w evropahotel.cz

Neo Palladium Café
Palladium, Náměstí Republiky 1.
Stadtplan 4 D3.
22 23 14 638.
w neopalladiumcafe.cz

Slavia
Smetanovo nábřeží 2.
Stadtplan 3 A5.
22 42 18 493.
w cafeslavia.cz

Stadtplan siehe Seiten 244–255

Nachtleben

Prags Nachtleben ist heute genauso vielfältig wie dasjenige in anderen europäischen Städten. Billiger Alkohol, Avantgarde-Künstler, lockere Spiel- und Prostitutionsgesetze tragen dazu bei, dass Massen von Besuchern und Einheimischen nachts unterwegs sind. Die Stadt steht auch auf dem Tourneeplan von internationalen Pop- und Rockstars. Mindestens einmal im Monat spielen hier Top-Bands, meist in den Arenen von O2 und Tipsport.

Die Prager Clubs sind bewährtes Testgelände für neue Bands. Die gesamte Musikszene, die vom nahen Berlin beeinflusst ist, gilt als experimentierfreudig. Die Schwulen- und Lesbenszene gedeiht in dieser Stadt, die zu den tolerantesten in Mitteleuropa zählt. Aus ähnlichen Gründen gibt es in Prag so viele Etablissements für käufliche Liebe.

Clubs

Der größte Club der Stadt ist die **Lucerna Music Bar**, die in einem ungewöhnlichen Ballsaal im Keller des schönen, aber recht heruntergekommenen Lucerna-Gebäudes Live-Auftritte lokaler Bands und DJs bietet. Seien Sie früh genug da, damit Sie auch reinkommen. **Karlovy Lázně** ist ein weiterer großer Club, in dem manchmal Bands spielen. Im **Zlatý Strom** in einem spektakulären mittelalterlichen Keller wird bis fünf Uhr morgens zu Techno, House sowie Musik der 1970er bis 1990er Jahre abgetanzt.

Zu den trendigeren Clubs, die die neuesten Rhythmen bringen, gehören **Nebe** und **Radost FX**, in denen sich die Reichen der Stadt bei House Music und plüschigem Ambiente ein Stelldichein geben, sowie **XT3** und **SaSaZu**. Bei trinkenden Männerrunden besonders beliebt ist das **Double Trouble** – hier kann es entsprechend rau zugehen.

Wirklich experimentelle und originelle Hardcore-House- und Techno-Musik hört man im **Roxy**, in dem die Musik häufig von künstlerischen Videoprojektionen begleitet wird. Im Roxy treten regelmäßig auch international bekannte Rockbands auf.

Wenn Ihnen der Sinn nach Cabaret steht, sollten Sie ins **Tingl Tangl** gehen. Der Club ist für seine ausgelassenen Travestie-Shows bekannt.

Rock- und Popclubs

Rockmusik-Fans kommen in Prag auf ihre Kosten. Der anarchische Einfluss der Prager Rockbands in den 1980er Jahren hat, so meinen einige, zum Sturz des kommunistischen Regimes beigetragen – wenn auch nicht mit Absicht. Heute haben Pop- und Rockgruppen eine Vielzahl an Konzertorten zur Auswahl, meist kleine Clubs und Cafés. Die lokale Musikszene wächst und gedeiht. Prager Rockbands spielen sowohl Cover-Versionen internationaler Hits als auch ihre eigenen Kompositionen. Bekannte Bands aus dem Westen geben in Prag regelmäßig Konzerte, meist finden sie in der **Tipsport-Arena** oder der **O2-Arena** statt.

Rock Café und **UZI Rock Bar**, beides sehr beliebte Etablissements, bieten häufig Konzerte. Danach legen meist DJs auf. Ein weiterer Veranstaltungsort ist die **Futurum Music Bar**, die bis frühmorgens offen hat. Das **Palác Akropolis** in Žižkov ist ein Forum für ausländische Bands. Lucerna Music Bar und Roxy bieten ebenfalls regelmäßige Auftritte von Bands.

Jazzclubs

Die Tradition des Prager Jazz lässt sich nicht allein auf amerikanische Wurzeln zurückführen, sondern geht auch auf hiesige Jazzgrößen aus der Zeit vor dem Zweiten Weltkrieg wie Jaroslav Ježek zurück. Sogar zur Zeit des Kommunismus war Prag in aller Welt als Zentrum des Jazz bekannt. Stars wie Dizzy Gillespie, Stan Getz, Duke Ellington und Buddy Rich traten in den 1960er und 1970er Jahren in Prag auf. Die heutigen zahlreichen Jazzclubs der Stadt spielen alle Arten von Jazz, von Dixieland bis Swing. Einer der führenden und populärsten Clubs ist der **Jazz Club Reduta**, in dem es jeden Tag ab 21 Uhr Konzerte gibt. Als der damalige US-Präsident Bill Clinton 1994 auf Staatsbesuch in Prag war, fragte er den tschechischen Präsidenten, wo er in der Stadt Jazz hören könne – Václav Havel nahm ihn in den Jazz Club Reduta mit. Im **Jazz Boat** mit Blick auf die Moldau entspannt man bei lokalen Jazzbands. Im **AghaRTA Jazz Centrum** kann man Gruppen mit hohem Spielstandard hören. Das **U Malého Glena** bietet reguläre Live-Acts: Blues, Jazz und Funk. Gleiches gilt für **Jazz Republic**, wo jeden Abend ab 21 Uhr Jazz erklingt. Fans besuchen das AghaRTA Prague Jazz Festival im Mai, bei dem Musiker aus aller Welt auftreten, oder aber das Bohemia Jazzfest um den Altstädter Ring. Das **Blues Sklep** ist ein Newcomer der Prager Jazzszene. Es bietet ein interessantes Programm mit Jazz und Blues live sowie weiteren Musikgattungen.

Schwule und Lesben

Sogar in Mainstream-Clubs wie dem **Radost FX** finden regelmäßig Homo-Nächte statt – kein Wunder, dass Prag bei Schwulen und Lesben als europäischer Hotspot gilt. Die Szene ist liberal und bunt gemischt. Die Clubs kann man in mehrere Kategorien einteilen: Das **Termix** ist eine laute, immer rappelvolle Disco. Im **Drake's Club** geht es nicht vorrangig ums Aufreißen – weshalb der Club auch bei Besucherinnen beliebt ist. Der berühmteste Prager Club ist allerdings das **Friends**, eine Cocktailbar. Er hat eine treue Stammkundschaft, die weniger am Cruising als am gemeinsamen Spaßhaben interessiert ist. Das **Temple**, ein Schwulenzentrum, betreibt Bar, Disco, Sexshop und auch ein Hotel. **JampaDampa** ist ein Lesbenclub.

Auf www.prague.gayguide.net gibt es Infos über Prags Schwule und Lesben, Hotelempfehlungen, Adressen und Tipps zu Veranstaltungen.

Prag für Erwachsene

Prag hat leider auch einen Ruf als Ort für Sextourismus – eine Folge des billigen Alkohols und der Annahme, in Tschechien sei Prostitution legal. Es gibt jedoch kein Prostitutionsgesetz – Prostituierte arbeiten in einer Grauzone. Liberale Politiker möchten hier Zweifel ausräumen und die Prostitution generell legalisieren. In der Zwischenzeit wird meist eine tolerante Handhabung praktiziert. Besucher können sich allem hingeben, was die sogenannten »Relax-Clubs« anbieten. Einige sind besser als andere. Viele sind aber einfach nur Touristenfallen.

Auf einen Blick

Clubs

Double Trouble
Melantrichova 17.
Stadtplan 3 B4.
22 16 32 414.
doubletrouble.cz

Karlovy Lázně
Novotného lávka, Smetanovo nábřeží 198.
Stadtplan 3 A4.
22 22 20 502.
karlovylazne.cz

Lucerna Music Bar
Vodičkova 36.
Stadtplan 3 C5.
22 42 17 108.
musicbar.cz

Misch Masch
Veletržní 61, Praha 7.
mischmasch.cz

Nebe
V celnici 4.
Stadtplan 4 D3.
777 662 081.

Václavské náměstí 56.
Stadtplan 6 D1.
608 129 535.

Křemencova 10.
Stadtplan 5 B1.
nebepraha.cz

Radost FX
Bělehradská 120.
Stadtplan 6 E2.
22 42 54 776.
radostfx.cz

Roxy
Dlouhá 33.
Stadtplan 3 C3.
roxy.cz

SaSaZu
Bubenské náměstí 13, Praha 7.
28 40 97 455.
sasazu.com

Tingl Tangl
Karolíny Světlé 12.
Stadtplan 3 A5.
22 42 38 278.
tingltangl.cz

Újezd
Újezd 18.
Stadtplan 2 E5.
25 15 10 873.
klubujezd.cz

XT3
Rokycanova 29, Praha 3.
22 27 83 463.
xt3.cz

Zlatý Strom
Karlova 6.
Stadtplan 3 A4.
22 22 20 441.
zlatystrom.cz

Rock- und Popclubs

Futurum Music Bar
Zborovská 7, Praha 5.
Stadtplan 2 F5.
25 73 28 571.
futurum.musicbar.cz

Klub Lávka
Novotného lávka 1.
Stadtplan 3 A4.
22 10 82 299.
lavka.cz

O2-Arena
Siehe S. 221.

Palác Akropolis
Kubelíkova 27.
29 63 30 911.
palacakropolis.cz

Rock Café
Národní 20.
Stadtplan 3 B5.
22 49 33 947.
rockcafe.cz

Tipsport-Arena
Siehe S. 221.

UZI Rock Bar
Legerova 44.
Stadtplan 6 D3.
777 637 989.
demon.barr.cz/uzi

Jazzclubs

AghaRTA Jazz Centrum
Železná 16.
Stadtplan 3 C4.
22 22 11 275.
agharta.cz

Blues Sklep
Liliová 10.
Stadtplan 3 B4.
22 14 66 138.
bluesklep.cz

Jazz Boat
Boot: Kotva, Tor 5, unter der Čechův most, Dvořákovo nábřeží.
Stadtplan 3 B2.
73 11 83 180.
jazzboat.cz

Jazz Club U Staré Paní
Michalská 9.
Stadtplan 3 B4.
602 148 377.
jazzstarapani.cz

Jazz Club Reduta
Národní 20.
Stadtplan 3 B5.
22 49 33 487.
redutajazzclub.cz

Jazz Republic
28. října 1.
Stadtplan 3 C5.
22 42 82 235.
jazzrepublic.cz

U Malého Glena
Karmelitská 23.
Stadtplan 2 E4.
25 75 31 717.
malyglen.cz

Schwule und Lesben

Drake's Club
Zborovská 50, Praha 5.
Stadtplan 2 F5
25 73 26 828.
drakes.cz

Escape
V jámě 8. Stadtplan 5 C1.
escapeprague.eu

Fenoman Club
Belgická 28, Praha 2.
Stadtplan 6 F3.
22 27 11 458.
fenomanclub.cz

Friends
Bartolomějská 11.
Stadtplan 3 B5.
22 62 11 920.
friendsprague.cz

Heaven
Gorazdova 11.
Stadtplan 5 A3.
22 49 21 282.
heaven.cz

JampaDampa
Vtůních 10.
Stadtplan 6 D2.
73 95 92 099.
jampadampa.cz

ON Club
Vinohradská 40.
Stadtplan 6 F1.
724 384 464.
onclub.cz

Temple
Seifertova 3, Praha 3.
22 27 10 773.

Termix
Třebízského 4a.
22 27 10 462.

Shopping

Mit seinen Fußgängerzonen, Einkaufszentren, Souvenirläden und Antiquitätenmärkten hat sich Prag als eine der führenden Shopping-Destination in Europa etabliert. Fast alle großen amerikanischen und westeuropäischen Kaufhäuser, Designer und Ladenketten haben hier Niederlassungen.

Auch die Qualität einheimischer Waren ist üblicherweise auf einem hohen Standard. Die meisten guten Einkaufsadressen liegen im Stadtzentrum, wo Sie leicht einen ganzen Tag damit verbringen können, durch kleine Fachgeschäfte und große Kaufhäuser zu bummeln. Eine andere Art von Einkaufserlebnis bieten traditionelle Märkte, auf denen alles Mögliche, von Obst und Gemüse über russischen Kaviar und Spielzeug bis hin zu Kleidung, Möbeln, Kunsthandwerk und sogar Gebrauchtwagen, angeboten wird. Außerhalb der Stadt entstehen immer mehr große Einkaufszentren, die sich wachsender Beliebtheit erfreuen.

Öffnungszeiten

Die meisten Prager Läden haben montags bis freitags von 10 bis 18 Uhr und samstags von 9 bis 13 Uhr geöffnet. Supermärkte bleiben länger offen, oft von 7 bis 21 oder 22 Uhr.

Auch Lebensmittelgeschäfte starten früh, meist um 7 Uhr – unter Berücksichtigung der Einheimischen, die schon früh zur Arbeit gehen – und schließen etwa um 21 Uhr. Einige vietnamesische, chinesische und pakistanische Supermärkte sind 24 Stunden lang geöffnet (ein solcher Markt liegt in der Národní, zwei nahe der Metro-Station I. P. Pavlova). Die großen Kaufhäuser und Einkaufszentren sind täglich bis 20 oder 21 Uhr geöffnet, ihre Supermärkte öffnen eine Stunde eher und schließen eine Stunde später. Alle sind auch sonntags offen.

Viele Tesco-Supermärkte (Skalka, Novodvorská Plaza und Nový Smíchov) öffnen schon um 6 oder 7 Uhr und schließen um Mitternacht, drei sind rund um die Uhr geöffnet (Avion Shopping Park, OC Letňany und NC Eden).

Im Zentrum, um den Altstädter Ring, die Zeltner- und die Karlsgasse, gibt es fast nur Läden für Besucher, die ihre Öffnungszeiten entsprechend angepasst haben. Meist sind sie ab 10 Uhr bis spätabends geöffnet. Einige schließen erst um 23 Uhr. Samstags sind alle Läden überfüllt. Wer stressfrei einkaufen will, sollte dies unter der Woche tun.

Antiquitätenladen in der Kleinseitner Brückenstraße

Der Markt in der Havelská hat täglich geöffnet, das Shopping-Center River Town von montags bis samstags (beide ab 7 Uhr bis abends).

Bezahlung

Die meisten Waren, inklusive der Lebensmittel, sind in Prag wesentlich billiger als im Westen. Je mehr westliche Anbieter jedoch hier auftauchen, darunter etwa Boss oder Pierre Cardin, umso mehr verteuert sich alles.

Im Gesamtpreis sind immer 21 oder 15 Prozent (ermäßigter Satz) Mehrwertsteuer enthalten.

Mit dem EU-Beitritt Tschechiens am 1. Mai 2004 ist die bis dahin mögliche Rückerstattung der tschechischen Mehrwertsteuer für Reisende aus EU-Ländern entfallen.

Barzahlungen müssen in tschechischen Kronen erfolgen, doch einige Läden nehmen inzwischen auch Euro. Tschechien wollte den Euro ursprünglich 2010 einführen. Aufgrund von starken Schwankungen der tschechischen Krone zum Euro und der Euro-Krise wurde dies verschoben.

Kleinere Läden schätzen es, wenn Sie das tschechische Geld passend haben. Manchmal werden große Scheine (1000 Kronen und höher) gar nicht angenommen.

Die gängigen Kredit- und Bankkarten werden mittlerweile vielerorts akzeptiert *(siehe S. 230)*.

Schlussverkäufe und Sonderangebote

In Tschechien und vor allem in Prag folgt man dem Beispiel westlicher Geschäfte: Es gibt zunehmend Sonderangebote und Ausverkaufsaktionen aller Art. So ist Kleidung am Ende der Sommer- und Wintersaison wesentlich billiger. Zudem steigt die Anzahl der Läden, die alljährlich nach Weihnachten ihre Preise reduzieren – vor allem die Geschäfte um den Wenzelsplatz, den Altstädter Ring, Na Příkopě und 28. října.

Kaufen Sie frisches Obst, Gemüse und Fleisch morgens, wenn noch Qualitätsware angeboten wird. Es macht wenig Sinn, mit dem Einkaufen zu warten, in der Hoffnung, dass Frischware, ähnlich wie in westlichen Geschäften, abends billiger verkauft wird, um Platz für die Lieferung am nächsten Tag zu schaffen.

Shopping-Meilen und Kaufhäuser

Die meisten Läden liegen im Stadtzentrum, vor allem um den Wenzelsplatz, doch auch die Souvenirläden auf dem Weg zur Prager Burg lohnen einen Besuch. Viele Shopping-Meilen sind mittlerweile Fußgängerzonen. In Prag entstehen zudem immer mehr Warenhäuser, die eine unglaubliche Vielzahl tschechischer und westlicher Artikel verkaufen. Eines der bekanntesten Kaufhäuser ist **Kotva** (Anker) im Stadtzentrum. Es wurde 1975 erbaut und bietet auf seinen vier Etagen eine große Auswahl an Produkten aus dem Westen, vor allem Mode und Elektrogeräte. Zu Kotva gehört auch eine unterirdische Parkgarage. Im Vergleich mit Kaufhäusern in westlichen Ländern hat man jedoch ein bescheideneres Sortiment. Die Preise für Luxusprodukte wie Parfum entsprechen häufig denen in Westeuropa. Mit dem neu errichteten glamourösen Einkaufszentrum **Palladium** hat Kotva einen harten Konkurrenten bekommen, der gleich gegenüber liegt.

Beliebt ist auch das Kaufhaus **Tesco** mit einer recht guten Auswahl an tschechischen und westlichen Produkten in einem schlichten Bau aus den 1970er Jahren in der Národní třída.

Prags ältestes Kaufhaus, das **Bílá Labuť** (Weißer Schwan), steht in der Na Poříčí. Es wurde 1939 eröffnet, kurz vor dem Einmarsch der Nazis, und hatte als erstes Gebäude der Stadt einen Aufzug. Das angestaubte Kaufhaus tut sich angesichts der Konkurrenz schwer – es gibt immer wieder Gerüchte über eine Schließung.

Debenhams, ein bekannter Name aus Westeuropa, hat ein gigantisches Kaufhaus am Wenzelsplatz eröffnet. Die Möbelabteilung im dritten Stock ist bei den Einheimischen sehr beliebt.

Vor den Toren Prags entstehen immer mehr riesige Einkaufszentren mit großen Supermärkten. Tesco hat verschiedene Niederlassungen, darunter in den Shopping Malls Nový Smíchov, OC Letňany und in Zličín – dort neben einer ebenfalls riesigen Filiale von IKEA.

Auf einen Blick
Kaufhäuser

Bílá Labuť'
Na Poříčí 23.
Stadtplan 4 E3.
22 48 11 364.

Debenhams
Václavské náměstí. 21.
Stadtplan 4 D5.
22 10 15 047.

Kotva
Náměstí Republiky 8.
Stadtplan 4 D3.
22 48 01 111.

Palladium
Náměstí Republiky 1.
Stadtplan 4 D3.
22 57 70 250.
w palladiumpraha.cz

Tesco
Národní 26.
Stadtplan 3 B5.
22 20 03 111.

Märkte und Einkaufszentren

Die Prager Innenstadt bietet keinen großen Markt, doch der Weihnachtsmarkt am Altstädter Ring lohnt einen Besuch. **Havelská tržnice** *(siehe S. 215)*, der größte zentrale Markt, verkauft vor allem frische Lebensmittel. Ein weiterer großer Markt ist **Pražská tržnice** in Holešovice (Metro nach Vltavská).

Prags bester Flohmarkt ist der **Buštěhrad- Sammlermarkt** *(siehe S. 215)* nahe Lidice. Bauern-, Oster- und Weihnachtsmärkte finden vor dem Arkády Pankrác-Gebäude statt *(siehe S. 215)*.

Einkaufszentren bzw. Shopping Malls nach westlichem Vorbild sind auch in Prag mittlerweile auf dem Vormarsch. Na Příkopě – zwischen Náměstí Republiky und Václavské náměstí gelegen – bietet gleich fünf davon: **Palladium, Slovanský dům, Myslbek, Černá růže** und **Palác Koruna** *(siehe S. 215)*.

Weiter außerhalb, doch nahe an Metro-Stationen liegen **Arkády Pankrác, Nový Smíchov** und **Flora** *(siehe S. 215)*. Die Einkaufszentren außerhalb bieten große Parkplätze.

Bücher, Bilder und Stiche in einem Prager Antiquariat

Stadtplan *siehe Seiten 244 – 255*

Geschenke und Souvenirs

Das Warenangebot in den Prager Läden ist riesig. Traditionelle Produkte, die es in Prag zu kaufen gibt, etwa böhmisches Kristall oder Porzellan, Holzspielzeug und Antiquitäten, sind sehr schöne Souvenirs. Manchmal kann man sie noch zu günstigen Preisen erstehen. Immer beliebter werden auch die Souvenirs, die von Straßenhändlern angeboten werden, obwohl sie wenig mit tschechischem Handwerk zu tun haben: Matroschkas (russische Puppen), Uniformen und Medaillen. Auch tschechische Schmucksteine sind eine Möglichkeit, insbesondere Granat.

Glas und Porzellan

Böhmisches Glas und Porzellan gehören seit langer Zeit zu den besten der Welt. Riesige Vasen, zierliche Glasfiguren – die Auswahl ist geradezu unermesslich.

Kristall, Glas und Porzellan können allerdings von sehr unterschiedlicher Qualität sein, abhängig davon, wo sie produziert wurden. Bleikristall etwa hat einen Bleigehalt zwischen 14 und 24 Prozent. Mit die beste Ware stellen die Glaswerke **Moser** in Karlsbad her. Man kann die Produkte im gleichnamigen Laden in Prag kaufen.

Den in Tschechien beliebten blutroten Granatschmuck – Granat ist der böhmische »National-Edelstein« – kann man bei **Crystal Direct**, **Celetná** und **Erpet Bohemia Crystal** erwerben. **Artěl** verkauft mundgeblasene Glasobjekte, entworfen von Karen Feldman.

Die Preise für bestimmte Waren, vor allem für klassische Vasen, Karaffen und Schüsseln, reflektieren allerdings inzwischen die wachsende Beliebtheit des böhmischen Kristalls. Die Tage, als solche Artikel in Prag nur halb so viel kosteten wie im Westen, sind vorbei. Dennoch: Das Preis-Leistungs-Verhältnis stimmt. Man kann hier und da auch noch immer ein Schnäppchen machen. Viele der modernen Stücke sind genauso hübsch wie die Klassiker und haben den Vorteil, billiger zu sein.

Böhmisches Porzellan ist zwar nicht ganz so berühmt wie böhmisches Kristall, ist aber ebenfalls ein schönes Mitbringsel. **Český Porcelán**, die berühmteste Fabrik des Landes, liegt in Dubí, nahe der Stadt Teplice. Sie ist etwa eine Autostunde von Prag entfernt (Richtung deutsche Grenze). Český Porcelán besitzt auch einen Laden in Prag. Weitere Hersteller von Porzellanartikeln sind **Royal Dux Bohemia**, **Haas & Czjzek**, **A. Ruckl & Sons** und **Toner**.

Da Porzellanwaren zerbrechlich sind, werden sie in den Läden immer gut verpackt. Wenn Sie allerdings ein sehr wertvolles Stück erstehen, sollten Sie vielleicht eine Versicherung dafür abschließen, ehe Sie Prag verlassen.

Antiquitäten

In der ehemaligen Hauptstadt des Habsburgerreichs kann man hervorragend nach Antiquitäten stöbern. An jeder Ecke könnte ein Schatz auf einen warten. Die Preise sind im Allgemeinen nach wie vor niedriger als im Westen. In den meisten Einkaufsgegenden Prags gibt es Antiquitätenläden: Die Altstadt ist voll davon, Gleiches gilt für den Königsweg zur Prager Burg hoch.

Achten Sie auf böhmische Möbel, Glas- und Porzellanartikel sowie Militärandenken und Andenken aus sowjetischer Zeit. Zu den empfehlenswerten Antiquitätenläden gehören **Dorotheum**, **Starožitnosti pod Kinskou** und **Pražské Starožitnosti**. Militaria-Fans sind bei **Military Antiques** richtig.

Wenn Sie Waren im Wert von über 1000 Kronen kaufen, sollten Sie sich erkundigen, ob Sie eine Ausfuhrgenehmigung benötigen. Nehmen Sie sich in Acht vor den Fälschungen, die zunehmend auftauchen.

In Prag finden sich auch sogenannte *Bazar*-Geschäfte, die Waren zu deutlich günstigeren Preisen anbieten. **Bazar Nekázanka** ist ein kleiner, beliebter Laden, der bis unter die Decke mit Secondhand-Produkten vollgestopft ist. Bei **Antik Bazar** kann man mit etwas Glück ein Schnäppchen bei Möbeln machen.

Kunsthandwerk

Das traditionelle Kunsthandwerk hat im heutigen Prag überlebt und ist allgemein von hoher Qualität. Die Vielfalt der Produkte, die Sie kaufen können – handgewebte Teppiche, Holzspielzeug, Tischtücher, Mützen, Trachtenpuppen und Töpferwaren –, geht auf die böhmische und tschechische Volkskunst zurück, die heute mit modernen Motiven variiert wird. Sie bekommen all diese Dinge bei den Straßenhändlern und in den entsprechenden Läden.

Produkte aus Ton sind ein altes Kunsthandwerk in Tschechien. Das altehrwürdige Geschäft **Česká Keramika** bietet solche Waren an.

Ein Juweliergeschäft, das den besten tschechischen Granat verwendet und zu modernem Schmuck verarbeitet, ist **Studio Šperk**. Die Ladenkette namens **Manufaktura** verkauft gute Waren ausschließlich aus der Tschechischen Republik. Sie bietet eine große Auswahl an geschnitzten Objekten sowie originale Kosmetikartikel.

Einige Straßenhändler rund um den Altstädter Ring besitzen ebenfalls ein großes Sortiment, z. B. Schmuck und Puppen. Auch tschechische Holzarbeiten sind erstklassige Souvenirs (*siehe Fachgeschäfte, S. 214f*).

Bücher

Prag hat aufgrund seiner großen literarischen Vergangenheit eine Vielzahl an Buchhandlungen. Viele davon verkaufen

GESCHENKE UND SOUVENIRS | 213

auch fremdsprachige Literatur. Einer der größten Buchläden ist der **Big Ben Bookshop** (tschechische, deutsche und englische Bücher). **Palác knih – Neo Luxor** (mit mehreren Filialen in Prag) bietet eine gute Auswahl auf drei Stockwerken. Straßenkarten und Reiseführer bekommt man bei **Knihkupectví Academia**. Weitere Fachbuchhandlungen sind z. B. **Fišerovo Knihkupectví** und **Kanzelsberger** mit mehreren Standorten in der Stadt.

Die **Franz-Kafka-Buchhandlung** verkauft Autoren in mehreren Sprachen. Natürlich gibt es in Prag auch zahlreiche Buchantiquariate – wahre Paradiese für Bibliophile. Eines der besten mit großer Auswahl ist das **Antikvariát Dlážděná**. Das **Antikvariát Ztichlá Klika** bietet antiquarische Bücher und Avantgarde-Werke (20. Jh.).

Im legendären **Globe**, das zugleich Café und Buchladen ist, kann man in alten englischsprachigen Büchern blättern und dabei den besten Cappuccino Prags trinken. 1993 eröffneten fünf Amerikaner in einem ärmeren Stadtteil Prags diese Fundgrube, die inzwischen ins Zentrum umgezogen ist und regelmäßig Lesungen und Kunstausstellungen organisiert. Lesungen und Ausstellungen gibt es auch bei der auf englische Literatur spezialisierten Buchhandlung **Shakespeare & Sons**, die zudem Filmvorführungen und Poetry-Slams veranstaltet.

Auf einen Blick

Glas und Porzellan

Artěl
Celetná 29 (Eingang in der Rybná 1).
Stadtplan 3 C3.
☎ 22 48 15 085.
U lužického semináře.
Stadtplan 2 F3.
☎ 25 15 54 008.
w artelshop.com

Celetná Crystal
Celetná 15.
Stadtplan 3 C3.
☎ 22 23 27 987.
w czechcrystal.com

Český Porcelán
Perlová 1.
Stadtplan 3 B4.
☎ 22 42 10 955.
w cesky.porcelan.cz

Crystal Direct
Karlova 24.
Stadtplan 3 A4.
☎ 22 22 20 126.

Dana-Bohemia
Glas, Porzellan, Kristall
Národní 43.
Stadtplan 3 A5.
☎ 22 42 14 655.
w danabohemia.cz

Erpet Bohemia Crystal
Staroměstské náměstí 27.
Stadtplan 3 C3.
☎ 22 42 29 755.
w erpetcrystal.cz

Moser
Na Příkopě 12.
Stadtplan 3 C4.
☎ 22 42 11 293.
Staroměstské náměstí 15.
Stadtplan 3 C3.
☎ 22 18 90 891.
w moser-glass.com

Antiquitäten

Antik Bazar
Pobřežní 42, Praha 8.
☎ 60 34 80 904.
w antik-bazar.cz

Bazar Nekázanka
Nekázanka 17.
Stadtplan 4 D4.
☎ 22 42 10 550.
w nekazanka.cz

Dorotheum
Ovocný trh 2.
Stadtplan 3 C4.
☎ 22 42 22 001.
w dorotheum.cz

Military Antiques
Charvátova 11.
Stadtplan 3 C5.
☎ 22 53 79 724.

Pražské Starožitnosti
Zdeněk Uhlíř
Mikulandská 8.
Stadtplan 3 B5.
☎ 22 49 30 572.

Starožitnosti pod Kinskou
Náměstí Kinských 7.
☎ 25 73 11 245.
w antique-shop.cz

Kunsthandwerk

Česká Keramika
Celetná 4.
Stadtplan 3 C3.
☎ 22 42 11 896.

Manufaktura
Karlova 26.
Stadtplan 3 A4.
☎ 22 16 32 480.
Melantrichova 17.
Stadtplan 3 B4.
☎ 22 16 32 480.
w manufaktura.biz
Zwei von mehreren Filialen.

Studio Šperk
Dlouhá 19.
Stadtplan 3 C3.
☎ 22 48 15 161.
w drahonovsky.cz

Bücher

Antikvariát Dlážděná
Dlážděná 7.
Stadtplan 4 E4.
☎ 22 22 43 911.
w adplus.cz

Antikvariát Ztichlá Klika
Betlémská 10–14.
Stadtplan 3 A5.
☎ 22 22 21 561.
w ztichlaklika.cz

Big Ben Bookshop
Malá Štupartská 5.
Stadtplan 3 C3.
☎ 22 48 26 565.
w bigbenbookshop.com

Fišerovo Knihkupectví
Kaprova 10.
Stadtplan 3 B3.
☎ 22 23 20 730.

Franz-Kafka-Buchhandlung
Staroměstské náměstí 12.
Stadtplan 3 B3.
☎ 22 23 21 454.

Globe
Pštrossova 6.
Stadtplan 5 A1.
☎ 22 49 34 203.
w globebookstore.cz

Kanzelsberger
Václavské náměstí 42.
Stadtplan 4 D5.
☎ 22 42 17 335.
w dumknihy.cz

Knihkupectví Academia
Václavské náměstí 34.
Stadtplan 4 D5.
☎ 22 42 23 511.
w academia.cz

Palác knih – Neo Luxor
Václavské náměstí 41.
Stadtplan 4 D5.
☎ 29 61 10 370
Eine von mehreren Filialen.

Shakespeare & Sons
U lužického semináře 10.
Stadtplan 2 F3.
☎ 25 75 31 894.
w shakes.cz

Stadtplan siehe Seiten 244 – 255

Shopping-Tipps

Besucher haben die Wahl: Ob supermodernes Einkaufszentrum oder traditioneller Markt, Prag hat beides zu bieten. Der größte Markt liegt allerdings etwas außerhalb in Holešovice. Große und kleine Einkaufszentren entstehen überall in der Stadt, daneben gibt es Fachgeschäfte mit allen Arten von Produkten: Von Fabergé-Eiern bis zu jüdischen *yarmulkas* finden Sie in Prag einfach alles.

Märkte

Prager Märkte bieten eine große Bandbreite an Waren, wobei sich das Angebot – Obst, Gemüse, günstige Kleidung und Elektro-Artikel – eher an die Einheimischen richtet. Der größte Markt Prags, mittlerweile eigentlich ein Einkaufszentrum, ist **River Town** (Holešovická tržnice). Es liegt in einem früheren Schlachthof in Holešovice. Hier gibt es in mehreren Hallen und an Ständen im Freien Obst und Gemüse, alle Arten von Geflügel, Fisch, Textilien, Blumen, Elektronik, Antiquitäten, Spielzeug und Möbel (montags bis samstags von 7 bis 20 Uhr).

Direkt im Zentrum, in der Havelská, befindet sich der **Havelská tržnice**, ein kleiner Markt für Obst, Gemüse und preisgünstige Souvenirs (tägl. 7 bis 19 Uhr).

Vielleicht haben Sie Lust, sich den Trödel, die Möbel und Militaria (eine Garantie für deren Echtheit gibt es allerdings nicht) im **Buštěhrad-Sammlermarkt** außerhalb der Stadt anzusehen. Er ist angeblich der drittgrößte Markt seiner Art in Europa. Ein Bus fährt von den Metro-Stationen Dejvická oder Zličín dorthin. Der Markt hat am zweiten und vierten Freitag und Samstag im Monat von 6 bis 12 Uhr geöffnet. Ein weiterer Flohmarkt, der **Bleší trhy Praha**, liegt bei der Metro-Station Kolbenova (Wochenende von 6 bis 13.30 Uhr).

Auf dem Altstädter Ring findet von Ende November bis Neujahr ein sehr beliebter Weihnachtsmarkt statt. Neben Ständen für Geschenke und Spielzeug gibt es auch welche für Glühwein und Würstchen. Kinder toben auf dem kleinen Spielplatz. Hier steht auch der Christbaum der Stadt. Zudem finden winterliche Open-Air-Konzerte statt.

Einkaufszentren

In und um Prag gibt es immer mehr Shopping-Komplexe im westeuropäischen Stil. Sie sind beliebter und oft besser als die alten Kaufhäuser und bieten ein größeres, hochwertiges Sortiment zu niedrigeren Preisen.

Direkt im Zentrum am Náměstí Republiky (Metro B) liegt **Palladium** mit Hunderten von Läden und Restaurants auf fünf Ebenen. Gleich die Straße hinunter, in der Na Příkopě, befinden sich die edleren Malls **Myslbek**, **Černá růže** oder **Palác Koruna** (Metro A und B). Sie bieten eine große Anzahl von schicken Boutiquen und Juwelieren. Hinzu kommt **Slovanský dům** mit dem fabelhaften Restaurant Kogo und einem Multiplex-Kino.

Mit der Metro gelangen Sie zu den dreistöckigen Arkaden des **Arkády Pankrác** (Metro C) und zum **Palác Flora** (Metro B). **Nový Smíchov** in Anděl (Metro B) beherbergt auf zwei Stockwerken einen Tesco-Supermarkt sowie nahebei die Multiplexe Palace Cinemas und Cinestar (siehe S. 219).

Beliebt ist auch das riesige **Centrum Chodov** (Metro C) mit 200 Geschäften. Die **Galerie Harfa** nahe der O2-Arena bietet eine frei zugängliche Eislaufbahn auf dem Dach (Českomoravská, Metro B). Am weitesten entfernt, nämlich an beiden Endstationen der Metro B, befinden sich mehrere riesige Supermärkte und Shopping Malls, darunter **Metropole Zličín** mit einem Multiplex-Kino.

OC Letňany, die größte Shopping Mall des Landes (Metro C, dann Shuttlebus), liegt nahe der D8. **Šestka** ist ein guter Tipp für Shopping in letzter Minute. Das Einkaufszentrum liegt beim Flughafen (Bus 119 zwischen Dejvická und Ruzyně).

Straßenstände

Straßenverkäufer und Straßenstände sind eigentlich illegal, doch mehrere Verkäufer dürfen bei der Karlsbrücke Souvenirs verkaufen. Stände sind auch beim Eingang zum Alten jüdischen Friedhof und bei der alten Burgtreppe von der Metro-Station Malostranská zum Osttor der Burg erlaubt. Da die meisten der Händler gründlich geprüft werden, sind ihre Waren oft recht hochwertig – echte Schnäppchen sind aber eher unwahrscheinlich. Vieles bekommt man in den Souvenirläden für weniger Geld.

Fachgeschäfte

Böhmen und Mähren waren schon früher für ihr schönes Holzspielzeug bekannt. Läden mit solchen Produkten gibt es in der ganzen Stadt, vor allem in der Altstadt. Seien Sie allerdings auf der Hut vor billigen Importen! Echte tschechische Objekte finden Sie bei **Hračky Traditional Toys** nahe der Burg, bei Beruška in der Neustadt und im **Sparky's House of Toys**, nahe der Na Příkopě, eine Schatztruhe für Kinder aller Altersstufen. Größere Kinder mögen auch **Games & Puzzles** am Wenzelsplatz, wo man u. a. handgearbeitete Holzlabyrinthe bekommt.

Wenn Sie nach etwas Ausgefallenem, aber original Tschechischem suchen, sollten Sie zu **Botanicus** beim Altstädter Ring gehen. Hier gibt es natürliche Pflegeartikel aus heimischen Produkten, von der Seife bis zum Massageöl. Beliebt ist auch **Qubus**, der alles Mögliche anbietet – solange das Design absolut modern ist. Die meisten der schrulligen und wundersamen Dinge und Objekte haben junge tschechische Designer entworfen.

SHOPPING-TIPPS | 215

Im **Geschenkeladen der Spanischen Synagoge** bekommt man Thora-Zeigestöcke *(yarmulkas)*, Armbanduhren und andere jüdische Artikel. **Le Patio** in der Národní ist ein Laden, der originelle Leuchtkörper und Kandelaber, hochwertige restaurierte Möbel aus Indien sowie schmiedeeiserne Tische und Stühle herausragender tschechischer Schmiede verkauft. Ein weiterer Favorit von Design-Fans ist **de.fakto**, eine gehobene Version von IKEA, im Stadtzentrum. Die **Art Deco Galerie** ist ein hübscher Laden mit Art-déco-Objekten, Glas, Accessoires, Möbeln und Secondhand-Kleidung. Die Trophäe für den bizarrsten Laden in Prag geht sicherlich an **Original Stoves by Trakal**, wo man auf die Restauration historischer Öfen spezialisiert ist.

Delikatessen

Prags Supermärkte bieten alle Arten von Grundnahrungsmitteln. Wer Feinkost sucht, dem seien folgende Geschäfte empfohlen: **Delicacies-lahůdky** ist ein kleiner Laden für Fleisch und Fisch. Geräucherte Wurstwaren, Käse und andere Prager Spezialitäten bekommt man bei **Jan Paukert**. Frisch gebackenes Brot kauft man am besten in den Bäckereien um den Wenzelsplatz und in der Karmelitská. Die Läden der Kette **Paneria Pekařství** bieten gutes Gebäck und Sandwiches.

Die beste Auswahl lokaler wie internationaler Delikatessen führt der **Bakeshop** in der Kozí beim Altstädter Ring. Hier finden Sie ausgezeichnetes Brot und ebensolche Backwaren sowie köstliche Sandwiches und Salate – ein idealer Ort für einen Snack, ein leichtes Mittagessen oder für den Picknick-Proviant.

Auf einen Blick

Märkte und Einkaufszentren

Arkády Pankrác
Na Pankráci 86, Pankrác.
Stadtplan 6 F1.
22 51 11 100.
arkady-pankrac.cz

Buštěhrad-Sammlermarkt
Bleší trhy, Buštěhrad.
602 335 834.
bustehradantik.cz

Centrum Chodov
Roztylská 19, Chodov.
27 21 73 600.
centrumchodov.cz

Černá růže
Na Příkopě 12.
Stadtplan 3 C4.
22 10 14 111.
cernaruze.cz

Galerie Harfa
Českomoravská 2420, Praha 9. 26 60 55 600.
galerieharfa.cz

Havelská tržnice
Havelský trh.
Stadtplan 3 C3.

Metropole Zličín
Zličín. 22 60 81 540.
metropole.cz

Myslbek
Na Příkopě 19–21/
Ovocný trh 8.
Stadtplan 3 C4.
22 42 39 550.
ngmyslbek.cz

Nový Smíchov
Plzeňská 8.
25 15 11 151.
novysmichov.eu

OC Letňany
Veselská 663, Praha 9.
22 17 41 111.
oc-letnany.cz

Palác Flora
Vinohradská 151.
Stadtplan 6 F1.
25 57 41 712.
palacflora.com

Palác Koruna
Václavské náměstí 1.
Stadtplan 3 C5.
22 42 19 526.
koruna-palace.cz

Palladium
Náměstí Republiky 1.
Stadtplan 4 D3.
22 57 70 250.
palladiumpraha.cz

River Town
(Holešovická tržnice)
Bubenské nábřeží 13.
Praha 7.
22 08 00 592.
holesovicka
trznice.cz

Slovanský dům
Na Příkopě 22.
Stadtplan 3 C4.
slovanskydum.com

Šestka
Fajtlova 1090/1, Praha 6.
22 50 23 100.
sestka.cz

Fachgeschäfte

Art Deco Galerie
Michalská 21.
Stadtplan 3 B4.
22 42 23 076.
artdecogalerie-mili.com

Botanicus
Týn 3.
Stadtplan 3 C3.
23 47 67 446.
botanicus.cz

de.fakto
Vejvodova 3.
Stadtplan 3 B4.
22 42 33 815.
defakto.cz

Games & Puzzles
Václavské náměstí 38.
Stadtplan 6 D1.
22 49 46 506.
hras.cz

Hračky Traditional Toys
Loretánské náměsti 3.
Stadtplan 1 B3.
60 35 15 745.

Le Patio
Národní 22.
Stadtplan 3 A5.
22 49 34 402.
lepatiolifestyle.com

Original Stoves by Trakal (Stará Kamna)
Karmelitská 21.
Stadtplan 2 E4.
25 75 34 203.
starakamna.cz

Qubus
Rámová 3.
Stadtplan 3 C2.
22 23 13 151.
qubus.cz

Spanische Synagoge, Geschenkeladen
Věžeňská 1.
Stadtplan 3 B2.

Sparky's House of Toys
Havířská 2.
Stadtplan 3 C4.
22 42 39 309.
sparkys.cz
Eine von mehreren Filialen.

Delikatessen

Bakeshop
Kozí 1. Stadtplan 3 C2.
22 23 16 823.
bakeshop.cz

Delicacies-lahůdky
Zlatý Kříž
Jungmannovo náměsti 19.
Stadtplan 3 C5.
22 25 19 451.

Jan Paukert
Národní 17.
Stadtplan 3 B5.
22 42 22 615.
janpaukert.cz

Paneria Pekařství
Kaprova 3.
23 50 10 101.
paneria.cz
Auch: Nekázanka 19.
Stadtplan 4 D4.
Vodičkova 33.
Stadtplan 3 C5.

Stadtplan siehe Seiten 244–255

Unterhaltung

Die »Goldene Stadt« hält eine Palette an Unterhaltungsangeboten bereit, für jedes Interesse und für jeden Geschmack. Ob Oper oder Fußball – Prag hat in vielen Sparten etwas zu bieten. Hier sieht man die neuesten Hollywood-Streifen, viele in der Originalfassung mit Untertiteln. Auch die Theater- und Musikaufführungen sind seit der Samtenen Revolution vielfältiger und mutiger geworden. Prag blickt auf eine lange und lebendige Musiktradition zurück. Ob Symphoniekonzert, Musical, Oper, Jazz, Folk oder Rock – Aufführungen aller Art finden das ganze Jahr über statt, in schönen Barockpalais genauso wie im Sommer in den Parks. Auch wenn Sie kein Tschechisch verstehen, können Sie viele Angebote nutzen. Manche Theaterstücke werden auf Deutsch aufgeführt. Auch für viele Musik-, Tanz- oder Sportevents sind Sprachkenntnisse nicht so wichtig.

Information

Was sich in Prag gerade tut, kann man den Veranstaltungskalendern, die bei den verschiedenen Informations- und Vorverkaufsstellen ausliegen, entnehmen: An Kartenvorverkaufsstellen wie **Ticketpro** oder beim **Prager Informationsdienst (PIS)** *(siehe S. 224f)* gibt es auch deutsch- und englischsprachige Veranstaltungshinweise. Das englischsprachige Heft *Přehled* liegt bei den PIS-Schaltern kostenlos aus. Was in Prag kulturell ansteht, berichtet zudem die *Prager Zeitung* (www.pragerzeitung.cz), die wöchentlich erscheint.

Einen recht guten Überblick über alle interessanten Events bietet das englischsprachige *Culture in Prague*, eine monatlich publizierte, detaillierte Auflistung aller Ausstellungen, Konzerte und Theateraufführungen in Prag. Achten Sie auch auf Handzettel. Prague TV ist ein Online-Stadtmagazin für Besucher (http://prague.tv). Interessante Websites sind: www.prague-life.com, www.myczechrepublic.com, www.visitprague.cz/de oder auch www.pragueeventscalendar.com.

Szene aus Mozarts *Così fan tutte*

Tickets

Karten sind an den Kassen der meisten Veranstaltungsorte im Vorverkauf erhältlich. Sie können auch vor Ihrem Urlaub schreiben oder dort anrufen – oft gibt es allerdings niemanden, der Deutsch oder Englisch spricht. Karten für die Oper und für Aufführungen im Nationaltheater können dagegen online bestellt werden. Karten für besonders beliebte Veranstaltungen zu bekommen kann schwierig werden. Meist ist es aber möglich, noch etwa eine Stunde vor Beginn einer Veranstaltung Karten zu erhalten. Ist Ihnen dies zu unsicher, sollten Sie rechtzeitig zu einer der vielen Vorverkaufsstellen in der Stadt gehen. Der Nachteil ist, dass die Vorverkaufs-

Puppentheater

Das Puppenspiel hat in Prag eine lange Tradition. Die berühmteste Puppenbühne der Stadt ist das **Špejbl-und-Hurvínek-Theater** *(siehe S. 219)*. Die Geschichten drehen sich dabei immer um Vater Špejbl und seinen missratenen Sohn Hurvínek. Ein weiteres Puppentheater ist das **Nationale Marionettentheater** *(siehe S. 219)*, das für seine unterhaltsame Adaption von Mozarts *Don Giovanni* für Marionetten bekannt ist. Das **Theater in der Altstadt** *(siehe S. 219)* und das **Říše loutek** (Puppenreich) *(siehe S. 219)* geben nur gelegentlich Vorführungen. Achten Sie auf Vorankündigungen *(siehe S. 224f)*

Marionetten

gebühr mitunter sehr hoch ist – manchmal verdoppelt sich dadurch der Preis. Fragen Sie auch bei der Rezeption Ihres Hotels nach, ob man Ihnen dort Karten besorgen kann.

Eintrittspreise

Die Eintrittspreise sind, im Vergleich mit denen in Westeuropa, sehr niedrig, mit Ausnahme bestimmter Veranstaltungen, vor allem während des Festivals »Prager Frühling« (siehe S. 52). Die Preise reichen von 100 Kronen für kleine Theater (etwa die Puppentheater) bis zu 3000 Kronen für Konzerte eines berühmten internationalen Orchesters. Achtung: Ihre

Das klassizistische Ständetheater (Stavovské divadlo)

Blick in den Zuschauerraum des Rudolfinums *(siehe S. 221)*

Eintrittskarte können Sie meist nur bei den Vorverkaufsagenturen mit Kreditkarte bezahlen.

Schwarzhandel

Immer öfter werden auf dem Schwarzmarkt gefälschte Tickets angeboten. Um sicherzugehen, dass Sie eine gültige Eintrittskarte haben, sollten Sie diese nur bei einer der offiziellen Stellen kaufen.

Nachts unterwegs

Prags Metro (siehe S. 242f) fährt nur bis kurz nach Mitternacht. Der normale Bus- und Tramverkehr wird auch etwa gegen 24 Uhr eingestellt. Danach fahren Nachtbusse und -trams, deren reguläres Liniennetz sehr gut ist. Mit dem Taxi zu fahren ist die sicherste Art, nachts unterwegs zu sein, doch achten Sie darauf, dass man Sie nicht übervorteilt (siehe S. 240). Gehen Sie am besten zuerst ein kleines Stück zu Fuß vom Theater oder Kino weg, bevor Sie ein Taxi nehmen, so wird Ihre Fahrt billiger. Erkundigen Sie sich auch im Hotel, wie Sie nachts am besten wieder zurückkommen.

Musikfestivals

Das berühmteste aller Musikfestivals ist der »Prager Frühling« (siehe S. 52), der alljährlich zwischen Mai und Juni stattfindet. Hunderte von international renommierten Musikern nehmen daran teil. Darüber hinaus gibt es noch das Festival »Mozarts Prag« (siehe S. 52), das in den Sommermonaten stattfindet. Im Herbst folgen das Jazzfestival und der »Prager Herbst«, ein internationales Festival für klassische und neue Musik (siehe S. 54).

Generali-Arena *(siehe S. 221)*

Auf einen Blick

Tickets

Bohemia Ticket
Malé náměstí 13.
Stadtplan 3 B4.
22 42 27 832.
Auch: Na Příkopě 16.
Stadtplan 4 D4.
22 42 15 031.
ticketsbti.cz

Nationaltheater
22 49 01 448.
narodni-divadlo.cz

Prager Informationsdienst (PIS)
Staroměstské náměstí 1.
Stadtplan 3 B3.
22 17 14 444.
praguewelcome.cz

Ticket Art
Politických vězňů 9.
Stadtplan 4 D5.
22 28 97 552.
ticket-art.cz

Ticket Portal
Politických vězňů 15.
Stadtplan 4 D5.
22 22 46 283.
ticketportal.cz

Ticket Stream
Koubková 8.
Stadtplan 6 E3.
22 42 63 049.
ticketstream.cz

Ticketpro
Štěpánská 61.
Stadtplan 5 C1.
23 47 04 204.
ticketpro.cz

Stadtplan siehe Seiten 244 – 255

Theater, Tanz und Kino

Prag ist bekannt für seine Theater- und Musiktradition. Das Theater hat in der Kulturgeschichte der Stadt immer eine große Rolle gespielt. Sogar in kommunistischer Zeit blieb Prag ein Zentrum des experimentellen Theaters. In den 1960er Jahren entstand hier das »Schwarze Theater«. Immer noch bilden sich neue, stark experimentelle Theatergruppen. In den letzten Jahren hat das Angebot an Veranstaltungen enorm zugenommen. Die Theatersaison dauert von September bis Juni. Im Sommer finden in den Gärten und Parks viele Open-Air-Aufführungen statt. Auch Besucher, die lieber bis frühmorgens das Tanzbein schwingen bzw. Tanzveranstaltungen sehen wollen, gern Jazz hören oder lieber ins Kino gehen, kommen in Prag auf ihre Kosten.

Berühmte Theater

Prags erstes ständiges Theater wurde 1738 gebaut, doch die Theatertradition der Stadt reicht bis in die Zeit des Barock und der Renaissance zurück.

Das **Nationaltheater** (siehe S. 156f) ist sicher das herausragende Haus für Oper, Ballett und Schauspiel in Prag. Die benachbarte Neue Bühne ist ebenfalls sehr bedeutend. Hier tritt meist die Multimedia-Theatergruppe **Laterna Magika** auf, eine der bekanntesten Prager Theatergruppen, die auch international als ein Vorreiter des europäischen Improvisationstheaters gilt.

Weitere wichtige Theater der Stadt sind das **Komödientheater** und die »Stein-Theater«, die schon im 19. Jahrhundert Berühmtheit erlangten. Zu ihnen zählen das **Vinohrady-Theater**, das **Ständetheater** (siehe S. 67) – eines der renommiertesten Theater Prags – und das **Städtische Theater Prag**, eine Schauspielgruppe, deren Stücke abwechselnd im **ABC-Theater** und im **Rokoko-Theater** aufgeführt werden. Das **Kolowrat-Theater** hat seinen Sitz im Palais Kolowrat.

Off-Theater

Die Off-Theater entstanden in Prag im Lauf der 1960er Jahre und wurden im Kampf gegen den Status quo berühmt. Diese Gruppen arbeiten alle immer noch sehr experimentell und sind dabei äußerst innovativ. Sie spielen in kleinen Theatern. Viele der bekanntesten Schauspieler und Schauspielerinnen Prags sind aus diesen Gruppen hervorgegangen.

Zu den bekannten Off-Theatern gehören der **Dramatische Club**, bekannt für sein engagiertes Ensemble, das **Ypsilon-Studio**, eine der herausragenden Gruppen der Stadt, das Labyrinth-Theater, das vor allem moderne Stücke inszeniert, das **Theater Na Fidlovačce**, das auch Musicals im Programm hat, das **Theater unter Palmovka**, bekannt für seine gelungene Mischung aus Klassik und Moderne, sowie das **Theater in Celetná**.

Einer der spektakulärsten Aufführungsorte für Theaterstücke und Musikevents ist der **Křižík-Brunnen**. Hier finden Klassikkonzerte mit eindrucksvollen Lightshows statt. Der berühmte Komödiant Jiří Suchý tritt regelmäßig im **Semafor-Theater** auf.

Pantomime, Posse und Schwarzes Theater

Sehr beliebt sind in Prag die Aufführungen des Schwarzen Theaters (schwarz gekleidete Schauspieler, die der Zuschauer nicht sehen kann, bewegen Gegenstände vor einem dunklen Bühnenhintergrund). Großen Zuspruch finden auch Possen und Pantomimen. Alle drei Theaterkategorien erfordern keinerlei Kenntnisse der tschechischen Sprache und sind häufig in Prag zu sehen. **Jiří Srnec' Schwarzes Theater** ist einer der bedeutendsten Aufführungsorte des Schwarzen Theaters in der tschechischen Metropole. Weitere Bühnen für diese Art von Theater, etwa das **Ta Fantastika**, entnehmen Sie dem Kasten rechts.

Tanz

In Prag teilen sich Opern- und Ballettensembles das Nationaltheater, wo die beste Ballettgruppe der Tschechischen Republik zu Hause ist. Die **Staatsoper Prag** hat ebenfalls ein eigenes Ballettensemble, das in den letzten Jahren verstärkt versucht, der Gruppe des Nationaltheaters den Rang als bestes Ballett der Stadt zu entreißen. Die Tickets für Ballett sind in beiden Häusern billiger als Opernkarten. Ballettaufführungen kann man auch im **Ständetheater** erleben.

Ponec ist ein Aufführungsort für experimentelles Tanztheater, der sich dem modernen Tanz verschrieben hat. Er ist zudem Gastgeber des jährlichen internationalen Festivals »Tanec Praha« im Juni, das sich dem modernen Tanztheater widmet.

Kinos

Über 80 Prozent der in Prag gezeigten Filme sind neue US-Produktionen – die meisten davon laufen auf Englisch mit tschechischen Untertiteln. Multiplex-Kinos außerhalb der Stadt werden immer beliebter. Die größten von ihnen – **Cinema City** in Flora, Háje und Zličín – haben acht bis zehn Kinosäle. Im **Světozor** können Sie hingegen tschechische Filme mit englischen Untertiteln sehen. **Bio Oko** ist ein Lichtspieltheater für Kunstfilme mit einem Café sowie einem Repertoire an klassischen und zeitgenössischen tschechischen Filmen. Auch beim Wenzelsplatz gibt es größere Kinos, darunter **Lucerna** und **Slovanský Dům** (gehört nun zu Cinema City).

In den Veranstaltungsmagazinen (siehe S. 216) finden Sie Kinoprogramme, jeweils mit der Angabe, in welcher Sprache die Filme laufen.

THEATER, TANZ UND KINO | 219

Auf einen Blick

Theater

ABC-Theater
Divadlo Abc
Vodičkova 28.
Stadtplan 3 C5.
22 42 15 943.
mestkadivadla
prazska.cz

Animato (Schwarzes Theater)
Černe divadlo Animato
Na příkopě 10.
Stadtplan 3 C4.
22 51 13 311.
blacklighttheatre
prague.cz

Broadway
Na Příkopě 31.
Stadtplan 3 C4.
22 51 13 311.
divadlo-
broadway.cz

Dramatischer Club
Činoherní Klub
Ve Smečkách 26.
Stadtplan 6 D1.
29 62 22 128.
cinoherniklub.cz

Jiří Srnec' Schwarzes Theater
Černé divadlo Jiřího Srnce
U Lékárny 597, Praha 5.
25 79 21 835.
blacktheatresrnec.cz

Kolowrat-Theater
Divadlo Kolowrat
Ovocný trh 6.
Stadtplan 3 C3.
22 49 01 448.
narodni-divadlo.cz

Komödientheater
Divadlo Komedie
Jungmannova 1.
Stadtplan 5 B1.
22 42 22 734.
divadlokomedie.cz

Křižík-Brunnen
Křižíkova fontána
Výstaviště, Praha 7.
723 665 694.
krizikovafontana.cz

Laterna Magika
Národní 4.
Stadtplan 3 A5.
224 931 482.
laterna.cz

Nationales Marionettentheater
Národní divadlo marionet
Žatecká 1.
Stadtplan 3 B3.
22 48 19 322.
mozart.cz

Nationaltheater
Národní divadlo
Národní 2.
Stadtplan 3 A5.
22 49 01 448.
narodni-divadlo.cz

Puppenreich
Říše loutek
Žatecká 1.
Stadtplan 3 B3.
22 23 24 565.
riseloutek.cz

Reduta-Theater
Divadlo Reduta
Národní 20.
Stadtplan 3 B5.
22 49 33 487.
redutajazzclub.cz

Rokoko-Theater
Divadlo Rokoko
Václavské náměstí 38.
Stadtplan 3 D5.
22 42 17 113.
rokoko.cz

Semafor-Theater
Divadlo Semafor
Dejvická 27.
23 39 01 384.
semafor.cz

Spejbl-und-Hurvínek-Theater
Divadlo Spejbla a Hurvínka
Dejvická 38, Praha 6.
22 43 16 784.
spejbl-hurvinek.cz

Ständetheater
Stavovské divadlo
Ovocný trh 6.
Stadtplan 3 C3.
22 49 01 448.
narodni-divadlo.cz

Ta Fantastika
Karlova 8.
Stadtplan 3 A4.
22 22 21 366.
tafantastika.cz

Theater in Celetná
Divadlo v Celetne
Celetná 17. Stadtplan
3 C3. 22 23 26 843.
divadlovceletne.cz

Theater in der Altstadt
Divadlo v Dlouhé
Dlouhá 39. Stadtplan
3 C3. 22 17 78 629.
divadlovdlouhe.cz

Theater Na Fidlovačce
Divadlo na Fidlovačce
Křesomyslova 625.
Stadtplan 6 E5.
24 14 04 040.
fidlovacka.cz

Theater unter Palmovka
Divadlo pod Palmovkou
Zenklova 34, Praha 8.
283 011 127.
divadlopod
palmovkou.cz

Vinohrady-Theater
Divadlo na Vinohradech
Náměstí Míru 7.
Stadtplan 6 F2.
22 42 57 601.
dnv-praha.cz

WOW (Schwarzes Theater)
Václavské náměstí 56.
Stadtplan 3 C5.
720 523 989.
divadloblanik.cz

Ypsilon-Studio
Studio Ypsilon
Spálená 16.
Stadtplan 3 B5.
22 49 48 124.
ypsilonka.cz

Tanz

Nationaltheater
Národní divadlo balet
Národní 2.
Stadtplan 3 A5.
22 49 01 448.
narodni-divadlo.cz

Ponec
Husitská 24a/899, Praha 3.
22 48 17 886.
divadloponec.cz

Staatsoper Prag
Státní opera Praha
Wilsonova 4.
Stadtplan 6 E1.
22 49 01 448.
opera.cz

Kinos

Bio Oko
Františka Křížka 15,
Praha 7.
23 33 82 606.
biooko.cz

Cinema City Flóra
Vinohradská 151,
Praha 3.
25 57 42 021.

Cinema City Galaxie
Arkalycká 3/951,
Háje, Praha 4.
26 79 00 567.
cinemacity.cz

Cinema City Nový Smíchov
Plzeňská 8.
25 57 42 021.
palacecinemas.cz

Cinema City Slovanský Dům
Na Příkopě 22.
Stadtplan 3 C4.
25 57 42 021.
palacecinemas.cz

Cinema City Zličín
Řevnická 1, Praha 5.
25 79 51 966.
cinemacity.cz

Cinestar Anděl
Radlická 1, Praha 5.
25 11 15 111.

Cinestar Černý Most
Chlumecká 8, Praha 9.
26 67 90 999.
cinestar.cz

Evald
Národní 28.
Stadtplan 3 B5.
22 11 05 225.
evald.cz

Lucerna
Vodičkova 36.
Stadtplan 3 C5.
22 42 16 972.
lucerna.cz

Mat
Karlovo náměstí 19.
Stadtplan 5 B2.
22 49 15 765.
mat.cz

Světozor
Vodičkova 41.
Stadtplan 3 C5.
22 49 46 824.
kinosvetozor.cz

Stadtplan siehe Seiten 244 – 255

Musik und Sport

Prag hat vielleicht nicht das Temperament von Wien oder Budapest, kann sich aber gegen andere europäische Kulturhauptstädte behaupten. Oper und Ballett sind gut vertreten. Zudem gibt es hervorragende Orchester. In den Ferien finden in Barockpalais und Kirchen Konzerte statt. Hinzu kommen die Musikfestivals. Auch für Sportfans wird viel geboten: Eishockey- und Fußballspiele locken von September bis Mai viele Zuschauer in die Stadien.

Oper

Seit der Eröffnung der Staatsoper am 5. Januar 1888 mit Richard Wagners *Meistersinger von Nürnberg* gilt Prag als weltberühmte Musikstadt. Heute sind die Aufführungen der beiden Opernhäuser Höhepunkte in Prags Kulturkalender. Die niedrigen Eintrittspreise der sowjetischen Ära sind zwar passé – inzwischen zahlt man für gute Plätze zwischen 1000 und 1200 Kronen –, doch liegt dies weit unter dem europäischen Durchschnitt.

Die zwei führenden Opernhäuser sind das **Nationaltheater** *(siehe S. 156f)* und die **Staatsoper Prag** *(siehe S. 147)*. Letztere spielt meist italienische Klassiker, immer in Originalsprache. Die Vorstellungen sind sehr gut besucht. Tickets sollte man auf jeden Fall im Voraus organisieren. Die Nationaloper hat ein experimentelleres Repertoire in tschechischer Sprache. Wenn Sie eine Oper von tschechischen Komponisten wie Smetana oder Dvořák erleben wollen, sollten Sie sich Karten im Nationaltheater sichern. Das **Ständetheater** *(siehe S. 219)*, eine weitere Spielstätte des Nationaltheaters, ist vor allem auf italienische Opern in der Originalsprache spezialisiert.

Klassische Musik

Die Tschechische Philharmonie (Česká filharmonie) gab im Januar 1896 ihr erstes Konzert im herrlichen **Rudolfinum** *(siehe S. 86)*. Dirigent war damals kein Geringerer als Antonín Dvořák, dessen Namen nun der große Saal des Rudolfinums trägt. Das Orchester konnte von Anfang an große Erfolge feiern – in Prag und auch im Ausland (bereits 1902 gastierte es in London). Es gilt heute unter Musikkennern als eines der weltweit besten. Der Posten des Chefdirigenten ist einer der meistbegehrten in der Welt der klassischen Musik. Chefdirigent ist seit Herbst 2012 der Dirigent Jiří Bělohlávek.

Fast alle zeitgenössischen tschechischen Werke, darunter auch das berühmte *Requiem* (2000) von Milan Slavický, haben im Rudolfinum Premiere. Auf dem vielfältigen Programm des Hauses stehen jedoch auch Werke ausländischer Komponisten.

Die zweite große Bühne für klassische Konzerte ist der Smetana-Saal im **Gemeindehaus** *(siehe S. 66)*. Zu den weniger bekannten Konzertsälen gehören das **Atrium in Žižkov**, eine umgebaute Kapelle, das **Klementinum** und das eindrucksvolle **Kongresszentrum Prag**. Leider ist die Villa Bertramka seit einigen Jahren als Museum und Aufführungsort für Konzerte geschlossen. Hier wohnte Mozart, wenn er sich in Prag aufhielt. Im Gartenpavillon komponierte er die Ouvertüre zu *Don Giovanni*.

Musik in Kirchen und Palais

Die Konzerte in den vielen Kirchen und Palais in und um Prag sind sehr beliebt. Oft sind die Gebäude nicht öffentlich zugänglich. Konzerte bieten also die einzige Möglichkeit, sie einmal zu sehen. Zu den wichtigsten Kirchen, in denen Konzerte stattfinden, gehören: die **St.-Jakobs-Kirche** *(siehe S. 67)*, die **St.-Julius-Kirche** *(siehe S. 77)*, die Kleinseitner **Nikolauskirche** *(siehe S. 128f)*, die Altstädter **Nikolauskirche** *(siehe S. 72f)*, die **Kreuzherrenkirche** *(siehe S. 80f)* am Kreuzherrenplatz, der **Veitsdom** *(siehe S. 102 –105)* sowie die **St.-Georgs-Basilika** *(siehe S. 100f)*.

Andere Veranstaltungsorte sind u. a. das **Palais Lobkowitz** *(siehe S. 101)* und das **Palais Sternberg** *(siehe S. 112 –115)*. Ausführliche Informationen über Daten und Zeiten der Veranstaltungen finden Sie in Infobroschüren und Veranstaltungskalendern *(siehe S. 216 und S. 224f)*.

Weltmusik

Nur wenige Clubs und Bars in Prag bieten Ethno- oder Weltmusik. Im **Palác Akropolis** finden täglich stimmungsvolle Vorstellungen in einem umgebauten Theatergebäude der 1920er Jahre statt. Das **Haus der Kultur** präsentiert eine große Auswahl an Weltmusik. Auch in einigen der besseren Jazzclubs *(siehe S. 208f)* kann man regelmäßig Weltmusik hören. Einen Besuch lohnt **La Bodeguita del Medio**, ein kubanisches Restaurant, in dem am Wochenende oft kubanische Musiker Konzerte geben.

Sport

Die Tschechen sind ein sportbegeistertes Volk – was angesichts der Tatsache, dass sie regelmäßig internationale Wettkämpfe gewinnen, nicht überrascht. Die größten Zuschauermagneten sind Eishockey und Fußball – in dieser Reihenfolge.

Die tschechische Eishockey-Liga rangiert gleich hinter der russischen (KHL). In der National Hockey League der USA finden sich die Namen vieler tschechischer Spieler. Prag hat zwei Teams in der Oberliga: Sparta und Slavia. Spartas Heimstatt ist die **Tipsport-Arena**. Tickets für Spiele sind ab 80 Kronen erhältlich. Slavia spielt in der **O2-Arena**, die für die Eishockey-Weltmeisterschaft 2004 erbaut wurde – überraschenderweise gewannen nicht die Tschechen, sondern die Kanadier. Hier gibt es Eintrittskarten ab 100 Kronen. In der Saison von September bis Mai finden drei Spiele pro Woche statt – sodass man relativ leicht an Karten kommt.

Auch die tschechischen Fußballer werden überall bewundert. Die tschechische Liga ist allerdings weniger angesehen, da viele Top-Spieler des Landes in reicheren ausländischen Vereinen kicken. 2006 konnte sich Tschechien erstmals für die Teilnahme an der WM qualifizieren. Sparta Prag, die beste Mannschaft des Landes, spielt allerdings regelmäßig in der Champions League und tritt gegen hochrangige Teams an.

Die Eintrittskarten für Champions-League-Spiele (die Vorrunde wird meist zwischen September und Dezember ausgetragen) sind recht schnell vergriffen. Heimspiele der tschechischen Nationalelf finden in der **Generali-Arena** (auch Sparta-Stadion) statt.

Wer sich selbst sportlich betätigen möchte, muss etwas weiter fahren, da die Sporteinrichtungen im Zentrum nicht gerade üppig gesät sind. Zurzeit ist allerdings Squash sehr in Mode. Man findet auch in der Innenstadt verschiedene Squash-Zentren – darunter das **ASB** am Wenzelsplatz. Minigolf kann man im **Minigolf Motol** spielen. Der **Tschechische Tennisclub**, der auf der Insel Štvanice liegt, bietet 14 Sand- und sechs Hallenplätze. Sie können am Wochenende den ganzen Tag und unter der Woche bis 15 Uhr gemietet werden.

Aquapalace Praha ist der größte Wasserpark Mitteleuropas mit vielen Pools, einem Gesundheitszentrum und der großen Saunawelt mit finnischen Saunen und einem römischen Bad. Im Sommer kann man an zwei Stellen an der Moldau Sport treiben: **Smíchov-Strand** und **Žluté lázně**. **Fun Island** ist ein Sport- und Erholungszentrum auf der Insel Císařská louka.

Auf einen Blick

Musik

Atrium in Žižkov
Atrium na Žižkově
Čajkovského 12, Praha 3.
22 27 21 838.
atriumzizkov.cz

Klementinum
Mariánské náměstí 5.
Stadtplan 3 B3.

Kongresszentrum Prag
Kongresové centrum Praha
5. května 65, Praha 4.
26 11 71 111.
kcp.cz

Kreuzherrenkirche
Kostel sv. Františka
Křižovnické náměstí.
Stadtplan 3 A4.

Musikakademie
Hudební fakulta AMU
Malostranské náměstí 13.
Stadtplan 2 E3.
23 42 44 111.
hamu.cz

Musiktheater in Karlín
Hudební divadlo Karlín
Křižíkova 10.
Stadtplan 4 F3.
22 18 68 666.
hdk.cz

Nikolauskirche (Altstadt)
Kostel sv. Mikuláše
Staroměstské náměstí.
Stadtplan 3 B3.

Nikolauskirche (Kleinseite)
Kostel sv. Mikuláše
Malostranské náměstí.
Stadtplan 2 E3.

Palais Lobkowitz
Lobkovický palác
Jiřská 3, Prager Burg.
Stadtplan 2 E2.
23 33 12 925.
lobkowicz.cz

Palais Sternberg
Šternberský palác
Hradčanské náměstí 15.
Stadtplan 1 C3.
23 30 90 570.

Rudolfinum – Dvořák-Saal
Rudolfinum – Dvořákova síň
Alšovo nábřeží 12.
Stadtplan 3 A3.
22 70 59 227.
ceskafilharmonie.cz

Staatsoper Prag
Státní opera Praha
Wilsonova 4.
Stadtplan 6 E1.
22 42 27 266.
opera.cz

St.-Georgs-Basilika
Bazilika sv. Jiří
Jiřské náměstí, Prager Burg. Stadtplan 2 E2.

St.-Jakobs-Kirche
Kostel sv. Jakuba
Malá Štupartská.
Stadtplan 3 C3.

St.-Julius-Kirche
Kostel sv. Jiljí
Husova 8.
Stadtplan 3 B4.
22 42 20 235.
kostel-praha.cz

St. Simon und Judas
Kostel sv. Šimona a Judy
Dušní ulice.
Stadtplan 3 B2.
fok.cz

Veitsdom
Katedrála sv. Víta
Prager Burg.
Stadtplan 2 D2.

Weltmusik

Haus der Kultur
Kulturní dům Vltavská
Bubenská 1, Praha 7.
22 08 78 455.
vltavska.cz

La Bodeguita del Medio
Kaprova 5.
Stadtplan 3 B3.
22 48 13 922.
bodeguita.cz

Palác Akropolis
Kubelíkova 27.
29 63 30 911.
palacakropolis.cz

Sport

Aquapalace Praha
Einkaufszentrum, Průhonice.
27 11 04 111.
aquapalace.cz

ASB Squash
Václavské náměstí 13–15.
22 42 32 752.

Fun Island
Císařská louka, Praha 5.
72 41 09 198.
fun-island.cz

Generali-Arena
Milady Horákové 98, Praha 7.
29 61 11 400.
sparta.cz

Minigolf Motol
Nad Hliníkem, Praha 5.
77 72 94 668.

O2-Arena
Českomoravská 17, Praha 9.
26 61 21 122.
O2arena.cz

Smíchov-Strand
Smíchov pláž
Smíchov, Praha 3.

Tipsport-Arena
Za Elektrárnou 419, Praha 7.
26 67 27 443.
hcsparta.cz

Tschechischer Tennisclub
Český tenisový svaz
Štvanice 38, Praha 7.
22 23 33 444.

Žluté lázně
Podolské nábřeží, Praha 4.
22 44 63 777.

Stadtplan siehe Seiten 244 – 255

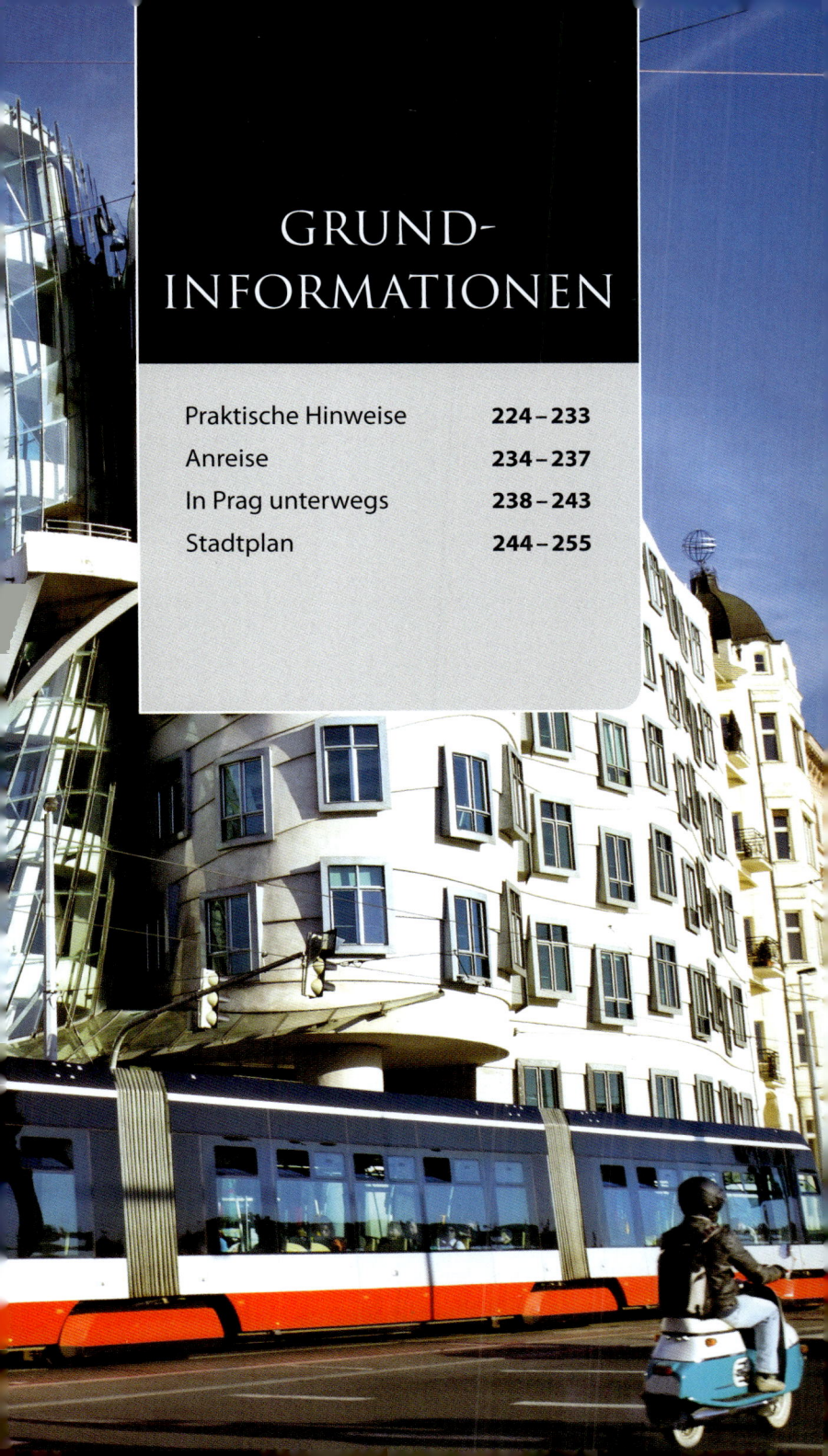

GRUND-INFORMATIONEN

Praktische Hinweise	**224 – 233**
Anreise	**234 – 237**
In Prag unterwegs	**238 – 243**
Stadtplan	**244 – 255**

Praktische Hinweise

Prag ist in den letzten 25 Jahren zu einer weltoffenen Stadt geworden und hat eine recht gute touristische Infrastruktur geschaffen, um den Besucheransturm zu bewältigen. Das Angebot an Hotels, Banken, Restaurants und Informationsbüros hat sich sehr verbessert. Dennoch ist es ratsam, sich vorab über Sehenswürdigkeiten, etwa in Bezug auf Öffnungszeiten und Anfahrtswege, zu informieren. Das Verkehrsnetz der Stadt ist gut ausgebaut. Die meisten Sehenswürdigkeiten liegen auf einem überschaubaren Areal und sind leicht zu Fuß zu erreichen. Im Allgemeinen sind die Preise in Prag noch relativ günstig, nur einige der gehobenen Hotels und Lokale haben westliches Preisniveau. Die Kriminalität ist im Vergleich zu anderen europäischen Kapitalen minimal. Es kommen jedoch Taschendiebstahl, Autoaufbrüche und Betrügereien von Taxifahrern vor. Dennoch: Prag ist wesentlich sicherer als die meisten Städte Westeuropas.

Reisezeit
Die beste Zeit für einen Prag-Besuch ist der Sommer, obwohl es dann in der Stadt sehr voll sein kann. Auch an Ostern und anderen bedeutenden Feiertagen *(siehe S. 52 – 55)* ist Prag stark frequentiert. Sehenswürdigkeiten, beispielsweise der Altstädter Ring, sind dann vollkommen überlaufen, doch diese Menschenmengen geben Prag auch eine karnevaleske Atmosphäre. Straßenmusiker, fliegende Händler und kleine Verkaufsstände füllen die Straßen in der Umgebung der wichtigsten Sehenswürdigkeiten.

Im Sommer empfiehlt es sich, einen Regenschutz mitzunehmen, im restlichen Jahr auch einige warme Kleidungsstücke – und das ganze Jahr über festes Schuhwerk (zum Klima *siehe S. 53 – 55*).

Einreise und Zoll
Zur Einreise in die Tschechische Republik benötigen Bürger der EU und der Schweiz einen gültigen Personalausweis oder Reisepass. Kinder jeden Alters müssen eigene Ausweispapiere haben.

Die Tschechische Republik ist seit Mai 2004 Mitglied der Europäischen Union und seit Dezember 2007 Mitglied des Schengen-Raums. Bürger der EU und der Schweiz dürfen Waren für den Eigenbedarf zollfrei aus- und einführen. Passagiere aus anderen EU-Staaten können Flughäfen durch einen »Blue Channel« ohne Zollkontrolle verlassen, sofern sie ausschließlich Waren aus EU-Staaten mit sich führen. Für die Ausfuhr von Gegenständen mit »musealem Wert« wird von den Zollämtern eine Ausfuhrgenehmigung verlangt. In einigen Bereichen wurden für neue Mitgliedsländer Übergangsfristen vorgesehen. Diese Sonderregelungen sind mittlerweile aufgehoben (weitere Infos unter: www.zoll.de).

Ausländische Währungen können Sie in unbegrenzter Höhe in die Tschechische Republik einführen.

Wenn Sie mit einem Tier in die Tschechische Republik einreisen wollen, benötigen Sie einen EU-Heimtierausweis. Weitere Infos gibt es bei der Tschechischen Botschaft in Deutschland (www.mzv.cz/berlin) sowie auf der Website des Bundesministeriums für Ernährung, Landwirtschaft und Verbraucherschutz (www.bmelv.de).

Büro des Prager Informationsdienstes (PIS) am Staroměstské náměstí

Information
Es gibt diverse Fremdenverkehrsbüros und Informationsstellen, die sich zum Teil auf Auskünfte zu bestimmten Bereichen spezialisiert haben: Hotels, Restaurants, organisierte Stadtbesichtigungen oder Touren. In vielen dieser Büros wird auch Deutsch bzw. Englisch gesprochen. Der **Prager Informationsdienst (PIS)** ist das beste Informationsbüro. Er hat drei Niederlassungen im Zentrum sowie eine am Flughafen und versorgt Besucher mit Stadtplänen, Tipps und Informationsbroschüren *(siehe S. 216f)*. Weitere Stellen sind das **Informationszentrum der Tschechischen Republik** oder **Čedok**, der größte Tourenanbieter.

Sprache
Erstaunlich viele Leute in Prag sprechen Deutsch, die jüngeren Prager meist Englisch. Einige Grundkenntnisse der Landessprache sind für Besucher jedoch immer nützlich *(siehe »Sprachführer Tschechisch« S. 271f)*.

Veranstaltungshinweise und Tickets
Es gibt Dutzende von Museen und Sammlungen. **PIS** verteilt kostenlos monatliche Infobroschüren, auch in Deutsch, sowie das tschechischsprachige Heft *Přehled*. Die Prager Zeitungen informieren über Veranstaltungen und Ausstellungen, etwa die englischsprachige *The Prague Post*. Die deutschsprachige *Prager Zeitung* bietet wöchentlich Kultur-

◂ Tančící dům, Frank Gehrys schwungvolles »Tanzendes Haus« *(siehe S. 155)*

Eintrittskarten zu einigen Prager Sehenswürdigkeiten

infos (Online-Infos auf der PIS-Website, bei www.expats.cz oder http://prague.tv).

Die Eintrittspreise für Museen variieren (30–300 Kč). Die meisten Kirchen sind frei zugänglich, meist gibt es Opferstöcke für Spenden beim Eingang. Tickets für Veranstaltungen bekommen Sie an den Vorverkaufsstellen oder direkt beim Veranstalter *(siehe S. 216f.)*.

Die **Prague Card** (erhältlich bei PIS, Reisebüros und online) bietet freien Eintritt zu 40 Attraktionen und weitere Rabatte – optional kostenlosen Transport (2 Tage 37 bzw. 46 € mit Transport, 3 Tage 41/55 €, 4 Tage 50/68 €).

Öffnungszeiten

Dieser Reiseführer gibt bei der Beschreibung der Sehenswürdigkeiten auch die Öffnungszeiten an. Die meisten Attraktionen können das ganze Jahr über besichtigt werden, doch viele Parks und die Schlösser außerhalb der Stadt nur zwischen dem 1. April und dem 31. Oktober. Die Öffnungszeiten liegen meist täglich zwischen 9 und 17 Uhr, im Sommer bis 18 Uhr. Oft wird eine Stunde vor Schließung kein Zugang mehr gewährt. Parks sind im Juli und August bis 20 Uhr geöffnet. Die meisten Museen und einige Schlösser haben montags geschlossen. Das Nationalmuseum hat jeden ersten Dienstag im Monat geschlossen, das Jüdische Museum samstags.

Die Museumsnacht im Juni bietet die Möglichkeit, die Sammlungen zwischen 19 und 1 Uhr kostenlos zu besuchen. Dazu gibt es einen kostenlosen Shuttle-Service zwischen den verschiedenen Einrichtungen.

Die Öffnungszeiten der Prager Läden variieren. Einige haben montags bis freitags von 7 bis 18 Uhr und samstags von 8 bis 12 Uhr geöffnet. Kaufhäuser *(siehe S. 210)* sind wochentags bis 20 Uhr, samstags und sonntags meist zwischen 7 und 21 Uhr geöffnet. Es gibt in Prag keinen Wochentag, an dem generell länger geöffnet ist, doch die großen Einkaufszentren und auf Besucher eingestellte Läden sind meist bis 22 Uhr offen.

Banken öffnen montags bis freitags von 8 bis 17 Uhr. Restaurants, Cafés und Bars sind unterschiedlich lang geöffnet *(siehe S. 192)*. Viele Etablissements öffnen ab 10 Uhr und bleiben – da es keine Sperrstunde gibt – so lange offen, bis die letzten Gäste gegangen sind.

Auf einen Blick

Botschaften in Prag

Deutsche Botschaft
Vlašská 19, 118 01 Praha 1.
Stadtplan 1 C4.
📞 (+420) 257 113 111.
🌐 prag.diplo.de

Österreichische Botschaft
Viktora Huga 10, 151 15 Praha 5.
📞 (+420) 257 0905 11.
🌐 bmeia.gv.at/botschaft/prag

Schweizer Botschaft
Pevnostní 9, 162 01 Praha 6.
Stadtplan 1 B1.
📞 (+420) 22 04 00 611.
🌐 eda.admin.ch/prag

Die Adressen und Telefonnummern der Botschaften der Tschechischen Republik in Deutschland, Österreich und der Schweiz finden Sie in der Rubrik *Auf einen Blick* auf S. 187.

Information und Tourenanbieter

Čedok
Hauptbüro: Na Příkopě 18.
Stadtplan 3 C4.
📞 22 14 47 242.
🌐 cedok.com

Informationszentrum der Tschechischen Republik
Staroměstské náměstí 5.
Stadtplan 3 B3.
📞 22 48 61 476.
🌐 czechtourism.cz

Prager Informationsdienst (PIS)
Staroměstské náměstí 1.
Stadtplan 3 B3.
📞 22 17 14 444.
Rytířská 31.
Stadtplan 3 C4.
📞 22 17 14 444.
Hauptbahnhof: Praha hlavní nádraží, Wilsonova 8.
Stadtplan 4 E5.
📞 22 17 14 444.
Flughafen Praha-Ruzyně (Václav Havel Airport), Terminal 2.
📞 22 17 14 444.
🌐 praguewelcome.cz/de

Prague Card

📞 22 23 65 754.
🌐 praguecitycard.com

Prag im Winter – eine Besucherin beim Fotografieren

Kinder im Mini-Zug des Prager Zoos

Behinderte Reisende

Einrichtungen für Behinderte sind in Prag eher die Ausnahme, obwohl sich das allmählich ändert. Enge Gassen und Kopfsteinpflaster, vor allem im Zentrum, machen einen Prag-Besuch auch nicht einfacher. Mittlerweile gibt es mehr Rampen, die zumindest den Zugang zu Gebäuden erleichtern. Neuere Hotels sind außerdem besser ausgestattet und bieten behindertengerechte Zimmer. Auch die Transportbedingungen haben sich verbessert. Die Prager Trams haben Rampen, in vielen Metro-Stationen wurden Aufzüge installiert. Infos gibt es auf der Website der Prager Verkehrsbetriebe (www.dpp.cz). Hier sind rollstuhlgerechte Metro-Stationen, Trams und Busse sowie die drei speziellen Buslinien für Rollstuhlfahrer aufgelistet. Die Pläne an Tramhaltestellen zeigen an, welche Trams behindertengerecht sind.

In den PIS-Informationsbüros (siehe S. 225) gibt es die Infobroschüre Accessibility Atlas for People with Impaired Mobility. Sie wurde von der **Prager Vereinigung der Rollstuhlfahrer** herausgegeben und enthält nützliche Infos für behinderte Besucher. Im PIS gibt es auch Karten und Infobroschüren in Braille-Schrift (in verschiedenen Sprachen).

Zwischen der PIS-Hauptfiliale und dem Altstädter Rathaus gibt es eine behindertengerechte Toilette, die 24 Stunden zugänglich ist. Man muss den Knopf beim Rollstuhl-Icon drücken, um hineinzugelangen.

Reisen mit Kindern

Die Tschechen sind sehr familienorientiert und lieben (wohlerzogene) Kinder. In öffentlichen Verkehrsmitteln ist es durchaus üblich, dass Ihnen Einheimische ihre Hilfe anbieten, etwa um Plätze für Eltern mit kleinen Kindern freizuhalten. Wenn Sie mit Kinderwagen Taxi fahren, sind Ihnen geduldige Taxifahrer sofort beim Einsteigen behilflich.

In Cafés, Bars und Restaurants sind Kinder willkommen, doch bedenken Sie, dass in der Tschechischen Republik das Rauchen noch erlaubt ist. Es gibt allerdings einige Nichtraucher-Restaurants mit Kinderbereichen. Pizza Nuova (siehe S. 198f) bietet am Wochenende sogar Babysitting an. **Bohemia Bagel** ist ein weiteres Restaurant mit einem Bereich für Kinder. Kostenlose Wickeltische gibt es in jeder Filiale von McDonald's, **Mothercare** und Marks & Spencer. Die Benutzung öffentlicher Toiletten kostet dagegen fünf bis zehn Kronen. Es ist nicht üblich, Kinder öffentlich zu stillen – aber auch kein Problem. Wer mit Kindern verreist, ist mit einem Apartment wahrscheinlich besser bedient als mit Hotelzimmern.

Überall in Prag gibt es moderne Spielplätze – testen Sie die im Letná-Park (**Stadtplan** 3 A1) und in Riegrovy Sady (**Stadtplan** 6 F1). Der Zoo (siehe S. 162) und der angrenzende **Botanische Garten** sind ideal für einen Tagesaufenthalt im Freien. Gleiches gilt für die Rodelbahn im **Bobsled Prague**, das **Miniaturmuseum**, **Choco Story Praha** – und im Sommer für Aquapalace Praha (siehe S. 221) oder **Podolí Pool**. Vorschläge für kindgerechte Unterhaltung bietet www.kidsinprague.com.

Senioren

Senioren erhalten bei vielen internationalen Hotels, in einigen Restaurants, bei Autovermietungen und Fluglinien Rabatt. Das tschechische Důchodce/Důchodkyně bedeutet »Rentner«, gebräuchlich ist auch Senior – halten Sie bei Kartenverkaufsstellen danach Ausschau.

Museen, Konzerthallen und Sehenswürdigkeiten gewähren oft eine Ermäßigung. Auch beim öffentlichen Nahverkehr fahren Senioren ab 65 Jahren (früher ab 70 Jahren) kostenlos mit allen Prager Transportmitteln.

International Student Identity Card (ISIC)

Studenten

Falls Sie noch keinen internationalen Studentenausweis (ISIC) besitzen, sollten Sie vor einer Prag-Reise unbedingt einen beantragen. Die Eintrittspreise der meisten Museen und Sammlungen, Palais und anderer historischer Gebäude verringern sich beim Vorlage oft um die Hälfte (beispielsweise kostet der Eintritt zur Prager Burg dann nur 50 Prozent des normalen Preises). Studenten erhalten auch verbilligte Bus- und Zugkarten. Für alle, die eine preisgünstige Unterkunft suchen: Viele Jugendherbergen und Hostels im Stadtzentrum bieten Studentenermäßigungen an (siehe Hotels S. 186f). Auch einige Restaurants, etwa die **Pizzeria Einstein**, sind Studenten wohlgesonnen.

Zeit

Prag hat Mitteleuropäische Zeit (MEZ). Zwischen Ende März und Ende Oktober gilt hier auch die Sommerzeit, die Uhren werden dann um eine Stunde vorgestellt. Ende Oktober werden sie entsprechend wieder eine Stunde zurückgestellt.

Elektrizität
In Tschechien gibt es Wechselstrom mit 230 Volt und 50 Hz. Zweipolige Euronorm-Stecker passen immer.

Umweltbewusst reisen
Die Tschechen sind große Naturliebhaber – deshalb sind sie immer für Umweltschutz zu gewinnen. Überall in Prag stehen große städtische Recycling-Container, die zur Wiederverwertung von Papier, Kleidung, Möbeln und verschiedenen Wertstoffen animieren sollen.

Bio-Lebensmittel und Öko-Mode sind mittlerweile auch in Tschechien beliebt. **Country Life** betreibt ökologisch arbeitende Bauernhöfe, um die eigene Bäckerei und das eigene Restaurant sowie andere Läden und Lokale in Prag beliefern zu können. **Evergreen Butik** war Prags erster Laden für Öko-Mode. Das Design der Kleidung kam aus London, handgefertigt wurde sie in Kathmandu. **Manufaktura** verkauft in Handarbeit hergestellten Holzschmuck, Holzspielzeug und andere Holzutensilien, Recycling-Papier und mehr.

Wenn Sie im Supermarkt einkaufen, sollten Sie tschechische Produkte bevorzugen, um die örtliche Landwirtschaft zu unterstützen. Halten Sie deshalb Ausschau nach Kubík-Fruchtsäften, Kofola (die tschechische Alternative zu Coca-Cola), Mattoni, Dobrá voda und Korunní-Mineralwasser. Süße Stückchen aus ökologischen Zutaten gibt es von Orion und Opavia.

Auch den diversen Prager Märkte sind ideale Orte, um lokale Produkte zu erwerben.

Auf diversen Waren und auch Serviceleistungen prangt das Logo des EU-Umweltzeichens. Das **Adria Hotel** und das **Hotel Adalbert** dürfen das Label verwenden, weil sie Wasser und Energie sparen sowie zur Müllvermeidung und zur Müllwiederaufbereitung ihren Beitrag leisten.

Ökotourismus ist ein weiterer Aspekt für aktiven Umweltschutz in der Tschechischen Republik. **Greenways**, eine tschechisch-amerikanische Bürgervereinigung, publiziert Karten und Führer für Fahrradfahrer, die so das Land erkunden wollen.

Das **European Centre for Eco Agro Tourism (ECEAT)**, eine europäische Non-Profit-Organisation, bietet den Führer *Urlaub auf Biohöfen* für Tschechien in verschiedenen Sprachen an.

Logo EU-Umweltzeichen

Auf einen Blick

Behinderte Reisende

Accessible Prague
Moravanů 51. **Stadtplan** 5 B2. 60 85 31 753.
W accessibleprague.com/de

Prager Vereinigung der Rollstuhlfahrer
Benediktská 6.
Stadtplan 4 D3.
22 48 27 210.

Reisen mit Kindern

Bobsled Prague
Prosecká 34b.
28 48 40 520.
W bobovadraha.cz

Bohemia Bagel
Masná 2. 22 48 12 560.

Botanischer Garten
Nádvorní 134.
23 41 48 111.
W botanicka.cz

Choco Story Praha
Celetná 10. **Stadtplan** 3 C3. 22 42 42 953.
W choco-story-praha.cz

Miniaturmuseum
Kloster Strahov.
Stadtplan 1 B4.
23 33 52 371.
W muzeumminiatur.net

Mothercare
Na Příkopě 19 – 21.
Stadtplan 3 C4.
W mothercare.com

Podolí Pool
Podolská 74.
24 14 33 952.
W pspodoli.cz

Studenten

Pizzeria Einstein
Rumunská 25. **Stadtplan** 6 D3. 22 25 22 635.

Umweltbewusst reisen

Adria Hotel
Václavské náměstí 26.
Stadtplan 4 D5. 22 10 81 111. W adria.cz

Country Life
Melantrichova 15.
Stadtplan 3 B3.
22 42 13 366.

European Centre for Eco Agro Tourism (ECEAT)
W eceat.org

Evergreen Butik
Uruguayská 6, Praha 2.
72 57 40 615.
W etique.cz

Greenways
W greenways.cz

Hotel Adalbert
Břevnovský klášter, Markétská 1. 22 04 06 170.
W hoteladalbert.cz

Manufaktura
Melantrichova 17.
Stadtplan 3 B4.

Gottesdienste

Baptisten
Internationale Baptistenkirche Prag, Vinohradská 68. **Stadtplan** 6 F1.
731 778 735.
W ibcp.cz

Evangelisch
St. Martin in der Mauer, Martinská. **Stadtplan** 3 B5.
73 47 67 335. So 10.30 Uhr (auf Deutsch).

Hussitisch
Nikolauskirche, Staroměstské náměstí.
Stadtplan 3 C3.
23 47 60 058.
www.husiti.cz

Jüdisch
Verschiedene Synagogen.
22 48 00 849.
W kehilaprag.cz
Altneusynagoge (siehe S.90f). Jerusalemsynagoge, Jeruzalémská 7.
Stadtplan 4 E4.

Muslimisch
Islamic Foundation Praha, Blatská 1491. **Stadtplan** 5 C2. 28 19 18 876.
W praha.muslim.cz

Römisch-katholisch
Verschiedene Kirchen.
W apha.cz
St. Maria de Victoria, Karmelitská 9. **Stadtplan** 2 E4. 25 75 33 646.
W pragjesu.info

Überkonfessionell
International Church, Peroutkova 57.
29 63 92 338.
W icprague.cz

Stadtplan siehe Seiten 244 – 255

Sicherheit und Gesundheit

Prag ist, verglichen mit vielen westeuropäischen Städten, relativ sicher. Auch wenn kein Notfall vorliegt, können Sie sich jederzeit an die freundlichen, hilfsbereiten Polizisten wenden. Allerdings gibt es Autoaufbrüche bzw. -diebstahl und Taschendiebstahl. Notärztliche Versorgung ist in Prag kostenlos. Für kleinere Blessuren gibt es eine Reihe von Gesundheitszentren, medizinischen Diensten und Zahnärzten. In einigen Praxen wird auch Deutsch gesprochen.

Schild eines Polizeireviers

Polizei und Sicherheitsdienste

In Prag werden Sie unterschiedlichen Polizisten und Polizistinnen sowie verschiedenen Sicherheitsleuten begegnen. Anzeigen müssen Sie auf dem Polizeirevier erstatten. Die wichtigsten Polizeireviere sind im Stadtplan *(siehe S. 244–255)* vermerkt. Die Staatspolizei trägt Waffen und kann Verdächtige festnehmen. Die städtische Polizei ist der andere Ordnungshüter. Sie ist in Sektionen unterteilt.

Während der Hochsaison gibt es mobile Polizeireviere, etwa am Altstädter Ring. Sie sind mit mehrsprachigen Polizisten besetzt, die speziell für die Belange ausländischer Besucher zuständig sind. Die **Touristenpolizei** sollten Sie bei Diebstahl oder Verlust aufsuchen. Das Revier ist sieben Tage die Woche rund um die Uhr besetzt. Wer etwas verloren hat, kann auch das **Ztráty a nálezy** (Fundbüro) in der Karoliny Světlé kontaktieren.

Abzeichen der städtischen Polizei

Abzeichen der Staatspolizei

Die Verkehrspolizei kontrolliert Verkehr und Fahrzeuge und ahndet Parkdelikte *(siehe S. 241)*. Die Strafen für Falschparken oder Geschwindigkeitsüberschreitungen sind hoch. Achtung: Es gilt ein absolutes Alkoholverbot. Hin und wieder werden Alkoholkontrollen im großen Stil durchgeführt. Wer erwischt wird, muss mit drastischen Strafen rechnen. Wenn Sie in einen Verkehrsunfall verwickelt werden, müssen Sie unverzüglich die Polizei benachrichtigen. Am Unfallort darf nichts verändert werden, bis sie eintrifft.

Es gibt auch private Sicherheitsdienste (*sekuriťáci* oder »Schwarze Sheriffs« – viele von ihnen tragen tatsächlich schwarze Uniformen). Sie bewachen meist Banken oder sind für die Sicherheit bei Sportveranstaltungen zuständig. Sie sind mit Schlagstöcken bewaffnet.

Persönliche Sicherheit

Prag ist ein sicherer Ort. Sie können unbehelligt durch die Stadt gehen. Gewalt und Diebstähle sind selten, in Bezug auf Besucher noch seltener. Bisweilen gibt es Diebstähle in Hotelzimmern und Taschendiebstahl. Mit etwas gesundem Menschenverstand kann Ihnen in Prag eigentlich nichts passieren. Achten Sie einfach auf Ihre Tasche, auf Pass und Geld.

Diebe operieren gern in beliebtem Umfeld, etwa in vollen Trams, Metros und bei Sehenswürdigkeiten (Vorsicht beim Glockenspiel der Astronomischen Uhr). Achten Sie daher dort besonders auf Ihre Sachen. Es ist unwahrscheinlich, dass Sie gestohlene Dinge zurückerhalten. Lassen Sie deshalb keine Wertgegenstände im Auto liegen. Alarmanlagen im Wagen haben sich als nicht besonders wirksam erwiesen. Stellen Sie Ihr Auto möglichst in einer Tiefgarage ab. Schließen Sie vor dem Urlaub eine entsprechende Versicherung ab. Es ist schwierig, dies vor Ort zu tun. Melden Sie jeden Diebstahl umgehend der Polizei, um Ansprüche gegenüber Ihrer Versicherung geltend machen zu können.

Für allein reisende Frauen ist Prag ein sicheres Pflaster. Aller-

Staatspolizist | Städtischer Polizist | Staatspolizistin | »Schwarzer Sheriff«

dings sollten Frauen nachts nicht ohne Begleitung auf den Wenzelsplatz gehen. Manche Männer könnten sie für eine Prostituierte halten.

Prag hat einige sehr merkwürdige Bars, die bis in die Morgenstunden geöffnet haben. Die Begriffe »non-stop« und »herna« stehen meist für zwielichtige Spelunken, in denen Besucher an den diversen Spielautomaten abgezockt werden. Auf Seite 206f finden Sie eine ganze Reihe von Bars und Kneipen, die ein Amusement ohne Reue garantieren sollten. Touristenrestaurants und viele Taxifahrer verlangen gern überhöhte Preise. Bevorzugen Sie lizenzierte Taxis vom Taxistand (siehe S. 240). Bewahren Sie Quittungen auf.

Machen Sie von allen wichtigen Dokumenten von Ihrer Reise Fotokopien. Lassen Sie die Originale im Hotelsafe. Denken Sie daran, dass Sie eventuell den Pass (oder die Fotokopie) vorzeigen müssen.

Im Notfall

Ihr Hotel sollte Ihnen die entsprechende medizinische Versorgung vermitteln können. Wenn Sie dringend medizinische Hilfe brauchen, rufen Sie den Euro-Notruf (mehrsprachig) an, der rund um die Uhr besetzt ist. Krankenhäuser mit Ambulanz sind im Stadtplan vermerkt (siehe S. 244–255).

Wagen der städtischen Polizei

Krankenwagen

Medizinische Versorgung und Apotheken

In Krankheitsfällen genießen EU-Bürger und Bürger der Schweiz aufgrund des europäischen Sozialversicherungsabkommens Krankenversicherungsschutz, wenn sie gesetzlich versichert sind und die Europäische Krankenversicherungskarte (EHIC) mitnehmen. Nicht eingeschlossen sind etwa ein Krankenrücktransport oder Zahnbehandlungen. Eine zusätzliche Auslandsreise-Krankenversicherung ist empfehlenswert.

Apothekenschild

Der Medizintourismus nach Ost- und Mitteleuropa, insbesondere nach Tschechien, wird immer populärer. Im **Health Centre Prague** in Prag erhält man viele Behandlungen preisgünstiger als im Rest Europas.

In Prag gibt es einige rund um die Uhr geöffnete Apotheken (lékárna). Sie helfen bei kleineren Gesundheitsproblemen weiter.

Wenn Sie einen Deutsch oder Englisch sprechenden Arzt suchen, können Sie auch das **Diplomatic Health Centre** für Ausländer in Na Homolce aufsuchen. Eine Alternative ist das private **Canadian Medical Center** oder – bei Zahnproblemen – **Elite Dental Prague**. Hier brauchen Sie Ihren Ausweis und Bargeld.

Menschen mit Atemwegsproblemen sollten bedenken, dass in Prag zwischen Oktober und März der Schwefeldioxidanteil in der Luft die Grenzwerte regelmäßig übersteigt. Da es immer mehr Autos gibt, wird sich das Problem in Zukunft verschärfen. Nehmen Sie benötigte Medikamente mit.

Auf einen Blick

Notfallnummern

Europäischer Notruf
112.

Ambulanz
155.

Polizei
158 (staatlich), 156 (städtisch).

Feuerwehr
150.

Polizei

Touristenpolizei
Jungmannovo náměstí 9.
Stadtplan 3 C5.

Fundbüro

Fundbüro (Ztráty a nálezy)
Karoliny Světlé 5.
Stadtplan 3 A5.
22 42 35 085.
Mo – Fr 8 –16 Uhr (Mo, Mi bis 17.30, Fr bis 14 Uhr).

Medizinische Zentren

Canadian Medical Center
Veleslavínská 1.
Mo – Fr 8 –18 (Di, Do bis 20 Uhr), Sa 9 –14 Uhr.
cmcpraha.cz

Diplomatic Health Centre (Nemocnice Na Homolce)
Roentgenova 2.
25 72 71 111. 24 Std.
homolka.cz

Elite Dental Prague
Vodičkova 5. Stadtplan 3 C3.
22 25 10 888.
Mo – Do 8 – 20 Uhr (Fr bis 16 Uhr).
elitedental.cz

Health Centre Prague
Vodičkova 28, 3. Eingang, 2. Stock.
Stadtplan 3 C5.
60 34 33 833 (24 hrs).
Mo – Fr 8 –17 Uhr.
doctor-prague.cz

Apotheken (24 Std.)

Lékárna Palackého
Palackého 5.
Stadtplan 3 C5.
22 49 46 982.

Lékárna u Sv. Ludmily
Belgická 37.
Stadtplan 6 F3.
22 25 13 396.

Stadtplan siehe Seiten 244 – 255

Banken und Währung

Landeswährung ist die Tschechische Krone (Kč), wann sie auf Euro umgestellt wird, ist unklar. Prag besitzt inzwischen viele Banken und Wechselstuben. Bankautomaten gibt es überall in der Stadt. Gängige Kreditkarten werden zunehmend akzeptiert, was nicht heißt, dass Sie überall damit bezahlen können. Den besten Wechselkurs bieten Banken. Reiseschecks können Sie meist nur bei Banken einlösen. Achtung: Manche Wechselstuben werben mit »null« oder geringen Gebühren – das ist nie der Fall.

Banken und Wechselstuben

Die großen Banken, alle im Zentrum gelegen, haben montags bis freitags von 9 bis 17 oder 18 Uhr geöffnet.

Hunderte kleiner Wechselstuben findet man in der gesamten Innenstadt verteilt. Auch wenn sie manchmal bessere Wechselkurse anbieten – die Gebühren sind enorm. Sie betragen bis zu zwölf Prozent gegenüber ein bis fünf Prozent bei der Bank (allerdings kassiert die Bank eine Mindestkommission von 20 bis 50 Kč). Wechselstuben haben auch die ungute Praxis, weithin sichtbar mit einem Umtauschkurs zu werben, der sich im Nachhinein als Kurs für den Ankauf von Kč herausstellt, während der Verkaufskurs deutlich schlechter ist. Ihr größter Vorteil ist, dass sie zum Teil bis 24 Uhr geöffnet haben und Sie dort nicht lange warten müssen.

Die meisten großen Hotels tauschen ebenfalls Geld um, doch Vorsicht: Auch hier sind die Wechselgebühren meist sehr hoch.

Wenn Sie bei der Ausreise noch tschechisches Geld übrig haben, können Sie es bei allen Banken gegen eine geringe Gebühr in Euro zurücktauschen.

Wechseln Sie niemals auf dem Schwarzmarkt. Abgesehen davon, dass es illegal ist, verdienen Sie kaum daran – und die Banknoten können gefälscht sein.

Kreditkarten

Bankautomaten *(bankomats)* gibt es überall im Prager Zentrum, viele im Eingangsbereich der Banken. Sie akzeptieren die gängigen Kreditkarten, meist auch **Girocard** (früher Maes-

Geldautomat

tro-/EC-Karte). Die Bildschirmmenüs sind u. a. auf Deutsch (fragen Sie bei Ihrer Bank nach, welche Abhebungsgebühren anfallen).

Die Bezahlung per Kreditkarte wird auch in Prag immer gebräuchlicher. Allerdings sollten Sie vorsichtshalber immer nachfragen – auch wenn ein Restaurant oder ein Laden an der Tür ein Kreditkartenschild hängen hat, heißt das noch nicht, dass man Ihre Karte akzeptiert. Erkundigen Sie sich besser vorher. Die gängigsten Kreditkarten sind **American Express, Diners Club, Visa** und **MasterCard**. Bei den meisten Banken bekommen Sie mit einer Kreditkarte auch Bargeld.

Reiseschecks

Gängig sind American Express und Thomas Cook. Reiseschecks sind sicher, haben allerdings einen Nachteil: Sie werden in Restaurants und Läden nicht als Zahlungsmittel akzeptiert und müssen meist bei einer Bank oder Wechselstube eingetauscht werden. Nur größere Hotels akzeptieren sie. Lassen Sie sich eine Quittung geben, damit Sie Kronen zurücktauschen können.

Auf einen Blick

Banken

Česká Spořitelna
Rytířská 29. **Stadtplan** 3 C4.
📞 800 207 207. 🌐 csas.cz

Komerční Banka
Václavské náměstí 42. **Stadtplan** 4 D5. 📞 955 545 111. 🌐 kb.cz

UniCredit Bank
Revoluční 7. **Stadtplan** 4 D2.
📞 844 11 33 55.
🌐 unicreditbank.cz

Wechselstuben

Eurochange
Opletalova 30. **Stadtplan** 4 E5.
📞 22 42 43 614.

Inter Change
Rytířská 26. **Stadtplan** 3 C4.
📞 22 42 21 757.
🌐 interchange.cz

Kartenverlust

Allgem. Notrufnummer
📞 0049 116 116.
🌐 116116.eu

American Express
📞 (0049) 69 97 97 2000 (24 Std.).

Diners Club
📞 (0049) 75 31 36 33 111 (24 Std.).

MasterCard
📞 800 142 494.

Visa
📞 800 142 121.

Girocard
📞 (0049) 69 740 987.

Fassade der Česká Spořitelna Bank

Währung

Landeswährung ist die Tschechische Krone (*Koruna česká*, Abkürzung: Kč), unterteilt in 100 Heller (diese Münzen sind seit 2008 allerdings nicht mehr im Umlauf).

Wenn Sie bar bezahlen, benötigen Sie Tschechische Kronen. Einige Hotels und Läden akzeptieren auch Euro. Die Wechselkurse sind jedoch nicht unbedingt die besten. Bei Preisen im Einzelhandel gibt es zwar noch Heller-Angaben, doch wird der Betrag auf volle Kronen auf- oder abgerundet. Man kann u. a. bei Tesco in Euro bezahlen. Das Wechselgeld gibt es dann in Kronen zum Tageskurs.

Banknoten

Tschechische Banknoten gibt es im Wert von 100, 200, 500, 1000, 2000 und 5000 Kronen (Kč).

5000-Kč-Schein
(Tomáš G. Masaryk, 1. Präsident der Tschechoslowakei)

2000-Kč-Schein
(Ema Destinnová/Emmy Destinn, Opernsängerin)

500-Kč-Schein
(Božena Němcová, Schriftstellerin)

1000-Kč-Schein
(František Palacký, Historiker und Politiker)

200-Kč-Schein
(Jan Amos Comenius, Philosoph und Pädagoge)

100-Kč-Schein
(Karl IV., König von Böhmen und deutscher Kaiser)

1 Krone (1 Kč)

2 Kronen (2 Kč)

Münzen

Tschechische Münzen gibt es im Wert von 1, 2, 5, 10, 20 und 50 Kronen (Kč). Sie zeigen auf der Rückseite das tschechische Wappentier, einen aufgerichteten Löwen.

5 Kronen (5 Kč)

10 Kronen (10 Kč)

20 Kronen (20 Kč)

50 Kronen (50 Kč)

Kommunikation

Hauptanbieter auf dem Telefonsektor ist Telefónica O₂ Czech Republic (zu der auch der ehemals staatliche Telekomkonzern Český Telecom gehört) – weitere Anbieter sind Vodafone und T-Mobile. WLAN-Bereiche und Internet-Cafés findet man mittlerweile überall in Prag. Die Letzteren residieren oft in Innenhöfen oder im ersten Stock. Česká Pošta, die staatliche Post, wurde 1993 nach der Teilung der Tschechoslowakei gegründet.

O₂-Telefonzellen in Prag

Öffentliche Telefone

Obwohl immer mehr Menschen mit Handys telefonieren, gibt es in der Tschechischen Republik noch recht viele öffentliche Telefone – mehr als in den meisten anderen europäischen Ländern.

Die Telefone von O₂ akzeptieren Bargeld (Euro und Kronen), Kreditkarten und Telefonkarten. Je nach Telefon können Sie auch einen Text oder eine E-Mail versenden. Telefone auf Hotelzimmern bieten meist Direktverbindungen, allerdings sind die Gebühren für Gespräche relativ hoch. Internationale Ferngespräche können sogar exorbitant teuer sein – egal zu welcher Tageszeit man anruft. Die billigsten Ferngespräche kann man von Telefonzentren aus führen, etwa von **Call Point Internet**.

Telefonkarten (telefonní karta) erhält man in Tabakläden (tabáks), bei Zeitungskiosken, in Postämtern, Supermärkten und an Tankstellen. Zwei beliebte Karten sind Karta X, eine Prepaid-Karte, mit der man nationale und internationale Anrufe von jedem Telefontyp aus tätigen kann, sowie Trick, eine Multifunktionskarte für Telefon- und auch für Internet-Dienste.

Bei allen Telefonen hört man beim Wählen zuerst einen kurzen, dann einen langen Ton. Dieser Klingelton besteht aus langen gleichmäßigen Tonfolgen, das Besetztzeichen dagegen aus kurzen, schnellen. Telefonnummern in Tschechien bestehen aus neun Ziffern, Prager Nummern beginnen meist mit »2«.

Mobiltelefone

Das tschechische Mobilfunknetz basiert auf GSM (900/1800 MHz), entspricht also dem europäischen Standard. Lokale SIM-Karten sind günstiger, wenn man in die lokalen Netze telefonieren will. Tschechische Handynummern beginnen mit sechs oder sieben.

Die Roaming-Verordnung der EU gibt verbindliche Obergrenzen der Kosten sowohl für Vertrags- als auch für Prepaid-Kunden vor: Der Minutenpreis für ein abgehendes Telefonat beträgt seit 1. 7. 2013 0,24 Euro (ab 1. 7. 2014: 0,19 €), für ein ankommendes 0,07 Euro (2014: 0,05 €). Eine SMS kostet 0,08 Euro (2014: 0,06 €), Daten-Roaming pro MB 0,45 Euro (2014: 0,20 €) – alle Angaben verstehen sich ohne Mehrwertsteuer.

Internet

Die meisten Hotels bieten ihren Gästen einen Internet-Zugang, oft WLAN. Letzterer ist nicht immer zuverlässig, es kommt auf die Entfernung zum Router an. Falls der Internet-Zugang für Sie von Bedeutung ist, sollten Sie bei der Hotelbuchung darauf hinweisen und ein Zimmer mit starkem WLAN-Signal reservieren.

Die meisten Hotels haben Computerterminals in den öffentlichen Bereichen, wo die Gäste kostenlos im Internet surfen oder auch ihre E-Mails abrufen können. Hotelportiers kennen zudem den Standort des nächsten Prager Internet-Cafés.

Internet-Cafés sind in Prag recht häufig anzutreffen. Die Preise halten sich im Rahmen (1 bis 2 Kč pro Minute). Auch wenn diese Etablissements das Wort »Café« im Namen tragen, sollten Sie nicht erwarten, dass dort Kaffee serviert wird – oder falls doch, dass er trinkbar ist.

Zudem bieten immer mehr Cafés, Bars und Restaurants ihren Gästen Laptops mit kostenlosem WLAN an. Die Verbindungen sind meist schnell. Die Bedienungen nennen Ihnen gegebenenfalls das benötigte Password.

Nützliche Telefonnummern

• Vorwahl Tschechische Republik	**+420**
• Vorwahl Prag (in diesem Buch ist die Prager Vorwahl 2 bei allen Telefonnummern vorangestellt)	**+420-2**
• Nach Deutschland	**0049**
• Nach Österreich	**0043**
• In die Schweiz	**0041**
• Inlandsauskunft und Vermittlung	**1180**
• Auslandsauskunft (auch auf Deutsch)	**1181**
• Deutschland Direkt	**00800 3300 4900**
• Städtische Polizei	**156**
• Im Notfall (Ambulanz)	**112** oder **155**
• Im Notfall (Polizei)	**112** oder **158**

Post

Die wichtigsten Postämter Prags sind im Stadtplan *(siehe S. 244 – 255)* verzeichnet. Das **Prager Hauptpostamt** (Jindřišská 14) nahe dem Wenzelsplatz bietet viele Serviceleistungen, darunter ein großes Telefonzentrum, von dem aus man von 7 bis 23 Uhr internationale Ferngespräche tätigen kann (Auskunft auch auf Englisch). Ziehen Sie zunächst eine Nummer am Eingang, warten Sie dann, bis die Nummer auf dem elektronischen Display anzeigt, welche Telefonkabine frei ist.

Schild für Postamt

Falls Sie einige der farbenfrohen tschechischen Briefmarken kaufen wollen, gehen Sie zum Schalter 29 (keine Nummer erforderlich).

Das Hauptpostamt in der Jindřišská ist von 2 bis 24 Uhr geöffnet, die meisten anderen Postämter haben montags bis freitags von 8 bis 18 oder 19 Uhr (Sa von 8 bis 12 Uhr) geöffnet.

In der Tschechischen Republik gibt es keine unterschiedlichen Beförderungsarten, der Großteil der Briefe erreicht seinen Bestimmungsort in wenigen Tagen. Wichtige Schreiben sollten Sie per Einschreiben versenden.

Postkarten und Briefe wirft man in die vielen orangefarbenen Briefkästen. Briefmarken *(známky)* erhält man in Postämtern, an Zeitungskiosken oder in *tabáks* – dort erfahren Sie auch, welche Briefmarken Sie für welches Land benötigen. Päckchen und Einschreiben müssen auf Postämtern abgegeben werden.

Für eilige Päckchen und Pakete nutzt man am besten Kurierdienste, etwa **DHL**.

Postlagernde Sendungen werden auf dem Hauptpostamt aufbewahrt. An den Schaltern 1 und 2 (Mo – Fr 7 – 20 Uhr, Sa bis 12 Uhr) bekommen Sie die Post gegen Vorlage eines Ausweises ausgehändigt.

Zeitungen und Zeitschriften

In Prag gibt es eine ganze Reihe von Zeitschriften, darunter auch deutsch- und englischsprachige Zeitungen. Sie werden von hier lebenden Deutschen, Engländern oder Amerikanern herausgegeben. Sie geben immer auch nützliche Tipps für Besucher, bieten informative Artikel über die aktuelle politische Situation und Informationen über Prag allgemein. Bekannt ist vor allem die *Prager Zeitung* (www.pragerzeitung.cz).

The Prague Post informiert auf Englisch und hat eine Beilage zu Veranstaltungen: *Night & Day*. Eine tägliche englischsprachige Online-Zeitung gibt es auf www.ceskenoviny.cz/news. Andere Quellen sind www.expats.cz, www.prague.tv und www.praguemonitor.com.

Die meisten Zeitungsstände in Prag, die man rund um den Wenzelsplatz und in der Nähe anderer wichtiger Sehenswürdigkeiten findet, verkaufen alle großen deutschsprachigen Tageszeitungen und auch Magazine, beispielsweise *Süddeutsche Zeitung*, *Frankfurter Allgemeine* und die *Neue Zürcher Zeitung* bzw. *Spiegel* oder *Stern*.

Manchmal kann es vorkommen, dass die Tageszeitungen noch vom Vortag sind.

Fernsehen und Radio

Das öffentlich-rechtliche Fernsehen heißt Česká televize (ČT). Daneben gibt es diverse Privatsender und Satellitenprogramme. Ausländische Filme haben oft tschechische Untertitel.

Neben vielen Privatsendern gibt es in Prag derzeit elf Radioprogramme des öffentlich-rechtlichen Hörfunk (Český rozhlas, ČRo). Radio Prag bietet einige deutschsprachige Sendungen. Außerdem kann man in Prag Bayern 3 und Österreich 1 empfangen.

The Prague Post mit Beilage

Auf einen Blick

Internet-Cafés und Telefonzentren

Bohemia Bagel
Holešovice, Dukelských hrdinů 48 (gegenüber dem Parkhotel).
22 08 06 541.
tägl. 10 – 24 Uhr.

Call Point Internet
Myšák Gallery, Vodičkova 31.
Stadtplan 3 C5.
tägl. 10 – 20 Uhr.

Káva Káva Káva
Národní 37. **Stadtplan** 3 B5.
22 42 28 862.
tägl. 2 – 22 Uhr (Sa, So ab 9 Uhr).
kava-coffee.cz

Postdienste

DHL
Václavské náměstí 47. **Stadtplan** 4 D5. 84 01 03 000 oder 22 03 00 111. dhl.cz

Prager Hauptpostamt
Jindřišská 14. **Stadtplan** 4 D5.
84 01 11 244 oder 22 11 31 111. cpost.cz

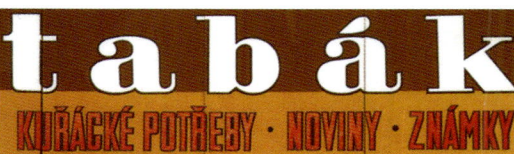

Tabakläden verkaufen auch Briefmarken und Telefonkarten

Anreise

Prag liegt im Herzen Europas und hat eine gute Verkehrsanbindung innerhalb des Kontinents. Es gibt von allen größeren Städten Europas aus fast täglich Direktflüge nach Prag. Auch die internationalen Busverbindungen sind gut und günstig. Bei Busreisen sieht man mehr von der Landschaft – allerdings sind sie, verglichen mit einem Flug, wesentlich zeitaufwendiger.

Beliebt sind auch Zugreisen. Die Züge sind im Sommer oft ausgebucht, sodass man früh reservieren muss. Der Prager Hauptbahnhof (Hlavní nádraží) liegt nahe dem Wenzelsplatz, direkt im Zentrum der Stadt. Auch alle anderen Ankunftsorte, mit Ausnahme des Flughafens, liegen zentral. Prag-Besucher, die mit dem Auto anreisen, benötigen für Tschechien eine Vignette.

Mit dem Flugzeug

Rund 50 internationale Fluggesellschaften fliegen den Prager Flughafen (Václav Havel Airport bzw. Letiště Praha Ruzyně) an, darunter **Lufthansa**, British Airways, Air France, KLM, **Austrian Airlines**, **Swiss** und natürlich die tschechische Linie **Czech Airlines (ČSA)**.

Je nachdem, von welchem Flughafen in Deutschland aus Sie nach Prag fliegen, beträgt die Flugzeit eine bis eineinhalb Stunden. Von der Schweiz aus dauert es etwas länger, von Österreich aus kann es hingegen etwas kürzer sein.

Günstige Flüge

Da Prag als Reiseziel immer beliebter wird, fliegen immer mehr Fluggesellschaften die Stadt an. So sind in den letzten Jahren die Flugpreise wegen der Konkurrenz gefallen.

Einige Reiseagenturen bieten inzwischen Charterflüge – eine gute Alternative trotz der Unwägbarkeiten, die ein Charterflug mit sich bringen kann. So kann es immer passieren, dass es noch in letzter Minute zu Änderungen der Abflugzeit kommt oder Flüge ganz gestrichen werden.

APEX-Tickets können sich als günstig erweisen, doch gilt auch hier: Die Bedingungen sind zu bedenken, da sie sehr rigoros sein können. Sie müssen Ihren Flug mindestens einen Monat im Voraus buchen. Sollten Sie Ihren Flug stornieren, müssen Sie mit hohen Gebühren rechnen.

Studenten, Rentner, Kinder und Geschäftsleute können bei Flügen verschiedene Rabatte bekommen.

Das Ticket lange vorab zu buchen lohnt sich fast immer – außer man kann sich von der Zeit her Last-Minute-Angebote leisten (wobei die Flüge nach Prag im Sommer ausgebucht sein können, ebenso über Weihnachten und Neujahr, wenn auch die Preise wieder steigen).

Schild für Passkontrolle

Nach Schnäppchen kann man auch immer im Internet stöbern. Billigflieger steuern Prag vermehrt an und bieten entsprechend preisgünstige Konditionen. Nützliche Websites für die Suche nach möglichst Flügen sind: www.fly.de und www.lastminute.com.

Flughafen Prag-Ruzyně

Der internationale Flughafen Prag-Ruzyně (Václav Havel Airport) liegt etwa 20 Kilometer nordwestlich des Stadtzentrums bei Ruzyně im sechsten Prager Stadtbezirk. Er ist modern und sauber und bietet alle Annehmlichkeiten, die man von einem internationalen Flughafen erwartet: Autovermietung, Wechselstuben, Restaurants, Postamt und Gepäckaufbewahrung.

Der Flughafen wurde zur Jahrtausendwende modernisiert. 2006 öffnete ein neuer Terminal. Terminal 1 (Nord) fertigt Flüge nach England, Amerika, Afrika, dem Nahen Osten und Asien ab. Vom neuen Terminal 2 (Nord) gehen die innereuropäischen Flüge ab. Die beiden Terminals liegen nur einen kurzen Fußweg auseinander. Weiterhin neu sind eine Business-Lounge und verschiedene Restaurants, ebenso ein Einkaufszentrum im Marriott Courtyard Hotel, direkt gegenüber dem Flughafen.

Terminal 3, der auch als Südterminal bekannt ist, liegt wei-

Terminal 2 (Nord) im Flughafen Prag-Ruzyně

ter entfernt und wird hauptsächlich für Privatflugzeuge genutzt.

Vom Flughafen in die Stadt

Vom Flughafen in die Stadt kommt man schnell und günstig – falls man nicht an einen betrügerischen Taxifahrer gerät (siehe S. 240). Die Fahrt zwischen Zentrum und Flughafen dauert während der Stoßzeit etwa 60 Minuten, an guten Tagen braucht man nur 30 Minuten. Die Kombination von Metro und Bus dauert etwa 45 Minuten – je nach Anschluss.

Zwischen Flughafen und Zentrum gibt es eine regelmäßige Minibusverbindung, die von **CEDAZ** betrieben wird. Die Busse vom und zum Flughafen enden bzw. starten alle 30 Minuten zwischen 7.30 und 19 Uhr in der V celnici in der Nähe des Náměstí Republiky. Das Ticket gibt es für 130 Kronen beim Busfahrer. Für andere Ziele unterhält CEDAZ eine Kooperation mit AAA Radiotaxi. Wer direkt zu einem Hotel oder einem anderen Ort befördert werden will, kann sich vorab beim Informationsbüro des Airports einen Rabattcoupon besorgen – für die Benutzung von AAA Radiotaxi. Damit wird die Rückfahrt zum Flughafen um 47 Prozent billiger.

Es verkehren noch weitere Busse: Zubringerbus 119 (zur Metro-Station Dejvická, Linie A,

CEDAZ-Bus, der zwischen Flughafen und Stadtzentrum verkehrt

grün) oder 100 (zur Metro-Station Zličín, Linie B, gelb). Zwischen Mitternacht und fünf Uhr bringt Sie der Nachtbus 510 jede halbe Stunde in die Stadt – zum Standardpreis des öffentlichen Nahverkehrs (derzeit 32 Kč).

Der Airport-Expressbus hält an den Stationen Dejvická, Masarykovo nádraží, Náměstí Republiky und Hlavní nádraží. Er fährt etwa alle 30 Minuten zum Preis von 60 Kronen.

Sie können auch eines der Taxis vor dem Flughafen nehmen. Gehen Sie allerdings nicht einfach aus dem Flughafen und zum nächstbesten Taxi, sondern buchen Sie eins am Informationsschalter bei den Ausgängen – damit Sie auch zu einem fairen Preis befördert werden. Die Taxis von **AAA Radiotaxi** und **1.1.1. RadioCab Taxi** haben Taxameter, die Wagen offerieren einen vergleichbaren Festpreis (derzeit maximal 670 Kč).

Auf einen Blick

Flughafen

Flughafen Prag-Ruzyně (Václav Havel Airport)
22 01 11 888.
prg.aero/en/

Fluglinien

Austrian Airlines
2 72 31 231 oder 22 42 81 043 (Prag).
05 17 66 1001 (Österreich).
180 300 0520 (Deutschland).
austrian.com

Czech Airlines (ČSA)
V celnici 5.
Stadtplan 4 D3.
23 90 07 007 oder 800 310 310 (24 Std.).
csa.cz

Germanwings
germanwings.com

Lufthansa
23 40 08 234 (Flughafen Prag).
(069) 86 799 799 (Info, Deutschland).
lufthansa.com

Swiss
23 40 08 229 (Flughafen Prag).
08 48 700 700 (Schweiz).
1-805 110 036 (Deutschland).
swiss.com

Airport-Busse

CEDAZ
22 01 16 758.
cedaz.cz

Taxis

1.1.1. RadioCab Taxi
22 01 17 078.
111radiocab.cz

AAA Radiotaxi
22 11 11 111 oder 14 0 14.
aaataxi.cz

Vor dem Flughafen warten Busse und Taxis auf Fahrgäste in die Stadt

Stadtplan siehe Seiten 244–255

Fassade des Hlavní nádraží

Mit dem Zug

Bahnreisen sind eine angenehme und umweltfreundliche Art, nach Prag zu kommen. Zugverbindungen bestehen zwischen Prag und allen wichtigen Städten Europas. Internationale Züge verfügen über Speise- und Schlafwagen. Die Fahrkarten können allerdings teurer sein als günstige Flugtickets.

České Dráhy (ČD) ist die größte Eisenbahngesellschaft in Tschechien. Sie betreibt mehrere Zugarten. Der *rychlík* ist ein Eilzug, der *osobní* ein Regionalzug, der an jeder Station hält und oft nur 30 km/h erreicht. Der EX ist der nationale Expresszug. Der SC (SuperCity), der schnellste und komfortabelste Zug, verkehrt zwischen Prag, Brno und Ostrava. Der EC (EuroCity) ist ein internationaler Expresszug.

Die billigere und komfortablere Alternative nach Pardubice und Ostravia sind sogenannte Regiojets, die künftig mehr Routen anbieten werden.

Fahrkarten können Sie im Voraus oder auch am Tag der Reise an den Bahnhöfen oder bei der Reiseagentur von **České Dráhy (ČD Travel)** kaufen. Wenn Sie kurz vor Abfahrt des Zugs ankommen, treffen Sie eventuell auf lange Schlangen an den Schaltern – vor allem freitags und sonntags. Die meisten Züge führen Wagen der ersten Klasse mit Sitzplatzgarantie. Ein umrandetes »R« auf dem Fahrplan bedeutet, dass Sie für diesen Zug einen Platz reservieren müssen. Ist das »R« nicht umrandet, wird eine Reservierung nur empfohlen. Sitzen Sie in der falschen Klasse, müssen Sie eine Strafe zahlen.

Bahnhöfe

Hlavní nádraží, der Prager Hauptbahnhof, liegt fünf Minuten Fußweg vom Wenzelsplatz entfernt. Der Jugendstil-Bau wird aufwendig restauriert. Im Inneren glänzen neue Läden, Lokale, ein Pub und sogar ein Juwelier. Das neue Untergeschoss bietet eine Gepäckaufbewahrung, ein Tourismusbüro (Mo – Sa 9 – 19, So 9 – 17 Uhr) und Fahrkartenschalter (tägl. 3.30 – 0.30 Uhr). Hier gibt es auch ein Reisebüro von **ČD**, wo mehrsprachiges Personal Tickets, etwa für den Eurostar, verkauft. Das Facelift von Hlavní nádraží und die Sanierung der historischen oberen Bahnhofsareale kommen gut voran.

Mit der Renovierung wurde der Hauptbahnhof an den Bahnhof Nádraží Holešovice angebunden. Hier stoppen nun auch internationale Züge.

Masarykovo nádraží, Prags ältester Bahnhof, bedient die Prager Vorstädte und einige Inlandsrouten. Gleiches gilt für Smíchov, den kleinsten Bahnhof.

Mit dem Bus

Busverbindungen zwischen Prag und vielen europäischen Städten haben sich enorm verbessert. Die Tickets sind schnell ausverkauft. Einige tschechische Städte – etwa Karlovy Vary, Hradec Králové, Česky Krumlov und Terezín – sind per Bus einfacher zu erreichen als mit dem Zug.

Florenc, der größte Busbahnhof, liegt an der nordöstlichen Ecke der Neustadt, Na Knížecí, ein kleinerer Busbahnhof, bei der Metro-Station Anděl. Florenc hat von 4 Uhr bis Mitternacht geöffnet und bietet Essensstände, Infoschalter und Gepäckaufbewahrung. Kartenschalter gibt es u. a. von **Eurolines** und **Student Agency**.

Im Sommer sind Hunderte von Busreisen zu allen Küstenstädten Südeuropas im Angebot. Die Einheimischen stürzen sich auf die Karten, man sollte also frühzeitig Tickets kaufen und Plätze reservieren.

Mit dem Auto

Um in der Tschechischen Republik ein Auto zu fahren, müssen Sie mindestens 18 Jahre alt sein. Für Besucher aus der EU reicht der nationale Führerschein (allerdings wird ein neuer empfohlen). Vorweisen muss man zudem Fahrzeugpapiere und Haftpflichtversicherung (»grüne Karte«). Das Auto sollte ein Nationalitätenkennzeichen haben. Tschechische Polizisten und Zöllner tolerieren jedoch das Euro-Nummernschild. Ein

Uniformierter Zugschaffner

Reisebus von Eurolines

ANREISE | 237

Prags wichtigste Bahnhöfe

Die wichtigsten Zug- und Busbahnhöfe liegen relativ zentral und sind gut mit der Metro zu erreichen – die jeweils nächste Metro-Station ist in den Kästen aufgeführt.

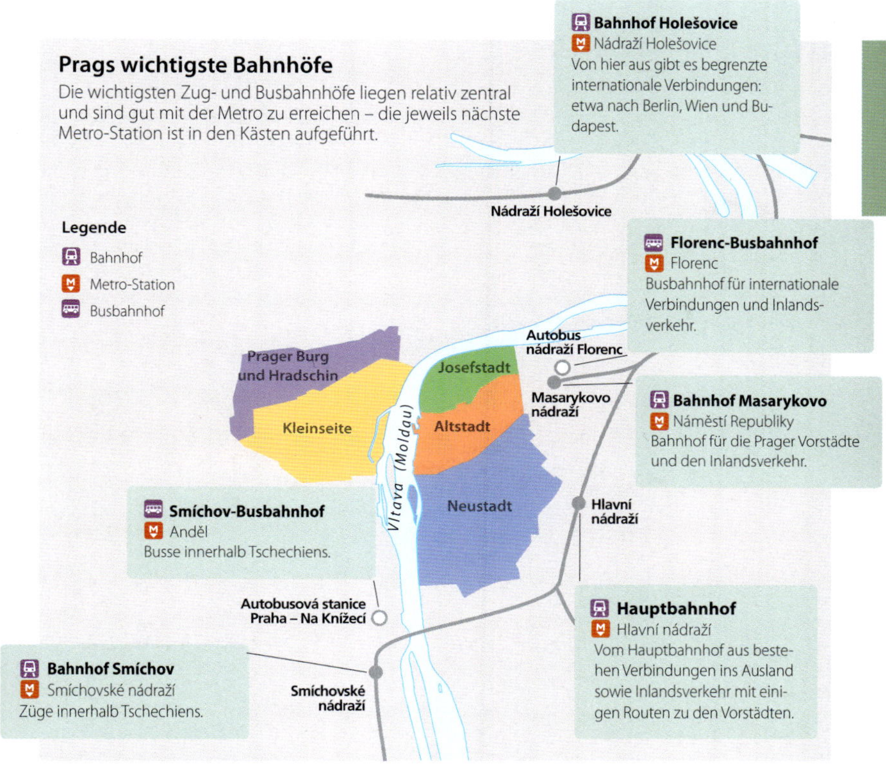

Bahnhof Holešovice
Nádraží Holešovice
Von hier aus gibt es begrenzte internationale Verbindungen: etwa nach Berlin, Wien und Budapest.

Legende
- Bahnhof
- Metro-Station
- Busbahnhof

Florenc-Busbahnhof
Florenc
Busbahnhof für internationale Verbindungen und Inlandsverkehr.

Bahnhof Masarykovo
Náměstí Republiky
Bahnhof für die Prager Vorstädte und den Inlandsverkehr.

Smíchov-Busbahnhof
Anděl
Busse innerhalb Tschechiens.

Hauptbahnhof
Hlavní nádraží
Vom Hauptbahnhof aus bestehen Verbindungen ins Ausland sowie Inlandsverkehr mit einigen Routen zu den Vorstädten.

Bahnhof Smíchov
Smíchovské nádraží
Züge innerhalb Tschechiens.

Tschechisches Autobahnschild

Verbandskasten, ein Warnschild und eine reflektierende Warnweste sind mitzuführen.

Für Schnellstraßen und Autobahnen braucht man eine Vignette, die an den Grenzübergängen und an großen Tankstellen erhältlich ist und an die Windschutzscheibe geklebt werden muss (Kosten 2013: 1500 Kronen für ein Jahr, 440 Kronen für einen Monat, 310 Kronen für zehn Tage). Bei Nichtbeachtung gibt es hohe Geldstrafen (weitere Infos: www.autobahn.cz/vignette).

Kleine Kinder müssen in Kindersitzen auf dem Rücksitz angeschnallt sein. Kinder unter zwölf Jahren dürfen nicht auf den Vordersitzen mitfahren. Über Land muss man mit eingeschaltetem Abblendlicht fahren. Die Promillegrenze liegt bei 0,0 Promille. Fahren unter Alkohol- oder Drogeneinfluss zieht empfindliche Strafen nach sich. Telefonate mit dem Handy sind nur mit Freisprecheinrichtung erlaubt.

Mittlerweile gibt es gute Autobahnverbindungen, darunter auch nach Plzeň und Brno. Das Autobahnnetz wird ständig weiter ausgebaut.

Auf Autobahnen beträgt die Höchstgeschwindigkeit 130 km/h, auf normalen Straßen 90 km/h und in Ortschaften 50 km/h – falls nicht anders angegeben. Die Verkehrskontrollen sind sehr streng, jeglicher Verstoß wird rigoros geahndet. Gelegentlich werden auch Alkoholkontrollen durchgeführt.

Auf einen Blick

Züge

České Dráhy (ČD Travel)
Hlavní nádraží (Hauptbahnhof), Wilsonova 8. **Stadtplan** 4 E5.
840 112 113.
cd.cz

Busse

Eurolines
Florenc-Busbahnhof.
Stadtplan 4 F3.
elines.cz

Student Agency
Florenc-Busbahnhof.
Stadtplan 4 F3. 841 101 101.
studentagency.cz

Autofahren

Budget
Flughafen. **Stadtplan** 4 E5.
23 53 25 713.
budget.cz

Pannenhilfe
1230 oder 1240.
26 11 04 351 (ADAC-Notruf).

Stadtplan siehe Seiten 244–255

In Prag unterwegs

Durch die überschaubare Größe der Prager Innenstadt können Sie die meisten Sehenswürdigkeiten gut zu Fuß erreichen. Für entferntere Ziele bietet sich das gut ausgebaute und zudem preisgünstige öffentliche Verkehrsnetz an, das durch die Busse, Trams, Standseilbahn und Metro-Linien des Prager Verkehrsverbunds (Dopravní podnik hlavního města Prahy) geknüpft wird. In diesem Reiseführer ist bei den beschriebenen Sehenswürdigkeiten die jeweils günstigste Verbindung vermerkt. U-Bahn und Tram verkehren im Zentrum, Busse auch in den Vororten. Für alle Verkehrsmittel gibt es ein Ticket, mit dem Sie umsteigen können. Für Besucher interessant ist auch die Prague Card. Die Routen der Verkehrsmittel finden Sie auf Stadtplänen, die viele Zeitungs-, Buch- und Tabakläden führen, und auf den hinteren Umschlaginnenseiten dieses Buchs.

Umweltbewusst reisen

Prag besitzt ein fantastisches öffentliches Verkehrssystem. Busse fahren in die Vorstädte und verringern so den Stau auf zentralen Straßen, wo Trams, Autos, Radfahrer, Fußgänger und sogar Pferde um Platz kämpfen. Da das Netz 24 Stunden in Betrieb ist, kann man locker auf ein Auto verzichten.

Prag ist zudem überschaubar. Die Sehenswürdigkeiten zu Fuß zu erreichen ist nicht nur möglich, sondern der beste Weg. Eine Alternative ist Radfahren. Räder kann man leicht leihen *(siehe S. 241)*.

Das World Carfree Network (www.worldcarfree.net) hat seinen Hauptsitz in Prag und organisiert den World Carfree Day (September) mit Critical-Mass-Radtouren in Städten weltweit. Jeden letzten Donnerstag im Monat findet in Prag der Auto*Mat Critical Mass statt, der um 18 Uhr am Jiřího z Poděbrad startet.

Radfahren in der Stadt

Öffentliche Verkehrsmittel

In der Stadt bewegen Sie sich am besten mit Metro oder Straßenbahn. Zu den Stoßzeiten – montags bis freitags von 6 bis 8 Uhr und 15 bis 17 Uhr – verkehren Trams, Metros und Busse öfter, sodass sie normalerweise nicht überfüllt sind. Einige Busse in die Vororte fahren nur während der Stoßzeiten.

Tickets

Die Betreiber der öffentlichen Verkehrsmittel setzen auf das Motto: Vertrauen ist gut, Kontrolle ist besser. Es gibt Kontrolleure in Zivil. Wer keinen gültigen Fahrschein hat, muss sofort eine saftige Strafe zahlen. Kaufen Sie ihn vor Fahrtantritt. Gültig wird er erst durch die Entwertung am Automaten.

Es gibt Kurzfahrten-Tickets für Tram, Bus, U-Bahn (30 Min. lang gültig, einmaliges Umsteigen möglich). Sie können damit auch Nachtbusse/Nachttrams, die Standseilbahn auf den Petřín, einige Fährrouten auf der Moldau (Linien P1 bis P6) sowie einige Züge (Linien R und S) benutzen. Das Ticket kostet derzeit 24 Kč. Für kürzere Fahrten im Stadtzentrum ist es normalerweise ausreichend.

Das sogenannte normale Ticket (32 Kč), das Sie für längere Fahrten, etwa für die Fahrt vom Flughafen, brauchen, ist 90 Minuten lang gültig und erlaubt beliebiges Umsteigen.

Wenn Sie viele der Sehenswürdigkeiten besichtigen wollen, sollten Sie eine Tageskarte (110 Kč) oder eine Drei-Tage-Karte (330 Kč) kaufen. Damit

24-Std.-Ticket

30-Min.-Ticket

kann man beliebig oft mit Bus, Tram oder Metro fahren.

Tickets gibt es in Metro-Stationen (Fahrkartenautomaten), an einigen Tram- und Bushaltestellen, in *tabáks* (Tabakläden), bei Zeitungskiosken und in einigen Läden.

Weitere Informationen zu Routen, Fahrplänen und Tickets finden Sie auf der Website des Prager Verkehrsverbunds oder bei den im Kasten unten aufgeführten Informationsbüros.

Für Besucher interessant: Die Prague Card (beim PIS, in Reisebüros oder online erhältlich) für kostenlosen Eintritt zu Attraktionen gibt es auch mit der Option des kostenlosen Transports für zwei, drei oder vier Tage *(siehe S. 225)*.

Auf einen Blick

Infozentren des Prager Verkehrsverbunds
Metro-Station Muzeum.
⭕ tägl. 7–21 Uhr.

Flughafen Prag-Ruzyně, Terminals 1 und 2.
⭕ tägl. 7–21 Uhr.

Bahnhof Holešovice, Anděl.
⭕ Mo–Fr 7–21, Sa 9.30–17 Uhr.

Weitere Infos unter
📞 29 61 91 817.
🌐 dpp.cz

IN PRAG UNTERWEGS | 239

Tram in den Straßen von Prag

Trams

Prags ältestes öffentliches Verkehrsmittel ist die Straßenbahn. Pferde zogen 1879 die frühesten Oldtimer durch die Stadt. 1891 trat die erste elektrische Bahn den Dienst an. Die Metro ist auf längeren Strecken schneller, doch die Trams sind auf Kurzstrecken am effektivsten – abgesehen von der angenehmen Sightseeing-Fahrt. Einige Linien fahren nur zu Stoßzeiten. Es gibt zudem Nachtlinien, die alle über die Lazarská (Neustadt) fahren.

Das Tramnetz wird vom **Prager Verkehrsverbund** betrieben. Es gelten die gleichen Fahrkarten wie für Metro und Bus.

Kaufen Sie Ihr Ticket, bevor Sie in die Straßenbahn steigen. Beim Einsteigen finden Sie nahe der Tür zwei oder drei kleine gelbe Lochautomaten an Metallpfosten. Schieben Sie Ihre Fahrkarte ein, sie wird automatisch entwertet. Wenn Sie Ihren Fahrschein nicht entwerten, ist er ungültig. Bei gelegentlichen Kontrollen wird dann sofort ein Bußgeld fällig.

An jeder Haltestelle hängt ein Fahrplan. Der aktuelle Standort ist darauf unterstrichen. Darunter sind die weiteren Stationen aufgelistet.

Die Trams verkehren im Abstand von vier bis 20 Minuten. Die Türen öffnen und schließen sich entweder automatisch, oder man muss einen Knopf drücken. Der aktuelle Halt und der nächste werden auf Tschechisch angesagt.

Da die Metro kurz nach Mitternacht schließt, verkehrt eine kleine Anzahl von Nachttrams von da an alle 30 Minuten. Diese Trams (Nummer 51 bis 58) sind mit weißen Nummern auf dunklem Hintergrund an den Tramhaltestellen markiert.

Tramschilder

An jeder Tramhaltestelle verweisen solche Schilder auf die hier haltenden Linien und deren Fahrtrichtung.

Logo der Tram

Die Nummern zeigen, welche Trams hier halten

Richtung der Straßenbahn

Name der Haltestelle

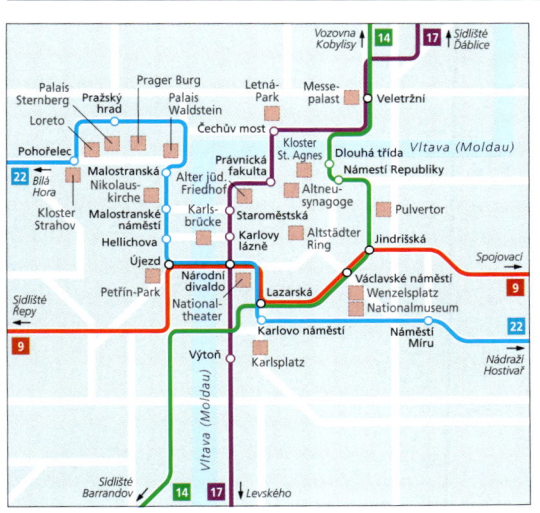

Nützliche Tramlinien

Die drei wichtigsten Linien im Zentrum bringen Sie zu vielen Sehenswürdigkeiten beiderseits der Moldau und garantieren günstige, angenehme Stadttouren. Bei Straßenarbeiten im Sommer kann es sein, dass Linien häufiger umgeleitet werden.

Legende

- Hauptsehenswürdigkeit
- Tramlinie
- Tramhaltestelle *(Auswahl)*

Typischer Stadtbus in Prag

Busse

Die meisten Prag-Besucher nehmen nur zweimal den Bus – nämlich vom und zum Flughafen *(siehe S. 235)*. Eventuell fahren sie noch zum Zoo. Busse wurden wegen der Abgase und der engen Straßen aus dem Prager Stadtzentrum verbannt. Sie verkehren von den Vororten zu den Tramhaltestellen und Metro-Stationen außerhalb des Zentrums.

Wenn Sie das Geld nicht genau abgezählt zur Hand haben, müssen Sie vor Fahrtantritt Tickets kaufen. Es gibt sie an Fahrkartenautomaten am Eingang zu Metro-Stationen, in *tabáks* (Tabakläden) und in weiteren Verkaufsstellen *(siehe S. 238)*.

Sie müssen das Ticket *(siehe S. 238)* im Bus entwerten. Es gibt Kurzfahrten-Tickets (ab Fahrtantritt 30 Minuten lang gültig, einmaliges Umsteigen möglich) sowie normale Tickets (beliebiges Umsteigen möglich, 90 Min. lang gültig). Die Türen öffnen und schließen (nach hohem Warnton) meist automatisch, ansonsten muss man einen Knopf drücken. Es wird erwartet, dass Sie Ihren Sitzplatz Älteren, Behinderten und Leuten mit kleinen Kindern überlassen.

An jeder Station geben Fahrpläne Auskunft über haltende Buslinien und Abfahrtzeiten. Die Busse verkehren meist pünktlich, jedoch mit stark schwankender Häufigkeit. So können zu Stoßzeiten stündlich zwölf bis 15 Busse im Einsatz sein, zu anderen Zeiten nur drei.

Nachts fahren zwölf Buslinien (Nr. 501–512) in die Außenbereiche.

Taxis

Taxis bieten sich in Prag als sinnvolles, aber oft teures Transportmittel an. Leider stößt man häufig auf skrupellose Taxifahrer, die den Fahrpreis an der Schmerzgrenze ihres Opfers ausrichten. Nehmen Sie nie ein Taxi vor einem Hotel oder einer Sehenswürdigkeit – denn sie fallen möglicherweise in diese Kategorie. Zuverlässig sind Fair-Place-Taxis (www.pragtaxi.de/taxi-fair-place-de.htm). Fahrer an Fair-Place-Standorten garantieren faire Preise und eine sichere Fahrt. Derzeit gibt es 38 Fair-Place-Taxistände in Prag.

Diese Taxis haben ein Taxischild auf dem Dach und führen den Namen ihrer Gesellschaft am Wagen. Sie haben eine Registriernummer sowie Preisangaben an beiden Vordertüren. Derzeit beträgt die Grundgebühr 40 Kč, der Kilometerpreis 28 Kč und der Preis für Wartezeiten sechs Kč pro Minute. Nach der Fahrt ist der Fahrer verpflichtet, eine Quittung auszuhändigen. Um sich über reelle Taxipreise zu informieren, sollten Sie einen Blick auf die aktuellen Preislisten von Fair Place werfen. Preislisten liegen auch in Hotels und Bahnhöfen aus.

Betrügerische Taxifahrer sollte man mit Namen und Nummer der Polizei melden *(siehe S. 228f)*. Am besten nehmen Sie ein Taxi vom Fair-Place-Standort oder bitten im Hotel oder Lokal, ein seriöses Taxi-Unternehmen anzurufen.

Wenn Sie nicht Tschechisch sprechen, sollten Sie Ihr Ziel schriftlich angeben können.

Fußgängerzone Fußgängerüberweg

Straßen- oder Platzname und Stadtviertel

Hausnummer Städtische Meldenummer

Zu Fuß unterwegs

Am angenehmsten lässt sich Prag zu Fuß erkunden. Einige Straßenübergänge haben Ampeln. Überqueren Sie die Straße erst, wenn die Ampel auf Grün steht – selbst dann sollten Sie sich versichern, dass die Autos halten. Früher wurden Zebrastreifen von Autofahrern oft ignoriert. Das ist mittlerweile verboten – doch alte Gewohnheiten ändern sich nur langsam. Seien Sie insbesondere bei Übergängen ohne Ampel vorsichtig.

Achten Sie auf Straßenbahnen. Sie haben auch bei Fußgängerüberquerungen Vorfahrt und tauchen oft unvermutet und gefährlich schnell auf.

Wegen des unebenen Kopfsteinpflasters, der teils steilen Hügel und zahlreicher Straßenbahngleise wird bequemes Schuhwerk dringend empfohlen.

Faire Preise: gelbe AAA Radiotaxis an einem Taxistand

Radfahren

Ideal und umweltbewusst: Auch per Rad lässt sich Prag erkunden. Wer neu aufs Rad umsattelt, sollte erst in Nebenstraßen üben, da Fahrradwege eher selten sind. Ein Fahrrad kann man einfach mieten. Die meisten Anbieter, etwa **Praha Bike**, arrangieren auch interessante Touren. Radwege gibt es beiderseits der Moldau. Einige Rad- bzw. Wanderwege verbinden Prag mit Wien (www.pragueviennagreenways.org).

Bootstour mit Pražské Benátky auf der Moldau

Autofahren

Besucher sollten auf Autofahrten im Prager Zentrum verzichten. Das Gewirr von Einbahnstraßen, die vielen Fußgängerzonen und der große Parkplatzmangel machen Autofahren unangenehm. Mit öffentlichen Verkehrsmitteln kommen Sie in Prag weitaus besser voran.

Wenn Sie nicht auf das Auto verzichten wollen, sollten Sie sich im Klaren sein, dass Bußgelder sofort kassiert werden. Anschnallen auf Vorder- und Rücksitzen ist Pflicht. Die Höchstgeschwindigkeit in der Stadt beträgt – sofern nicht anders angegeben – 50 km/h.

Parkplätze sind in Prag knapp, die Strafen für unerlaubtes Parken hoch. Parkzonen (8–18 Uhr) kosten 30 bis 40 Kč pro Stunde. In Orange markierten Zonen kann man zwei Stunden, in Grün markierten sechs Stunden lang parken. Parkzonen für Anwohner sind blau. Parkuhren werden mit Münzen gefüttert. Die Quittung platziert man gut sichtbar hinter der Windschutzscheibe.

Leider treiben in Prag Autodiebe ihr Unwesen – mit Blick auf teure westliche Modelle. Einen gewissen Schutz bietet das Parken auf ausgewiesenen Plätzen sowie in Tiefgaragen (siehe Stadtplan S. 244–255). Parken Sie am besten auf einem bewachten Parkplatz (mit P+R-Symbol) am Rand des Zentrums. Steigen Sie dann auf öffentliche Verkehrsmittel um.

Wenn Ihr Wagen abgeschleppt wurde, müssen Sie die Polizei (Tel. 156) anrufen. Das Bußgeld beträgt 1300 Kč (850 Kč, wenn Sie gerade dazukommen), plus 150 Kč Parkgebühr sowie 200 Kč für jeden Tag. Bei einer Radkralle am Auto finden Sie einen Zettel mit der Adresse des zuständigen Polizeireviers vor.

Einbahnstraße und Halteverbot (außer für Lieferwagen)

Stadttouren

Es gibt jede Menge Sightseeing-Touren zu den Hauptsehenswürdigkeiten der Stadt, ebenso Ausflüge zu den Burgen der Umgebung, etwa Karlstein und Konopiště (siehe S. 168f). Die Touren starten meist am Náměstí Republiky oder am oberen Teil des Wenzelsplatzes. Die Preise variieren stark, vergleichen Sie die Angebote. Das Jüdische Museum (siehe S. 89) organisiert Besichtigungen in der Josefstadt. Günstige Stadtrundfahrten bietet der Prager Informationsdienst PIS (siehe S. 225). Touren kann man auch bei Čedok (siehe S. 225) buchen.

Eine Fahrt mit der Tram 91, die das Museum der Städtischen Verkehrsbetriebe organisiert, gehört zu den günstigsten und besten Touren. Sie beginnt am Ausstellungsgelände (siehe S. 178f) und führt durch Altstadt, Neustadt und Josefstadt (Ostern – Mitte Nov: Sa, So und Feiertage). Die Tickets erwirbt man beim Einsteigen. Tram 22 fährt eine schöne Route durchs Zentrum zur Prager Burg.

Sightseeing-Touren mit Pferdekutschen starten am Altstädter Ring. Besichtigungen zu Fuß oder per Rad führen dagegen zu Ecken der Stadt, die man in Verkehrsmitteln nicht erreicht.

Bootstouren (siehe auch S. 56–59) eröffnen fantastische Ansichten der Hauptsehenswürdigkeiten.

Auf einen Blick

Stadttouren

Martin Tour Praha
Hauptbüro: Štěpánská 61. **Stadtplan** 5 C1.
📞 22 42 12 473.
🌐 martintour.cz

Prague Walking Tours
Dlouhá 37. **Stadtplan** 4 D2.
📞 77 53 69 121.
🌐 praguer.com

Praha Bike
Dlouhá 24. **Stadtplan** 3 C3.
📞 73 23 88 880.
🌐 prahabike.cz

Pražské Benátky
Platnéřská 4. **Stadtplan** 3 A3.
📞 77 67 76 779.
🌐 prazskebenatky.cz/en/

Precious Legacy
Kaprova 13. **Stadtplan** 3 B3.
📞 22 23 21 954.
🌐 legacytours.net

Premiant City Tour
Na Příkopě 23. **Stadtplan** 4 D4.
📞 60 66 00 123.
🌐 premiant.cz

Stadtplan siehe Seiten 244–255

Mit der Metro unterwegs

Die U-Bahn *(Pražské metro)*, deren Bau 1967 begann, ist das bequemste, schnellste und meistgenutzte öffentliche Verkehrsmittel in Prag für längere Strecken. Der Prager Verkehrsverbund betreibt die drei Linien A, B und C, die sich kreuzen. Dank der guten Ausschilderung kann man sich mühelos orientieren. Die Metro fährt zwischen fünf und 24 Uhr.

Infos zum Metro-Netz

Die nicht immer leicht zu findenden Eingänge besitzen Schilder (ein »M« in einem auf die Spitze gestellten Dreieck). Von der Straße führt meist eine Treppe hinab. Die Farbe des Schilds (grün, gelb oder rot) kennzeichnet die jeweilige U-Bahn-Linie.

Nachdem Sie Ihre Fahrkarte gekauft und an der Barriere entwertet haben, gelangen Sie auf Rolltreppen hinunter zu den Zügen. Am Ende jeder Rolltreppe ist ein langer Mittelgang mit zwei Bahnsteigen für die in entgegengesetzten Richtungen verkehrenden Züge der U-Bahn-Linie. Auf von der Decke hängenden Anzeigen steht die Fahrtrichtung *(siehe S. 243)*. Die weiße, durchbrochene Linie am Bahnsteig-

Schild der Metro-Station Můstek

rand sollte man erst nach Halt der U-Bahn übertreten. Die meisten Zugtüren öffnen und schließen – nach einer Warnung vom Band – automatisch. Bei manchen U-Bahnen muss man zum Öffnen auf einen Knopf drücken. Während der Fahrt wird die jeweils nächste Station in tschechischer Sprache angesagt.

Besonders nützlich für Besucher ist die Linie A (grüne Linie). Sie führt nämlich zu fast allen sehenswerten Vierteln des Stadtzentrums – Prager Burg und Hradschin, Kleinseite, Altstadt und Neustadt – sowie zur Shopping-Meile um den Wenzelsplatz.

Bestimmte Sitze sind durch Schilder als Behindertenplätze ausgewiesen. Für Ältere, Behinderte und Fahrgäste mit kleinen Kindern sind sie bei Bedarf frei zu machen.

Die geräumige Metro-Station Můstek

Fahrkartenautomaten

Fahrkarten erhalten Sie an den ausgewiesenen Verkaufsstellen *(siehe S. 238)* oder an Automaten in den Metro-Stationen. Die Tickets und Automaten variieren in Farbe und Aussehen, doch sie gelten für alle Prager Transportmittel. Die Automaten bieten mehrere Fahrscheinarten (Kurzfahrten-Tickets, normale Tickets, Drei-Tage-Tickets), Fahrkarten für Kinder und Erwachsene etc. – sowie auch verschiedene Sprachmenüs (Tschechisch und Englisch).

1 Wählen Sie die für Sie infrage kommende Preiszone, drücken Sie die entsprechende Taste. Ein Ticket ist nach Entwertung 30 bzw. 90 Minuten (derzeit 24 Kč bzw. 32 Kč) lang gültig.

2 Wenn Sie mehr als ein Ticket erwerben wollen, drücken Sie einfach die entsprechenden Tasten. Dann wird der Gesamtbetrag angezeigt.

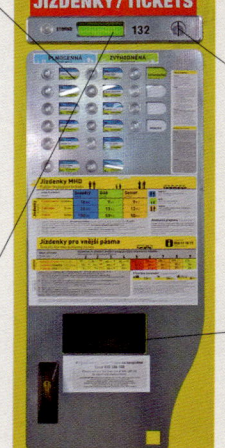

3 Wenn Sie das richtige Ticket ausgewählt haben, werfen Sie Münzen in den Schlitz. Die meisten Automaten geben Wechselgeld heraus.

4 Entnehmen Sie der Ausgabe Ihre Fahrkarte und eventuelles Wechselgeld.

Eine Fahrt mit der Metro

1 Suchen Sie Ihr Ziel im Stadtplan *(siehe S. 244–255)*, dann die nächste Metro-Station und die geeignete Linie und anschließend Ihre Route anhand eines Metro-Plans. Die Prager Metro ist einfach zu benutzen: Linie A ist grün, Linie B gelb und Linie C rot. In den meisten Stationen erhält man kostenlose Metro-Pläne. Ein Metro-Plan befindet sich auch auf den hinteren Umschlaginnenseiten.

Station mit Bahnsteigen rechts und links für die jeweilige Richtung

2 Es gibt zwei Arten von Metro-Tickets (24 Kč für 30 Minuten oder 32 Kč für 90 Minuten). Man kann auch 24-Stunden-Tickets *(rechts)* oder Drei- und Fünf-Tage-Tickets erwerben.

4 Wenn Sie mit der Rolltreppe unten angekommen sind, zeigen Ihnen von der Decke hängende Schilder für jeden Bahnsteig die Fahrtrichtung an. Dem hier abgebildeten Schild zufolge fährt der links haltende Zug bis zur Endstation *(stanice)* Háje – und somit, wie Sie aus dem Metro-Plan ersehen, in Richtung Süden.

3 Ehe Sie die Rolltreppe hinabfahren, müssen Sie die Fahrkarte an einem solchen Automaten entwerten. Nicht entwertete Fahrkarten sind ungültig und schützen bei Kontrollen nicht vor Bußgeld. Alle Tickets müssen nur einmal entwertet werden.

»Stanice« heißt Haltestelle   »Směr« heißt Richtung   Name der Station

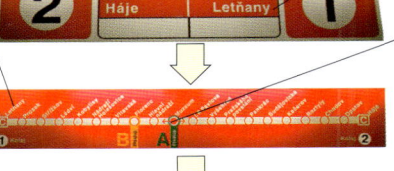

Der rote Kreis zeigt die Haltestelle an, an der Sie gerade sind

5 In der Bahnsteigmitte zeigt dieses Schild, an welcher Haltestelle der Linie C Sie sind (roter Kreis) und wo Sie in die anderen Linien (A und B) umsteigen können. Für Ziele links vom roten Kreis folgen Sie dem Linkspfeil, umgekehrt bei den rechts aufgeführten Stationen.

6 Am Ziel weisen Ihnen diese Schilder den Weg zum Ausgang *(výstup)*. Einige Metro-Stationen haben diverse Ausgänge. Ein Stadtplan von der Umgebung am Ausgang hilft Ihnen zu entscheiden, welcher Ausgang geeignet ist.

Stadtplan

Alle Sehenswürdigkeiten, Hotels, Restaurants, Bars und Geschäfte in den vorgestellten Stadtteilen Prags sind mit Koordinaten für den *Stadtplan* versehen und zudem im Kartenregister aufgeführt. Die Koordinaten erlauben ein rasches Auffinden der Sehenswürdigkeiten im *Stadtplan*. Die Übersichtskarte *(rechts)* zeigt das Areal Prags, das vom *Stadtplan* abgedeckt wird. Sie schließt sehenswerte Viertel ebenso ein wie Areale, in denen Hotels, Restaurants, Kneipen und Unterhaltungsstätten angesiedelt sind. Wie bei tschechischen Karten üblich, verzichten auch Register und Karten dieses Buchs auf den tschechischen Begriff für Straße (genauer: Gasse), ulice, obwohl manche Straßenschilder ihn nennen. So verkürzen Register wie Karten die Celetná ulice zu Celetná (Zeltnergasse). Die einigen Straßennamen vorangestellten Zahlen entsprechen Daten. Im Register wurden die Zahlen nach hinten gestellt: Sie finden also 17. listopadu (17. November) unter »L« (listopadu, 17.).

Legende

- Hauptsehenswürdigkeit
- Sehenswürdigkeit
- Anderes Gebäude
- Metro-Station
- Bahnhof
- Busbahnhof
- Tramhaltestelle
- Standseilbahn
- Bootsanlegestelle
- Information
- Krankenhaus mit Notaufnahme
- Polizei
- Kirche
- Synagoge
- Eisenbahn
- Stadtmauer
- Fußgängerzone

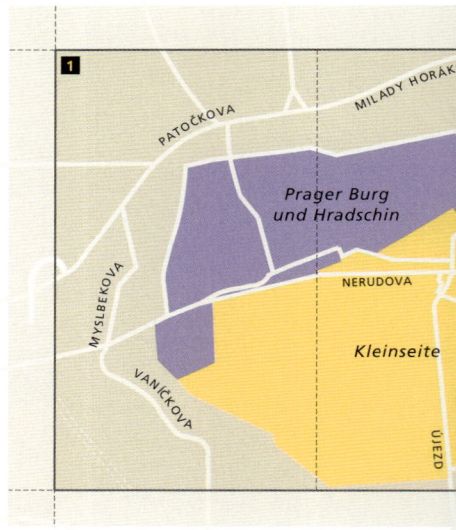

Maßstab der Karten 1:8400
0 Meter — 200

*Verweise auf die **Karte** beziehen sich auf die Extrakarte zum Herausnehmen.*

Die barocke Nikolauskirche am Altstädter Ring

STADTPLAN | 245

Eindrucksvolle Wahrzeichen des Vyšehrad: die Zwillingstürme von St. Peter und Paul

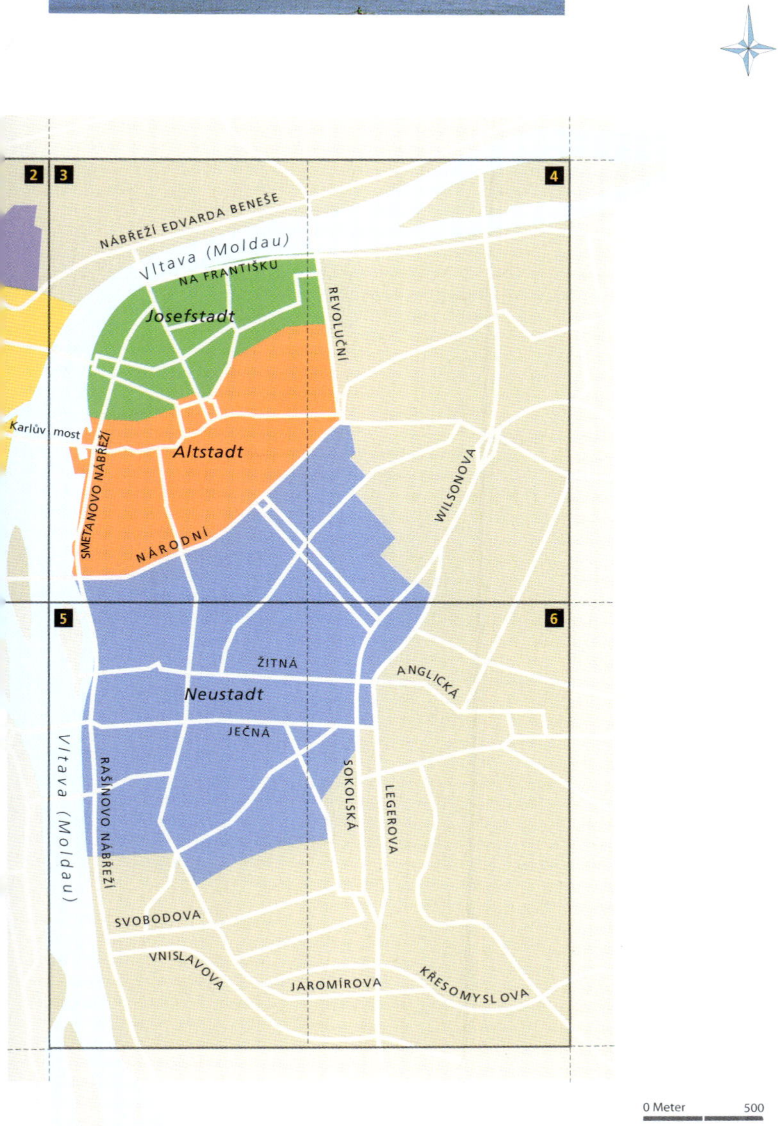

Kartenregister

Die Reihenfolge der Namen im Kartenregister berücksichtigt auch den Háček, das für das Tschechische typische diakritische Zeichen (*háček* bedeutet »kleiner Haken«). Im tschechischen Alphabet werden **č**, **ř**, **š** und **ž** als eigenständige Buchstaben behandelt. Straßennamen, die etwa mit einem **ř** beginnen, werden nach denen aufgelistet, die mit einem **r** beginnen.

Kirchen, Gebäude, Museen und Denkmäler sind auf den Karten in Deutsch und Tschechisch benannt, ebenso im Register. Deutsche Namen wie »Wenzelsplatz« erscheinen allerdings nicht auf dem Stadtplan. Im Register steht in solchen Fällen der tschechische Name in Klammern dahinter.

Nützliche Wörter

dům	Haus
hrad	Burg
kostel	Kirche
klášter	Kloster, Abtei
most	Brücke
nábřeží	Ufer
nádraží	Bahnhof
náměstí	Platz
sady	Park
schody	Stufen, Treppe
třída	Boulevard
ulice	Straße/Gasse
ulička	Gässchen
zahrada	Garten

A

Albertov	5 C4
Alšovo nábřeží	3 A3
Alter jüdischer Friedhof	3 A2
Altneusynagoge	3 B2
Altstädter Rathaus	3 C3
Altstädter Ring (Staroměstské náměstí)	3 B3
Americká	6 F3
Anenská	3 A4
Anenské náměstí	3 A4
Anežská	3 C2
Anglická	6 E2
Anny Letenské	6 F1
Apolinářská	5 C4
Arcibiskupský palác	2 D3
Aussichtsturm (Mini-Eiffelturm)	1 C4
Autobusová zast. Hradčanská	2 D1
Autobusové nádraží Praha, Florenc	4 F3

B

Badeniho	2 F1
Balbínova	6 E2
Bartolomějská	3 B5
Barvířská	4 E2
Bazilika sv. Jiří	2 E2
Bělehradská	6 E2
Belgická	6 F3
Bělohorská	1 A4
Belvedér	2 E1
Belvedere	2 E1
Benátská	5 B3
Benediktská	4 D3
Besední	2 E5
Bethlehemskapelle (Betlémská kaple)	3 B4
Betlémská	3 A5
Betlémské náměstí	3 B4
Bílkova	3 B2
Biskupská	4 E2
Biskupský dvůr	4 E2
Blanická	6 F2
Bolzanova	4 E4
Boršov	3 A4
Botanischer Garten (Botanická zahrada)	5 B3
Botič	6 D5
Botičská	5 B4
Boženy Němcové	6 D4
Brückenstraße (Mostecká)	2 E3
Bruselská	6 E3
Brusnice	1 C2
Břehová	3 A2
Břetislavova	2 D3

C

Celetná	3 C3
Chaloupeckého	1 B5
Charvátova	3 B5
Chodecká	1 A5
Chotkova	2 E1
Chotkovy sady	2 F1
Cihelná	2 F3
Clam-Gallasův palác	3 B4
Cukrovarnická	1 A1

Č

Čechův most	3 B2
Čelakovského sady	6 E1
Fortsetzung	6 D1
Černá	5 B1
Černínská	1 B2
Černínský palác	1 B3
Čertovka	2 F4
Červená	3 B3

D

Dalibor-Turm (Daliborka)	2 E2
Dělostřelecká	1 A1
Diskařská	1 A5
Dittrichova	5 A2
Divadelní	3 A5
Dlabačov	1 A4
Dlážděná	4 E4
Dlouhá	3 C3
Dražického	2 F3
Dražického náměstí	2 E3
Dřevná	5 A3
Dům pánů z Kunštátu	3 B4
Dům U Dvou zlatých medvědů	3 B4
Dušní	3 B2
Dvořák-Museum	6 D2
Dvořákovo nábřeží	3 A2

E

Elišky Krásnohorské	3 B2
Emmauskloster	5 B3
Erzbischöfliches Palais	2 D3

F

Fausthaus (Faustův dům)	5 B3
Florenc (Metro)	4 F3
Francouzská	6 F2
Franziskanergarten (Františkánská zahrada)	3 C5
Fričova	6 E5
Fügnerovo náměstí	6 D3

G

Gemäldegalerie der Prager Burg	2 D2
Gemeindehaus	4 D3
Gogolova	2 F1
Goldenes Gässchen (Zlatá ulička)	2 E2
Gorazdova	5 A3
Großpriorsplatz (Velkopřevorské náměstí)	2 E4

H

Hálkova	6 D2
Harantova	2 E4
Haštalská	3 C2
Haštalské náměstí	3 C2
Havelská	3 B4
Havelská ulička	3 C4
Havířská	3 C4
Havlíčkova	4 E3
Heilig-Geist-Kirche	3 B3
Helénská	4 F5
Hellichova	2 E4
Helmova	4 E2
Hládkov	1 A3
Hladová zeď	1 B4
Hlávkův most	4 F1
Hlavní nádraží	4 E5
Hlavní nádraží (Metro)	4 E4
Hlavova	5 C4
Hlavsova	3 B4
Hohe Synagoge	3 B3
Horská	5 C5
Hotel Europa (Hotel Evropa)	4 D5
Hradčanská (Metro)	2 E1
Hradčanské náměstí	1 C3
Hradební	4 D2
Hradschiner Platz	1 C3
Hroznová	2 F4
Hungermauer	1 B4
Husitská	4 F4
Husova	3 B4
Hvězdárna	2 D5
Hybernská	4 D3

I

Ibsenova	6 F2
Italienische Gasse (Vlašská)	2 D3

KARTENREGISTER | 247

Italská	4 F5	Keplerova	1 B2	Kožná	3 C4	Malostranské	
Fortsetzung	6 E2	*Fortsetzung*	1 B3	Krakovská	6 D1	náměstí	2 E3
		Kirche St. Simon		Králodvorská	4 D3	Malteser Platz	
J		und Judas	3 B2	Královská zahrada	2 D2	(Maltézské	
Jáchymova	3 B3	Klárov	2 F2	Královský palác	2 D2	náměstí)	2 E4
Jakubská	3 C3	Klášter Na Slovanech-		Krocínova	3 A5	Mánesova	6 E1
Jalovcová	3 B4	Emauzy	5 B3	Křemencova	5 B1	Mánesův most	3 A3
Jan-Hus-Denkmal	3 B3	Klášter sv. Jiří	2 E2	Křesomyslova	6 E5	Maria Schnee	3 C5
Jana Masaryka	6 F4	Klášterská	3 C2	Kreuzherrenplatz		Maria unter der Kette	2 E4
Jánská	2 D3	Klausensynagoge		(Křižovnické		Mariánské hradby	2 D2
Jánský vršek	2 D3	(Klausová		náměstí)	3 A4	Mariánské náměstí	3 B3
Jaromírova	6 D5	synagóga)	3 B2	Křížíkova	4 F3	Martinický palác	1 C2
Ječná	5 C2	Kleinseitner Ring		Křižovnická	3 A4	Martinská	3 B5
Jelení	1 B2	(Malostranské		Kreuzherrenplatz		Masarykovo	
Jenštejnská	5 A2	náměstí)	2 E3	Kubistische Häuser		nábřeží	5 A2
Jeruzalémská	4 E4	Klementinum	3 A4	(Kubistické domy)	3 B2	Masarykovo	
Jesuitenkolleg	5 B2	Klimentská	4 D2	Kunětická	4 F5	nádraží	4 E3
Jezuitská kolej	5 B2	Kloster St. Agnes von		Kunstgewerbe-		Masná	3 C3
Jilská	3 B4	Böhmen (Klášter		museum	3 A3	Melantrichova	3 B4
Jindřišská	4 D5	sv. Anežky)	3 C2			Melounová	6 D2
Jiráskovo náměstí	5 A2	Kloster Strahov		**L**		Mezibranská	6 D1
Jiráskův most	5 A2	(Strahovský klášter)	1 B4	Ladova	5 A4	Michalská	3 B4
Jiřská	2 E2	Kommunismus-		Lanová dráha	2 D5	Michnův palác	2 E4
Jižní zahrady	2 D3	Museum	3 C4	Lazarská	5 B1	Mickiewiczova	2 F1
Josefská	2 E3	Königsgarten	2 D2	Lázeňská	2 E4	Mikovcova	6 D2
Jüdisches Rathaus	3 B3	Königspalast	2 D2	Legerova	6 D2	Mikulandská	3 B5
Jugoslávská	6 E2	Konviktská	3 A5	Letenská	2 F3	Milady Horákové	1 C1
Jungmannova	3 C5	Koperníkova	6 F4	Letenské sady	3 A1	Míšeňská	2 F3
Fortsetzung	5 C1	Korunní	6 F2	Letenský tunel	3 C1	Mlynářská	4 E2
Jungmannovo		Kosárkovo nábřeží	3 A2	Libušina	5 A5	Moldau (Vltava)	3 A2
náměstí	3 C5	Kostečná	3 B3	Lichnická	4 F5	*Fortsetzung*	5 A3
		Kostel Matky Boží		Liliová	3 B4	Morstadtova	1 A3
K		před Týnem	3 C3	Linhartská	3 B4	Most Legií	2 F5
K Brusce	2 E1	Kostel Panny Marie		Lípová	5 C2	*Fortsetzung*	3 A5
K Haštalu	4 D2	pod řetězem	2 E4	listopadu, 17.	3 B2	Most M. R.	
K Rotundě	5 B5	Kostel Panny Marie		Lobkovická		Štefánika	4 D1
Kampa	2 F4	Sněžné	3 C5	zahrada	1 C4	Mostecká	2 E3
Kamziková	3 C4	Kostel Panny Marie		Lobkowicz palác	2 E2	Museum Montanelli	
Kanovnická	1 C2	Vítězné	2 E4	Lodecká	4 E2	(Muzeum	
Kaprova	3 B3	Kostel sv. Cyrila		Lodní mlýny	4 E2	Montanelli)	2 D3
Kapucínská	1 C3	a Metoděje	5 B2	Londýnská	6 E2	Můstek (Metro)	3 C4
Kapuzinerkloster		Kostel sv. Ducha	3 B3	Loreto (Loreta)	1 C3	*Fortsetzung*	4 D5
(Kapucínský		Kostel sv. Havla	3 C4	Loretánská	1 B3	Muzeum	
klášter)	1 B2	Kostel sv. Haštala	3 C2	Loretánské náměstí	1 B3	(Metro)	6 D1
Karlova	3 A4	Kostel sv. Ignáce	5 C2	Lublaňská	6 E2	Muzeum Antonína	
Karlsbrücke		Kostel sv. Jakuba	3 C3			Dvořáka	6 D2
(Karlův most)	2 F4	Kostel sv. Jana		**M**		Muzeum Bedřicha	
Fortsetzung	3 A4	Nepomuckého		Macharovo náměstí	1 A1	Smetany	3 A4
Karlsplatz		na Skalce	5 B3	Máchova	6 F3	Muzeum komunismu	3 C4
(Karlovo náměstí)	5 B2	Kostel sv. Jiljí	3 B4	Magdalény		Myslbekova	1 A3
(Metro)	5 A3	Kostel sv. Kateřiny	5 C3	Rettigové	5 B1	Myslíkova	5 A1
Karlsgasse		Kostel sv. Martina		Maiselova	3 B3		
(Karlova)	2 A4	ve zdi	3 B5	Maisel-Synagoge		**N**	
Fortsetzung	3 B4	Kostel sv. Mikuláše	2 D3	(Maiselova			
Karmelitská	2 E4	Kostel sv. Mikuláše	3 B3	synagóga)	3 B3	Na baště sv. Jiří	2 E1
Karolinum	3 C4	Kostel sv. Šimona		Malá Klášterská	3 C2	Na baště	
Karoliny Světlé	3 A4	a Judy	3 B2	Malá Štěpánská	5 C2	sv. Ludmily	2 F1
Katedrála sv. Víta	2 D2	Kostel sv. Štěpána	5 C2	Malá Štupartská	3 C3	Na baště sv.	
Kateřinská	5 C3	Kostel sv. Tomáše	2 E3	Malé náměstí	3 B4	Tomáše	2 F1
Ke Hradu	2 D3	Kostel sv. Vavřince	1 C5	Malostranská		Na bojišti	6 D3
Ke Karlovu	6 D2	Kostel sv. Voršily	3 A5	(Metro)	2 F2	Na Děkance	5 B4
Ke Štvanici	4 F2	Koubková	6 E3	Malostranské		Na Fidlovačce	6 F5
		Kozí	3 C2	nábřeží	2 F5	Na Florenci	4 E3
						Na Folimance	6 E5

Na Františku	3 B2	Národní třída (Metro)	3 B5	Palastgärten		Rohanské nábřeží	4 F1
Na Hrádku	5 B3	Nationalmuseum	6 E1	(Palácové zahrady)	2 F2	Rozhledna	1 C4
Na Hrobci	5 A4	Nationaltheater	3 A5	Panská	4 D4	Rubešova	6 E1
Na Hubálce	1 A2	*Fortsetzung*	5 A1	Parléřova	1 A3	Rudolfinum	3 A3
Na Kampě	2 F4	Navrátilova	5 C1	Pařížská	3 B2	Rumunská	6 E2
Na Kleovce	6 F4	Nebovidská	2 E4	Patočkova	1 A3	Růžová	4 D4
Na Libušince	5 A5	Nekázanka	4 D4	Pavlova, I. P.		Růžový sad	1 C5
Na Moráni	5 A3	Neklanova	5 B5	(Metro)	6 D2	Rybná	3 C2
Na Můstku	3 C4	Nerudova	2 D3	Pelclova	2 E4	Rytířská	3 B4
Na náspu	1 B2	Neue Welt (Nový svět)	1 B2	Perlová	3 B4		
Na Opyši	2 E2	Neustädter Rathaus		Perucká	6 F4	**Ř**	
Na Ořechovce	1 A1	(Novoměstská		Petrská	4 E2		
Na ostrůvku	6 F5	radnice)	5 B1	Petrské náměstí	4 E2	Řásnovka	3 C2
Na Panenské	1 A3	Nezamyslova	6 D5	Petřín-Park	2 D5	Řetězová	3 B4
Na Perštýně	3 B5	Nikolauskirche		Petřínské sady	2 D5	Řeznická	5 C1
Na poříčí	4 D3	(Kleinseite)	2 D3	Pevnostní	1 B1	Říční	2 E5
Na poříčním právu	5 A3	Nikolauskirche		Pinkas-Synagoge		října, 28.	3 C5
Na Příkopě	3 C4	(Altstadt)	3 B3	(Pinkasova		Římská	6 E1
Na rejdišti	3 A2	Nosticova	2 E4	synagóga)	3 A3		
Na Rybníčku	5 C2	Nové mlýny	4 D2	Plaská	2 E5	**S**	
Na Salvátorská	3 B3	Novoměstská		Platnéřská	3 B3		
Na slupi	5 B4	radnice	5 B1	Plavecká	5 A4	Salmovská	5 C2
Na Smetance	6 F1	Novomlýnská	4 D2	Pobřeží	4 F2	Samcova	4 E2
Na struze	5 A1	Novotného lávka	3 A4	Pod baštami	2 E1	Sarajevská	6 E5
Na valech	2 D1	Nový svět	1 B2	Pod Bruskou	2 F2	Saská	2 E4
Na výtoni	5 B4	Nuselská	6 F5	Pod hradbami	1 B1	Sázavská	6 F3
Na zábradlí	3 A4	Nuselský most	6 D5	Pod Karlovem	6 E4	Schönbornská	
Na zbořenci	5 B2			Pod Nuselskými		zahrada	2 D4
Na Zderaze	5 B2	**O**		schody	6 E4	Schwarzenberský	
Nábřeží Edvarda				Pod Slovany	5 B4	palác	2 D3
Beneše	3 A2	Obecní dům	4 D3	Pod Větrovem	5 C3	Seifertova	4 F4
Nábřeží kpt.		Obrazárna Pražského		Pod Zvonařkou	6 E4	Sekaninova	6 D5
Jaroše	4 D1	hradu	2 D2	Podskalská	5 A3	Seminářská	3 B4
Nábřeží Ludvíka		Odborů	5 B1	Pohořelec	1 B3	Seminářská	
Svobody	4 D2	Oldřichova	6 D5	Politických vězňů	4 D5	zahrada	2 D4
Nad Octárnou	1 A2	Olivova	4 D5	Polská	6 F1	Senovážná	4 D4
Nad Panenskou	1 A4	Olympijská	1 B5	Pomník		Senovážné náměstí	4 E4
Nad Petruskou	6 F4	Omladinářů	5 B1	Jana Husa	3 B3	Sezimova	6 F5
Nad Vojenským		Opatovická	5 B1	Prašná brána	4 D3	Sibeliova	1 A2
hřbitovem	1 A3	Opletalova	4 D5	Prašná věž	2 D2	Skořepka	3 B4
Náměstí Bratří Synků	6 F5	Ostrčilovo náměstí	5 C5	Prokopská	2 E4	Slavojova	5 C5
Náměstí Curieových	3 B2	Ostrov Štvanice	4 F1	Provaznická	3 C4	Slawisches Haus	4 D4
Náměstí F. Kafky	3 B3	Ostrovní	3 B5	Průchodní	3 B5	Slezská	6 F2
Náměstí		*Fortsetzung*	5 A1	Přemyslova	5 B5	Slovanský dům	4 D4
I. P. Pavlova	6 D2	Otakarova	6 F5	Příběnická	4 F4	Slovanský ostrov	5 A1
Náměstí Jana		Otevřená	1 A2	Příčná	5 C1	Slunná	1 A1
Palacha	3 A3	Ovocný trh	3 C3	Pštrossova	5 A1	Smetana-Museum	3 A4
Náměstí Míru	6 F2			Pulvertor	4 D3	Smetanovo nábřeží	3 A5
Náměstí Míru		**P**		Pulverturm	2 D2	Sněmovní	2 E3
(Metro)	6 F2			Purkyňova	3 B5	Sokolovská	4 F2
Náměstí Pod		Palác Golz-Kinských	3 C3	Půtova	4 E2	Sokolská	6 D2
Emauzy	5 B3	Palackého	3 C5			Soukenická	4 D2
Náměstí Republiky	4 D3	Palackého most	5 A3	**R**		Spálená	3 B5
Náměstí	4 D3	Palackého náměstí	5 A3			*Fortsetzung*	5 B1
Republiky (Metro)	4 E3	Palais Clam-Gallas	3 B4	Radnické schody	1 C3	Spanische Synagoge	
Náplavní	5 A2	Palais Černín	1 B3	Rámová	3 C2	(Španělská	
Náprstek-Museum	3 B4	Palais Golz-Kinský	3 C3	Rašínovo nábřeží	5 A2	synagóga)	3 C2
Náprstkova	3 A4	Palais Lobkowitz	2 E2	Rejskova	6 E5	Spartakiadní	
Náprstkovo Muzeum	3 B4	Palais Martinitz	1 C2	Resslova	5 B2	Stadion	1 B5
Národní	3 A5	Palais Michna	2 E4	Restaurace U Kalicha		Spiegellabyrinth	1 C4
Národní divadlo	3 A5	Palais		(Restaurant		Spytihněvova	6 E5
Fortsetzung	5 A1	Schwarzenberg	2 D3	»Zum Kelch«)	6 D3	St.-Gallus-Kirche	3 C4
Národní muzeum	6 E1	Palais Sternberg	1 C2	Revoluční	4 D2	St.-Georgs-Basilika	2 E2
		Palais Waldstein	2 E3	Riegrovy sady	6 F1	St.-Georgs-Kloster	2 E2

KARTENREGISTER | 249

St.-Ignatius-Kirche	5 C2	Škrétova	6 E1	U radnice	3 B3	Vojan-Park	
St.-Jakobs-Kirche	3 C3	Špálova	1 A1	U Sovových		(Vojanovy sady)	2 F3
St. Johnnes von		Španělská	4 F5	mlýnů	2 F5	Vojtěšská	5 A1
Nepomuk		*Fortsetzung*	6 E1	U staré školy	3 B2	Voršilská	3 B5
auf dem Felsen	5 B3	Španělská synagóga	3 C2	U starého hřbitova	3 B2	Votočkova	5 C4
St.-Julius-Kirche	3 B4	Šporkova	2 D3	U Tří pštrosů	2 F3	Vozová	4 F5
St.-Kastullus-Kirche	3 C2	Štefánik-Sternwarte	2 D5	U Zlaté studně	2 E2	Vratislavova	5 B5
St.-Katharina-Kirche	5 C3	Štěpánská	5 C1	U Zvonařky	6 E4	Vrchlického sady	4 E2
St. Kyrill und		Šternberský palác	1 C2	U železné lávky	2 F2	Vrtba-Garten	
St. Method	5 B2	Štupartská	3 C3	Uhelný trh	3 B5	(Vrtbovská	
St.-Laurentius-		Šubertova	6 F2	Újezd	2 E4	zahrada)	2 D4
Basilika	1 C5			Uměleckoprůmyslové		Všehrdova	2 E5
St. Maria de		**T**		muzeum	3 A2	Východní	1 A1
Victoria	2 D4			Uruguayská	6 F3	Vysoká synagóga	3 B3
St. Martin		Templová	3 C3	Úvoz	1 B3	Vyšehradský hřbitov	5 B5
in der Mauer	3 B5	Těšnov	4 F2				
St.-Stephans-Kirche	5 C2	Těšnovský tunel	4 E1	**V**		**W**	
St.-Thomas-Kirche	2 E3	Teynkirche (Kostel					
St.-Ursula-Kirche	3 A5	Matky Boží		V celnici	4 D3	Washingtonova	4 E5
Staatsoper Prag		před Týnem)	3 C3	V cípu	4 D4	*Fortsetzung*	6 D1
(Státní opera)	4 E5	Thunovská	2 E3	V jámě	5 C1	Wenzelsplatz	
Fortsetzung	6 E1	Tomášská	2 E3	V jirchářích	5 B1	(Václavské	
Ständetheater	3 C4	Trojanova	5 A2	V kotcích	3 B4	náměstí)	3 C5
Standseilbahn	2 D5	Trojická	5 B3	V pevnosti	5 B5	*Fortsetzung*	6 D1
Staré zámecké		Truhlářská	4 D3	V tůních	6 D2	Wenzigova	6 D4
schody	2 E2	Tržiště	2 E3	Václavská	5 B2	Wilsonova	4 E5
Stárkova	4 E2	Tychonova	2 E1	Václavské náměstí	3 C5	*Fortsetzung*	6 E1
Staroměstská		Tylovo náměstí	6 E2	*Fortsetzung*	6 D1		
(Metro)	3 B3	Týnská	3 C3	Valdštejnská	2 E2	**Z**	
Staroměstská		Týnská ulička	3 C3	Valdštejnská zahrada	2 E3		
radnice	3 C3	Tyršova	6 D3	Valdštejnské náměstí	2 E3	Za Haštalem	3 C2
Staroměstské				Valdštejnský palác	2 E3	Za Hládkovem	1 A3
náměstí	3 B3	**U**		Valentinská	3 B3	Za Pohořelcem	1 A4
Staronová				Vaníčkova	1 A4	Za Poříčskou	
synagóga	3 B2	U Bruských kasáren	2 F2	Varšavská	6 F3	bránou	4 F2
Starý židovský		U Brusnice	1 B2	Ve Smečkách	6 D1	Záhořanského	5 A2
hřbitov	3 A2	U Bulhara	4 F4	Veitsdom		Záhřebská	6 F3
Stavovské divadlo	3 C4	U divadla	4 E5	(Katedrála		Zámecká	2 E3
Strahovská	1 B4	U Dobřenských	3 A4	sv. Víta)	2 D2	Zámecké schody	2 D3
Strahovská zahrada	1 B4	U Fleků	5 B1	Vejvodova	3 B4	Závišova	6 E5
Strahovský klášter	1 B4	U kasáren	1 C3	Veleslavínova	3 A3	Zborovská	2 F5
Strmá	1 B1	U laboratoře	1 A1	Velkopřevorské		Zbrojnická	1 A1
Střelecký ostrov	2 F5	U lanové dráhy	2 E5	náměstí	2 E4	Zítkovy sady	5 A3
Střešovická	1 A2	U letohrádku		Vězeňská	3 C2	Zlatá	3 B4
Stříbrná	3 A4	královny Anny	2 E1	Vikářská	2 D2	Zlatá ulička	2 E2
Studničkova	5 C4	U lužického		Vinařického	5 B4	Zlatnická	4 E2
Südliche Gärten	2 D3	semináře	2 F3	Viničná	5 C3	Zrcadlové bludiště	1 C4
Svatoplukova	6 D5	U milosrdných	3 B2	Vinohradská	6 E1	»Zu den	
Svatovítská	1 C1	U nemocenské		Vítězná	2 E5	drei Straußen«	2 F3
Svobodova	5 A4	pojištovny	4 D2	Vladislavova	3 C5	»Zu den zwei	
		U nemocnice	5 B3	*Fortsetzung*	5 C1	goldenen Bären«	3 B4
Š		U Obecního domu	4 D3	Vlašská	1 C4		
		U obecního dvora	3 C2	Vltava	3 A2	**Ž**	
Šafaříkova	6 E3	U Písecké brány	2 E1	*Fortsetzung*	5 A3		
Šeříková	2 E5	U plovárny	3 A2	Vnislavova	5 A5	Žatecká	3 B3
Široká	3 B3	U Prašné brány	4 D3	Vocelova	6 E2	Železná	3 C4
Šítkova	5 A1	U Prašného mostu	2 D1	Vodičkova	3 C5	Železniční most	5 A5
Školská	5 C1	U půjčovny	4 D4	*Fortsetzung*	5 C1	Židovská radnice	3 B3
						Žitná	5 C1

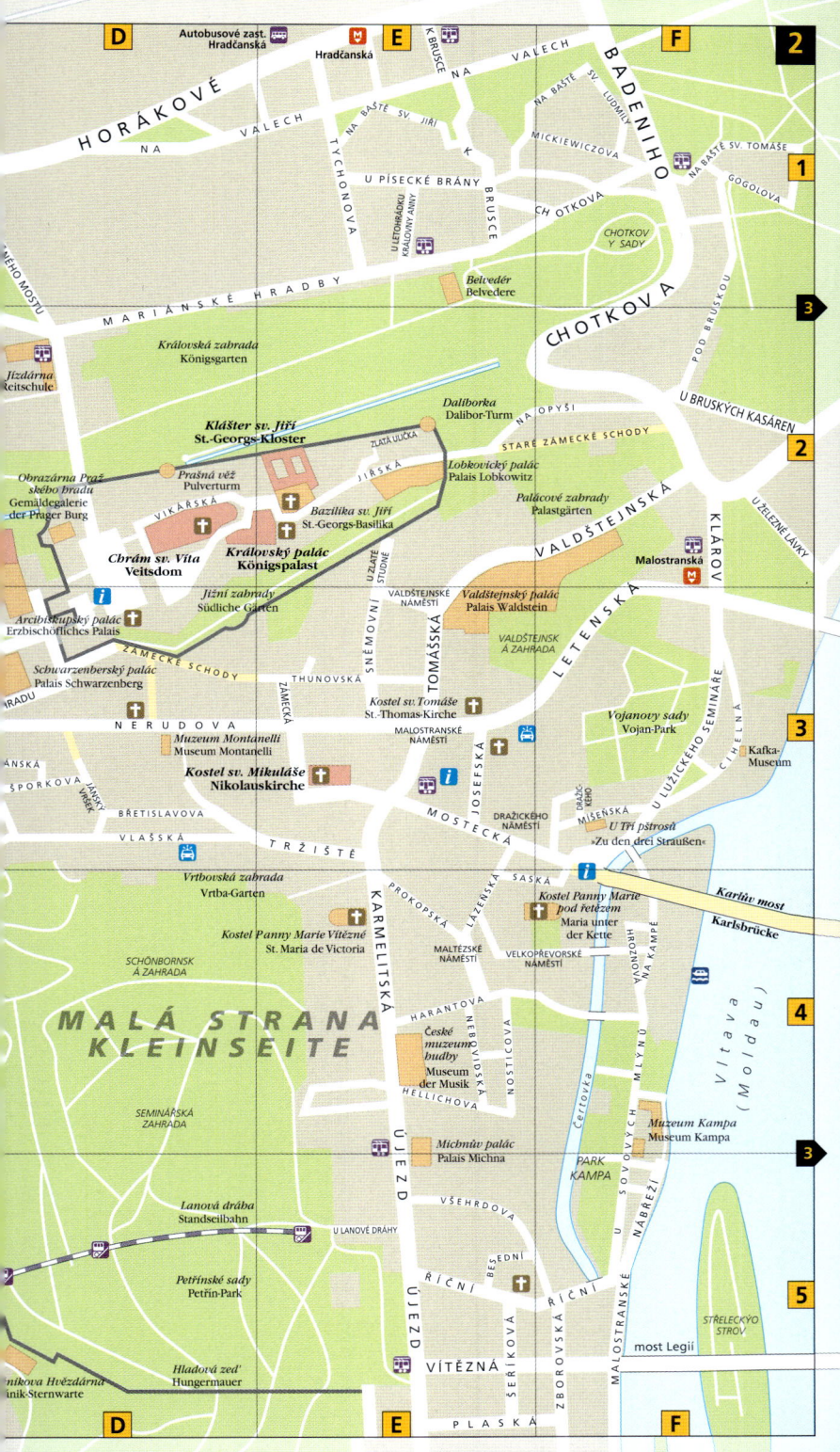

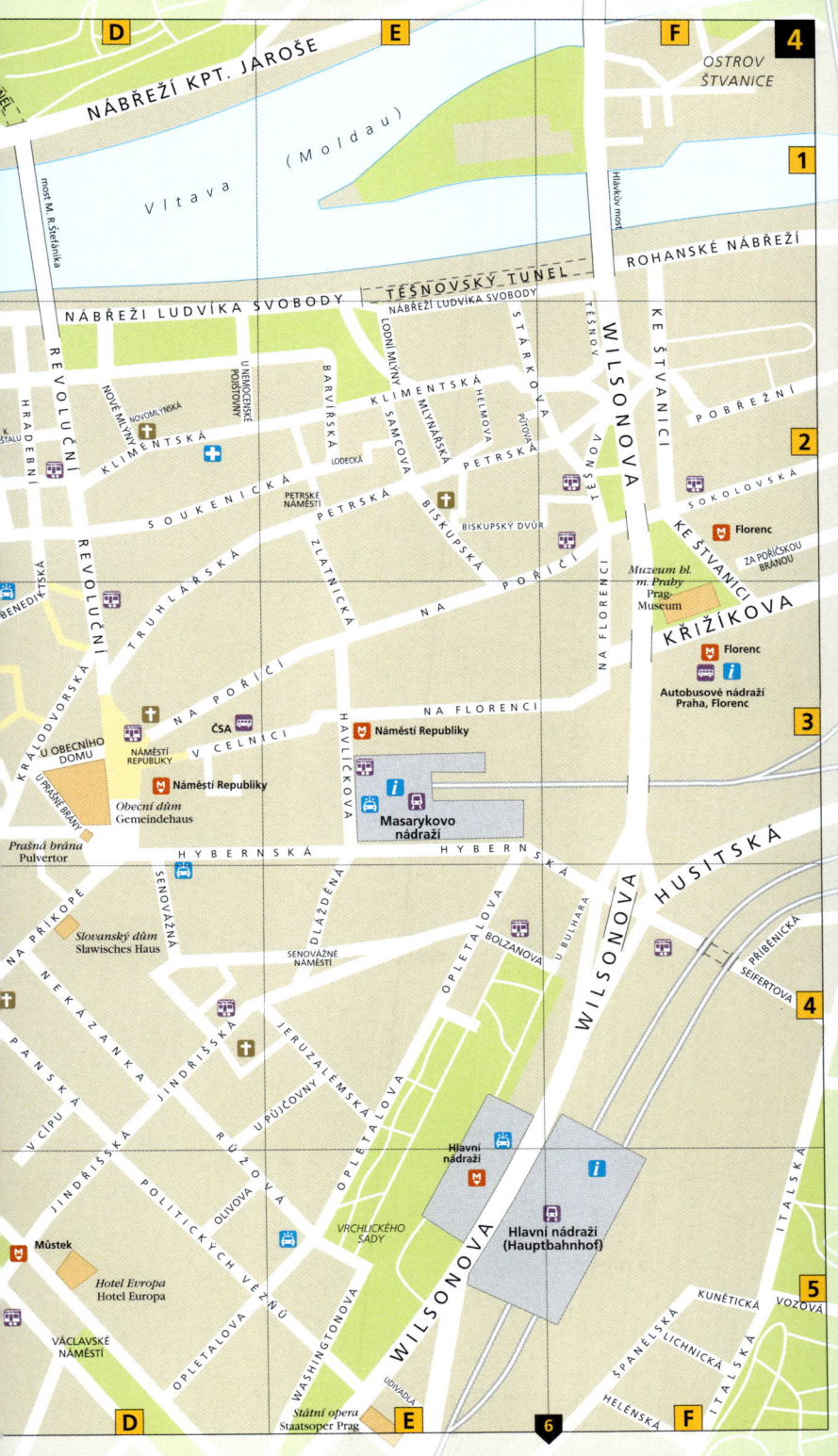

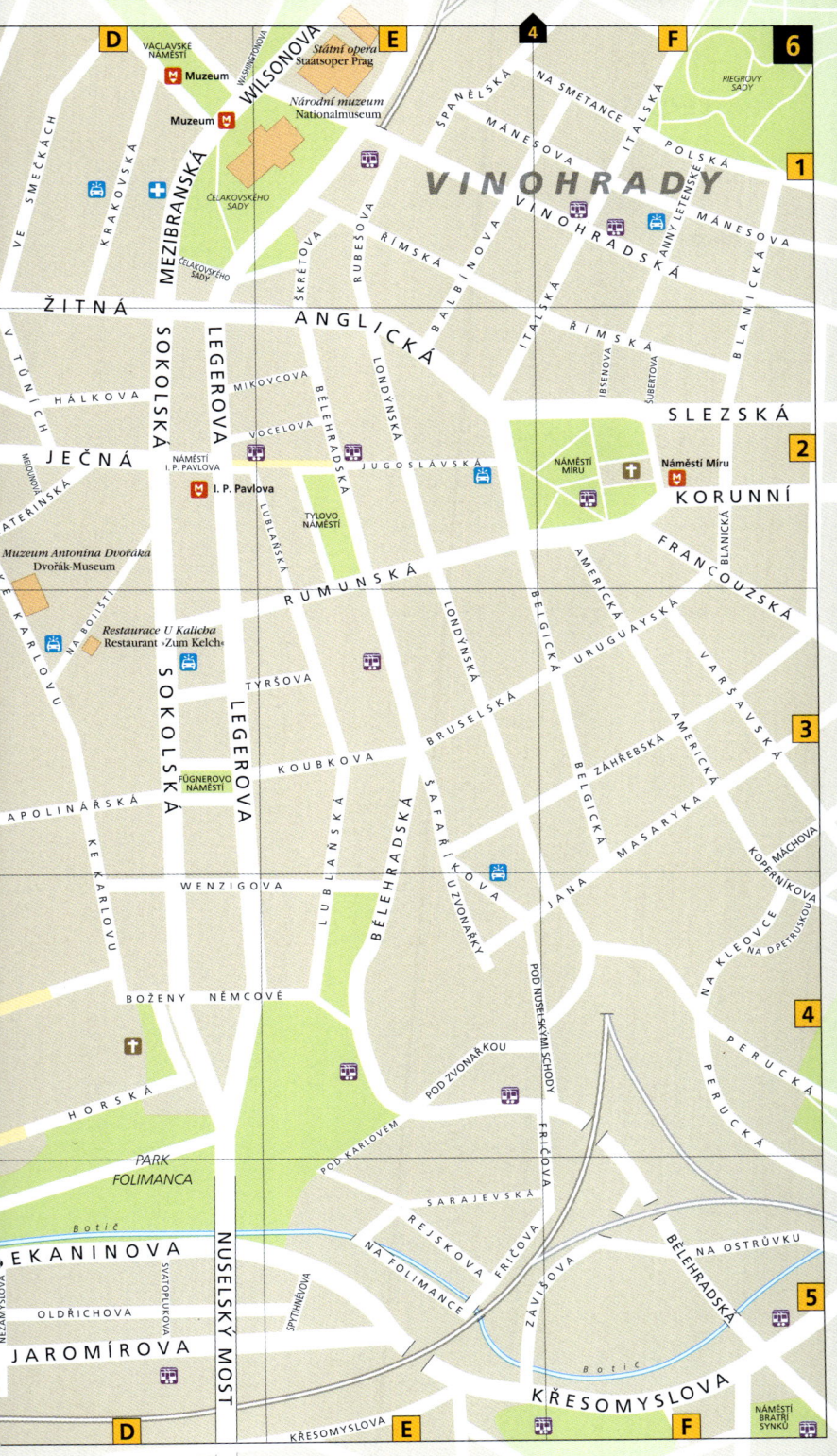

Textregister

Seitenzahlen in **Fettschrift** beziehen sich auf die Haupteinträge. Die diakritischen Zeichen des Tschechischen sind in die normale alphabetische Reihenfolge integriert.

A

Abschleppen 241
Abstecher **158–171**
Abwandlung der Krumauer Madonna 95
ADAC 237
Adalbert, hl. 23, 24, 136, 140, 163
Adam und Eva (Cranach) 114
Agenturen (Unterkünfte) 187
Agnes, hl. 25, 37, 46, 94
Akademie der schönen Künste 179
Aleš, Mikuláš
   Altstädter Rathaus, Dekor 75
   Nationaltheater, Wandgemälde 35
   Štorch-Haus 64, 70
   U Rotta, 64
   Wiehl-Haus 144
Allegorie der Nacht, Die (Braun) 111
Allein reisende Frauen 228f
Allerheiligenkapelle (Königspalast) 106f
Alliprandi, Giovanni Battista 110, 135
Alte Schule 92
Alter jüdischer Friedhof 12f, 83, **88f**
   Detailkarte 84
   Highlights 43
Altneusynagoge 12f, **90f**, 227
   Detailkarte 84
   Geschichte 26
   Highlights 45, 46
Altstadt 13, 24, **62–81**
   Baumgarten-Spaziergang 178f
   Detailkarten 64f, 78f
   Hotels 188, 191
   Königsweg 174
   Restaurants 198f
   Stadtplan 3–4
   Stadtteilkarte 63
   Stadttouren 241
Altstädter Brückenturm 27, 139, 175
   Detailkarte 78
Altstädter Rathaus 12f, **74–76**
   Astronomische Uhr 12f, 28, 34, 75, **76**
   Detailkarte 64
   Turm 75

Altstädter Ring 12f, 52, 63, **68–71**, 174
   Detailkarte 64
   Nord- und Ostseite 68f
   Südseite 70f
Altstädter Ring (Jansa) 64
American Express 230
Anna, hl. 138
Anna, Kaiserin 110
Antiquitäten
   Läden 212f
   Zoll 224
Antonius von Padua, hl. 71, 136
Aostalli, Ottavio 127, 141
Apartments (Privatwohnungen und -zimmer) 186–188
Apostel (Sucharda) 76
Apotheken 229
Arcibiskupský palác 111
Arcimboldo, Giuseppe
   Rudolf II. 30
Asam, Kosmas Damian 73
Assicurazioni-Generali-Gebäude 145
Auferstehung Christi (Meister des Třeboň-Altars) 41
Augusta, Bischof Jan 169
Augusta-Gefängnis (Burg Křivoklát) 169
Augustiner 115, 127, 154
Augustinus, hl. 136
Ausflüge *siehe* Abstecher
Aussichtsturm (Mini-Eiffelturm) **140**, 177
   Detailkarte 79
Ausstellungsgelände **162**, 178
   Highlights 42
Austerlitz, Schlacht von (1805) 34
Austrian Airlines 234f
Autos 228
   Autofahren in Prag 241
   Maut 236f
   Mietwagen 236f

B

Bahnhöfe 236f
Ballhaus (Königsgarten) 31, 111
Balšánek, Antonín 66
Bambino di Praga 131
Banken 230
Banknoten 231
Barbara, hl. 138
Barmherzige Brüder 93
Barockarchitektur 32f, 46, 47, 50f
Bars 206f, 225
Basler Konzil 152
Bassano, Jacopo 115
Bassevi, Hendela 89

Baumgarten-Spaziergang 178f
Bayer, Paul Ignaz
   Jesuitenkolleg 152
   St.-Ignatius-Kirche 152
Bazilika sv. Jiří 100f
Beck, Moses 88
Beethoven, Ludwig van 52, 80, 132
Behinderte Reisende 226f
   Hotels 185, 187
   Restaurants 193
Behindertenverbände 185, 187, 227
Beinhaus 85
Belvedere (Belvedér) 30, 31, **110f**
   Highlights 48, 50
Bendelmayer, Bedřich 148
Bendl, Jan 81
Benediktiner 72, 92, 153, 163
Benediktiner, kroatische 153
Beneš, Edvard 21, 36
Benizi, hl. Philipp 136
Bernard, hl. 139
Bernini, Gian Lorenzo 138, 163
Betende Christus, Der (El Greco) 112, 115
Bethlehemskapelle (Betlémská kaple) 13, **77**
   Detailkarte 79
   Geschichte 27, 28f
   Highlights 46
Beweinung Christi, Die (Lorenzo Monaco) 112
Bier 196f
Bierkneipen 192, 197, 206f
Bílá Hora a Hvězda 163
Blaeu, William 121
Blanche de Valois 169
Böhmische Brüder 91
Böhmische Kanzlei 107
Boleslav I., Fürst 19, 20, 22
Boleslav II., Fürst 20, 22
   Grab 101
   Kloster Břevnov 163
   St.-Laurentius-Kirche 140
Boote 52, 241
   Flusspanorama 56–59
Borgia, hl. Franz von 138
Bořiat, Jaroslav 116
Bořivoj, Fürst 22, 97, 100, 106
Bořívoj II., Fürst 24
Borromäus, Karl 152
Borromini, Francesco 128
Bossi, C. G. 68
Botanischer Garten (Botanická zahrada) **153**
   Detailkarte 149
   Highlights 51
Botels (»schwimmende Hotels«) 184

Botschaften 187, 225
Bourdon, Sébastien 115
Brahe, Tycho 31, 43, 116f
  Grab 69, 72
Brandl, Petr 42, 67, 100
  Die Heilige Familie 132
Braque, Georges 115
Braun, Antonín 49, 110
  Allegorie der Nacht 111
  Nikolauskirche (Altstadt) 72
Braun, Matthias 169
  Dvořák-Museum 154
  Grab 154
  Großpriorei 131
  Herkulesstatuen 49, 80
  Hl. Luitgard 137
  Karyatiden von Palais Schönborn 125
  Palais Thun-Hohenstein 124
  Porträt 138
  Statuen im Vrtba-Garten 130
  Tor von Burg Konopiště 169
Brave Soldier Švejk, Der (Hašek) 35, 154
Břetislav I., Fürst 20
Břetislav II., Fürst 24
Briefmarken 233
Brokoff, Ferdinand
  Grab des Grafen Vratislav von Mitrovice 67
  Hl. Franz von Borgia 33
  Hl. Johannes der Täufer 131
  Hl. Johannes von Nepomuk 85, 92, 153
  Kalvarienberg 93
  Statue 138
  Statuen der Karlsbrücke 136
  Statuen der St.-Gallus-Kirche 73
Bronzino, Agnolo
  Eleonora von Toledo 115
Brožík, Václav 147, 157
  Fenstersturz (von 1618) 107
Brückengasse 12, **134**
  Detailkarte 132
Brückentor 181
Bruckner, Anton 171
Brüderle, Jan 118
Brueghel, Jan 31
Brueghel, Pieter d. Ä. 42
Brunnen
  Křižík 53, 178
  Singender Brunnen 48, 50, 111
  Venusbrunnen 48
Buchhandlungen 212f
Budweiser 196
Burgen und Schlösser
  Burg Karlstein 12, 26f, **169**
  Burg Konopiště 114, **169**
  Burg Křivoklát 169
  Schloss Nelahozeves 168

Schloss Troja 166f
Schloss Veltrusy 168
siehe auch Prager Burg
Bürgerforum 37, 144
Busse 240
  Busreisen 236

C

Cafés 192
  Öffnungszeiten 225
Camping 186f
Canaletto 115
Carlone, Carlo 80
Caruso, Enrico 127
Čechův-Brücke 56
Čedok 224f
Celetná (Zeltnergasse) 13, **67**, 174
  Detailkarte 65
Černý, František 148
Čertovka 58, 131, 133
Česká televize (ČT Travel) 233
České Budějovice (Budweis) 196
České Dráhy (ČD Travel) 236
Český rozhlas (ČRo) 233
Charterflüge 234
Charta 77 36
Chrám sv. Víta (Veitsdom) 102–105
Christophorus, hl. 138
Christus auf Wolken (tschechischer Meister) 85
Cihelná-Tor 181
Clubs 208f
Cranach, Lucas d. Ä. 114
  Adam und Eva 114
  Hl. Christine 94
Czech Airlines (ČSA) 234f

D

Dalibor von Kozojedy 110
Dalibor-Turm (Daliborka) **110**
  Detailkarte 99
Damajan, Deodatus 80
Damian, hl. 136
Dechanei 180
Degas, Edgar 115
Delacroix, Eugène 115
Delikatessen 215
Della Stella, Paolo 31, 111
Denkmäler
  Denkmal für die Opfer des Kommunismus (2002) 141, 145
  Denkmal für František Palacký 59
  Hl. Johannes von Nepomuk 117
  Hl. Wenzel 145, 146
  Jan Hus 64, 71, **72**

Metronom im Letná-Park 36, 161
Nationaldenkmal 160
siehe auch Statuen
D'Este-Sammlung 114
Destinn, Emmy 127
Devětsil-Bewegung 36
Dientzenhofer, Christoph 47, 129
  Kloster Břevnov 163
  Loreto 47, 118
  Nikolauskirche (Kleinseite) 47, 128
Dientzenhofer, Kilian Ignaz 47, 129
  Dvořák-Museum 154
  Kloster Břevnov 163
  Loreto 47, 118
  Nikolauskirche (Kleinseite) 47, 128f
  Nikolauskirche (Altstadt) 72
  Palais Golz-Kinský 49, 51, 72
  St. Johannes von Nepomuk auf dem Felsen 148, 153
  St.-Thomas-Kirche 127
  Villa Amerika 49
Diners Club 230
Diplomatic Health Centre 229
Dominikaner 77, 139
Dominikus, hl. 139
Don Miguel de Lardizábal (Goya) 115
Dopravní podnik hlavního města Prahy 238
Drahomíra 101
Dreißigjähriger Krieg (1618–48) 19, 30, 32, 107, 138
Dryák, Alois 148
Dubček, Alexander 36
Dům u Dvou Zlatých Medvědů 73
Dům umělců 86
Dürer, Albrecht 42
  Rosenkranzfest 40, 114
Dvořák, Antonín 41, 43, 154, 168
Dvořák, Karel 138, 163
Dvořák-Museum 154
  Highlights 41, 43
Dvořák-Saal (Rudolfinum) 86

E

EC-Karte *siehe* Girocard
Edward VII, Edward von England 171
EHIC (Europäische Krankenversicherungskarte)
Einkaufszentren 214f
Einreise und Zoll 224
Einwohnerzahl 14
Einzug in Jerusalem 114
Eiserner Mann 80

TEXTREGISTER

Elbe (Labe) 56
Eleonora von Toledo (Bronzino) 115
Elektrizität 227
Elisabeth, hl. 138
Elisabeth von Pommern 44
Emmauskloster 153
Englischspachiges Theater 218
Erfindung der Vernichtung, Die (Film) 36
Ernst, Max 115
Eros (de Vries) 126
Erzbischöfliches Palais 48, **111**
Essen und Trinken 194–197
  Shopping 215
  siehe auch Prager Küche; Restaurants
Ethnografisches Museum 176
Etikette
  Restaurants 193
EU-Heimtierausweis 224
Evropa, Hotel
  siehe Hotel Europa

F
Fabricius, Philipp 107
Fachgeschäfte 214f
Fanta, Josef 148
Fausthaus (Faustův dům) 153
  Detailkarte 149
Fauvismus 42
Feiertage 55
Felix von Valois, hl. 136
Ferdinand I., Kaiser 21, 30, 81
  Belvedere 110
  Erzbischöfliches Palais 111
  Königsgarten 111
  Loreto 118
  Mausoleum 105
  Prager Burg 97
Ferdinand II., Kaiser 21, 32, 126
  Fenstersturz (von 1618) 107, 110
  St.-Julius-Kirche 77
Ferdinand III., Kaiser 21
Ferdinand V., Kaiser 21, 174
Fernsehen 233
Ferrer, hl. Vinzenz 137
Feste und Festivals 52–55
  Musik 217
Feuerwehr 229
Fiala, Zdeněk 58
Filippi, Giovanni Maria 130
Filme 218f
Fischer, Jiří 179
Fischer von Erlach, Johann Bernhard 67, 80
Flekovský, Jakub 155
Flughafen Prag-Ruzyně (Václav Havel Airport) 234f
Flugreisen 234f

Forman, Miloš 65
Fortuna Czech Open (Eishockey) 53
Franz von Assisi, hl. 136
Franz II., Kaiser 21, 121
Franz Ferdinand, Erzherzog 169
Franz Josef, Kaiser 21, 34f
Franz-Kafka-Galerie 71
Franz Xaver, hl. 138
Franziskaner 67, 146
Franziskanergarten (Františkánská zahrada) **146**
  Detailkarte 144
Freud, Sigmund 165
Friedhöfe
  Alter jüdischer Friedhof 12f, 43, 83, 84, **88f**
  Olšany 160
  Vyšehrad 181
Friedrich von der Pfalz 32, 74, 105
Fringe Festival 53
Frühstück in Hotels 185
Fundbüro 229
Fünf Lieder (Tulka) 156
Fux, Jan 134

G
Galerie Křižovníků 81
Galerie Rudolfinum 86
Gallas de Campo, Jan 80
Galli, Agostino 116
Gallus-Stadt 73
Gambrinus, legendärer König des Biers 196
Gans, David 88
Garten Eden (Savery) 113
Gärten
  Highlights 48–51
  siehe auch Parks und Gärten
Gasthäuser 192, 197, **206f**
Gauguin, Paul 42, 115
Gegenreformation 32, 47, 74
Geld 230f
  Geldautomaten 230
  Geldwechsel 230
  Zoll 224
Gelehrte in der Studierstube, Der (Rembrandt) 112
Gemäldegalerie der Prager Burg 40, **100**
  Detailkarte 98
  Highlights 40
Gemeindehaus 13, 35, 52, **66f**, 174
  Bürgermeistersaal 39
  Detailkarte 65
Georg, hl. 98
Georg von Poděbrady 21, 28f, 174
  Teynkirche 72

Germanwings 235
Geschichte von Prag 18–37, 43
Gesundheit **228f**
Getränke, tschechische 196f
Getto siehe Josefstadt
Girocard 230
Glas
  böhmisches 43
  Kunstgewerbemuseum 86
  Shopping 212f
Godyn, Abraham 167
Goethe, Johann Wolfgang von 171
Gogol, Maxim 171
Goldene Bulle 25
Goldenes Gässchen **101**
  Detailkarte 99
Goldenes Zeitalter der tschechischen Kunst (Ženíšek) 156
Golem 90
Gossaert, Jan 114
Gotische Architektur 46
Gottesdienste 227
Gottwald, Klement 21, 36, 160
  Ausrufung des kommunistischen Staats 71, 72
Goya, Francisco de
  Don Miguel de Lardizábal 115
Greco, El
  Der betende Christus 112, 115
Großer Dialog (Nepraš) 165
Großes Mahl (Medek) 164
Großprior des Malterordens, Palais des 131, 133
Großpriorsmühle 58
Großpriorsplatz 12, **131**
  Detailkarte 132
Guarini, Guarino 128
Gutfreund, Otto 42, 135, 164

H
Habermel, Erasmus 86
Habsburger Dynastie 19, 20, 110
Hanavský-Pavillon 58, 161
Handel, Der (Gutfreund) 42
Handys siehe Mobiltelefone
Hanuš (Uhrmacher) 76
Harovník, Fabian 101
Hartig-Garten 110
Hašek, Jaroslav 154
Hauptpost 233
Haus »Zum goldenen Brunnen« 80
Haus »Zur schwarzen Madonna« 12, 65, 67, 93, 174
Havel, Václav 21, 98
  Bürgerforum 144
  Samtene Revolution 36, 37
Havelské Město 73
Havlíček, Milan 161
Haydn, Josef 43

TEXTREGISTER | 259

Health Centre Prague 229
Heermann, Johann Georg 166
Heermann, Paul 166
Heger, Filip 69
Heger, František 69
Heilig-Geist-Kirche 92
   Detailkarte 85
Heilig-Kreuz-Kapelle 98
Heilig-Kreuz-Rotunde 46
Heilige Dreifaltigkeit, Kirche 130
Heilige Familie (Brandl) 132
Heinsch, Jan Jiří 92, 152, 155
Heinsch, Josef 67
Henlein, Konrad 36
Herkules (Braun) 49, 80
Heydrich, Reinhard 36, 53, 152
Hirschsprung (Karlsbad) 171
Hitler, Adolf 36
Hl. Augustinus (Kohl) 125
Hl. Franz von Borgia (Brokoff) 33
Hl. Johannes der Täufer (Brokoff) 131
Hl. Johannes von Nepomuk (Brokoff) 85, 92
   Karlsbrücke 153
Hl. Josef (Kracker) 129
Hl. Kyrill und hl. Method (Mucha) 104
Hl. Michael (Solimena) 128
Hl. Nikolaus (Platzer) 129
Hl. Paulus (Kohl) 128
Hl. Veit (Meister Theoderich) 27
Hl. Wenzel und hl. Veit (Spranger) 19
Hladová Zeď 140f
Hlahol-Chor-Gebäude 143, 148
Hlavní nádraží (Hauptbahnhof) 148, 236
Hohe Synagoge 87
   Detailkarte 84
   Highlights 47
Holbein, Hans d. Ä. 114
Holešovice, Bahnhof 236
Holocaust 84, 86
Horowitz, Aaron Meshulam 86
Hotel Central 148
Hotel Europa 13, **147**
   Detailkarte 145
Hotelportiers 187
Hotels **184–191**
   Altstadt 188–191
   Ausstattung 185
   Camping 186
   Hotelkategorien 187
   Josefstadt 189–191
   Jugendherbergen 186
   Kleinseite 188–191
   Luxushotels 186f
   Neustadt 188–191
   Pensionen 186
   Prager Burg und Hradschin 188–191
   Privatzimmer und -wohnungen 186
   Reservierung 184f
   Versteckte Preisaufschläge 185
Hradschin **96–119**
   Hotels 188, 190f
   Restaurants 201
   Stadtplan 1–2
   Stadtteilkarte 97
   siehe auch Prager Burg
Huldigung an Prag (Špillar) 66
Hungermauer **140**, 176f
Hus, Jan 19, 28f, 46, 137
   Bethlehemskapelle 77, 79
   Denkmal 64, 71, **72**
   Todestag 53
Husák, Gustáv 21, 37
Hussiten 19, 28f, 46, 160
   Basler Konzil 152
   Besetzung des Veitsdoms 102
   Jan-Hus-Denkmal 72
   Teynkirche 72
   Utraquisten 77
Hvězdárna 140
Hynais, Vojtěch 35, 147, 157

I

Ibsen, Hendrik 171
Ignatius von Loyola, hl. 152
Impressionismus 42, 115
Industriepalast 162, 178
Informationsbüros 225
Informationszentrum der Tschechischen Republik 225
Internationaler Studentenausweis (ISIC) 226
Internet 232f
Internet-Cafés 232f
Italienische Gasse 130
Italienisches Spital 130
Ivan, Seliger 136

J

Jagdschloss Stern 163, 179
Jäger, Joseph 131
Jan-Hus-Denkmal 71, **72**
   Detailkarte 64
Jan Vratislav von Mitrovice 45
Jansa, Václav
   Altstädter Ring 64
   Melantrichova-Passage 71
Jaroš, Tomáš 100, 111
Jazz 52, 54, **208**, 209
Jelení skok 171
Jerusalemsynagoge 227
Jesuiten 30
   Barockarchitektur 32
   Bethlehemskapelle 77
   Karolinum 67
   Klementinum 33, 47, 59, 78, 81
   Legende des hl. Johannes von Nepomuk 137
   St. Ignatius 149, 152
Jesuitenkolleg (Jezuitská kolej) **152**
   Detailkarte 149
Jizdáma 111
Jižní zahrady 110
Johann von Luxemburg 20, 26, 74
Johannes der Täufer, hl. 138
Johannes von Matha, hl. 136
Johannes von Nepomuk, hl. 117, 137
   Grab 105
   Karlsbrücke 137, 138
   Statuen 85, 92, 153, 155
Johanniterorden 134
Josef, hl. 138
Josefstadt (Josefov) 12, **82–95**
   Detailkarte 84f
   Geschichte 34f
   Hotels 189–191
   Restaurants 200f
   Stadtplan 3
   Stadtteilkarte 83
   Stadttouren 241
   Synagogen 46
Joseph I., Kaiser 21
Joseph II., Kaiser 21, 73, 120
   Josefstadt 83
Jubiläumsausstellung (1891) 35, 58, 148, 178
   Ausstellungsgelände 161, 162
   Petřín-Park 140, 141
Judas Thaddäus, hl. 137
Juden *siehe* Josefstadt; Alter jüdischer Friedhof; Synagogen
Jüdische Bestattungsgesellschaft 89
Jüdisches Museum 41, 43, 92f
Jüdisches Rathaus 87
   Detailkarte 84
Judith-Brücke 24–26, 58, 136, 138
Judith-Turm 134
Jugendherbergen 186
Jugendstil 42, 148f
Julius II., Papst 114
Junge Frau bei der Toilette (Tizian) 100
Jungfrau, Die (Klimt) 165
Jungmann, Josef 144, 160
Jungmannovo-Platz 144
Jüngste Gericht, Das (Mosaik) 103
Justin, hl. 44

K

Kafka, Bohumil
   Statue von Žižka 160

260 | TEXTREGISTER

Kafka, Franz 10, 36, 70, 145
  Goldenes Gässchen 101
  Grab 160
  Kafka-Museum 135
  Kafka-Museum (Kafkovo muzeum) 135
Kajetan, hl. 136
Kalvarienbergkapelle 177
Kalvinisten 102
Kampa, Insel 12f, **131**
  Detailkarte 133
  Highlights 49, 50f
  Museum Kampa 12, **135**
Kampa (Pinkas) 133
Kämpfende Giganten (Platzer) 98
Kaňka, František Maximilián 130, 169
Kapelle des hl. Elias 135
Kapelle der hl. Katharina 169
Kapelle der hl. Theresa 135
Kapelle St. Kosmas und Damian 150
Kapelle St. Salvator (Klementinum) 81
  Detailkarte 78
Kapuzinerkloster (Kapucínský klášter) 4f, **116f**
Kara, Rabbi Avigdor 88
Kardinal Cesis Garten in Rom (van Cleve) 112
Karl I., Kaiser 21
Karl IV., Kaiser 19, 20, 26f, 153, 154
  Burg Karlstein 169
  Burg Křivoklát 169
  Emmauskloster 59
  Grab 105
  Hungermauer 140f
  Karolinum 65, 67
  Karlsbad 170
  Kirchen 46
  Karlsplatz 152
  Königspalast 106f
  Kunstsammlung 42
  Maria Schnee 48, 146
  Neustadt 143
  Prager Burg 97
  Statue 81, 139
  Veitsdom 102
  Vyšehrad 180
Karl VI., Kaiser 21
Karlsbad (Karlovy Vary) 170f
Karlsbrücke (Karlův most) 12f, 123, 136–139, 175
  Altstädter Seite 138f
  Detailkarte 133
  Geschichte 27, 87
  Kleinseitner Seite 136f
  Statuen 33, 42, 136–139
Karlsgasse (Karlove ulice) 12f, **80**, 175

Karlsplatz (Karlovo náměstí) 13, **152**
  Detailkarte 150f
Karlstein (Karlštejn), Burg 12, 26f, **168f**
Karmeliten 51, 130f, 135, 146
Karolinum 12f, **67**
  Detailkarte 65
  Geschichte 26, 27
Karten
  Abstecher 159
  Ausflüge 168
  Prag auf der Karte 14f
  Prager Innenstadt 16f
  Prager Verkehrsnetz (hintere Umschlaginnenseiten)
  Stadtplan 244–255
  siehe auch Stadtteilkarten und Detailkarten bei den einzelnen Stadtteilen und einzelnen Einträgen
Kathedrale *siehe* Veitsdom
Kelley, Edward 100, 153
Kepler, Johannes 43, 117
Kinder 185, 226f, 234
Kinos 218f
Kinský, Štěpán 72
Kinský (Familie) 49, 141, 176
  Palais Golz-Kinský 12, 68, **72**, 176
Kinský-Garten 176
Kirche Christi Geburt 119
Kirchen (allgemein)
  Barockarchitektur 32f
  Gottesdienste 227
  Highlights 44–47
  Musik 220
Kirchen (einzeln)
  Heilig-Geist-Kirche 85, **92**
  Heilig-Kreuz-Kapelle 98
  Heilig-Kreuz-Rotunde 46
  Heilige Dreifaltigkeit 130
  Kirche Christi Geburt 119
  Kreuzherrenkirche 80f
  Loreto 44, 47, **118f**
  Maria Magdalena 171
  Maria Schnee 46, 144, **146**
  Maria unter der Kette 132, **134**
  Marienkirche (Burg Karlstein) 169
  Marienkirche (Kapuzinerkloster) 116
  Marienkirche (Kloster Strahov) 120
  Marienkirche (Prager Burg) 100
  Nikolauskirche (Kleinseite) 12f, 125, 127, **128f**
  Nikolauskirche (Altstadt) 68, 71, **72f**, 175, 227
  St. Barbara (Kutná Hora) 159, 170
  St. Gallus 12, **73**

St.-Georgs-Basilika 12f, 44, 46, 99, **100f**
St. Ignatius 149, **152**
St. Jakob 45, 65, **67**
St. Johannes von Nepomuk auf dem Felsen 47, 148, **153**
St. Josef 132
St. Julius **77**, 79
St. Kastullus 85, **93**
St.-Katharinen-Kirche **154**
St. Klemens 33, 227
St. Kyril und St. Method 13, 53, 148, **152**
St.-Laurentius-Kirche (Petřín) 16, **140**, 177
St. Laurentius (Vyšehrad) 180
St. Ludmilla 47, 161
St. Margarete (Kloster Břevnov) 163
St. Maria de Victoria 47, **130f**, 132, 163
St. Maria von der immerwährenden Hilfe 130
St. Martin in der Mauer 77
St.-Martins-Rotunde 46, 180
St. Peter und Paul 45, 47, 59, 160, 181
St. Rochus (Kloster Strahov) 47
St. Rochus (Olšany-Friedhof) 160
St. Salvator (Klementinum) 81
St. Salvator (Kloster St. Agnes von Böhmen) 95
St. Simon und Judas 85, **93**
St. Stephan 154f
St. Thomas 44, 47, 115, 125, **127**
St. Ursula 155
St. Vladimír (Marienbad) 171
St. Wenzel 150
Teynkirche 12f, 45, 46, 64, 69, 71, **72**, 174
siehe auch Veitsdom
Kipling, Rudyard 171
Kisch, Egon Erwin 73
Klarissen 25, 94
Klášter Na Slovanech-Emauzy *siehe* Emmauskloster
Klášter sv. Anežky České 94f
Klausensynagoge (Klausová synagóga) **87**, 88
  Detailkarte 84
  Highlights 47
Kleinseite 12f, 19, **122–141**, 175
  Detailkarten 124f, 132f
  Geschichte 24, 25
  Hotels 188–191
  Restaurants 201f
  Stadtplan 1–2
  Stadtteilkarte 123
Kleinseite, Ufer 132f

Kleinseitner Brückentürme 58, 123, 136, 175
  Detailkarte 124f
Kleinseitner Ring 12f, **127**
Kleinseitner Rathaus 127, 175
Kleinseitner Wasserturm 58
Klementinum **81**, 175
  Architektur 33
  Detailkarte 78
  Highlights 47
Kleopatra (Zrzavý) 164
Klimt, Gustav 42, 115
  Die Jungfrau 165
Kloster Břevnov (Břevnovský klášter) 23, **163**
Klöster
  Barfüßige Karmelitinnen 135
  Břevnov 23, **163**
  Emmauskloster 45, 46f, 59, 148, **153**
  Kapuzinerkloster 46f, **116f**
  St. Agnes von Böhmen 12f, 25, 41, 42, 46, 85, **94f**
  St. Anna 78
  St. Georg 42, 99, **100f**
  Strahov 13, 24f, 32, 46f, **120f**, 177
Koch, Jindřich 176
Kodex von Jena 28
Kohl, Hieronymus
  Hl. Augustinus 125
Kohl, John Frederick
  Hl. Paulus 128
Kolowrat-Černín-Garten 135
Kommunikation 232f
Kommunismus 19, 36
Kommunismus-Museum 146
Kongresszentrum Vyšehrad-Sapziergang 180
Königliche Halle 179
Königsgarten 12, **111**
Königshof 66
  Highlights 48, 51
Königspalast 12f, 99, **106f**
  Detailkarte 99
  Highlights 50
Königsweg-Spaziergang 174f
Konopiště, Burg 114, **169**
Konzerte *siehe* Musik
Konzil von Konstanz (1415) 29, 72
Koruna-Gebäude 144
Kosmas, hl. 136
Kostel Matky Boží před Týnem
  siehe Teynkirche
Kostel Panny Marie pod řetězem
  siehe Maria unter der Kette
Kostel Panny Marie Sněžné *siehe* Maria Schnee
Kostel sv. Cyrila a Metoděje 152
Kostel sv. Ducha 92
Kostel sv. František 81
Kostel sv. Halva 73

Kostel sv. Haštala 93
Kostel sv. Ignáce 152
Kostel sv. Jakuba 67
Kostel sv. Jana Nepomuckého na Skalce 153
Kostel sv. Jiljí 77
Kostel sv. Kateřiny 154
Kostel sv. Martina ve zdi 77
Kostel sv. Mikuláše (Kleinseite) 128f
Kostel sv. Mikuláše (Altstadt) 72f
Kostel sv. Šimona a Judy 93
Kostel sv. Štěpána 154
Kostel sv. Tomáše 127
Kostel sv. Vavřince 140
Kostel sv. Voršily 155
Kracker, Johann Lukas
  Hl. Josef 129
Královská zahrada 111
Královský letohrádek 110
Královský palác 106f
Kramář, Vincenc 42
Krankenhäuser 229
Krásnohorská, Eliška 149
Kreditkarten 230
Kreuzherrenkirche 78, **80f**
Kreuzherrenplatz (Křižovnické náměstí) **81**, 175
  Detailkarte 78
Kreuzigung (Stevens) 44
Křivoklát, Burg **169**
Křižík, František 178
Křižík-Brunnen 178
Křižovnické náměstí 81
Kroměříže, Jan Milíč z 77
Krone, Tschechische 231
Kronjuwelen 26, 101
Kubismus 42
Kubistische Häuser (Kubistické domy) **93**, 160, 174
  Detailkarte 84
Kunratice-Wald 54
Kunstgewerbemuseum **86**
  Detailkarte 84
  Highlights 41, 43
  Jugendstil 149
Kunsthandwerk 212f
Künstlerhaus 86
Kupecký, Jan 100
Kupka, František 135
Kuppeln und Turmspitzen 46f
Kurbäder 170f
Kutná Hora 13, **170**
Kvapilová, Hana
  Statue 176
Kyrill, hl. 22, 23, 53, 138
Kysela, František 102

L

Labe *siehe* Elbe
Ladislav Posthumus 20
Langweil, Antonín 43, 161

Lapidarium, Nationalmuseum 178
Laterna Magika 144
Laurenziberg
  siehe Petřín
Le Brun, Charles 115
Ledebour-Garten 135
Lennon, John 131, 132
Leopold I., Kaiser 166f
Leopold II., Kaiser 21
  Königsweg 71, 174f
  Krönung 104
Leopoldtor 180
Letná-Park 161
  Highlights 51
Libuše, Fürstin 20, 23, 180
  Bad der Libuše 181
  Statuen 78, 181
Libuše (Smetana) 34, 157
Likör 197
Lipany, Schlacht von (1434) 19, 28, 179
Lobkovický palác 101
Lobkowitz, Familie 168
Lobkowitz, Kateřina von 118
Lobkowitz, Polyxena von 131
Longinus, hl. 181
Lorenzetti, Pietro 114
Lorenzo Monaco
  Die Beweinung Christi 113, 114
Loreto 13, **118f**
  Highlights 40, 43, 44, 47
Louis XIV, König von Frankreich 67
Löw, Rabbi 30, 80, 87, 91
  Golem 90
  Grab 89
Ludmilla, hl. 22, 99
  Grab 101
  Statue 137
Ludwig II., König 21
Lufthansa 234f
Luftverschmutzung 55, 229
Luitgard, hl. 137
Lurago, Anselmo 120, 129
Lurago, Carlo
  Jesuitenkolleg 152
  Maria unter der Kette 134
  Palais Lobkowitz 101
  St.-Ignatius-Kirche 152
Luxemburg (Dynastie) 20

M

Mácha, Karel Hynek 141
Madonna Aracoeli 42
Maestro-/EC-Karte siehe Girocard
Maillol, Aristide
  Pomona 164
Maisel, Mordechai
  Grab 88
  Hohe Synagoge 87
  Maisel-Synagoge 84, 92

Maisel-Synagoge (Maiselova synagóga) **92**
  Detailkarte 84
  Highlights 41, 43
Malá Strana *siehe* Kleinseite
Malostranské náměstí 127
Malteserorden 131, 134
Malteserplatz (Maltézské náměstí) 131
  Detailkarte 132
Mánes, Josef 34
  Altstädter Rathausuhr 76
  Grab 160
Manet, Édouard 114f
Manierismus 47
Marchfeld, Schlacht auf dem (1278) 20
Margarete, hl. 138
Maria, Jungfrau 44, 118f, 146
Maria Magdalena, Kirche (Karlsbad) 171
Maria Schnee 146
  Detailkarte 144
  Highlights 46
Maria Theresa, Kaiserin 21, 33, 174
Maria unter der Kette 134
  Detailkarte 132
Mariä Verkündigung (Meister des Vyšší-Brod-Altars) 94
Mariánské náměstí **80**
  Detailkarte 79
Marienbad (Mariánské Lázně) 171
Mariensäule 42
Markomannen 22
Märkte 211, **214f**
Marold-Panorama 179
Martinic, Jaroslav 107
Martyrium des hl. Thomas (Rubens) 113
Masaryk, Jan 117
Masaryk, Tomáš Garrigue 21, 36, 116
Masarykovo nádraží 236
MasterCard 230
Mathey, Jean-Baptiste 51, 166f
Matisse, Henri 114
Matthias, Kaiser 21, 30, 110
Matthias von Arras 102, 169
Matthiastor 31, 97
Maulbertsch, Franz
  Die Suche der Menscheit nach Wahrheit 121
Maximilian I., Kaiser 114
Maximilian II., Kaiser 21, 105
Medek, Mikuláš
  Großes Mahl 164
Medici, Cosimo de' 115
Medizinische Versorgung 229
Medizintourismus 229
Meister des Třeboň-Altars
  Auferstehung Christi 41

Meister des Vyšší-Brod-Altars
  Mariä Verkündigung 94
Melantrichova-Passage 71
Menzel, Jiří 37
Messepalast 42, **164f**
Method, hl. 22f, 53, 138
Metro 238, 242f
Metronom (Letná-Park) 36, 161
Michna, Pavel 141
Míčovna 111
Mikeš, František 59
Militärmuseum 116
  Highlights 40, 43
Ministerstvo pro místní rozvoj 149
Minoriten 67
Mittelalterliche Architektur 24f, 46, 50
Mládek, Jan und Meda 135
Mladota, Graf Ferdinand 151, 153
Mlýnská kolonáda 171
Mobiltelefone 232
Mocker, Josef 47, 169
  St. Stephan 154
  St. Ludmilla 161
  Veitsdom 102
Moldau (Vltava) 40, 53, 54, **56–59**
  Moldau-Statue 58
Monet, Claude 115
Mostecká ulice 134f
Mozart, Wolfgang Amadeus 120
  Don Giovanni 33, 67
  La Clemenza di Tito 104
  Orgel der Nikolauskirche 128
Mucha, Alfons 35, 149
  Gemeindehaus 66
  Hl. Kyrill und hl. Method 104
  Mucha-Museum 13, **147**
Mühlbrunnenkolonnade (Karlsbad) 171
Munch, Edvard 42f, 115
Münchner Abkommen (1938) 36
Münze 174
Museen und Sammlungen (allgemein)
  Highlights 40–43
  Öffnungszeiten 225
Museen und Sammlungen (einzeln)
  Choco Story Praha 227
  Dvořák-Museum 41, 43, **154**
  Ethnografisches Museum 176
  Gemäldegalerie der Prager Burg 100
  Jagdschloss Stern 163
  Jüdisches Museum 41, 43, 225
  Kafka-Museum 135
  Kommunismus-Museum 146
  Kunstgewerbemuseum 41, 43, **86**, 149

Loreto 40, 43, 118
Messepalast 164f
Militärmuseum 40, 43, 116
Miniaturmuseum 226f
Mucha-Museum 13, **147**
Museum der Musik 43, 132, **141**
Museum der Nationalliteratur 120
Museum der Stadt Prag 43, **161**
Museum der städtischen Verkehrsbetriebe 241
Museum Kampa 12, **135**
Museum Montanelli (MuMo) **127**
Náprstek-Museum 43, **77**
Nationalmuseum 13, 41, 43, 145, **147**, 160, 178, 225
Palais Schwarzenberg 40, 43
Palais Sternberg 13, **112–115**
Reitschule 111
Schloss Nelahozeves 168
Schloss Troja 166f
Smetana-Museum 40, 43, 59, 78, **81**
Spielzeugmuseum 101
Technisches Nationalmuseum 43, **162**
Museum der Nationalliteratur 120
Museum Montanelli (MuMo) **127**
Musik 43, **220f**
  Festivals 217
  Jazz 208, 209
  Museum der Musik 43, 132, **141**
  Rock- und Popclubs 208f
Myslbek, Josef 163, 181
  Hl. Agnes 94
  Hl. Wenzel 146
  Portal von St. Ludmilla 161
  Přemysl und Libuše 181
  Záboj und Slavoj 149

N

Na Františku Hospital 85, 93
Nachtbusse 240
Nachtleben **208f**
Nachts unterwegs 217
Náměstí Míru 161
Napoléon, Kaiser 34
Náprstek, Vojta 77
Náprstek-Museum (Náprstkovo muzeum) 43, **77**
Národní divadlo 156f
Národni muzeum 147
Národní technické muzeum 162
Nationalbibliothek 81
Nationale Wiedergeburt 34f

TEXTREGISTER | 263

Nationaldenkmal 160
Nationalgalerie
  Highlights 42
  Kloster St. Agnes von Böhmen 94f
  Messepalast 164f
  Palais Golz-Kinský 49, 72
  Palais Sternberg 112–115
  Palais Waldstein 126
Nationalhymne 67
Nationalmuseum 13, **147**, 160
  Detailkarte 145
  Geschichte 19, 34f
  Highlights 41, 43
  Jagdschloss Stern 179
  Lapidarium 178
  Náprstek-Museum 77
Nationalsozialisten 36, 43, 74, 87, 92
Nationaltheater 13, 59, **156f**
  Geschichte 19, 34f
Nebozízek-Bahnhof 141
Nelahozeves, Schloss 168
Neogotische Architektur 47
Nephele-Hügel 88
Nepraš, Karel
  Großer Dialog 165
Neruda, Jan 130, 175
Nerudagasse (Nerudova) 12f, 33, 124, **130**
  Detailkarte 124
  Königsweg 175
Neue Landtafeln (Königspalast) 107
Neue Welt 13, **116**
Neues Dekanat 180
Neunhertz, Jiří 120
Neustadt 13, **142–157**
  Detailkarten 144f, 150f
  Geschichte 26, 27, 34
  Hotels 188–191
  Restaurants 202–204
  Stadtplan 3–6
  Stadtteilkarte 143
  Stadttouren 241
Neustädter Rathaus 13, 28, **155**
Nikolaus Tolentinus, hl. 136
Nikolauskirche (Kleinseite) 12f, 32, 127, **128f**
  Detailkarte 125
  Highlights 44, 46f
Nikolauskirche (Altstadt) 68, **72f**, 175, 227
  Detailkarte 64
  Geschichte 71
  Highlights 47
Norbert, hl. 120, 138
Nostitz, Graf 67
Notrufnummern 229
Novák, Emanuel 149
Nové Město *siehe* Neustadt

Novoměstská radnice 155
Novotný, Antonín 21, 37
Nový svět 116

O

Obrazárna Pražského Hradu 100
Očko, Jan, Erzbischof 26, 94
Öffnungszeiten 225
  Läden 210
Olšany-Friedhof (Olšanské hřbitovy) 52, **160**
Ondříček, František 116
Oper 145, 147, 220
Oppenheim, Rabbi David 88
Orloj 76
Orthodoxe Kirche 152
Ovocný trh 65

P

Palác Kinských 72
Palach, Jan 37, 146
Palacký, František
  Denkmal 59
Palacký-Brücke 149, 181
Palais (allgemein)
  Highlights 48–51
  Konzerte 220
Palais (einzeln)
Palais Adria 144
Palais Buquoy 131
Palais Černín (Černínský palác) 51, **117**, 135
Palais Clam-Gallas 80
  Detailkarte 79
  Highlights 49, 51
Palais Fénix 145
Palais Golz-Kinský 12, 68, **72**, 176
  Detailkarte 64
  Highlights 49, 51
Palais Kaiserstein 53, 127
Palais Lichtenstein 53, 127
Palais Lobkowitz (Lobkovický palác) **101**, 130
  Detailkarte 99
  Highlights 43, 50
Palais Lucerna 54, 144
Palais Martinitz (Martinický palác) 50, **116**
Palais Michna (Michnův palác) 141
Palais Morzin 51, 130
  Detailkarte 124
Palais Nostitz 131, 132
Palais Pálffy 135
Palais Schönborn 125
Palais Schwarzenberg (Schwarzenberský palác) **116**
  Highlights 40, 43, 50
Palais Smiřický 127
Palais Sternberg (Šternberský palác) 13, **112–115**, 127
  Highlights 40, 42f, 51

Palais Thun-Hohenstein 130
  Detailkarte 124
Palais Toskana 50
Palais Turba 131
Palais Waldstein (Valdštejnský palác) und Garten 12f, 48, 51, 125, **126**
  Highlights 48, 51
Palastgärten 49, 51, **135**
Pálffy-Garten 135
Palko, František
  Verherrlichung der Heiligen Dreifaltigkeit 129
Palliardi, Ignaz 135
Panorama (Marold) 179
Panoramaweg (Kinský-Garten) 176
Pantheon 181
Pantomime 218
Paradiesgarten 110
Paříž (Hotel) 84
Parken 241
Parks und Gärten
  Baumgarten (Stromovka) 51, **162**
  Botanischer Garten 51, 151, **153**
  Franziskanergarten 144, **146**
  Hartig-Garten 110
  Highlights 48–51
  Kampa 49, 50, 51, 131, 133
  Karlsplatz 148, 152
  Kinský-Garten 176
  Kolowrat-Černín-Garten 135
  Königsgarten 12, 48, 51, **111**
  Letná-Park 36f, 51, **161**
  Palais Waldstein und Garten 12f, 48, 51, **126**
  Palastgärten 49, 51, **135**
  Pálffy-Garten 135
  Paradiesgarten 110
  Petřín-Park 51, 140f, **176f**
  Rosengarten (Petřín-Park) 177
  Schloss Troja 167, 179
  Schloss Veltrusy **168**
  Südliche Gärten 12, 48, 51, 98, **110**
  Vojan-Park 51, 133, **135**
  Vrtba-Garten 51, **130**
  Vyšehrad-Park 53, 181
  Wallgarten 110
Parler, Peter 169
  Allerheiligenkapelle 106f
  Altstädter Brückenturm 27, 66, 78, 139
  Burg Karlstein 169
  Dom St. Barbara (Kutná Hora) 170
  Karlsbrücke 138
  Veitsdom 102f, 105
  Wenzel IV. 27
Pass 224

264 | TEXTREGISTER

Pensionen 187
Persönliche Sicherheit 228f
Pessach Haggada 41
Petřín (Laurenziberg) 51, 121, 140
Petřín-Park **141**
   Spaziergang **176f**
Petřínská Rozhledna 140
Pfalz der Prager Bischöfe 134
Pferdekutschen 241
Picasso, Pablo 42
Pilsen (Plzeň) 196
Pilsner 196
Pinkas, Rabbi 86
Pinkas, Soběslav 133
Pinkas-Synagoge (Pinkasova synagóga) 12f, **86f**, 88
   Detailkarte 84
   Highlights 46f
Pissarro, Camille 115
Planetarium 179
Plastic People (Rockband) 36
Platzer, Ignaz
   Hl. Johannes von Nepomuk 155
   Kämpfende Giganten 98
   Kloster Strahov 120
   Statuen in der Nikolauskirche 129
   Statuen des Palais Golz-Kinský 68, 72
Plečnik, Josip 48, 110
Plzeň (Pilsen) 196
Pohořelec 117
Polívka, Osvald 66, 69
Polizei 228, 237
Pomona (Maillol) 164
Postämter 233
   Poste restante 233
Postimpressionismus 42, 115
Prachner, Peter 128
Prachner, Richard 128
Prag, Museum der Stadt 43, **161**
Prag nach der Unabhängigkeit (1945) 36
Prager Bestattungsgesellschaft 89
Prager Burg 12f, 19, 50, **96–119**
   Dalibor-Turm 110
   Detailkarte 98f
   Gemäldegalerie 40, 42f, 98, **100**
   Geschichte 23, 24f, 26, 29, 30f, 32
   Geschichte der Prager Burg (Ausstellung) 10
   Königsgarten 48, 51
   Königspalast 12f, 99, **106f**
   Königsweg 80
   Matthiastor 31, 97
   Palais Lobkowitz 43, 50
   Pulverturm 100
   Stadtplan 2
   Stadtteilkarte 97
   Südliche Gärten 48, 51, 98, 110
Prager Fenstersturz 28, 31, 107, 155
»Prager Frühling« (1968) 37
Prager Frühling, Musikfestival 52
Prager Informationsdienst (PIS) 224f
Prager Jesuskind 131, 132
Prager, Karel 156
Prager Küche 194f
Prager Vereinigung der Rollstuhlfahrer 226f
Prager Verkehrsverbund 226, 238
   Infozentren 238
Prague Card 225
Prague Post, The 224, 233
Praha, Versicherung 148
Prämonstratenser-Orden 120
Prašná brána 66
Prašná věž 100
Pražské Benátky 57
Pražský hrad *siehe* Prager Burg
Prčice 52
Preisnachlässe
   Hotels 185
Přemysl 23, 181
Přemysl Ottokar I., König 20, 25
Přemysl Ottokar II., König 20, 24, 25, 106
Přemysliden-Dynastie 19, 20, 22f, 26, 169
Přichovský, Erzbischof Antonín 111
Privatwohnungen, Privatzimmer 186–188
Prokop, hl. 137
Pulvertor 12f, **66**, 174
   Detailkarte 65
Pulverturm 100
   Detailkarte 98
Puppentheater 216
Purkyně, Jan (Statue) 151

Q

Quitainer, Johann Anton 117, 120
Quitainer, Ondřej 118

R

Radfahren 241
Radio 233
Rajská zahrada 110
Rathäuser
   Altstadt 12f, 28, 34, 64, **74f**, 76, 175
   Jüdisches Rathaus 84, **87**
   Kleinseite 127
   Neustadt 13, **155**
Reiner, Václav Vavřinec
   Kirche Christi Geburt 119
   St.-Jakobs-Kirche 67
   St.-Julius-Kirche 77
   St.-Thomas-Kirche 127
   Vrtba-Garten 130
Reiseinformationen 234–243
   Autos 236f, 241
   Anfahrt 236f
   Bahnhöfe 237
   Busse 240
   Fernbusse 236
   Flugreisen 234f
   Metro 238, 242f
   Nachtbusse und -trams 217
   Trams 239
   Züge 236
Reisezeit 224
Reitschule 111
Rejsek, Matthias 74
Rembrandt 42, 114f
   Der Gelehrte in der Studierstube 113
Renaissance 19, 30f
   Architektur 46f, 50
Reni, Guido 100
Restaurant »Zum Kelch« (Restaurace U Kalicha) 154
Restaurants 192–205
   Abstecher 204f
   Altstadt 198f
   Essensoptionen 192
   Etikette 193
   Hradschin 201
   Josefstadt 200f
   Kleinseite 201f
   Neustadt 202–204
   Prager Burg 201
   Reservierung 193
   Restaurantkategorien 193
   Speisekarte 192
   Vegetarische Gerichte 193
Ried, Benedikt
   Dom St. Barbara (Kutná Hora) 170
   Pulverturm 100
   Vladislav-Saal 106
Rock- und Popclubs **208**, 209
Rodin, Auguste 42, 115
Rollstuhlzugänglich *siehe* Behinderte Reisende
Romanische Architektur 24f, 46
Rosengarten (Petřín-Park) 177
Rosenkranzfest (Dürer) 114
Rote Armee 36
Rotunden, romanische 46
Rousseau, Henri »le Douanier« 42
Rubens, Peter Paul 42f, 100, 113, 114f, 127
   Das Martyrium des hl. Thomas 113
Rudolf I., Kaiser 167
Rudolf II., Kaiser 19, 21, 86, 92
   Geschichte 30f, 46
   Kunstsammlung 42, 100, 114

Marienstatue im Kapuzinerkloster 116f
Prager Burg 97, 98
Rudolf, Kronprinz 86
Rudolfinum 13, 34, 59, **86**
   Galerie 86
   Geschichte 19
   Konzerte 52, 54
Ruzyně *siehe* Flughafen Prag-Ruzyně

S

Sachsen 32
Sadeler, Aegidius
   Vladislav-Saal 106
Šaloun, Ladislav
   Jan-Hus-Denkmal 72
Samo 22
Samtene Revolution (1989) 19, 36f
   Bürgerforum 144
   Denkmal für die Opfer des Kommunismus 145
   Feier 54
   Letná-Park 161
   Wenzelsplatz 146
Santa Casa 118f
Santini-Aichel, Giovanni 73
Savery, Roelant
   Garten Eden 113
Schätze des Veitsdoms 42
Schiele, Egon 42, 115
   Schwangere und Tod 165
Schlussverkäufe 210f
Schnäpse 197, 224
Schnirch, Bohuslav 156
Schor, Jan Ferdinand 154
Schulz, Josef 86, 147, 156
Schwangere und Tod (Schiele) 165
»Schwarze Sheriffs« 228
Schwarzes Theater 218
Schwule und Lesben **208f**
Seifert, Jaroslav 37, 101
Selbstporträt (Rousseau) 112, 115
Senioren 226
Seurat, Georges 115
Sgraffito
   Ballhaus 111
   Haus U Minuty 175
   Kalvarienbergkapelle 177
   Königspalast 106
   Palais Lobkowitz 101
   Palais Martinitz 116
   Palais Schwarzenberg 50, 116
   Smetana-Museum 81
   Štorch-Haus 64
   Wiehl-Haus 144
Shopping **210–215**
Sicherheit **228f**
Sigismund, Kaiser 160
Sigismund, König 20
Sigismund, hl. 138

Singender Brunnen 48, 50, 111
Sisley, Alfred 115
Šitka-Turm 59
Škréta, Karel 42, 73
   Kreuzigung 128
   Maria unter der Kette 134
   St.-Gallus-Kirche 73
Slánský-Schauprozess 36
Slavata, Vilém 107
Slavín 181
Slavkov, Schlacht von (1805) 34
Slawische Stämme 22
Slawisches Haus (Slovanský dům) 147
Smetana, Bedřich 52, 149, 175
   Dalibor 110
   Grab 181
   Libuše 34, 157
Smetana-Museum **81**
   Detailkarte 78
   Highlights 40, 43
Smíchov-Bahnhof 236
Sněžka (Schneekoppe) 140
Soběslav I., König 106
Soběslav II., König 20
Sokol 141, 149
Soldati, Tomasso
   St.-Ignatius-Kirche 152
Solimena, Francesco
   Hl. Michael 128
Špála, Václav 42
Spanische Synagoge (Španělská synagóga) 13, **92f**
   Detailkarte 85
Spas 170f
Spaziergänge **172–181**, 240
   Baumgarten 178f
   Königsweg 174f
   Petřín-Park 176f
   Vyšehrad 180f
Spezza, Andrea 126
Špička-Tor 140, 180
Spiegelkapelle 81
Spiegellabyrinth **140**, 177
Spielzeugmuseum 101
Špillar, Karel
   Huldigung an Prag 66
Sport 220f
Sprache, tschechische 224
   Sprachführer 271, 272
Spranger, Bartholomäus
   Hl. Wenzel und hl. Veit 19
Spytihněv, Fürst 102
St. Agnes von Böhmen, Kloster 12f, 25, **94f**
   Detailkarte 85
   Highlights 41, 42, 46
St.-Anna-Kloster 78
St. Barbara, Dom (Kutná Hora) 159, 170
St. Franziskus Xaverius, Kapelle 128

St. Gallus, Kirche 12, **73**
St. Georg, Basilika 12f, 23, 25, 99, **100f**
   Highlights 44, 46
St. Georg, Kloster 99
   Highlights 40, 42
St. Ignatius, Kirche 152
   Detailkarte 149
St. Jakob, Kirche 67
   Highlights 45
   Detailkarte 65
St. Johannes von Nepomuk auf dem Felsen, Kirche 47, **153**
   Detailkarte 148
St. Josef, Kirche
   Detailkarte 132
St. Julius, Kirche 77
   Detailkarte 79
St. Kastullus, Kirche 93
   Detailkarte 85
St. Katharina, Kirche 95, **154**
St. Klemens, Kirche 33, 37
St. Kosmas und Damian, Kapelle 150
St. Kyrill und St. Method, Kirche 13, 148, **152**
St. Laurentius, Basilika 180
St. Laurentius, Kirche 16, **140**
   Spaziergang im Petřín-Park 177
St. Ludmilla, Kirche 47, 161
St. Margarete, Kirche 163
St. Maria de Victoria **130f**, 163
   Detailkarte 132
   Highlights 47
St. Maria von der immerwährenden Hilfe 130
St. Martin in der Mauer, Kirche 77
St. Martin, Rotunde 25, 46, 160, 181
   Highlights 46
   Vyšehrad-Spazigergang 180f
St. Peter und Paul, Kirche 59, 160
   Highlights 45, 47
   Vyšehrad-Spaziergang 181
St. Rochus, Kirche (Olšany-Friedhof) 160
St. Rochus, Kirche (Kloster Strahov) 47
St. Salvator, Kapelle (Klementinum) 81
St. Salvator, Kirche (Kloster St. Agnes von Böhmen) 95
St. Simon und Judas, Kirche 93
   Detailkarte 85
St. Stephan, Kirche 154f
St. Thomas, Kirche 115, **127**
   Highlights 44, 47
   Detailkarte 125
St. Ursula, Kirche 155
St. Wenzel, Kapelle (Veitsdom) 26, 103, 104f

TEXTREGISTER

St. Wenzel, Kirche 150
St. Wladimir, Kirche (Marienbad) 171
Staatsoper Prag (Státní opera Praha) 147
   Detailkarte 145
Stadttouren 241
Stalin, Joseph
   Statue 36f, 161
Ständetheater 12f, **67**
   Detailkarte 65
Standseilbahn 11, **141**
Stará Škola 92
Staré Město siehe Altstadt
Staroměstská radnice 74f
Staroměstské náměstí 68–71
Staronová synagóga 90f
Starý židovský hřbitov 88f
Statuen
   Fürstin Libuše 78
   Hana Kvapilová 176
   Herkules 49
   Hl. Johannes der Täufer 131
   Hl. Johannes von Nepomuk 85, 92
   Hl. Josef und hl. Johannes 118
   Hl. Wenzel 145, 146
   Jan Hus 71, 72
   Jan Purkyně 151
   Jan Žižka 160
   Karl IV. 81
   Karlsbrücke 136–139
   Moldau 58
   Přemysl und Fürstin Libuše 181
   Rudolfinum 59
Stavovské divadlo 67
Štefánik-Sternwarte **140**, 177
Sternberg, Franz Josef 112
Sternberg, Graf 166
Steuer
   Hotels 185
   Restaurants 193
   Shopping 210
Stevens, Antonín
   Kreuzigung 44
Štorch-Haus 70
   Detailkarte 64
Štork, Lorenc 73
Strahov, Kloster (Strahovský klášter) 13, **120f**, 177
   Geschichte 24f
   Highlights 46f
   Philosophischer Saal 32, 121
   Theologischer Saal 121
Strahover Evangeliar 121
Strahov-Stadion 36
Straßenstände 214
Střelecký (Insel) 53
Stromovka (Baumgarten) 51, **162**
Studenten 226f
Štvanice (Insel) 56

Sucharda, Stanislav
   Statuen am Rathaus 79
Sucharda, Vojtěch
   Apostel 76
Suche der Mensheit nach Wahrheit, Die (Maulbertsch) 121
Sudetendeutsche Partei 36
Südliche Gärten 12, **110**
   Detailkarte 98
   Highlights 48, 51
Svoboda, Ludvík 21
Swiss 234f
Synagogen
   Altneusynagoge 12f, 26, 45, 46, 84, **90f**, 227
   Highlights 44–47
   Hohe Synagoge 47, 84, **87**
   Jerusalemsynagoge 227
   Klausensynagoge 47, 84, **87**, 88
   Maisel-Synagoge 41, 43, 84, **92**
   Pinkas-Synagoge 12f, 46, 47, 84, **86f**, 88
   Spanische Synagoge 13, 85, **92f**

T

Tabakläden 233
Tábor-Tor 180
Taboriten 19, 28
Táborský, Jan 76
Tag der Befreiung vom Faschismus 52
Tag der Republik 54
Tanz 218f
Tanzendes Haus 59, 155
Tauc, Gustav Makarius 37
Taxis 235, 240
Technikmuseen 43
Technisches Nationalmuseum 43, **162**
Telefonieren 232
   Hotels 185
Telefonkarten 232
Telefonzentren 232
Temperaturen 55
Terezín (Theresienstadt) 43, 87
Teufelsbach 131, 133
Teufelssäule 160, 181
Teynkirche 12f, 69, **72**, 174
   Detailkarte 65
   Geschichte 29, 71
   Highlights 45, 46
Teynschule 69
Theater 218f
Theatinerorden 130
Themen- und Tagestouren **10–13**
Theoderisch, Meister 100
   Hl. Veit 27
Theresienflucht (Königspalast) 107
Thomas, hl. 139
Thomas, Edward 34

Thora 87, 92
Thurn, Graf 107
Tickets
   Fahrkarten 238
   Unterhaltung 216f
Tintoretto 43, 100, 115
Tizian 43
   Junge Frau bei der Toilette 100
Toulouse-Lautrec, Henri de 115
Tourenanbieter 225
Touristeninformation 71, 224f
Trams 239
Trinitarierorden 136
Trinkgeld
   Hotels 185
   Restaurants 193
Troja, Schloss (Trojský zámek) **166f**, 179
   Highlights 42, 50, **51**
Tschechische Astronomische Gesellschaft 177
Tschechische Getränke 196f
Tschechische Republik 20, 36
Tschechischer Meister
   Christus auf Wolken 85
Tschechoslowakische Sozialistische Republik (ČSSR) 37
Tulka, Josef
   Fünf Lieder 156
Turnverein Sokol 141
Twain, Mark 171
Tyrš-Haus 141

U

U Fleků 155
U Halánků 77
U Kalicha 154
U Lazara 70
U Pinkasů
   Detailkarte 144
U Rotta 64
U Tří pštrosů 134
   Detailkarte 133
U Zlatého hroznu 171
Uměleckoprůmyslové muzeum 86
Umweltbewusst reisen 227, 238
Universitäten
   Karolinum 12f, 19, 26, 27, 65, 67
   Klementinum 33, 47, 59, 78, 81, 175
   Technische Hochschule 150
Unterhaltung 216–221
Urban V., Papst 26
Ursulinen 155
Utraquisten 28, 72, 77

V

Václav, Prinz von Opava 153
Václav Havel Airport siehe Flughafen Prag-Ruzyně

TEXTREGISTER | 267

Václava a Vojtěcha 102
Václavské náměstí 146
Valdštejnský palác 126
Van Cleve
  Kardinal Cesis Garten in Rom 112
Vegetarische Gerichte 193
Veit, hl. 27, 136, 139
Veitsdom 12f, 54, **102–105**
  Bleiglasfenster 97
  Detailkarte 98
  Highlights 44, 46f
  Wenzelskapelle 26, 44, 103, 104f
Veletržní palác (Messepalast) 164
Velká Kunratická 54
Velkopřevorské náměstí 131
Veltrusy, Schloss **168**
Verherrlichung der Heiligen Drei-
  faltigkeit (Palko) 129
Verkehrsschilder 241
Veronese, Paolo 100
Versicherungen 228f, 237
Villa Amerika 154
  Dvořák-Museum 41, 154
  Highlights 49, 51
Villa Müller **163**
Vinohrady-Theater 161
Visa (Kreditkarte) 230
Vítkov-Hügel 160
Vladislav I., König 20
Vladislav II. Jagiello, König 21, 24
  Dalibor-Turm 110
  Kloster Strahov 46
  Königspalast 29, 106
  Maria unter der Kette 134
  Prager Burg 97
  Pulvertor 66
Vladislav-Saal (Königspalast) 107
  Geschichte 29, 30, 106
  Highlights 50
Vladislav-Saal (Sadeler) 106
Vlašská ulice 130
Vltava siehe Moldau
Vojan-Park (Vojanovy sady) 135
  Detailkarte 133
  Highlights 51
Votivtafel des Erzbischofs Jan Očko
  von Vlašim 94
Vouet, Simon 115
Vratislav, Graf Mitrovice 67
Vratislav I., Fürst 24, 46, 100f
Vratislav II., Fürst 20, 25, 180f
Vries, Adriaen de 100, 111
  Erosstatue 126
  Grab 127
Vrtba-Garten (Vrtbovská zahrada)
  51, **130**
Vyletěl, Josef 171
Vyšehrad 12, **160**
  Geschichte 22, 32
  Spaziergang **180f**
  Špička-Tor 140
Vyšehrad-Friedhof 160, 181

Vyšehrad-Kodex 24f
Vyšehrad-Park 53, 160, 181
Vysoká synagóga 87
Výstaviště 162
Výtoň 43
Výtoň-Zollamt 59

W

Wagner, Antonín 59, 157
Wagner, Richard 171
Währung 231
Wallenstein, Herzog Albrecht von
  32, 48, 125, 126, 141
Wallgarten 110
Warschauer Pakt 37
Weber, Carl Maria von 171
Wechselstuben 230
Wein 197, 224
Weißer Berg, Schlacht am (1620)
  67, 74, 77, 93, 105
  Geschichte 31, 32f
  Weißer Berg 163
Weiss, František 79
Welscher Hof (Kutná Hora) 170
Weltkrieg, Erster 35
Weltkrieg, Zweiter 19, 36
Weitmusik 220
Wenzel I., König 20, 67, 169
Wenzel II., König 20, 127, 163
Wenzel III., König 20
Wenzel IV., König 20, 27, 29, 137
  Staue 139
Wenzel, hl. 19, 20
  Denkmal 145, 146
  Ermordung 22f, 103, 104
  Gemälde 70
  Grab 13, 103
  Schrein 26
  Statuen 136, 138
  Štorch-Haus 64
  Veitsdom 102
Wenzelskapelle, Veitsdom 26, 44
Wenzelskrone 26
Wenzelsplatz (Václavské náměstí)
  13, **146**
  Detailkarte 144f
  Stadtplan 3–6
Westfälischer Friede (1648) 32
Wetter 52–55
Wiehl, Antonín 144
Wiehl-Haus
  Detailkarte 144
Wirch, Johann Georg 152
Wirch, Johann Joseph 111
Wissenschaftsmuseen 43
Wohlmut, Bonifaz 73, 106, 111
Wolflin von Kámen 75
Würste 192
Wycliffe, John 77

Z

Záboj und Slavoj (Myslbek) 149
Zahnärzte 229

Zahrada Na valech 110
Zápotocký, Antonín 21
Zeitungen und Zeitschriften
  233
Želivský, Jan 146, 155
Zeltnergasse (Celetná) 13, **67**,
  174
  Detailkarte 65
Zemach, Bezalel 88
Zemach, Mordechai 88
Zeman, Karel 36
Ženíšek, František 147
  Goldenes Zeitalter der tschechi-
  schen Kunst 156
Židovská radnice 87
Zítek, Josef 86, 156, 171
Žižka, Jan 28f, 160
  Statue 160
Žižkov 54, **160f**
Zlatá ulička 101
Zoll 224
Zoo (Zoologická zahrada) 162
Zrcadlová kaple 81
Zrcadlové bludiště 140
Zrzavý, Jan 42
  Kleopatra 164
Zu den drei Geigen 124
Zu den Haláneks 77
Zu den drei goldenen Glocken
  134
Zu den drei Straußen 133, **134**
Zu den drei roten Rosen 130
Zu den Störchen 70
Zu den zwei goldenen Bären 31,
  73
  Detailkarte 64
Zu den zwei Sonnen 130, 175
Zugreisen 236
Zum blauen Stern 70
Zum Einhorn 175
Zum Fleck 155
Zum Geier 174
Zum goldenen Brunnen 80, 175
Zum goldenen Einhorn (Klein-
  seite) 132
Zum goldenen Einhorn (Altstadt)
  70
Zum goldenen Hufeisen 123, 130
Zum Grünen Hummer 130
Zum Ochsen 71
Zum Roten Adler 130
Zum roten Fuchs 71
Zum steinernen Widder 70
Zum Weißen Schwan 130
Zur goldenen Schlange 80
Zur goldenen Traube (Marien-
  bad) 171
Zur goldenen Waage 124
Zur Spinne 174
Zur Schwarzen Sonne 65
Zur steinernen Glocke 68
Zur steinernen Madonna 70

Danksagung und Bildnachweis

Dorling Kindersley bedankt sich bei allen, die bei der Herstellung dieses Buchs mitgewirkt haben.

Hauptautor
Vladimír Soukup wurde 1949 in Prag geboren und war 20 Jahre lang Redakteur, später Chefredaktur des *Evening Prague*. Er ist Autor mehrerer Prag-Führer.

Weitere Autoren
Ben Sullivan, Lynn Reich, Wendy Wrangham.

Design und Redaktion
Managing Editor Carolyn Ryder.
Managing Art Editor Steve Knowlden.
Senior Editor Georgina Matthews.
Senior Art Editor Vanessa Courtier.
Editorial Director David Lamb.
Art Director Anne-Marie Bulat.
Production Controller Hilary Stephens.
Bildrecherche Susie Peachey, Ellen Root.
Designer Nicola Erdpresser, Sangita Patel.
Beratung Helena Svojsikova.
Kartografie Caroline Bowie, Simon Farbrother, James Mills-Hicks, David Pugh (DK Cartography).
Revision Tora Agarwala, Emma Anacootee, Jasneet Arora, Shruti Bahl, Mark Baker, Claire Baranowski, Kate Berens, Marta Bescos, Hilary Bird, Louise Cleghorn, Michelle Crane, Russell Davies, Stephanie Driver, Emer FitzGerald, Fay Franklin, Anna Freiberger, Camilla Gersh, Alistair Gunn, Lydia Halliday, Elaine Harries, Charlie Hawkings, Kaberi Hazarika, Christine Heilman, Claire Jones, Jan Kaplan, Juliet Kenny, Dr. Tomáš Kleisner, Rakesh Kumar Pal, Maite Lantaron, Jude Ledger, Susannah Marriott, Wilf Matos, Alison McGill, Jacy Meyer, Sonal Modha, Casper Morris, Vikki Nousiainen, Catherine Palmi, Helen Partington, Marianne Petrou, Filip Polonskỳ, Arun Pottirayil, Private-Prague-Guide.com, Khushboo Priya, Robert Purnell, Rada Radojicic, Azeem Siddiqui, Sands Publishing Solutions, Beverly Smart, Tracy Smith, Scott Stickland, Marian Sucha, Will Tizzard, Daphne Trotter, Conrad Van Dyk, Vinita Venugopal, Ajay Verma, Deepika Verma, Christopher Vinz, Debra Wolter.

Ergänzende Fotografie
Mark Baker; DK Studio/Steve Gorton; Nigel Hudson; Ian O'Leary; Otto Palan; Filip Polonskỳ; Rough Guides/Jon Cunningham, /Eddie Gerald, /Natascha Sturny, M. Soskova, Clive Streeter, Alan Williams, Peter Wilson, Wendy Wrangham.

Bildnachweis
r = rechts, l = links, m = Mitte, u = unten, o = oben, g = ganz, (d) = Detail.

Kunstwerke wurden mit freundlicher Genehmigung folgender Copyright-Inhaber reproduziert:
Aristide Maillol *Pomona* 1910 © ADAG, Paris und DACS, London, 2011: 166um; Gustav Makarius Tauc (An der Aulenkaut 31, Wiesbaden) im Auftrag des Minoritenordens in Rom: 37ur.

Dorling Kindersley dankt zudem folgenden Personen, Institutionen und Bildagenturen für die freundliche Genehmigung zur Reproduktion ihrer Fotografien:

Alamy Images: Petr Bonek 40or; Frank Chmura 234ul; © CTK/René Fluger 27mru; CZ Prague/Dennis Chang 232mlo, 238ul; Chris Fredriksson 81ur, 195m; isifa Image Service s.r.o 119mro; B. O'Kane 13m; Profimedia International S.R.O/Michaela Dusíková 84or, 179ul, 226ol; Robert Harding Picture Library 10ul; Josef Sedmak 108–109.
Archiv für Kunst und Geschichte, Berlin: 19u, 20or, 20um (d), 20ur (d), 21ol (d), 21om (d), 21or (d), 21um (d), 22ul, 25mru (d), 31mo (d), 34ul, 36mlo (d), 37mlu (d), 37ul (d), 45ol, 52ur (d), 107mru, 116or, Erich Lessing 30ml (d), 33ul (d), 90or, 91ur.
Archív hlavního mesta Prahy (Clam-Gallasův palác): 25mlu, 26ul, 29ur, 30ur, 32um, 35mu, 35um, 74ul, 136ur, 137ur (d), 138mru.

BILDNACHWEIS | 269

Barock Restaurant, Prag: 200ul.
Bildarchiv Preußischer Kulturbesitz: 4or (d), 21ul (d), 31ur, 36ur, 70or (d), 106ul (d).
Bridgeman Art Library, London: Prado, Madrid 31ol; Rosengarten-Museum, Konstanz 28mlo.
Budweiser Budvar: 196mr, 197or.

Café Imperial, Prag: 204ur.
Cedaz, Ltd: 235or.
Česká Tisková Kancelár: 21ur, 37mro.
Comstock: George Gerster 12mlo.
Jean-Loup Charmet: 20ul (d), 23mro, 33ur, 35ol, 35ul, 36mro (d), 36ul, 64ml, 71om.
Zdenek Chrappek: 52ml.
Corbis: Christophe Boisvieux 82, 158; Gail Mooney 195ol; Scheufler-Sammlung 8 – 9.
Joe Cornish: 148br.
Czech National Bank: 231.

La Degustation: 200or.
Dreamstime.com: Artur Bogacki 172; Courtyardpix 122; Frbird 62; Louis Henault 2 – 3; Liberty 12um; Lukyslukys 146ur; Mihaiciolan 145mo; Quixoticsnd 222 – 223; Vitaly Titov & Maria Sidelnikova 12or; Zkk600 60 – 61.

EU Ecolabel Help Desk: 227mro.
Eurolines UK: 236ur.
Mary Evans Picture Library: 138ur, 223.

Fotolia: © Tanya 64ur.

Golden Well Hotel, Prag: 190or, 202ol.
Grafoprint Neubert: 33mu, 40mlu, 118ml.

Robert Harding Picture Library: Michael Jenner 128ml; Christopher Rennie105or; Peter Scholey 32ml, 129mlo.
Hidden Places Residences & Boutique Hotels: 186ul.
Hutchison Library: Libuše Taylor 53ur, 54m, 176um.

The Image Bank: Andrea Pistolesi 16u.
iStockphoto.com: Narvikk 235ul.

Kancelář prezidenta republiky: 22 – 23, 23om, 23ul, 23ur, 24mlo.

Oldrich Karasek: 11or, 58mu, 64mlo, 103ul; 103ur, 134or, 135ul; 176or, 197mru, 217or, 233ol.
Karlštejn (Burg Karlstein): 27ol; Vladimír Hyhlík: 26 – 27.
Kempinski Hotel Hybernska: 191ur.
Karel Kestner: 37um.
Klementinum: 25ol.
Dalibor Kusák: 168 – 169 alle, 170 – 171 alle.

Ivan Malý: 216mr.

Lehka hlava, Prag: 198ul.
Lobkowitz-Sammlungen: 99ur.
Luka Lu Restaurant, Prag: 201ur.

Mosaik-Haus, Prag: 189om.
Muzeum hlavního města Prahy: 34 – 35.
Muzeum hlavního města Prahy/Müllerova vila: 163ul.
Muzeum Montanelli: Das Geheimnis von Pavla Aubrechtova, Das Kabinett von Vladimir Gebauer, Fotografien von Oto Palan 124mlo.
Muzeum Poštovní Známky: 149ml.

Národní galerie v Praze: 26ur; Grafická sbírka 29ul, 33ol, 69ul, 71mu, 102or, 104ur, 121ol, 125mu, 129ur, 138um, 157ur, 175ul, 180ul; Kláster sv. Anežky 41or, 85ol, 94 – 95 alle, 133ul; Kláster sv. Jiří 18, 39ml, Šternberský palác 40ml, 112 – 113 alle, 114 – 115 alle, Veletržni palác 164 – 165 alle; Kloster Zbraslav 42ul; Národní muzeum v Praze: 147ur; Vlasta Dvořáková 22mru, 28 – 29, 28ul, 28um, 28ur, 29o, 29ml, 29mr, 29mru, 31ul, 75ul, 77ur, Jarmila Kutová 22ml, 22mlu, 24ul, Dagmar Landová 30ul, Muzeum Antonína Dvořáka 41u, Muzeum Bedřicha Smetany 34ml, Prokop Paul 77u, Tyršovo muzeum 149ul.
Národní Technické Muzeum: Gabriel Urbánek 43or.

Obrazárna Pražského Hradu: 100ul.
Österreichische Nationalbibliothek, Wien: 27mu, 28mu.

Le Patio: 203or.
Photographers Direct: Chris Barton 10mro; Eddie Gerald 11um.

Photolibrary: Robert Harding Travel/Yadid Levy 194m.
Pivovarské muzeum: 196or.
Pivovary Staropramen: 197ol.
Plzenska Restaurant: 199ol.
Prager Informationsservice: www.prague-info.cz 133mro.
Bohumír Prokůpek: 27ul, 32mlu, 120ml, 121mr, 121ul.

Reciprocity Images: www.photographersdirect.com/Jason Langley 240ur.
Rex Features Ltd: Alfred 37or.
Riverside Praha: 184ur.
ROPID: 238mro, 239ml, 239mr, 240ol, 243mr.

SABMiller: 196ml, 196mru, 196ur, 197ol, 197om, 197or; SaSaZu, Prag: 205om.
Sotheby's/Thames and Hudson: 106ml.
STA Travel Group: 226m.
Státní ústredni archiv v Praze: 25ur.
Státní ústav památkové Péče: 25m.
Státní Židovské muzeum: 41mr, 87om, 87mlu, 92ul.
Lubomír Stiburek, www.czfoto.cz: 57um, 163or, 243om, 249umo, 250mr.
Marian Sucha: 57ol, 127or, 174or, 197ul.
SuperStock: age fotostock 142; age fotostock/Christian Beier 38; Hemis.fr 13ur, 182–183; imagebroker.net 96.
Svatovítský pokladu, Pražský hrad: 23or, 26mlu, 42or.

La Truffe, Prag: 192ul, 199ur.

U Emy Destinnové: 204o.
Uměleckoprůmyslové muzeum v Praze: 41ol, 149m, 149mlu, 149mu, Gabriel Urbánek 30mlu, 43ul.
Universal Restaurant, Prag: 203ul.
Univerzita Karlova: 27mo.
U Pinkasu Restaurant: 194mlo.

Peter Wilson: 4u, 193ol.

ZEFA: 35mr.
ZZS HMP: 229ul.

Vordere Umschlaginnenseiten
Corbis: Christophe Boisvieux ror.
Dreamstime.com: Courtyardpix lum; Frbird rmr.
SuperStock: age fotostock rur; imagebroker.net lml.

Extrakarte
Rough Guides: Eddie Gerald.

Umschlag
Vorderseite: **Rough Guides:** Eddie Gerald.
Buchrücken: **Rough Guides:** Eddie Gerald o.

Alle anderen Bilder © Dorling Kindersley. Weitere Informationen unter
www.dkimages.com

Sprachführer Tschechisch

Notfälle

Hilfe!	Pomoc!	['pɔmɔts]
Stopp!	Stop!	[stɔp]
Rufen Sie einen Arzt!	Zavolejte lékaře!	['zavɔlɛjtɛ 'lɛːkaɾɛ]
Rufen Sie einen Krankenwagen!	Zavolejte sanitku!	['zavɔlɛjtɛ 'sanıtku]
Rufen Sie die Polizei!	Zavolejte policii!	['zavɔlɛjtɛ 'pɔlıtsıjı]
Rufen Sie die Feuerwehr!	Zavolejte pozárníky!	['zavɔlɛjtɛ 'pɔʒaːɾɲıkı]
Wo ist ein Telefon?	Kde je telefonní budka?	['gdɛ 'jɛ 'tɛlɛfɔnɪː 'butka]
Wo ist das nächste Krankenhaus?	Kde je nejblizsí nemocnice?	['gdɛ 'jɛ 'nɛblıʃı 'nɛmɔtsnıtsɛ]

Grundwortschatz

Ja/Nein	Ano/Ne	[ʔanɔ/nɛ]
Bitte	Prosím	[prɔsɪːm]
Danke	Děkuji/u	[ɟɛkujı/ʋ]
Entschuldigung!	Promiňte!	['prɔmıɲtɛ]
Guten Tag	Dobrý den	['dɔbɾıː 'dɛn]
Auf Wiedersehen	Na shledanou	['nasxlɛdanɔʋ]
Guten Abend	Dobrý večer	['dɔbɾıː 'ʋɛtʃɛɾ]
Vormittag	ráno	['raːnɔ]
Nachmittag	odpoledne	[ʔɔtpɔlɛdnɛ]
Abend	večer	['ʋɛtʃɛɾ]
gestern	včera	['ftʃɛɾa]
heute	dnes	['dnɛs]
morgen	zítra	['zɪːtɾa]
hier	tady	[tadı]
dort	tam	[tam]
Welche/Welcher	Která/Který?	['ktɛɾaː/ktɛɾɪː]
Wann?	Kdy?	['gdı]
Warum?	Proč?	[prɔtʃ]
Wo?	Kde?	['gdɛ]

Nützliche Redewendungen

Wie geht es?	Jak se vede?	[jak sɛ ʋɛdɛ]
Danke. Und Ihnen/dir?	Děkuju. A vy/ty?	[ɟɛkujʋ ʔa ʋɪ/tɪ]
Wie ist Ihr Name?	Jaké je vaše jméno?	['jakɛːjɛ 'ʋaʃɛ 'mɛːnɔ]
Tschüss.	Čau.	['tʃaʋ]
In Ordnung.	V pořádku.	['fpɔʒaːtkʋ]
Wo ist/Wo sind …?	Kde je/Kde jsou …?	['gdɛ 'jɛ/'gdɛ 'sɔʋ]
Sprechen Sie Deutsch?	Mluvíte německy?	['mlʋɪːtɛ 'ɲɛmɛtskı]
Ich verstehe nicht.	Nerozumím.	['nɛɾɔzʋmɪːm]
Tut mir leid!	To je mi líto!	[tɔ jɛ mɪ 'lɪːtɔ]

Nützliche Wörter

groß	velký	['ʋɛlkɪː]
klein	maký	['malɪː]
heiß	horko	[hɔɾkɔ]
kalt	zima	['zɪma]
gut (Adjektiv)	dobrý	['dɔbɾɪː]
schlecht	špatný	['ʃpatnɪː]
genug	dost	['dɔst]
gut (Adverb)	dobře	['dɔbʒɛ]
offen	otevřený	[ʔɔtɛʋʒɛnɪː]
geschlossen	zavřeno	['zaʋʒɛnɔ]
links	vlevo	['ʋlɛʋɔ]
rechts	vpravo	['fpɾaʋɔ]
geradeaus	rovně	['ɾɔʋɲɛ]
nah	blízko	['blɪːskɔ]
fern	daleko	['dalɛkɔ]
gegenüber	naproti	['napɾɔcı]
auf	na	[na]
über	nad	['nat]
früh	brzo	['bɾzɔ]
spät	pozdě	['pɔzɟɛ]
Eingang	vchod	[fxɔt]
Ausgang	východ	['ʋɪːxɔt]
Toilette	toaleta	['tɔalɛta]
frei	volný	['ʋɔlnɪː]
gratis	zadarmo	['zadaɾmɔ]

Shopping

Wie viel kostet das?	Kolik to stojí?	['kɔlık tɔ 'stɔjıː]
Ich suche …	Sháním …	['sxaɲıːm]
Haben Sie …?	Máte …?	['maːtɛ]
Ich sehe mich nur um.	Já se jen dívám.	['jaː sɛ jɛn 'ɟıːʋaːm]
Kreditkarte	kreditní karta	['kɾɛdıcnı 'karta]
Wann öffnen/schließen Sie?	Kdy je otevřeno/zavřeno?	['gdı jɛ ʔɔtɛʋʒɛnɔ/'zaʋʒɛnɔ]
das hier	tento	['tɛntɔ]
das da	tamto	['tamtɔ]
teuer	drahý	['dɾahɪː]
billig	levný	['lɛʋnɪː]
Kleidergröße	velikost	['ʋɛlıkɔst]
Schuhgröße	číslo	['tʃɪːslɔ]
weiß	bílá	['bıːlaː]
schwarz	černá	['tʃɛɾnaː]
rot	červená	['tʃɛɾʋɛnaː]
gelb	žlutá	['ʒlʋtaː]
grün	zelená	['zɛlɛnaː]
blau	modrá	['mɔdɾaː]

Läden

Antiquitätenladen	starožitnosti	['staɾɔʒıtnɔscı]
Apotheke	lékárna	['lɛːkaːɾna]
Bäckerei	pekařství	['pɛkaɾʃtʋıː]
Bank	banka	['baŋka]
Blumenladen	květinářství	['kʋɛcınaːɾʃtʋıː]
Buchhandlung	knihkupectví	['kɲıx kʋpɛtstʋıː]
Delikatessen	lahůdky	['laɦuːdkı]
Fischhändler	rybárna	['rıbaːɾna]
Flohmarkt	bleší trh	['blɛʃı tɾx]
Friseur (Herren/Damen)	holič/kadřník	['hɔlıʃ/kadɛɾɲıːk]
Gemüsehändler	ovoce-zelenina	[ʔɔʋɔtsɛ-'zɛlɛnına]
Konditorei	cukrárna	['tsʋkɾaːɾna]
Lebensmittelladen	potraviny	['pɔtɾaʋını]
Markt	trh/tržiště	[tɾx/'tɾʒıʃcɛ]
Metzgerei	řeznictví	['ɾɛznıtstʋıː]
Postamt	pošta	['pɔʃta]
Reisebüro	cestovní kancelář	['tsɛstɔʋnı 'kantsɛlaːɾ]
Schuhgeschäft	obuv	[ʔɔbʋʋ]
Supermarkt	supermarket	['sʋpɛɾmaɾkɛt]
Tabakladen	trafika/tabák	['tɾafıka/tabaːk]
Zeitungsstand	trafika	['tɾafıka]

Sightseeing

Informationsbüro	informační kancelář	[ʔınfɔɾmatʃnıː 'kantsɛlaːɾ]
Bahnhof	nádraží	['naːdɾaʒıː]
Burg	hrad	['hɾat]
Busbahnhof	autobusové nádraží	['aʋtɔbʋsɔʋɛ 'naːdɾaʒıː]
Garten	zahrada	['zahɾada]
Kirche	kostel	['kɔstɛl]
Kloster	klášter	['klaːʃtɛɾ]
Museum	muzeum	['mʋzɛʋm]
Palais/Palast	palác	['palaːts]
Wegen Ferien geschlossen.	O prázdniny zavřeno.	[ʔɔ 'pɾaːzɲını 'zaʋʒɛnɔ]

Im Hotel

Haben Sie noch ein Zimmer frei?	Máte ještě volný pokoj?	['maːtɛ jɛʃcɛ 'ʋɔlnıː 'pɔkɔj]
Einzelzimmer	jednolůžkový	['jɛdnɔlʋʃkɔʋɪː]
Doppelzimmer	dvoulůžkový	['dʋɔʋlʋʃkɔʋɪː]

Deutsch	Tschechisch	IPA	
Bad/Dusche	koupelnou/ sprchou	['koupɛlnɔu/ 'sɛsprxɔu]	
Garage	garáž	[gara:ʃ]	
Schlüssel	klíč	[kli:tʃ]	
Reservierung	rezervace	[rɛzɛrʋatsɛ]	

Im Restaurant

Einen Tisch für zwei Personen, bitte.	Stůl pro dvě osoby prosím.	[stu:l 'prɔdujɛ 'ɔsɔbɪ 'prɔsi:m]	
Ich möchte einen Tisch reservieren.	Chtěl rezervovat stůl.	[xcɛl 'rɛzɛrʋɔʋat stu:l]	
Frühstück	snídaně	['sni:danɛ]	
Mittagessen	oběd	['ɔbjɛt]	
Abendessen	večeře	['vɛtʃɛrɛ]	
Bezahlen, bitte!	Platit prosím!	['placɪt 'prɔsi:m]	
Vegetarisch	vegetariánský	[vɛgɛtarɪja:nski:]	
Kellner	vrchní	['vrxɲi:]	
Speisekarte	jídelní lístek	['ji:dɛlɲi 'li:stɛk]	
Tagesgericht	nabídka dne	['nabi:tka dnɛ]	
Vorspeise	předkrm	['prɛtkrm]	
Hauptgang	hlavní jídlo	['hlavɲi: 'ji:dlɔ]	
Dessert	moučník/dezert	['mɔutʃɲi:k/ 'dɛzɛrt]	
Gedeck	prostírání/kuvert	['prɔsci:ra:ɲi:/ 'kuvɛrt]	
Spezialität	specialita	['spɛtsɪjalɪta]	
Glas	sklenice	['sklɛɲɪtsɛ]	
Teller	talíř	['tali:r̝]	
Messer	nůž	[nu:ʃ]	
Gabel	vidlička	['vɪdlɪtʃka]	
Löffel	lžíce	['lʒi:tsɛ]	
Aschenbecher	popelník	['pɔpɛlɲi:k]	

Speisekarte

biftek	['bɪftɛk]		Steak
po anglicku	['pɔ ʔaŋglɪtsku]		blutig
ne moc propečený	['nɛ 'mɔts 'prɔpɛtʃɛni:]		halb durch
brambory	['brambɔri]		Kartoffeln
bramborové knedlíky	['bramborɔʋɛ: 'knɛdli:kɪ]		Kartoffelknödel
chléb	['sxlɛb]		Brot
cibule	['tsɪbulɛ]		Zwiebel(n)
citrónový džus	['tsɪtrɔ:nɔʋi dʒus]		Zitronensaft
cukr	['tsukr̩]		Zucker
čaj	[tʃaj]		Tee
česnek	['tʃɛsnɛk]		Knoblauch
dort	['dɔrt]		Torte
fazole	['fazɔlɛ]		Bohnen
grilovaný	['grɪlɔvani:]		gegrillt
guláš	['gula:ʃ]		Gulasch
houba	['ɦouba]		Pilz
houska	['ɦouska]		Brötchen
houskové knedlíky	['ɦouskɔʋɛ: 'knɛdli:kɪ]		Semmelknödel
hovězí	['ɦoujɛzi:]		Rind
hranolky	['hranolkɪ]		Pommes frites
husa	['ɦusa]		Gans
jablko	['jablkɔ]		Apfel
jahody	['jahɔdɪ]		Erdbeeren
jehněčí	['jɛɦɲɛtʃi:]		Lamm
kachna	['kaxna]		Ente
kapr	['kapr̩]		Karpfen
káva/kafe	['ka:ʋa/kafɛ]		Kaffee
kuře	['kurɛ]		Hähnchen
květák	['kujɛta:k]		Blumenkohl
kyselé zelí	['kɪsɛlɛ: 'zɛli:]		Sauerkraut
máslo	['ma:slɔ]		Butter
maso	['masɔ]		Fleisch (allgem.)
minerálka	['mɪnɛra:lka]		Mineralwasser
mléko	['mlɛkɔ]		Milch
ocet	['ʔɔtsɛt]		Essig
okurka	['ʔɔkurka]		Gurke
olej	['ʔɔlɛj]		Öl
ovoce	['ʔɔvɔtsɛ]		Obst
palačinky	['palatʃɪŋkɪ]		Palatschinken
párek	['pa:rɛk]		Würstchen
pečený	['pɛtʃɛni:]		gebraten
pepř	['pɛpr̝]		Pfeffer
pivo	['pɪʋɔ]		Bier
polévka	['pɔlɛ:fka]		Suppe
pomeranč	['pɔmɛrantʃ]		Orange
rajče	['rajtʃɛ]		Tomate
ryba	['rɪba]		Fisch
rýže	['ri:ʒɛ]		Reis
salát	['sala:t]		Salat
sůl	[su:l]		Salz
sýr	[si:r]		Käse
šmažený řízek	[ʃmaʒɛɲi: r̝i:zɛk]		Wiener Schnitzel
špekové knedlíky	[ʃpɛkɔvɛ: 'knɛdli:kɪ]		Speckknödel
šunka	['ʃuŋka]		Schinken
telecí	['tɛlɛtsi:]		Kalbfleisch
vejce	['vɛjtsɛ]		Ei(er)
vepřová	['vɛpr̝ɔʋa:]		Schweinebraten
víno bílé	['vi:nɔ 'bi:lɛ:]		Weißwein
víno červené	['vi:nɔ 'tʃɛrʋɛnɛ:]		Rotwein
zelenina	[zɛlɛɲɪna]		Gemüse
zelí	['zɛli:]		Kohl, Kraut
zmrzlina	['zmr̩zlɪna]		Eiscreme

Zahlen

0	nula	['nula]
1	jedna	['jɛdna]
2	dva, dvě	['dva, dujɛ]
3	tři	[tr̝ɪ]
4	čtyři	['ʃtɪr̝ɪ]
5	pět	['pjɛt]
6	šest	[ʃɛst]
7	sedm	['sɛdʊm]
8	osm	['ʔɔsʊm]
9	devět	['dɛʋjɛt]
10	deset	['dɛsɛt]
11	jedenáct	['jɛdɛna:tst]
12	dvanáct	['dvana:tst]
13	třináct	['tr̝ɪna:tst]
14	čtrnáct	['ʃtr̩na:tst]
15	patnáct	['patna:tst]
16	šestnáct	[ʃɛstna:tst]
17	sedmnáct	['sɛdʊmna:tst]
18	osmnáct	['ʔɔsʊm na:tst]
19	devatenáct	['dɛʋatɛna:tst]
20	dvacet	['dvatsɛt]
21	dvacet jedna	['dvatsɛt 'jɛdna]
22	dvacet dva	['dvatsɛt 'dva]
23	dvacet tři	['dvatsɛt 'tr̝ɪ]
30	třicet	['tr̝ɪtsɛt]
40	čtyřicet	['ʃtɪr̝ɪtsɛt]
50	padesát	['padɛsa:t]
60	šedesát	[ʃɛdɛsa:t]
70	sedmdesát	['sɛdʊmdɛsa:t]
80	osmdesát	['ʔɔsʊmdɛsa:t]
90	devadesát	['dɛʋadɛsa:t]
100	sto	['stɔ]
101	sto jedna	['stɔ 'jɛdna]
200	dvě stě	['dujɛ 'stɛ]
300	tři sta	[tr̝ɪ 'sta]
1000	tisíc	['cɪsi:ts]
2000	dva tisíce	['dva 'cɪsi:tsɛ]
1 000 000	milión	['mɪlɪjɔ:n]

Zeit

Deutsch	Tschechisch	IPA
Minute	minuta	['mɪnuta]
Stunde	hodina	['ɦɔɟɪna]
halbe Stunde	půl hodiny	[pu:l 'ɦɔɟɪnɪ]
Tag	den	['dɛn]
Woche	týden	['ti:dɛn]
Monat	měsíc	['mɲɛsi:ts]
Jahr	rok	['rɔk]
Montag	pondělí	['pɔɲɟɛli:]
Dienstag	úterý	['ʔu:tɛri:]
Mittwoch	středa	['str̝ɛda]
Donnerstag	čtvrtek	['ʃtʋr̩tɛk]
Freitag	pátek	['pa:tɛk]
Samstag	sobota	['sɔbɔta]
Sonntag	neděle	['nɛɟɛlɛ]

Vis-à-Vis

VIS-À-VIS-REISEFÜHRER

Ägypten · Alaska · Amsterdam · Apulien · Argentinien
Australien · Bali & Lombok · Baltikum · Barcelona &
Katalonien · Beijing & Shanghai · Belgien & Luxemburg
Berlin · Bodensee · Bologna & Emilia-Romagna
Brasilien · Bretagne · Brüssel · Budapest
Bulgarien · Chicago · Chile · China · Costa Rica
Dänemark · Danzig & Ostpommern
Delhi, Agra & Jaipur · Deutschland · Dresden
Dublin · Florenz & Toskana · Florida
Frankreich · Griechenland · Griechische Inseln
Großbritannien · Hamburg · Hawaii · Indien · Irland · Istanbul · Italien
Italienische Riviera · Japan · Jerusalem · Kalifornien
Kambodscha & Laos · Kanada · Kanarische Inseln · Karibik · Kenia
Korsika · Krakau · Kroatien · Kuba · Las Vegas · Lissabon
Loire-Tal · London · Madrid · Mailand · Malaysia & Singapur
Mallorca, Menorca & Ibiza · Marokko · Mexiko · Moskau
München & Südbayern · Neapel · Neuengland · Neuseeland
New Orleans · New York · Niederlande · Nordspanien · Norwegen
Österreich · Paris · Peru · Polen · Portugal · Prag
Provence & Côte d'Azur · Rom · San Francisco · St. Petersburg
Sardinien · Schottland · Schweden · Schweiz
Sevilla & Andalusien · Sizilien · Slowenien · Spanien
Stockholm · Straßburg & Elsass · Südafrika
Südtirol & Trentino · Südwestfrankreich · Thailand
Thailand – Strände & Inseln · Tokyo · Tschechien & Slowakei
Türkei · USA · USA Nordwesten & Vancouver
USA Südwesten & Las Vegas · Venedig & Veneto
Vietnam & Angkor · Washington, DC · Wien

www.dorlingkindersley.de

Vis-à-Vis